本书受到中央高校基本科研业务费项目引进人才科研专项［编号：DUT20RC（3）089］的资助

林杰 著

关系思维中的大学自主办学研究

中国社会科学出版社

图书在版编目（CIP）数据

关系思维中的大学自主办学研究 ／ 林杰著. —北京：中国社会科学出版社，2023.5
ISBN 978-7-5227-1331-1

Ⅰ.①关… Ⅱ.①林… Ⅲ.①高等学校—办学组织形式—研究—中国 Ⅳ.①G649.21

中国国家版本馆 CIP 数据核字（2023）第 022386 号

出 版 人	赵剑英
责任编辑	高　歌
责任校对	李　琳
责任印制	戴　宽

出　　版	中国社会科学出版社
社　　址	北京鼓楼西大街甲 158 号
邮　　编	100720
网　　址	http：//www.csspw.cn
发 行 部	010-84083685
门 市 部	010-84029450
经　　销	新华书店及其他书店
印　　刷	北京明恒达印务有限公司
装　　订	廊坊市广阳区广增装订厂
版　　次	2023 年 5 月第 1 版
印　　次	2023 年 5 月第 1 次印刷
开　　本	710×1000　1/16
印　　张	21.75
插　　页	2
字　　数	349 千字
定　　价	118.00 元

凡购买中国社会科学出版社图书，如有质量问题请与本社营销中心联系调换
电话：010-84083683
版权所有　侵权必究

序

2012年秋季，林杰满怀着对高等教育研究的热爱，申请跟我攻读博士学位。他对学术的执着与热爱，打动了我，我同意了他的申请。作为林杰的博士生导师，见证了他学术成长的经历。应该说，我对他的为人、为学、为事，还是比较了解的。所以，当他请我为其著作作序之时，我便欣然应允。

林杰的这本专著是在其博士学位论文基础上修改而成，我对这整个过程都比较了解。坦率地说，他的博士论文选题不是命题作文，主要是他自由探索的结果。当初我对他的这个博士学位论文选题，是基本赞同的，但也不免有些担忧。之所以赞同，是因为我的高等教育研究经历和高等教育管理工作经历都告诉我，大学自主办学是一个好的学术研究课题。我们都知道，从理论上来说，学界对大学自主办学的探讨，伴随改革开放的步伐一直持续至今，其间形成了一大批富有启发性的研究成果，但各界对大学自主办学的理解似乎并未形成有说服力与解释力的广泛共识；从实践上来说，大学自主办学始终是中国高等教育管理体制改革的核心与难点，今天的大学自主办学虽有了很大改观，但与《高等教育法》早就明确的"高等学校应当面向社会，依法自主办学"的定位依然还有不小差距。由此可见，大学自主办学在理论上依然有诸多问题亟待解答，在实践上依然还有很长的路要走。所以，我说这是个好课题，对他的选择我是赞同的。然而，大学自主办学的话题，在理论上，学界对其已进行了大量的、深入的、细致的研究与探讨，相关研究成果可谓汗牛充栋；在实践上，也被经常提及，甚至早已成为世人皆知的老生常谈的"陈年旧事"。在此情形之下，再次对大学自主办学进行研究的余地似乎很小，尤其是对毫无高等教育管理工作经验的博士生而言，若想研究出新意来绝非易事，更可能的结果是难于创新、流于平庸。所以，当初我对他的这个选择，是有些担忧的。

我的赞同和担忧，多次以多种不同的方式与林杰做了坦诚而充分的沟通与交流。然而，他在做了大量的文献收集、梳理与分析工作之后，坚定地认为再次探讨大学自主办学，虽存在着不小的挑战与困难，但依然有广阔的用武之地。所以，他坚持认为无论是在理论上还是在实践上，对大学自主办学进行"深查细究"，既非无病呻吟，也非翻炒剩饭，更非故弄玄虚，而是当前高等教育理论研究和改革实践的迫切需要。

最终，我支持了林杰的选择，而他也用自己的实际行动证明了我之前的担忧是多虑的。如今回过头来看，我对他的学术意识、学术执着、学术勇气和学术毅力很是赞赏，他不仅敏锐而坚毅地意识到大学自主办学是一个亟待探究与解决的老大难问题。更为主要的是，林杰不仅没有重复别人的口水，而且站在前人研究的基础上，又向前走了一步，提出了一些值得鼓励的观点与想法。

林杰认为如果从关系思维的角度来考察与分析大学自主办学，就会发现大学自主办学是一个复杂的存在，既要受到政府、大学、社会之间形成的外部关系的影响与制约，也要受到办学自主权、自主办学责任、自主办学能力之间形成的内部关系的影响与制约，是内外部关系共同作用的结果。由此他对大学自主办学的内涵做了不同于以往的全新的理解与界定，提出"大学自主办学是指为提高大学的人才培养、科学研究以及社会服务的水平与质量，在推动政府、社会、大学三者彼此衔接与互相协调和促进大学的办学自主权、自主办学责任、自主办学能力三者正向匹配与耦合共生过程中表现出的动态行为"。所以，他认为推动大学自主办学，是建设世界一流大学、提高高等教育质量以及建设高等教育强国的基础与前提，但仅仅强调政府扩大与落实大学办学自主权是远远不够的，同时还必须强调大学要不断提升自主办学能力和履行自主办学责任。而以往的研究，恰恰轻视甚至是忽视了自主办学能力与自主办学责任之于大学自主办学的基础性作用。

在我个人看来，林杰的这些学术观点对深化大学自主办学的理论认识和推动大学自主办学的改革实践，都具有重要的启发意义。正如马克思所言，"人们自己创造自己的历史，但是他们并不是随心所欲地创造，并不是在他们自己选定的条件下创造，而是在直接碰到的、既定的、从过去继承下来的条件下创造"。对林杰而言，对大学自主办学的探讨更多的是从理论上展开，由于高等教育实践经验的缺失，而缺乏实践的支撑；同时，也让他在没有既有实践经验的羁绊之下，更好地遵循学术逻辑来自由发挥。

  总的来说，林杰的这部专著虽有一些缺憾甚至是不足，但瑕不掩瑜，其学术价值与实践意义也是不容忽视的。也正是因为对林杰学术贡献的肯定，他的博士学位论文获得了校优秀博士学位论文。在此书即将付梓出版之际，作为他的博士生导师，我由衷地向他表示祝贺，并乐意向学界同仁推荐此书。

  十分令人欣慰的是，十年之后的今天，林杰依然饱含着对学术的激情、坚守、追求与向往，认认真真、踏踏实实、勤勤恳恳地从事学术研究和教书育人工作。我相信该书的出版将是他学术生涯中一个新的起点，我也希望他在学术研究上能不骄不躁、再接再厉、勇攀高峰、再创佳绩。

  是为序。

张德祥

大连理工大学原党委书记

大连理工大学高等教育研究院名誉院长

大连理工大学高等教育研究院教授、博士生导师

2022 年 7 月 8 日

目 录

第一章 绪论 ······ 1
第一节 研究缘起 ······ 1
第二节 研究综述 ······ 11
第三节 研究意义 ······ 21
第四节 研究方法 ······ 23
第五节 研究思路 ······ 28

第二章 大学自主办学的本质解读 ······ 30
第一节 大学自主办学的基本内涵 ······ 31
第二节 大学自主办学的构成要素 ······ 38
第三节 大学自主办学的基本特征 ······ 90

第三章 大学自主办学的基点与合理性 ······ 99
第一节 大学自主办学的基点 ······ 99
第二节 大学自主办学的合理性 ······ 121

第四章 大学自主办学的双重关系 ······ 138
第一节 大学自主办学的外部关系 ······ 139
第二节 大学自主办学的内部关系 ······ 160
第三节 大学自主办学内外部关系的互动 ······ 171

第五章 大学自主办学的历史变迁 ······ 202
第一节 大学自主办学外部关系的历史变迁 ······ 203

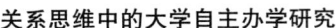

第二节　大学自主办学内部关系的历史变迁 …………… 236
　　第三节　大学自主办学历史变迁的基本特征 …………… 252

第六章　大学自主办学的现实困境与理性抉择 …………… 260
　　第一节　大学自主办学的现实困境 ……………………… 260
　　第二节　大学自主办学的理性抉择 ……………………… 286

第七章　结语 ………………………………………………… 305
　　第一节　研究结论 ………………………………………… 305
　　第二节　研究创新 ………………………………………… 308
　　第三节　研究展望 ………………………………………… 310

参考文献 ……………………………………………………… 312

后　记 ………………………………………………………… 336

第一章

绪　论

第一节　研究缘起

大学自主办学是一个历久弥新的话题,之所以说"历久",是因为早在 1979 年 12 月 6 日,复旦大学校长苏步青、同济大学校长李国豪、华东师范大学校长刘佛年和上海交通大学党委书记邓旭初,联名在《人民日报》发文呼吁"给高等学校一点自主权"之时,就已拉开大学自主办学改革的大幕。如果从大学自主办学外部关系的角度来看,新中国成立以来大学自主办学就一直处于改革与调整之中。1992 年 12 月 8 日,原国家教委发布的《关于加快改革和积极发展普通高等教育的意见》[①],首次明确提出大学自主办学的概念至今已有三十年;之所以说"弥新",是因为在新时代背景下,大学自主办学又被赋予新的时代内涵与意蕴。彼时,是为了促使大学摆脱对政府的依附,成为自主办学的法人实体。当前,除了要落实大学自主办学的法人地位之外,主要是为了释放大学潜能、激发大学活力,从而提高高等教育质量、建设世界一流大学和建设高等教育强国。正如有研究者所言,"大学自诞生起由于其与社会其他组织完全不同的内生属性和独有的特殊规律,尤其是随着大学之人才培养和知识创新对人类社会文明发展的日益重要,以及人们对大学之属性、规律认识的深化,大学对自主办学的诉求亦日益强烈,自主办学似乎成为大学生存发展的必须前提"[②],当然也是大学教育质量不断提升的基础。然而,时至今日,大学自

[①] 国家教育委员会政策法规司:《中华人民共和国现行教育法规汇编(1990—1995)》(上卷),人民教育出版社 1998 年版,第 577—583 页。

[②] 眭依凡:《论大学的自主与自律》,《浙江师范大学学报》(社会科学版)2015 年第 1 期。

主办学作为一个概念,其内涵依然需要挖掘与澄清;大学自主办学作为一种理念,依然遭受着公众的质疑甚至是误解;大学自主办学作为一种价值,依然存在诸多矛盾;大学自主办学作为一种制度,依然需要继续改进与完善;大学自主办学作为一种实践,依然困难重重、举步维艰。由此可见,大学自主办学既是一个非常有价值的理论问题,也是一个亟待解决的实践问题。

一　对高等教育政策的关注与反思

政策对我国高等教育改革与发展具有规范与导向作用,尤其是在构建与完善依法治教体系过程中,政策发挥着不可替代的作用。同样,国家的相关政策也为研究大学自主办学奠定了政策基础与基本方向。当然,从学术研究的角度来说,相关政策也是我们分析、研究与反思的对象。

第一,国家连续出台与发布了多个政策文件,大力推进大学自主办学,这是研究大学自主办学的宏观政策背景。1985年5月27日发布的《中共中央关于教育体制改革的决定》——这个在我国高等教育管理体制改革进程中具有里程碑意义的文件,就明确提出"要扩大高等学校的办学自主权",这是国家政策文件首次以办学自主权的形式提出大学自主办学问题,由此拉开了大学自主办学改革的政策大幕。1992年12月8日,原国家教委发布的《关于加快改革和积极发展普通高等教育的意见》,明确指出"高等教育办学体制的改革是要理顺政府、社会和学校三者之间的关系,按照政事分开的原则,使高等学校真正成为自主办学的法人实体,明确学校的权利和义务、利益和责任,进一步促进学校面向社会自主办学"[①],这是国家政策文件第一次明确提出自主办学的概念。1999年实施的《高等教育法》第一次从法律的角度明确规定,"高等学校应当面向社会,依法自主办学,实行民主管理"[②]。至此,我国大学自主办学有了坚实的法律基础,大学自主办学也成为我国后来历次高等教育重大改革措施与政策关注的核心问题。

---

① 国家教育委员会政策法规司:《中华人民共和国现行教育法规汇编(1990—1995)》(上卷),人民教育出版社1998年版,第577—583页。
② 教育部法制办公室:《中华人民共和国教育法律法规规章汇编》(上),华东师范大学出版社2010年版,第479—485页。

第一章 绪 论

第二，几乎与国家政策推动大学自主办学同步，国家也在积极推动与加强省级政府教育统筹权，这是研究大学自主办学的中观政策背景。《中共中央关于教育体制改革的决定》，提出"为了调动各级政府办学的积极性，实行中央、省（自治区、直辖市）、中心城市三级办学的体制"[①]。1993年2月13日，中共中央、国务院发布的《中国教育改革和发展纲要》，明确提出"中央要进一步简政放权，扩大省（自治区、直辖市）的教育决策权和包括对中央部门所属学校的统筹权"[②]。自此以后，我国高等教育管理体制逐步形成了"中央和省级政府两级管理、以省级政府为主的管理体制"。进入新的发展阶段，中央就加强省级政府教育统筹权做出了一系列重要部署，2010年7月29日，国家中长期教育改革和发展规划纲要工作小组办公室发布的《国家中长期教育改革和发展规划纲要（2010—2020年）》，提出要"加强省级政府教育统筹"[③]。2012年3月16日，教育部发布的《关于全面提高高等教育质量的若干意见》，明确提出要"加强省级政府统筹""完善以省级政府为主管理高等教育的体制"[④]。十八届三中全会发布的《关于全面深化改革若干重大问题的决定》，指出要"扩大省级政府教育统筹权和学校办学自主权"。2014年7月8日，国家教育体制改革领导小组办公室发布的《中共中央关于进一步扩大省级政府教育统筹权的意见》，对扩大省级政府教育统筹权的总体要求、主要内容以及监督落实等做了全面的部署与规划。由此可以看出，扩大与加强省级政府教育统筹权已成为我国高等教育管理体制改革的一个基本政策导向。在国家高等教育改革政策的推动下，不管是部属大学还是地方大学，在新的历史条件下都面临着自主办学的问题。换句话说，自主办学是当前我国大学需要面对的机遇和挑战，亟需在理论上对此作出回应。

第三，随着我国经济社会转型发展，中央也连续出台与发布了多项措

[①] 教育部法制办公室：《中华人民共和国教育法律法规规章汇编》（上），华东师范大学出版社2010年版，第12—18页。

[②] 教育部法制办公室：《中华人民共和国教育法律法规规章汇编》（上），华东师范大学出版社2010年版，第19—29页。

[③] 教育部：《国家中长期教育改革和发展规划纲要（2010—2020年）》，2010年7月29日，http://www.moe.edu.cn/srcsite/A01/s7048/201007/t20100729_171904.html，2016年8月1日。

[④] 教育部：《关于全面提高高等教育质量的若干意见》，2012年3月16日，http://www.moe.gov.cn/srcsite/A08/s7056/201203/t20120316_146673.html，2016年8月1日。

施与政策对部分普通本科高校转型发展做出了重要部署与规划,这是研究大学自主办学的微观政策背景。2014年4月25日至26日,在河南省驻马店市召开了"产教融合发展战略国际论坛",参加此次论坛的178所高校共同发布了《驻马店共识》。实际上,《驻马店共识》的主旨就是落实和推动国务院做出的"引导部分普通本科高校向应用技术型高校转型"的战略部署。可以说,这也是在新的历史条件下,国家推动高等教育内涵式发展的重要战略举措。正是因为如此,《驻马店共识》掀起了我国普通本科高校转型发展的大幕,也揭开了普通本科高校重新审视办学定位,以更好地服务地方经济社会发展、进行自主办学的帷幕。2014年5月2日,国务院发布的《关于加快发展现代职业教育的决定》,明确提出要"引导普通本科高等学校转型发展"①。自此,教育部多位领导同志就引导与促进普通本科高等学校转型发展发表了一系列重要讲话。2015年3月5日,李克强总理在政府工作报告中也明确地指出,要"引导部分地方高校向应用型转变"。可以说,引导与促进普通本科高校转型发展,已成为国家在新的时代背景下,推动高等教育管理体制改革与发展的一项基本战略。但无论国家如何引导和促进部分普通本科高校转型发展,转型发展的任务最终都要落实到高校身上。也就是说,转型发展要依靠普通本科高校自主办学,否则转型发展很可能会沦为在新的历史条件下,由教育主管部门单方面发起的普通本科高校同质化发展的政策运动。然而,自主办学对于普通本科高校而言可能是一个极具挑战性的课题,需要在理论上进行研究与探索,从而才能更好地进行实践。

总之,从政策的角度来讲,1985年《中共中央关于教育体制改革的决定》发布以来,推动和促进大学自主办学逐渐成为我国高等教育改革与发展的战略主线。然而,政府转变高等教育管理方式并不是简单的线性关系,也不仅取决于政府自身,还取决于大学为政府转变管理职能提供了多大的空间与余地,亦即主要取决于大学能否以及能在多大程度上实现自主办学。从当前我国高等教育发展的实际情况来看,大学自主办学政策目标的实现依然任重道远。但是,有一个前提我们需要清楚,自主办学是大学

---

① 教育部:《关于加快发展现代职业教育的决定》,2014年5月2日,http://www.moe.gov.cn/jyb_xxgk/moe_1777/moe_1778/201406/t20140622_170691.html,2016年10月8日。

与外界各因素互促共进的结果,没有对大学自主办学本质等理论问题清晰而深刻的认识,政府出台与实施的政策措施既无实施的基础,也没有多少实际意义。所以说,我国高等教育相关政策既为研究大学自主办学奠定了基础、指明了方向,与此同时,也对大学自主办学相关问题进行深入系统的理论研究提出了新的更高的要求。

二 高等教育改革发展的现实需求

改革开放以来,我国高等教育事业发展迅猛,取得了令世人瞩目的成就。当前我国高校在校生总规模世界第一,是名副其实的世界第一高等教育大国。哈罗德·帕金曾说:"大学的规模发展到最大时,正是社会越来越依靠政府全面控制之日。"[1] 我国高等教育改革与发展的实践似乎诠释了哈罗德·帕金的判断。然而,政府对大学的全面控制已严重地制约了大学办学积极性、主动性以及创造性的发挥与释放。所以,一个令人尴尬的事实是,我国高等教育国际话语权与世界第一高等教育大国的地位极不相称,高等教育质量依然未达到人们的预期,世界一流大学和高等教育强国建设依然任重而道远。质量是高等教育的生命线,没有质量支撑的高等教育规模的迅速发展是"虚胖"。可以说,提高质量是新时期我国高等教育改革与发展的主旋律。社会各界对此有一个基本共识,高等教育管理体制束缚了大学办学活力,要提高高等教育质量需要进行高等教育管理体制改革。

新中国成立之初,大学的一切事务与活动都需要按照政府的计划与指令进行。久而久之,大学办学的积极性与主动性严重受挫,逐渐形成了"等、靠、要"的懒惰思想。所以,尽管当前扩大与落实大学办学自主权,促进大学自主办学,是我国高等教育管理体制改革的基本方向,但我国大学自主办学至今依然处于"放乱收死"循环之中。可以说,"放乱收死"是我国大学自主办学至今尚未走出的"魔咒",也是我国大学自主办学亟须化解的现实困境。2014 年 7 月 8 日,国家教育体制改革领导小组办公室发布的《关于进一步落实和扩大高校办学自主权,完善高校内部治理结构

---

[1] [美]伯顿·克拉克:《高等教育新论——多学科的研究》,王承绪等译,浙江教育出版社 2003 年版,第 26 页。

的意见》就毫不避讳地指出，新一轮的改革要"避免'一放就乱、一乱就收、一收就死'"①。实际上，"一收就死"比较容易理解，因为国家管得过宽、管得过多、管得过严、管得过死，大学缺少办学的活力、积极性和主动性，自然就会死气沉沉、死水一潭。但是，"一放就乱"该如何理解呢？国家赋予大学所呼吁的办学自主权了，为什么没有出现大学自主办学繁荣发展的理想局面，反而陷入混乱状态呢？

实际上，大学自主办学是一个复杂的系统性问题，推动大学自主办学绝不仅仅是扩大或落实大学办学自主权的问题。如果说大学拥有了办学自主权，却没有能力使用好办学自主权，也没有承担与办学自主权相伴而生的自主办学责任，那么就不可能出现大学自主办学的理想局面，而出现有权不用甚至是乱用的混乱局面倒是意料之中的，甚至是不可避免的。本书认为，大学自主办学之所以至今未走出"放乱收死"的恶性循环，一个重要原因就是对大学自主办学的模糊认识甚至是误解。因为，理论的模糊不清，实践也定然不会顺利。因此，在新一轮建设世界一流大学的伟大征程中，深入研究与探讨大学自主办学，是无论如何也绕不过去的一个核心问题。因为，"无论从哪个角度讲，大学都是一个独立的主体，大学的办学质量与水平在根本上取决于大学办学主体性和自主性的发挥。大学的繁荣与发展离不开外界的推动，而外界的推动又以尊重大学办学的主体性和自主性为前提。可以说，大学的繁荣与发展是价值引导与自主建构相统一的过程。同样，建设中国的世界一流大学也是一个价值引导与自主建构相统一的过程，政府和社会的价值引导为建设中国的世界一流大学提供方向，而尊重大学的主体性和自主性，促进大学自主办学是建设中国的世界一流大学的根本动力"②。并且，走出大学自主办学"放乱收死"恶性循环，需要重视与加强对大学自主办学本质等理论问题进行深入研究。

三 高等教育理论研究的"内在紧张"

自潘懋元先生等人在我国创立高等教育学以来，高等教育理论研究在

---

① 教育部：《关于进一步落实和扩大高校办学自主权，完善高校内部治理结构的意见》，2014 年 12 月 22 日，http://www.moe.gov.cn/s78/A02/zfs__left/s6528/s6529/201412/t20141222_182222.html，2016 年 8 月 1 日。

② 林杰：《世界一流大学：构成的还是生成的？——基于系统科学的分析》，《复旦教育论坛》2016 年第 3 期。

第一章 绪 论

我国大江南北呈现蓬勃发展之势，取得了一大批令人尊重的研究成果，也为我国高等教育改革与发展做出了重要贡献。然而，回顾近些年的高等教育理论研究不难发现，成就的背后也存在一些令人担忧的现实困惑与问题。

首先，高等教育理论研究似乎进入一个高原期，很多理论问题没有实质性的突破，以至于给人们——甚至是很多高等教育研究者——造成一种理论研究已无多大必要或者不可能有新的突破的错觉。并且也对新生代研究者造成一种误导，使他们认为即使从事高等教育理论研究也很难搞过那些老一辈高等教育理论研究者，进而理性地选择放弃。长此以往，我国高等教育理论研究能否可持续发展，是一个值得关注的问题。其次，人们对大数据的追捧与热情，又加上实证主义研究方法的大行其道，似乎形成了没有数据的研究都是耍流氓的局面，高等教育理论研究也深受其影响而逐渐受到冷落，甚至不断地遭到质疑与攻击。不只是新生代高等教育研究者深受影响，就连有些成熟的高等教育研究者也在不知不觉中受到影响。当然，如果说是自觉地应用实证或数据来验证、充实与完善已有的理论研究，以使理论研究更加合理、更具有指导实践的价值，则另当别论。事实上，很多研究者对数据或实证是盲目跟风，对技术手段的意义与价值没有深刻与清晰的认识，没有弄清楚目的与手段之间的关系。如此一来，很多高等教育研究成果在"伪实证主义"的道路上越走越远，而完全忘记了为什么要出发，甚至于很多研究成果成了纯粹的技术炫耀。高等教育理论研究肯定是建立在实践的基础上，高等教育研究本身就是一个实践性很强的研究活动，同时高等教育研究也是一个复杂的研究领域，绝不是单纯的凭空拍脑袋似的书斋式研究就可以弄清楚的，而数据或实证的意义与价值就在于为理论研究与挖掘提供支撑，以使理论更加科学合理，对实践更具指导性价值。同样，没有理论深度的实证更是干瘪的、苍白的，没有灵魂的。最后，理论来源于实践，实践是理论产生与发展的现实土壤，而理论又指导实践进一步发展。理论研究不可能脱离实践（亦即事实），实践也需要理论的解释与指导，理论与实践之间是互补的，绝不是水火不容的。然而，回顾我国高等教育理论研究的发展历程，不难发现存在着过度的和典型的实践依附和单纯的政策诠释倾向，对高等教育实践和政策的反思性研究较少，批判性研究则更少。当然，高等教育作为"活在"当下的实践活动，高等教育研究关注当下政策具有合理性和必然性。但是，这需要建立在对高等教育本质或大学本质深刻认识与准确把握的基础之上。否则，高等教育研究仅仅是对政策的诠释与宣传，而不会对改进和完善政策与实践发挥其应有的作用。

具体到大学自主办学，上述这些问题都有不同程度的体现和反映。一方面，关于大学自主办学的理论研究开始得较早，但是随着实践发展关于大学自主办学的理论研究却逐渐地转化成了大学办学自主权研究。有些研究者甚至认为大学办学自主权与大学自主办学完全等同，这或许也是我国大学自主办学理论研究对实践指导意义不大的重要原因；另一方面，关于大学自主办学的相关研究一般都是以既有实践和政策为基础，而对既有实践和政策的反思稍显不足，更不用说对实践和政策发挥引导性作用了。以大学自主办学的本质为例，学术界对此就没有形成有说服力的共识，并且有些研究者对此存在严重的误解却不自知。由此，建立在对大学自主办学内涵模糊甚至是错误认识基础上而提出的一些对策建议不但于实践无益，甚至还严重地影响了大学自主办学实践的开展与推进。事实上，有些看似常识性问题的背后，往往掩饰了问题的本质，通常也会误导实践的开展。无论是从理论的角度，还是从实践的角度来看，当前各界对大学自主办学的外延和内涵还存在诸多争议，诸如政府与大学之间的权限划分尚不清晰，大学独立法人地位如何界定，等等。可以说，大学自主办学缺乏强有力的理论支持，理论滞后于实践的发展，尚处于走一步看一步的状态①。当前，亟须对大学自主办学本质等理论问题进行深入系统的研究与探索，否则推动大学自主办学的所有政策与措施，就找不准着力点和立足点，也找不到目的与归宿。如此不但不利于大学自主办学的顺利推进，很可能还会起到负作用。正如德国学者布列钦卡所指出的那样，"无论是明确地表述问题，还是检验假设，一个根本性的前提，就是需要清晰的概念。假如人们对其正在寻找的东西没有清晰的认识，任何观察和实验都会无济于事"②。所以我们认为，对大学自主办学基本理论问题研究的不足，就不会对大学自主办学的本质有清晰而明确的认识，由此也就影响和阻碍着大学

---

① 朱祥：《对深化高校自主办学的思考》，《湖南社会科学》2008年第3期。
② ［德］沃尔夫冈·布列钦卡：《教育科学的基本概念——分析、批判和建议》，蓝劲松译，华东师范大学出版社2001年版，第11页。

自主办学的顺利推进与开展。如此一来，就迫切需要对大学自主办学本质等理论问题进行系统深入的研究与探讨，从而形成清晰而明确的认识，进而为大学自主办学的顺利开展提供坚实的理论支撑与指导。

从某种意义上来说，对大学自主办学的本质及其相关问题的理论研究诉求，已然形成了一种"内在紧张"。进而，这种"内在紧张"就形成了对此进行深入研究与探索的原初动力，也是笔者个人研究旨趣所在。当然，对这个看似常识性的问题进行再次探索与挖掘，可能会存在各种智力因素和非智力因素的困扰或阻碍。然而，理论研究的乐趣与价值，也正在于穷尽智力因素而突破非智力因素的困扰或阻碍，进而形成对问题本质的科学认识。需要说明的是，长期以来各界一直注重和探讨政府对大学自主办学的限制，进而呼吁政府应扩大与落实大学办学自主权，而忽视或轻视了大学只有用好既有办学自主权才能获得更大办学自主权的客观现实。因为从本质上来讲，"自治并不是一种权利，自治必须不断地获得，而且通过负责的行为和对社会有效的服务去获得"①。实际上，大学如果不能有效行使已有权力，不能通过负责的行为让政府有信心赋予其更多的权力，而欲求更大、更多的办学自主权仅仅是大学一厢情愿的奢望。所以，如果一味地强调现有体制对大学自主办学的限制，依然不能认清大学自主办学的本质。恰如涂又光先生所言，中国大学改革与发展的"瓶颈"是客观存在的，打破"瓶颈"不一定是首选策略。打破"瓶颈"不如利用"瓶颈"。"瓶颈"不存在有无的问题，只存在优劣的问题，要量体裁衣，我们需要在现有"瓶颈"条件下有所作为才是首选策略。② 对大学而言，如果大学一直呼吁的体制改革得以实现，而自己却没有建立起相应的新的应对机制和运行机制，也就不能有效地利用体制改革提供的有利条件。对推动大学自主办学来说，即使政府赋予大学办学自主权，大学也不能有效使用，更不能有效承担与履行与办学自主权相伴而生的自主办学责任。所以，1979年几位大学领导人呼唤办学自主权至今已四十多年，而今大学自主办学依然没有彻底走出"放乱收死"的恶性循环。有责任感、有担当的"大学

---

① ［美］克拉克·克尔：《高等教育不能回避历史——21世纪的问题》，王承绪等译，浙江教育出版社2005年版，第145页。
② 董云川：《论中国大学与政府和社会的关系》，博士学位论文，华中科技大学，2002年，第87页。

人"面对这种"怪象"与"无奈",在不知疲倦地寻求解脱之道,由此才有了以办学自主权"放与收"为核心的大学自主办学改革,才有了办学自主权如何有效行使的艰难探索,才有了为何不能有效履行办学自主权的追问,也才有了办学自主权、自主办学责任以及自主办学能力之间关系的探讨,也才有了构建政府、社会、大学之间新型关系的构想与实践。如叶澜教授所言,"教育研究是'事理'研究,即探究人所做的事情的行事依据和有效性、合理性的研究。它不同于一般所言的现象研究,仅要求对现象进行描述和说明。它是为成事,即办好此事而进行的研究,所以必须包括下述两大类型的研究:作为依据的研究,可作为基本理论研究;作为有效性和合理性改进的研究,可作为应用研究"①。叶澜教授的这一观点,对确立本研究的基本研究取向具有重要的启发。从逻辑上讲,高等教育属于教育,高等教育研究亦属于教育研究范畴,因而高等教育研究也可以分为:作为依据的研究,亦即基本理论研究;作为有效性和合理性改进的研究,亦即应用研究。本书也致力于成为基本理论研究,对实践问题也有述及,故而本书立足于"以事实为依据的理论研究"。

总而言之,对大学自主办学这个"老问题"进行剖析,并不是无病呻吟,更不是故弄玄虚。虽然,近年来我国高等教育改革与发展可谓轰轰烈烈,成绩斐然。然而,不但新的问题层出不穷,而且有些"老问题"也被如火如荼的高等教育改革实践所掩盖。常识告诉我们,任何有机体的小问题若积久必然成疾,倘若再久而不析、久而不医、久而不治,必将病入膏肓。大学是一个按照自身规律发展的独立的有机体②,自主办学是大学的本质追求,也是大学应有的理想状态。然而,就是这么一个任何高等教育研究者都明了的"老问题"却一直未能得到有效解决,一直没有成为大学发展的实然状态。究其缘由,本书认为是我国高等教育实践发展的步伐过快,以至于没有时间与耐心来深入地、系统地、全面地、认真地分析与研究这个建设世界一流大学、提高高等教育质量以及建设高等教育强国的基石,也是无论如何都绕不过去的"老问题"。事实上,大学自主办学不仅是一个现实问题,更是一个理论问题。理论认识的模糊不清,一个可能的

---

① 叶澜:《教育研究方法论初探》,上海教育出版社1999年版,第322页。
② [美]约翰·S. 布鲁贝克:《高等教育哲学》,王承绪等译,浙江教育出版社2001年版,第16页。

第一章 绪 论

结果就是理论不彰，如此一来实践就缺乏有效的理论指导。很现实的一个例子是，当政府问大学需要什么权力，需要哪些权力时，大学自己都"丈二和尚摸不着头脑"，如此怎么可能实现自主办学呢。"科学概念是从事科学思维的工具"①，也是理论研究的基础。没有对科学概念的深刻认识与准确把握，相关的理论研究必然不会牢靠。同样，大学自主办学本质等理论问题是一个"老问题"，而如果不把这个"老问题"弄清楚、弄明白、弄透彻，寒来暑往、春去秋来，它依然会制约高等教育繁荣发展。由此可见，当前对大学自主办学本质等理论问题进行深入分析与探讨，是必要的，也是迫切的。

第二节 研究综述

对大学自主办学相关研究成果进行梳理、分析与挖掘，系统了解与全面掌握已有研究取得了哪些成绩、存在哪些不足以及还有哪些问题尚未触及等基本进展与情况，是本书开展与推进的重要前提。由于学术研究的话语体系、历史传统以及生态环境等存在差异，大学自主办学是一个中国特色的概念，基本上是西方语境下大学自治的本土化。除特别说明和原文引用外，在行文中将二者等同使用。接下来，本书从大学自主办学的内涵、动因、影响因素、存在的问题以及推进策略五个方面，对直接相关研究文献进行简要梳理与分析，以把握其梗概。

一 大学自主办学的内涵

大学自主办学是一个内涵非常丰富的概念，是一个随着时间变化而变化的概念②，所以也是一个很难做出规范性界定的概念。实际上，当前在高等教育领域中很多问题都很难做出概念性界定，学术自由和大学自主办学也不例外。③ 大学自治的概念来源于希腊语的"自我"和"法律或习惯

---

① ［美］M. W. 瓦托夫斯基：《科学思想的概念基础——科学哲学导论》，范岱年等译，求实出版社1989年版，第12页。
② Jürgen Enders Harry de Boer Elke Weyer, "Regulatory Autonomy and Performance: The Reformof Higher Education Re-visited", *Higher Education*, Vol. 65, No. 1, Jan 2013, pp. 5 – 23.
③ Mu Guoguang, "Academic Freedom and University Autonomy: the Chinese Perspective", *Higher Education Policy*, Vol. 9, No. 4, Dec 1996, pp. 295 – 97.

用语",自治是大学或学院的一种权利和责任。莱维(Levy)认为大学自治就是在大学之内大学自己说了算,或者说是大学自己控制自己的各项活动。① 可以说,这个界定与罗伯特·伯达尔(Berdahl)、格雷汉姆(Graham)以及皮佩(Piper)等人的界定异曲同工,罗伯特·伯达尔等人对大学自治的界定非常经典,对后续的相关研究产生了广泛而深远的影响。罗伯特·伯达尔等人认为,大学自治可以看作是一种大学不受外界控制的权力,而大学自治可以分为实质性自治(Substantive autonomy)和程序性自治(Procedural autonomy)。实质性自治就是指大学拥有制定目标、政策和规划的权力,程序性自治就是指大学拥有选择实现目标的技术手段的权力。② 阿什比(Ashby,E.)认为大学自治的要素和范围主要体现在以下六个方面:"在大学的管理上免于非学术的干预;以大学看来合适的方式自由地分配资金;自由地招收教职员并决定其工作条件;自由地选择学生;自由地设计和传授课程;自由地设置标准和决定评价方式。"③ 有学者基于多元主义的视角指出,大学自治应该包括人事任命自主权、学术研究自主权以及经费使用自主权三个方面,并指出人事任命自主权主要包括聘任、职务晋升以及解雇教授、院长、校长以及行政人员等,学术研究自主权主要包括自主选择职业、自主选择课程与科目、建立学位标准以及学术自由等,经费使用自主权主要包括预算和财务问责。④ 欧洲大学协会(European University Association,EUA)开发的"自治计分卡"(Autonomy Scorecard),将大学自治分为学术的自治、财政的自治、组织的自治以及人事的自治,并据此对欧洲各国大学自治状况进行分析与研究⑤。

与西方不同,我国对大学自主办学的探讨起步较晚,相关研究也相对

---

① Levy D. C., *University and Government in Mexico: Autonomy in an Autoritarian System*, New York: Praeger, 1980, pp. 4 – 7.

② Berdahl R. O., Graham J., Piper D. R., *Statewide Coordination of Higher Education*, Washington: American Council on Eucation, 1971, p. 10.

③ Ashby E., Anderson M., "Universities: British, Indian, African", *A Study in the Ecology of Higher Education*, London: Weidenfeld & Nicolson, 1966, p. 296.

④ Ordorika, Imanol, "The Limits of University Autonomy: Power and Politics at the Universidad Nacional Autónoma de México", *Higher Education*, Vol. 46, No. 3, 2003, pp. 361 – 388.

⑤ Thomas Estermann, Terhi Nokkala & Monika Steinel. *University Autonomy in Europe II: the Scorecard*, Europe University Association, 2011.

滞后。通过梳理与分析相关研究之后发现，我国研究者主要从以下几个角度对大学自主办学的内涵进行分析与论述：一是，从比较的角度，通过分析西方语境下的大学自治来阐释大学自主办学；二是，从法律政策的角度，通过解读和阐释我国既有法律与政策文件来剖析大学自主办学；三是，从自主与自律、模式与层次的角度，研究者主要认为大学自主办学与自律是辩证统一的关系，具有不同的层次和类型之分；四是，从办学自主权的角度，研究者将大学自主办学与办学自主权视为同一个概念，只是提法不同。事实上，虽然人们对大学自主办学的认识仁智各见，但也体现出一些很明显的共性内涵：首先，明确了大学自主办学是相对的自主办学，虽然大学自主办学的精义是学术主导①，但大学自主办学受到现有政治体制、法律制度等限制，是自主与自律的对立统一；其次，大学自主办学是需要处理好大学、政府以及社会之间的关系问题；再次，大学自主办学需要拥有一定的办学自主权，也就是说大学应该独立地决定它们自己的目标和优先顺序，并付诸实施②；最后，不同层次与类型的大学，自主办学的水平存在差异。此外，大学自主办学与学术自由之间的关系，也是学术界历来探讨较多的话题。恰如俄罗斯研究者指出的那样，自由对我们的生活和大学而言都非常重要，所以必须对学术自由和大学自治这两个经常被视为完全相同的概念做出精确的定义。③ 也有西方研究者指出，在研究大学自治的相关问题时，需要分清大学自治和大学教师学术自由之间的差异。就英国高等教育系统过去几十年的发展实践来看，大学自治与大学教师学术自由之间的关系已经破裂，并且与大学教师学术自由程度逐渐下降相匹配的是大学自治的程度逐渐扩大。④ 普理查德认为，大学自治主要是指政府或国家与大学之间的关系问题，而学术自由主要是指作为个体学者的价

---

① 金维才：《高校自主办学与大学章程的合法性》，《安徽师范大学学报》（人文社会科学版）2010 年第 3 期。

② Tight M., "Institutional Autonomy", Burton R. C., Guy N., et al., *The International Encyclopedia of Higher Education*. New York: Pergamon Press, 1992, p. 1384.

③ Verbitskaya L. A., "Academic Freedom and University Autonomy: A Variety of Concepts", *Higher Education Policy*, Vol. 9, No. 4, Apr 1996, pp. 289 – 294.

④ Reeves, M., T. Tapper and B. Salter, "Oxford, Cambridge and the Changing Idea of the University. The Challenge to Donnish Domination", *British Journal of Educational Studies*, Vol. 3, No. 41, Sept 1993, pp. 59 – 71.

值取向或偏好。① 也就是说，大学自治通常是大学与政府间权力界限的表征，而学术自由通常是作为个体意义上的学者在学术活动中享有的不受外界威迫与约束的权利。② 有研究者通过历史与比较的视角，对大学自主办学与学术自由之间的关系进行了系统考察之后，认为大学自主办学与学术自由通常被视为一对紧密相连、相互促进的概念，一同被视为现代大学的普遍精神和价值诉求，但是，"从理论上来说，大学自治与学术自由并非含义相同的概念"③。应该说，当前学术界对大学自主办学与学术自由之间的关系已达成如下共识：大学自主办学与学术自由密切相关，但二者又不是同一个概念。

二 大学自主办学的动因

有研究者既从高等学校运行机制、发展学术研究的需要和培养专门人才的特点等角度，论述了我国高等学校自主办学的客观必然性，也从国外高等教育管理体制改革的发展历程与未来趋势的角度，阐述了我国高等学校自主办学的客观必然性。④ 有研究者指出，高等学校面向社会自主办学是我国高等学校为适应建立社会主义市场经济体制需要进行的重大改革。⑤ 有研究者指出，高等学校应有办学自主权，是建立社会主义市场经济体制宏观背景下的必然要求，同时也是高等学校完成任务与践行使命、按照教育规律办学的客观要求。⑥ 有研究者通过对改革开放以来我国高等教育改革政策进行分析之后，指出我国高等学校自主办学是改革开放政策实施与推进的重大成果之一，是我国高等学校建设与发展不可逆转的大趋势⑦。有研究者指出，自主办学思想的产生不是偶然的，有其深刻的社会历史必然性。一方面，政府对社会各领域的管理逐步从事无巨细的直接管理向宏

---

① Pritchard and M. O. Rosalind, "Academic Freedom and Autonomy in the United Kingdom and Germany", *Minerva: A Review of Science, Learning & Policy*, Vol. 2, No. 2, Fed 1998, pp. 101 – 124.
② 阎光才：《西方大学自治与学术自由的悖论及其当下境况》，《教育研究》2016 年第 5 期。
③ 茹宁：《从学术自由与大学自治的关系看我国大学"去行政化"改革》，《高教探索》2011 年第 2 期。
④ 王德清：《自主办学是高等学校发展的基本规律——写在〈高等教育法〉开始实施之际》，《高等教育研究》1999 年第 1 期。
⑤ 袁自煌：《高等学校面向社会自主办学的思考》，《教育管理研究》1994 年第 4 期。
⑥ 姚启和：《自主办学：高等学校自身发展规律的要求》，《高等教育研究》1999 年第 5 期。
⑦ 杜作润：《论我国高校的自主办学》，《现代大学教育》2003 年第 5 期。

观调控与微观放权模式转变;另一方面,在市场经济体制不断完善的背景下,各种社会机构向高等学校提出了新的要求,高等学校需要对此做出积极的响应。所以,高等学校需要从面向政府办学转到面向市场的挑战与机遇办学,也就是要转到直接面向社会需要办学。① 从以上的简要论述中,我们发现研究者们对我国大学自主办学动因的认识较为一致,基本上都认识到大学自主办学是大学自身发展规律、市场竞争机制以及国家高等教育管理体制改革等因素共同作用下的必然结果与大势所趋。不过,大多数研究者还是倾向于从外部寻找或解释大学自主办学的动因,并且已有研究更多的还是宏观层面的论述,而相对地忽视了大学自身因素的作用,更没有深入到大学的办学自主权、自主办学责任以及自主办学能力之间关系的问题。

三 大学自主办学的影响因素

有研究者认为全球性的经济衰退,给政府加强对大学的控制提供了很好的机会,并且政府也更加强调大学必须对社会的需求做出回应,由此政府制定与采取的公共政策对大学自主办学产生了重要而深远的影响。② 有研究者指出,目前政府与高校、市场与高校之间都缺少"隔离带",所以政府和市场都会对大学自主办学产生严重的干扰与阻碍。③ 有研究者指出,大学自主办学的阻力主要来自政府和民间两个方面,并且这两个方面的阻力已经形成一个恶性循环——政府加强对高校的管理、直接参与学校办学,让高校的运行与发展日益行政化;逐渐行政化的高校,越来越偏离教育属性,如此一来社会舆论对高校的担忧也与日俱增;诟病与质疑不断的社会舆论,又给政府部门加强对高校的行政化管理提供了合适的理由,如此产生了恶性循环,其最终后果就是高校办学质量难以提高④,自主办学也就难以实现。有研究者以清华大学为个案,力图揭示学术、官僚和大学自治之间的复杂关系,认为大学自治是一把"双刃剑",并指出了政府对

---

① 别敦荣:《我国高等学校的自主办学与西方的大学自治》,《高等教育研究》1999 年第 5 期。
② Clarke, A. M. and H. Stewart, "University Autonomy and Public Policies: A System Theory Perspective", *Higher Education*, Vol. 1, No. 13, Jan 1984, pp. 23 – 48.
③ 段慧兰:《大学自主办学的理想愿景与现实选择》,《现代大学教育》2011 年第 4 期。
④ 熊丙奇:《自主办学是提高高教质量的关键》,《河南教育》2009 年第 1 期。

大学的控制机制和单个大学如何采取相应的策略来获得相对自由。① 有研究者指出，高校的办学活动既是一种教学和科学研究活动，也是一项社会活动，所以，政府的宏观管理和学校的自主办学，是高等教育生存、发展与繁荣必不可少的重要力量，并且政府和高校之间并不具有排他性，故而不能偏向政府宏观管理而绝对地排斥高校自主办学，也不能偏向高校自主办学而绝对地排斥政府宏观管理。可以说，政府宏观管理和高校自主办学整体的、有机的、系统的结合，是不以人的意志为转移的客观发展规律与未来发展趋势，也是我国高等教育走向现代化、实现繁荣发展的必由之路。② 有研究者认为高校面向社会自主办学主要涉及大学领导人、高校自身、政府以及社会等因素，并对这些主要影响因素在推动高校自主办学过程中所应发挥的作用和具体行动措施提出了相应的设想。③ 从总体上来说，研究者们对大学自主办学影响因素的认识也较为一致，这些影响因素大致可以划分为宏观与微观两个层面。宏观方面主要是政府、社会以及大学自身；微观方面主要是学生、教师以及大学领导人。实际上，已有研究者不无质疑地指出，越来越广泛的、详细的和苛刻的问责程序，会不会使大学自治成为一纸空文？④ 然而，从客观来讲，这并没有深入办学自主权、自主办学责任以及自主办学能力之间关系的层面。

四 大学自主办学存在的问题

研究者们认为，在我国大学自主办学过程中，主要存在以下几方面问题，一是，高等教育管理体制问题，主要表现就是大学依然附属于政府，也就是说在实际运行发展过程中，大学依然缺乏办学自主权，政府对大学的行政权力缺乏有效监督和制约等⑤；二是，大学自主办学的保障机制问

---

① Su Yanpan, "Intertwining of Acdemia and Officialdom and University Autonomy: Experience from Tsinghua University in China", *Higher Education Policy*, 2007（20）: 121 – 144. ［1］Pan and Su-Yan, "Intertwining of Academia and Officialdom and University Autonomy: Experience from Tsinghua University in China", *Higher Education Policy*, Vol. 20, No. 2, Feb 2007, pp. 121 – 144.
② 许剑:《试论政府宏观管理和学校自主办学的结合》,《高等教育研究》1997 年第 2 期。
③ 袁自煌:《高等学校如何"面向社会自主办学"?》,《高等教育研究》1995 年第 1 期。
④ Reeves, M., T. Tapper and B. Salter, "Oxford, Cambridge and the Changing Idea of the University. The Challenge to Donnish Domination", *British Journal of Educational Studies*, Vol. 3, No. 41, Sept 1993, pp. 59 – 71.
⑤ 钟秉林:《关于大学"去行政化"几个重要问题的探析》,《中国高等教育》2010 年第 9 期。

第一章 绪 论

题,在体制保障方面、经济保障方面、法制保障方面以及社会保障方面存在一些问题,正是这些问题阻碍了高校自主办学的发展进程①;三是,大学存在功利主义问题,从根本上来说,在我国,政府与高等学校之间核心利益是一致的。但由于政府与高校毕竟是性质不同的两个主体,所处地位也存在现实的差异。所以,在大学运行与发展过程之中,政府与大学之间就会在长远利益和眼前利益、全局利益和局部利益方面产生一些矛盾。尤其是在大学自主办学获得法律确认之后,大学作为独立法人,它的地位应该受到尊重,大学也有了自己的利益和要求。② 然而,在内外部因素的共同作用下,大学逐渐地偏离了其本质属性而表现出功利主义行为。但是,如果大学一味追求功利,丧失大学精神,将不可救药;四是,大学办学经费来源的多样化也潜在地影响着大学自主办学,从表面来看,办学经费来源的日益多样化看似能增加大学自治和学术自由的水平,但是这也在深层次上限制着大学自主办学和学术自由,尤其是当这些经费来源于企业或私人基金时。所以,平衡国家与市场的需求,是未来中国大学自主办学过程中可能会面对的一大难题,所以中国大学自主办学就像在"笼中起舞"③。从学术界对大学的各种批判、质疑、诟病与反思来看,我国大学自主办学问题不容忽视。可以说,从体制到运行、从保障到评价、从实践到理念,似乎都存在问题。

五 大学自主办学的推进策略

鉴于研究者认为大学自主办学问题是如此之多、如此之重,所以研究者为"医治"大学自主办学之病也开出很多"药方"。概而言之,主要包括以下几个方面:一是,从比较与借鉴的角度来研究大学自主办学的推进策略,并且以借鉴美英日等高等教育发达国家的实践经验为主;二是,从大学内外部相结合的角度来研究大学自主办学的推进策略,主要是理顺大学与政府和社会(包括市场)之间的关系,大学自身处理好自主与约束之间的关系;三是,从法律政策与制度的角度来研究大学自主办学的推进策

---

① 曾永光:《完善保障机制促进高校自主办学》,《湖南社会科学》2008 年第 2 期。
② 张德祥:《政府与高等学校之间的"缓冲器"》,《高等教育研究》1995 年第 4 期。
③ Rui, Y., L. Vidovich and J. Currie, "Dancing in a cage: Changing Autonomy in Chinese Higher Education", *Higher Education*, Vol. 54, No. 4, Apr 2007, pp. 575 - 592.

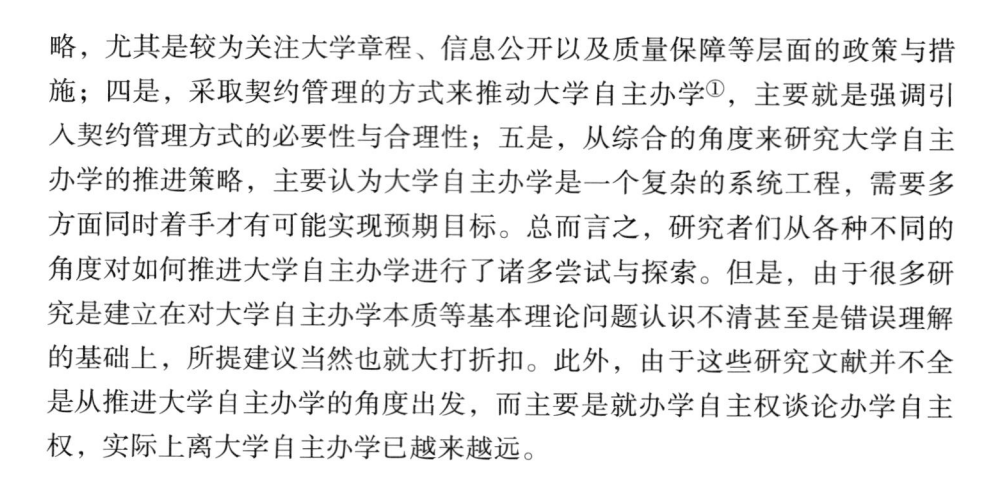

略,尤其是较为关注大学章程、信息公开以及质量保障等层面的政策与措施;四是,采取契约管理的方式来推动大学自主办学①,主要就是强调引入契约管理方式的必要性与合理性;五是,从综合的角度来研究大学自主办学的推进策略,主要认为大学自主办学是一个复杂的系统工程,需要多方面同时着手才有可能实现预期目标。总而言之,研究者们从各种不同的角度对如何推进大学自主办学进行了诸多尝试与探索。但是,由于很多研究是建立在对大学自主办学本质等基本理论问题认识不清甚至是错误理解的基础上,所提建议当然也就大打折扣。此外,由于这些研究文献并不全是从推进大学自主办学的角度出发,而主要是就办学自主权谈论办学自主权,实际上离大学自主办学已越来越远。

六 文献述评

从已有相关研究来看,由于我国高等教育管理体制的宏观架构尚处于不断完善之中,所以关于大学自主办学的很多研究与论述还集中在宏观层面,多是从外部性视角来论述大学自主办学,而中微观层面的相关研究则相对较少。

国外关于大学自治内涵的研究较为深入,对大学自治核心的认识已基本形成共识,那就是追求学术自由。在西方国家,大学自治既是一种办学理念,又是一种制度安排,也是大学的一种应然权利。并且,无论是什么层次、什么类型的大学,在学术事务上都享有很大的学术自由。由此可见,西方国家大学自治与我国大学自主办学一个显著的不同是,西方国家的大学自治是与生俱来的一种权利,而我国大学自主办学是外界(尤其是政府)的认可。近年来,西方国家大学自治的领域与范围由于受到政府和市场的挤压而逐渐压缩;我国大学自主办学的领域与范围在大学自主意识觉醒和外界推动的共同作用下,却在逐渐拓展。对这一发展趋势可做如下解读:没有绝对的大学自治或大学自主办学,大学自治或大学自主办学最终将达到一个动态平衡。由此可见,由于国家政治体制、历史传统以及文化观念等因素的不同,不同国家的大学自主办学或大学自治的体现与表达

---

① Kallison, J. M. and P. Cohen, "A New Compact for Higher Education: Funding and Autonomy for Reform and Accountability", *Innovative Higher Education*, Vol. 35, No. 1, Jane 2009, pp. 37 – 49.

方式又存在一些差异。也就是说，同样的一种价值追求，在不同国家、不同历史时期有着不同的表达方式与制度安排，这也从侧面说明了并不存在放之四海而皆准的大学自主办学模式。所以，关于大学自主办学的相关研究都必然是在结合具体国家和文化背景基础上展开的，那种追求普世的大学自主办学理想模式的思想与努力，与高等教育发展的大趋势显得格格不入。这也就为研究我国大学自主办学提供了一个非常有价值的启示：理想的追求需要与具体的、现实的客观环境与条件相结合。只有如此，所做的研究才有意义，所得到的研究结论才有价值，否则所有的努力都必将因"乌托邦式"的愿景而付诸东流。

我国学者研究大学自主办学有着特定的社会历史背景，并且已有研究虽在营造舆论关注度、阐释政策文本、剖析影响因素以及引介国外研究成果与进展等方面取得了很大成绩，但也不免留有一些遗憾和问题。具体来说主要体现在以下几个方面。

首先，已有研究对大学自主办学这样一个基本概念的外延论述较多，对其的内涵探讨较少。关于大学自主办学内涵的已有研究，要么是借用政策文本的表述来阐释其内涵，要么是借鉴西方语境下的大学自治来揭示其内涵，要么是从自主与控制等关系的角度来分析其内涵，要么就是将大学自主办学作为一个尽人皆知的前提性概念直接运用。如果说有些论述只是揭示了大学自主办学内涵的某个侧面，最多是认识不全面，并不存在认识上的错误。然而，那种直接将大学自主办学等同于大学办学自主权的认识，就算不是彻底错误的，也肯定不完全正确。尽管办学自主权是大学自主办学的核心，是大学自主办学必不可少的前提性条件，但绝不是大学自主办学的全部，因而更不可以将其与大学自主办学直接画等号。然而，在学术研究和实践开展过程中，将大学自主办学与大学办学自主权等同的观点却大有市场。应该说，在特定历史时期以办学自主权为切入点推动大学自主办学也抓住了问题的关键与核心，但也多多少少模糊甚至是阻碍了对大学自主办学内涵的深入、全面、系统的认识、理解与把握，进而在一定程度上影响了推动大学自主办学的进程。也有一些研究从自主管理、自我发展、自我约束或自主办学能力与办学自主权统一的角度来探讨大学自主办学，但非常遗憾的是这样的文献并不多见，相关观点都是散见于行文中的只言片语。就是将此作为文章主题的文献，其论述也较为宏观，甚至与其要探讨的问题也偏离较远。通过对这些文献作者的学术研究进展进行跟踪研究发现，这些研究者并没有公开发表过其他文献对此问题再做进一步的研究与探讨。我们认为由于很多研究偏离了大学自主办学的基本内涵，从而不再对大学自主办学内涵本身进行探究。并且，有些研究者认为大学自主办学在今天的学术研究中已是一个尽人皆知的常识性概念，再对此进行研究已无多大必要，也没有多少价值与意义。所以，关于大学自主办学内涵的直接相关研究文献都相对久远，在当前的高等教育基本理论研究中已经很难发现对此进行系统研究的文献了。当然，也正是因为如此，在新的时空条件下才非常有必要对大学自主办学的内涵重新进行深入、系统、全面的认识、理解与把握，这也是本书欲有所突破之处，更是本书的难点所在。

其次，从宏观层面来看，关于大学自主办学合理性等问题的相关研究非常丰富。然而，正是由于已有研究更倾向于从宏观层面（亦即外部性视角）来分析与论述大学自主办学的合理性，所以导致从微观层面（亦即内部性视角）的相关研究较为缺乏。如此一来，有些研究对大学自主办学合理性的分析，偏离了大学的本质属性和本质使命，并没有抓住问题的核心与关键。事实上，探究大学自主办学的合理性，如果没有对大学本质属性准确而深入的认识，是不可能得到全面而深刻的理解与把握的。因而，探究大学自主办学的合理性，需要融通内部性视角和外部性视角，并结合大学本质属性，如此才有可能得到合理而深刻的认识与理解。

最后，对大学自主办学"放乱收死"的认识与研究甚为薄弱，已有研究几乎都是从外部性视角对此进行探讨，而缺少基于内部性视角的分析，鲜有从内部性视角与外部性视角相结合的研究。基于外部性视角的相关研究，也很少将政府、社会和大学作为系统整体来分析大学自主办学"放乱收死"。也就是说，分析政府、社会、大学三主体中"两两关系"者居多，而看到"三位一体"者较少。基于内部性视角的相关研究，主要侧重于大学办学自主权和自主办学责任方面，很少将大学自主办学能力作为一个因素提出来，而鲜有研究者看到大学办学自主权、自主办学责任、自主办学能力三者之间正向匹配与耦合共生的关系。大学自主办学既是一种理念，也一种价值选择，又是一种制度安排，更是一项复杂的高等教育改革实践。所以，要深刻、全面、系统地剖析与揭示大学自主办学过程中存在的问题，必然要采用历史与现实相结合、理论与实践相结合、部分与整体相结合、内部与外部相结合的方式，否则很难对此有全面的认识与深刻的把握。而这恰恰正是已有研究较为缺少的，也是本书所要努力突破的。

综上所述，已有研究在为本书提供参考与借鉴的同时，也为本书研究边界的厘定、研究取向的确定以及研究重点的选择等提供了重要的启示价值。

第三节 研究意义

当前，大学自主办学过程中的诸多问题并没有在理论上得到完满解答，而理论认识的模糊不清，必然导致大学自主办学实践举步维艰、困难重重。由此可见，大学自主办学既是一个重要的理论问题，又是一个重大的实践问题。本书基于内部性视角与外部性视角互动与融通的角度，认为政府、社会、大学三者之间彼此衔接与相互协调构成的大学自主办学外部关系，是大学自主办学的外在支撑；大学的办学自主权、自主办学责任、自主办学能力三者之间正向匹配与耦合共生构成的大学自主办学内部关系，是大学自主办学的内在依托；大学自主办学是在大学自主办学内外部关系互动过程中实现的。以此为依据，本书对大学自主办学相关问题进行了系统、深入地研究与分析，以期拓展大学自主办学研究问题的范围，准确认识与深刻理解大学自主办学本质等问题，促进大学自主办学实践顺利开展。具体来说，本书的意义主要体现在以下几个方面。

一 拓展大学自主办学研究的"问题域"

大学自主办学既涉及大学自主办学外部关系等宏观层面的问题，又涉及大学自主办学内部关系等微观层面的问题，还涉及大学自主办学内外部之间的关系等中观层面的问题。可以说，大学自主办学的相关问题，是一个复杂的"问题域"。然而，关于大学自主办学的已有研究主要集中在大学自主办学外部关系等宏观层面，对大学自主办学内部关系等微观层面问题的讨论较少，而对大学自主办学内外部关系之间的关系等中观层面问题的研究更少。并且，已有研究很少将大学自主办学与大学本质等问题相结合，由此使得有些研究脱离了大学本应有的坚守与作为，故而难以揭示问题的本质。由此可见，与本书的基本界定与认识相比，很显然已有研究"窄化"了大学自主办学这个复杂的"问题域"。实际上，在大学自主办学这个复杂的"问题域"中，诸如大学的本质、大学的信任、社会（包括市场）的价值取向、政府的政策、大学的内部治理结构等问题都是紧密相关、彼此相连、相互影响的，如果不以系统的、整体的思维作为研究的基本指导思想，不可能认识与理解大学自主办学这个复杂"问题域"的全貌。由此可见，本书有助于拓展大学自主办学研究的"问题域"。

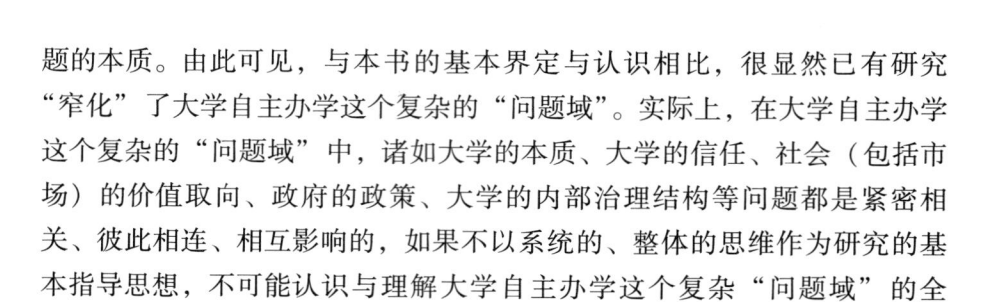

二　深化大学自主办学本质的理论认识

大学自主办学的理论研究与实践发展是紧密相连的，理论研究的滞后必然会影响实践的发展，而实践发展既不断地向理论研究提出新要求，又在不断地检验已有理论研究的价值。总体来说，大学自主办学的实践发展与理论研究是相互促进、螺旋上升的关系。然而，已有研究在大学自主办学外部关系的问题上，主要倾向于强调政府和社会对大学的制约作用，而相对忽视了大学的能动作用；在大学自主办学内部关系的问题上，主要关注大学办学自主权之于大学自主办学的重要性，继而主要围绕着办学自主权来讨论大学自主办学，而较少考虑自主办学责任尤其是自主办学能力问题；并且，很少将政府和社会对大学的制约作用，同大学的能动作用相结合来分析大学自主办学。因而，本书认为关于大学自主办学的已有理论研究严重滞后于实践发展的要求，已不能为实践发展提供必要的引导与支撑。正是因为如此，本书力图超越外部性视角与内部性视角的对立，基于内部性视角与外部性视角互动与融通的角度，将大学自主办学放在"关系思维"中加以考察、分析与研究。如此一来，克服了已有理论研究的不足，能够更加深刻、全面、系统、准确地揭示与阐明大学自主办学的本质。由此可见，本书有助于深化对大学自主办学本质的理论认识。

三　化解大学自主办学"放乱收死"之困

大学自主办学"放乱收死"的形成是一个复杂的、历史的过程，其原因是多方面的。并且，在不同历史时期，影响与制约大学自主办学的因素是不同的。在上一个历史时期，外部关系可能是影响大学自主办学的主要因素；在这一个历史时期，内部关系可能是影响大学自主办学的主要因素；而在下一个历史时期，内外部关系可能都是影响大学自主办学的重要因素。破解大学自主办学"放乱收死"之困，需要透过这个纷繁复杂的"现象"或"问题"，看到"现象"或"问题"背后的根源与本质。本书基于内部性视角与外部性视角互动与融通的角度来分析与研究大学自主办学本质等问题，有助于破解大学自主办学"放乱收死"之困。

四 开拓大学自主办学问题研究的新视野

本书始终认为内部性视角与外部性视角的互动与融通，是分析大学自主办学相关的理论问题和破解大学自主办学"放乱收死"的现实困境，需要坚持的基本研究范式和分析理路。而已有研究的不足，恰恰正是由于这种基本研究范式和分析理路的欠缺。所以，从这个角度来讲，本书所采用的基本研究范式也具有一定的方法论意义，有助于开拓大学自主办学问题研究的新视野。

第四节 研究方法

本书以关系思维为方法论基础，以期系统、全面、深刻的认识与把握大学自主办学的本质等相关问题。在具体方法上，本书采用文献分析法、历史研究法以及政策文本分析法等研究方法。

一 方法论选择

方法论（Methodology），是人们认识世界和改造世界的根本方法，是思维的程序或原则。方法论在学术研究中，是指人们用什么样的方式来观察与处理研究对象与问题。方法论是开展学术研究的基本程序或原则，是学术研究依循的基本图式。以什么样的方法论指导学术研究，是学术研究活动首先要考虑的事情，方法论决定着学术研究的价值。可以说，任何学术研究的背后都隐藏着特定的方法论，只是有些研究者会有意识地选择切合研究问题与研究目的的方法论，而有些研究者虽已在一定方法论指导下开展研究却不自知。合适的方法论将使研究工作事半功倍，有意识地选择合适的方法论，既是研究者成熟与理性的标志，在某种程度上也是学术研究意义与价值的保证。

"实体""属性"和"关系",是三个彼此相关、紧密相连、密不可分的哲学范畴。从逻辑的角度来说,"实体"规定"属性","属性"规定"关系"。从认识论的角度来说,上述关系则要反过来,也就是说"实体"要通过"属性"去认识,"属性"则要通过"关系"去认识。实际上,如果认识与把握住了事物的关系特性,也就认识与把握住了事物的实体特性,并且也只有认识与把握住事物的关系特性,才能全面地、真正地、深刻地、准确地认识与把握住事物的实体特性。在人类历史发展的长河之中,从对事物"实体"的认识过渡到对事物"属性"的认识,再过渡到对事物"关系"的认识,这是人类经历了漫长的岁月才得到的相对全面而正确的认识。① 关系是指对象内部诸要素之间的各种联系、对象与对象之间的各种联系以及对象与外部世界之间的各种联系的总和。世界上万事万物都因关系而存在,也都存在于各种复杂的关系之中,现实世界中不存在脱离关系而存在的事物。关系思维就是指以事物内部诸要素之间的联系、事物与他事物之间的联系以及事物与环境之间的联系为依托而诠释事物的存在方式、揭示事物的运行逻辑以及分析事物的发展规律的思维方式。关系思维把存在预设为动态关系,存在者预设为潜在因素在关系中的显现,并以此为前提来诠释、认识与分析世界。关系思维认为,事物存在于关系之中,事物的特性和属性只有在关系中才能被定义、认识、描述与刻画。正如布迪厄所言,"概念的真正意涵来自于各种关系,只有在关系系统中,这些概念才获得了它们真正的意涵"②。如果脱离了关系,不可能揭示事物的特性和属性,也不可能全面认识与系统把握事物的运行逻辑与发展规律。世界上的万事万物不是一个个孤立原子的堆积,而是普遍联系、相互作用的,在相互作用中孕生,在相互联系中存在,在相互依存中发展。因此,在认识与把握事物的过程中,仅停留在"属性"的阶段并不能得到全面的、准确的理解,还需要以关系为背景来刻画、描绘与分析事物,进而才能全面地、深刻地、准确地认识与把握事物的运行逻辑与发展规律。关系思维是对实体思维的超越,是一种世界观的转变,具有方法论的意义。

---

① 高剑平:《从"实体"的科学到"关系"的科学——走向系统科学思想史研究》,《科学学研究》2008年第1期。

② [法]皮埃尔·布迪厄:《实践与反思——反思社会学导引》,李猛等译,中央编译出版社1998年版,第70页。

正如列宁指出的那样，真理是全面的，是"由现象、现实的一切方面的总和亦即它们的（相互）关系构成的"①，独立的和单个的真理"只是在它们的总和中以及在它们的关系中才会实现"②。世界是普遍联系的，可以说，世界上的万事万物都处于复杂的关系之中。如此也就决定了，我们不能把世界"看作彼此隔离、彼此孤立、彼此不依赖的各个对象或现象的偶然堆积，而是把它看作有联系的统一的整体，其中各个对象或现象相互有机地联系着，互相依赖着，互相制约着"③。当然，关系思维并不排斥通过对事物诸部分的分析来认识事物的整体，只是强调分析事物诸部分不能脱离关系。

关系思维是复杂性科学的核心，同时关系思维本身也是复杂的。通过分析关系思维的特征，可以更进一步地认识与把握关系思维。通过梳理与分析关于关系思维的相关研究之后，本书认为可以将关系思维基本特征归纳为如下几点：其一，事物不是孤立的、由固有质构成的实体，而是多种潜在因素缘起、显现的结果。每一个事物都以他事物为根据，是一系列潜在因素结合生成的。现象、实在和存在被限定在一组本质上不可分离的关系结构之中；其二，事物体现的特性，取决于其所处的关系，事物是在关系中逐渐显现和生成的，亦即存在先于本质；其三，存在不只是现实的，更是逻辑的、可能的。既然事物是生成的而不是固有质预先设定的，那么环境和条件的不同，事物就有可能显现为不同的特性。某些条件使其显现为此物，另一些条件可能使其成为彼物。此物和彼物不可能同时显现为现实的，但都是可能的，至于是显现为此物还是彼物，则依据环境与条件而定，亦即依据关系而定。例如，同样起源于中世纪的大学，在不同国家、不同地区却表现出不同的特征。实际上，马克思的辩证法，怀特海的过程哲学，胡塞尔的现象学，斯特劳斯的结构主义，布迪厄的"场域"理论，哈贝马斯的交往行动理论，系统论，相对论以及量子论等，它们都蕴含着鲜明的关系思维。

大学因关系而产生，是一种关系的存在，亦因关系而发展。自主办学

---

① 《列宁全集》（第55卷），中共中央马克思恩格斯列宁斯大林著作编译局编译，人民出版社1990年版，第166页。
② 《列宁全集》（第55卷），中共中央马克思恩格斯列宁斯大林著作编译局编译，人民出版社1990年版，第165页。
③ 《斯大林选集》（下卷），中共中央马克思恩格斯列宁斯大林著作编译局编译，人民出版社1979年版，第425—426页。

作为大学一种理想的运行与发展状态，也是一种关系，是在大学自主办学内外部关系互动过程中实现的。然而，关于大学自主办学的已有相关研究，基本上都是从外部关系的角度来考虑大学自主办学问题。也就是说，强调外部性因素对大学自主办学的制约与限制，似乎认为大学自主办学完全是由环境决定的，而有意或无意地忽视了大学作为一个能动主体的事实。这也可以解释为什么很多关于大学自主办学的研究都偏向大学办学自主权，进而将大学自主办学与办学自主权等同了。这些研究潜意识里认为只要有了办学自主权，大学自主办学就能自然而然地实现。实际上，大学自主办学是一个复杂的过程，并不是由办学自主权线性地决定的，而是处于各种复杂的关系网络之中。就当前我国大学自主办学的现实情况来看，单纯的外部性因素已不能解释大学自主办学举步维艰的根源了。正如有研究者所指出的那样，"现在阻碍办学自主权进一步落实和扩大的关键，已经不在大学之外，而在大学之内"[①]。也就是说，当前已经不是政府向大学放权那么简单了，大学的内部性因素已成为关键。也正如伯顿·克拉克曾指出的那样，"由赞助者授予大学形式上的自治，并不能保证大学主动自觉。自治的大学也许是一些被动的机构。它们可能为过去生活，而不是面向未来。它们也许满足于过去的成就，而不愿有所前进。它们可能通过非正式的协议，决定和它们地区或国家的同类院校亦步亦趋，一起沉没或者一起游泳。于是它们偏向停滞不前。自治的大学，当它们决心改革，决定对它们如何组成和如何对内部和外部的需求做出反应进行探索和实验时，才能成为主动的大学"[②]，才是真正自治的大学。也就是说，只有外部的承认与认可的自主办学，并不必然带来真正的大学自主办学，真正的大学自主办学离不开大学的主动自觉，离不开大学内部性因素的作用，更离不开大学自主办学内外部关系的互动。也正是因为如此，我们需要转变分析与看待大学自主办学问题的原有思维方式，将大学自主办学的内部性因素与外部性因素有机地结合起来，在互动的关系中考察与分析大学自主办学，推动与促进大学自主办学。只有如此，才能全面认识与系统把握大学自主

---

① 周光礼：《中国大学办学自主权（1952—2012）：政策变迁的制度解释》，《中国地质大学学报》（社会科学版）2012年第3期。
② ［美］伯顿·克拉克：《建立创业型大学——组织上转型的途径》，王承绪译，人民教育出版社2003年版，第3页。

办学的本质，才能化解大学自主办学的困境，进而才能切实推进大学自主办学。

长期以来，学术界对大学自主办学的相关理论研究难以推向深层，对推动大学自主办学实践也没有多少实质性的帮助。实际上出现这种状况，"恐怕正出在我们自己的方法论上，是我们的认识方法障碍了我们的眼睛"[1]。因而，在新的历史条件下，分析与研究大学自主办学相关问题，需要转变分析问题与解决问题的思维方式——转变解决问题和认识问题的思维方式。关系思维具有方法论的意义，本书以关系思维作为研究的方法论基础，来解读大学自主办学的本质等相关理论问题，以期为推动大学自主办学提供新的思路与启发。

二 具体研究方法

本书以关系思维为方法论基础，以期更加全面、准确地分析与研究大学自主办学的相关问题。在这一基本思想的指引下，本书以文献研究法、历史研究法以及政策文本分析法为具体研究方法，对大学自主办学的本质、基点、合理性、内外部关系、现实困境以及理性抉择等基本问题进行系统深入的分析与研究。

（一）文献研究法

文献研究法是指收集、鉴别、梳理以及分析已有研究文献，发现已有研究文献的学术贡献、剖析已有研究文献的不足，从而建立起对研究主题科学认识的研究方法，进而确立研究价值、明确研究问题以及划定研究边界，为研究的顺利开展提供基础支撑。收集、鉴别、梳理和分析已有研究文献，是任何严谨学术研究的必要基础，所以文献研究法是学术研究中最常用的研究方法之一。本书以"大学自治"（University Autonomy）、"学术自由""大学自主办学"以及"大学办学自主权"等为主题，以 Web of Science 数据库、ERIC 数据库、Springer 数据库、CNKI 数据库以及一些实体图书馆等为检索来源，收集和梳理相关研究文献。

（二）历史研究法

历史研究法就是从纵向上对研究对象的发展历程进行梳理与分析，从

---

[1] 庞朴：《一分为三论》，上海古籍出版社2003年版，第3页。

而掌握研究对象"来龙去脉"的研究方法。本书认为,大学自主办学是一个历史的概念,其基本内涵随着高等教育改革发展进程而不断丰富与发展,也随着高等教育改革发展的历史演进而逐渐展开,认识与把握大学自主办学的本质需要从历史的角度着手,破解大学自主办学"放乱收死"的现实困境,也需要厘清大学自主办学的"来龙去脉"。所以,从历史的角度对大学自主办学进行研究,不但可以揭示大学自主办学的丰富内涵与深刻意蕴,还可以为探索大学自主办学在不同时空条件下的共同价值追求,进而为解决当前我国大学自主办学过程中的现实困境——"放乱收死"——提供参考与借鉴。

(三) 政策文本分析法

政策文本分析法就是根据一定的研究主题对相关政策的实施背景、制定过程、基本内容、实践影响以及未来发展趋势等进行分析与研究,从而为完善与改进下一步政策与实践提供服务的研究方法。事实上,政策文本分析法可以看作是从不同理论视角和不同学科背景来分析法律、法规、规章以及政府公文的多种文本分析方法的集合,既包括传统意义上偏于定量的内容分析,也包含对政策文本中官方语言偏于定性的话语分析[①],本书主要运用定性分析。我国大学虽然有自主办学的强烈诉求与现实需要,但从总体上来说大学自主办学的实践主要还是国家政策推动的结果。因而,对国家出台与发布的与大学自主办学相关的政策文件进行梳理与研究,或许能够为我们认识与把握大学自主办学本质等基本问题提供重要的启示,也可以使我们的研究不至于偏离国家政策的基本导向,进而使我们的研究更具针对性。当然,对国家实施与发布的相关政策,我们也持有反思的态度,以期促进政策更加关注、重视与切合大学自主办学的内在要求与发展逻辑。

第五节　研究思路

本书立足于"以事实为依据的理论研究",基于内部性视角与外部性视角互动与融通的角度,以文献分析法、历史研究法以及政策文本分析法等为主要研究方法,主要围绕着以下两个问题对大学自主办学进行研究:

---

① 涂端午:《教育政策文本分析及其应用》,《复旦教育论坛》2009年第5期。

一是，大学自主办学是什么，如何认识与把握其本质；二是，大学自主办学为何难以实现，如何破解大学自主办学"放乱收死"之困。在研究过程中，又将这两个问题分解为以下几个小问题：为什么要研究大学自主办学；大学自主办学的本质；大学自主办学的基点与合理性；大学自主办学的内外部关系以及内外部关系之间的关系；大学自主办学的历史变迁及基本特征；大学自主办学"放乱收死"的现实困境与理性抉择。在具体研究过程中，主要是沿着如图1-1所示的技术路线而开展。

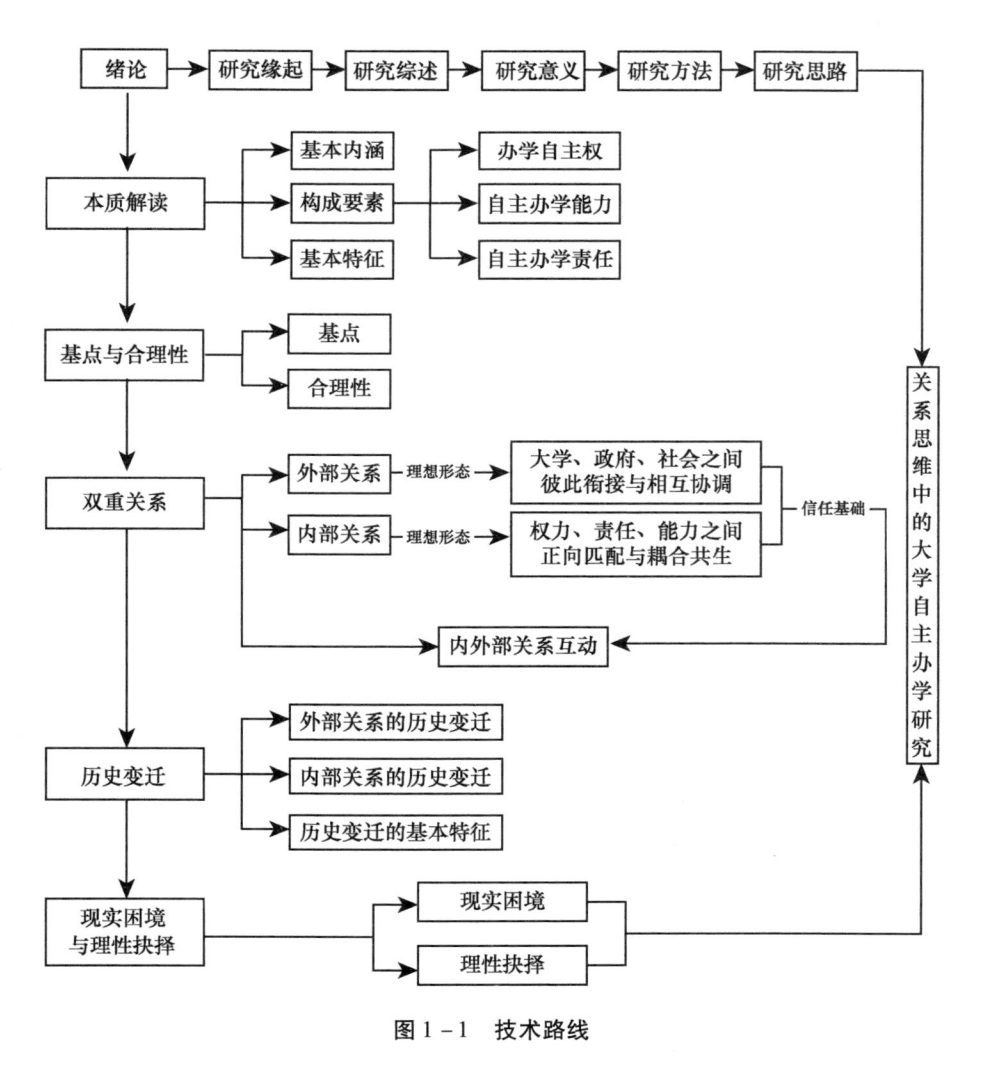

```
绪论 → 研究缘起 → 研究综述 → 研究意义 → 研究方法 → 研究思路
  ↓                                                      ↓
本质解读 ─┬→ 基本内涵                                     │
         ├→ 构成要素 ─┬→ 办学自主权                        │
         │           ├→ 自主办学能力                       │
         │           └→ 自主办学责任                       │
         └→ 基本特征                                       │
  ↓                                                      │
基点与合理性 ─┬→ 基点                                      │
             └→ 合理性                                     │
  ↓                                                      │ 关
双重关系 ─┬→ 外部关系 ─理想形态→ 大学、政府、社会之间       │ 系
         │                     彼此衔接与相互协调 ─┐      │ 思
         └→ 内部关系 ─理想形态→ 权力、责任、能力之间│信任基础│ 维
                              正向匹配与耦合共生 ─┘      │ 中
                  ↓                                      │ 的
              内外部关系互动 ←──────────────────────────  │ 大
  ↓                                                      │ 学
历史变迁 ─┬→ 外部关系的历史变迁                             │ 自
         ├→ 内部关系的历史变迁                             │ 主
         └→ 历史变迁的基本特征                             │ 办
  ↓                                                      │ 学
现实困境 ─┬→ 现实困境                                      │ 研
与理性抉择 └→ 理性抉择 ──────────────────────────────────→ 究
```

图1-1 技术路线

第二章

大学自主办学的本质解读

历史地看，1992年12月8日，国家教委发布的《关于加快改革和积极发展普通高等教育的意见》①，第一次明确地提出了大学自主办学的概念，至今已有三十年。大学自主办学一经提出就受到了学术界的广泛关注与高度重视，继而引发了学术界对大学自主办学相关问题进行研究的热潮，形成了一大批令人尊重而富有启发性的研究成果。然而，令人惊讶的是，尽管相关著述汗牛充栋，但截至目前，学术界对大学自主办学这个基础性和前提性概念的认识尚存诸多争议，甚至有些研究对大学自主办学依然存在严重的误解。清晰明确的概念既是理论研究的前提，也是实践开展的基础，基本前提搞不明白，理论研究必然走不远，也不可能深入。同时实践活动不但难以顺利推进，甚至还有可能在错误的道路上越走越远。尽管如此，关于大学自主办学的相关研究还是层出不穷、源源不断，以至于现在要对大学自主办学本身进行"深查细究"，反而需要极大的勇气与毅力。因为，这样的研究实在是太多了，以至于很多人觉得这是一个"老生常谈"的问题，并且能谈的大家都已谈过，已没有什么好谈的了。事实上，大学自主办学虽是一个"老生常谈"的问题，但其内涵既不是不言而喻的，也不是人尽皆知的，更不是已经彻底清晰明了的。恰恰相反，从已有相关研究来看，大学自主办学是一个亟须研究与澄清的概念。甚至可以说，"大学自主办学的内涵与外延尚不明晰，已成为制约大学自主办学的重要因素"②。客观来说，学术界对大学自主办学的理解与认识已形成了一种先入之见，正是这种先入之见对我们进一步探究与分析大学自主办学设

---

① 国家教育委员会政策法规司：《中华人民共和国现行教育法规汇编（1990—1995）》（上卷），人民教育出版社1998年版，第577—583页。

② 朱祥：《对深化高校自主办学的思考》，《湖南社会科学》2008年第3期。

置了无形的障碍。在此背景下，对大学自主办学本质等理论问题进行研究与分析，仅有勇气与毅力显然是不够的，最重要的是需要转变分析与研究问题的思维方式。正如哲学家维特根斯坦指出的那样，"深入地把握住困难正是困难所在。因为，如果是在表面上抓住它，困难会依旧原封不动，得不到改变。必须是连根拔起，使得我们开始以一种新的方式来思考这些事物。新的思维方式正是最难建立起来的东西。一旦新的思维方式得以建立起来，旧的问题就会消失：事实上这些问题也很难再想得起来了"[①]。也就是说，分析与解决问题的关键，并不在于具体的操作方法，而在于分析与思考问题的思维方式。实际上，如果分析与思考问题的思维方式不转变，解决问题的具体操作方法依然还是老路子，问题也就不可能被"连根拔起"。从这个角度来讲，我们要认识与把握大学自主办学的本质等问题，就需要跳出原有思维框架，而以新的思维方式来审视与考察，否则不可能认识与把握大学自主办学的丰富内涵与深刻意蕴。本书以关系思维为方法论基础，从内部性视角与外部性视角互动与融通的角度出发，对大学自主办学的本质等进行探究与分析，或许是一个新的尝试。

第一节 大学自主办学的基本内涵

一般而言，要理解与认识一个概念一般可以有如下几种基本方式：其一，下定义，能够简洁明了地认识与理解概念的内涵，这是最常用的一种方式；其二，追本溯源，也就是通过分析概念的历史演进以掌握其来龙去脉，从而揭示其内涵；其三，分析其结构，这是一种系统论的思维方式，通过分析概念的构成要素及其相互关系，在关系中理解与认识概念的内涵。应该说这些分析与认识概念的基本方式，都能在一定程度上为认识与把握大学自主办学的本质提供一种分析的视角。然而，对大学自主办学这样一个复杂的概念而言，或许采用任何一种分析方式都会显得力不从心、捉襟见肘，而综合采用多种分析方式是有益而必要的。

大学自主办学的提法起始于国家政策文件，但大学自主办学不仅仅是

---

① ［奥地利］维特根斯坦：《文化与价值——维特根斯坦随笔》，冯·赖特，海基·尼曼编，许志强译，浙江文艺出版社2002年版，第87页。

一个政策或政治术语，也是一个能够表征大学的本质属性、价值追求以及理性品质的学术术语，具有丰富的内涵与深刻的意蕴。大学自主办学涉及政府与社会等多个主体，又充斥着政治价值、行政价值、经济价值、社会价值以及学术价值等多种价值的矛盾、冲突与博弈，并且还随着社会历史变迁而不断演变。由此可见，大学自主办学是一个极其复杂的概念。所以说，国家政策文件明确提出大学自主办学至今虽已有三十年，但如何全面而深刻地认识与把握大学自主办学的本质，依然是一个有待攻克的课题。

认识与把握大学自主办学的本质，首先要回答"大学是什么"，否则就不可能得到对大学自主办学本质的确切理解。可以说在高等教育领域，似乎没有哪一个词像大学一样如此具有魅力：既令人神而往之，又令人困惑不解；既让人殚精竭虑究其本质，又使人深感力之不济；既如"象牙塔"一样圣洁，又像市侩一样松散；既是那样的熟悉，又显得如此陌生。虽不能说"一千个高等教育研究者，对大学有一千个不同的理解"，但客观来说，不同研究者对大学的认识与理解往往也不尽相同。因而可以说，至今"大学是什么"依然是一个悬而未解的问题，至少在本体论意义上是这样。可以预见的是，随着高等教育理论研究的不断深入，学术界关于"大学是什么"的观点仍将层出不穷，要在这个问题上达成普遍共识似乎并不那么容易，起码在可见的将来是很难的。但是，研究大学自主办学的相关问题又不得不对"大学是什么"做出契合于研究主题与目的的回答，更确切地说是界定。因为，"大学是什么"涉及研究的基本立场、研究范围以及研究的价值选择等前提性问题。当然，此处并不打算对"大学是什么"进行本体论的追问，只是基于大学的类型与层次、大学的目的以及大学的身份属性等，对"大学是什么"做一个认识论意义上的界定，以在此基础上界定大学自主办学。

首先，从大学类型与层次的角度来看，大学是一个复杂的概念。从性质的角度来看，我国大学有公办与民办之分；从隶属关系的角度来看，我国大学有部属、省属以及市属之分；从类型的角度来看，我国大学有研究型、研究教学型、教学研究型以及教学型等之分；从学科分类的角度来看，我国大学有综合类、多科型以及单科型之分；从行政级别的角度来看，我国大学有副部级、正厅局级以及副厅局级之分；从招生类别的角度来看，我国大学有一本、二本以及专科之分；从国家重视程度的角度来看，我国大学有"985工程"大学、"211工程"（非"985工程"）大学、省属重点以及普通大学之分；从培养学生层次的角度来看，我国大学有博士培养资格的大学、硕士培养资格的大学、学士培养资格的大学以及专科培养资格的大学之分；从授予学位的角度来看，我国大学分为有权授予学位和无权授予学位两种类型。此外，同一类型或同一层次的大学也千差万别，并且同一类型里有不同的层次，同一层次里也有不同的类型。如此一来，类型与层次之间的交叉与嵌套，就决定了大学是一个复杂的概念。由此可见，无论是从理论的角度还是从实践的角度，要想从整体上对大学进行把握与理解，既不可能，也无必要。因而，本书行文之中所说的大学除特别说明以外，主要是指具有学士培养资格及以上的公办本科院校，并且更倾向于层次较高的类型。需要说明的是，为了保持行文的流畅，在行文之中，在相同的意义上使用大学、高等学校以及高校等词。

其次，从大学目的的角度来看，大学是一个多样性的概念。任何组织都有目的，这是组织生存与发展的基础与前提。大学作为人类历史上存续上千年的一个独特组织，她也具有自身独特的目的。并且，随着人类社会的不断发展，大学的目的也在不断地演化与拓展。从起初的人才培养，发展到洪堡时期引入科学研究，再发展到以威斯康辛思想为标志的社会服务的加入。如今，关于大学主要目的是进行人才培养、科学研究以及社会服务的观点，基本已成共识。然而，需要明确的是这里大学的概念是概指，基本等同于高等教育。应该说任何类型与层次的大学，都主张以人才培养、科学研究以及社会服务为主要目的，但是不是每一所大学都有这个能力实现这些目的，应该另当别论。因为，不同的大学所具有的历史积淀、发展基础、发展条件以及所承担的使命等也会有所差异，而这就涉及大学如何定位的问题，亦即大学自主办学的价值取向、目标定位以及路径选择等问题。所以，本书所说的大学自主办学，是大学基于实现人才培养、科学研究以及社会服务之目的的自主办学。

最后，从大学身份属性的角度来看，大学是一个多重性的概念，或者说大学具有多重身份属性。大学是人类社会发展到一定阶段的产物，大学身份属性在其产生之时就带有深刻的时代烙印，既具有永恒不变的特质，同时也具有随着大学参与社会实践活动的增多而拓展的特征。因而，简要考察一下大学的产生及其历史演变，对把握大学身份属性是必要的。从发生学的角度来说，现代意义上的大学起源于西欧中世纪大学，这已是学界的基本共识。然而，西欧中世纪大学因何而产生，至今仍无公论。本书认为，大学因关系而产生，这主要是基于两个方面的原因。一方面，大学萌发的种子——"大学生成子"，因关系而产生。高深知识、人（教师和学生）以及社会（教会和国家）三者在特定历史时期（甚至是在机缘巧合之下）相遇并相互作用、相互结合，亦即发生关系，形成了大学的遗传基因——"大学生成子"。"大学生成子"具有萌发成大学的潜在性，是大学产生的必要性前提；另一方面，"大学生成子"因关系而萌发。"大学生成子"具有生成大学的潜在性，而潜在性如何成为现实性，亦即"大学生成子"是否萌发、在哪萌发、何时萌发、以何种方式萌发以及萌发结果如何等，则要看有什么样的生成环境。恰好在西欧中世纪，城市的兴起和贸易的繁荣、基督教对于理性和理性主义的推崇与赞扬以及西欧中世纪特有的社会与法律环境等①，为"大学生成子"的萌发提供了所需的生成环境。历史上，西方的柏拉图学园、吕克昂学园以及与中世纪大学同时期阿拉伯文明的穆斯林学校，我国的稷下学宫、太学、国子监以及与中世纪大学同时期宋代的书院，都已具有生成大学的潜在性，然而缺少合适的生成环境。所以，大学在西欧中世纪产生了，而不是在世界任何其他地方。正如俗语所言，"橘生淮南则为橘，橘生淮北则为枳"。"大学生成子"在此环境中就形成了大学，在彼环境中就不能形成大学；在此环境中生成此大学，在彼环境中则生成彼大学。所以有研究者指出，"任何把欧洲之外的古代高等教育机构或同一时期的其他学术机构称为大学的做法，都是对于欧洲大学独特性的忽视，都是对于大学概念的误解"②。"大学生成子"在不同环境中的不同表达，或许也是阿什比提出"任何类型的大学都是遗传与环境的产物"③论断的深层思维逻辑。

大学产生之后并没有脱离关系而独立存在，而是与外界形成了日益紧密的互动关系，并在与外部互动过程中实现发展。从历史的角度来看，大学产生之后就一直处于关系之中，在与教权、皇权、民族国家、市民社会

---

① 王建华：《大学为何诞生于西方》，《中国高等教育评论》2014年第12期。
② 王建华：《大学为何诞生于西方》，《中国高等教育评论》2014年第12期。
③ ［英］阿什比：《科技发达时代的大学教育》，滕大春等译，人民教育出版社1983年版，第7页。

以及市场等互动过程中实现变迁、演化与发展。虽然，在不同历史时期、不同国家以及不同国家的不同历史，大学处于不同的外部关系之中，但大学都没有脱离也不可能脱离外部关系而存在。所谓的"象牙塔"只不过是世人对大学理想的一种精神寄托或向往，这样的大学历史上从未真实地存在过，以后也基本也不会成为现实。而且，大学只有处理好与外部的复杂关系，才能获得生存与发展的空间与条件，才会有发展的现实基础。历史上曾显赫一时的"学生大学"，或许正是因为不能处理好与外部的复杂关系而昙花一现，其对后世大学发展产生的影响远不及"先生大学"。在大学发展历程中，大学每一次的突破与飞跃，都与其外部关系的复杂演变有密不可分的联系。从中世纪大学到近代意义上以柏林大学为代表的德国大学，再到现代意义上以威斯康辛思想提出为标志的美国大学，都是大学与外部互动而走向繁荣的明证。从实现的角度来看，大学如何处理内外部关系影响甚至决定着大学的生存、发展与繁荣。

在当今时代，大学与外部的互动关系，主要是指政府、社会、大学三者之间的关系。大学与政府和社会之间的关系，成为决定大学走向与命运的核心因素，也是影响大学身份属性彰显的核心外部力量。下文我们将对大学身份属性问题进行系统分析，其目的就是要厘清大学自主办学的基点。此处，为了说明问题，对大学身份属性与大学自主办学的关系先做提及。大学身份属性在大学与政府和社会互动过程中逐渐拓展，由原初的教育属性、学术属性以及文化属性逐渐增加政治属性、行政属性以及经济属性等，而今大学显然已成为一个复合体，与传统意义上纯粹的学术共同体的角色已渐行渐远。作为大学本质属性的教育属性、学术属性以及文化属性与大学的政治属性、行政属性以及经济属性等附属属性，赋予大学的价值选择与行为逻辑是不同的，而这些不同的价值选择与行为逻辑又存在着内在的矛盾与冲突，由此也就带来了大学自主办学的价值取向、目的定位以及路径选择等问题。本书认为由教育属性、学术属性以及文化属性共同构成并决定的本质属性如同大学的遗传基因，是大学之为大学的根本，而其他的属性都是大学在与环境互动过程中依附于本质属性而逐渐生发的附属属性，在根本上都是为大学本质属性的彰显与弘扬服务的，离开了本质属性而谈大学其他属性无异于天方夜谭。因而，本书所说的大学自主办学要立足于大学的本质属性，并不是否定大学的附属属性。恰恰相反，大学的附属属性是大学自主办学需要重视与考虑的方面，否则将妨碍大学本质属性的彰显与弘扬。在某种意义上，可以说大学自主办学就是在本质属性立场上，根据自身的实际情况而对附属属性进行选择与调适的动态过程。

综上所述，本书将大学自主办学界定为：为提高大学的人才培养、科学研究以及社会服务的水平与质量，在推动政府、社会、大学三者彼此衔接和互相协调与促进大学的办学自主权、自主办学责任、自主办学能力三者正向匹配与耦合共生过程中表现出的动态行为。

可以从以下四个方面来进一步认识与把握大学自主办学的丰富内涵与深刻意蕴。

首先，大学自主办学是为了提高大学的人才培养、科学研究以及社会服务的水平与质量。大学自主办学是为了提高人才培养、科学研究以及社会服务的水平与质量，绝不是为了摆脱政府的管理和社会的影响而"自行其是、为所欲为"，更不是为了躲进那个并没有真实存在过的"象牙塔"之中"自拉自唱、自娱自乐"。换言之，大学自主办学是为了维护、彰显与弘扬大学的教育属性、学术属性和文化属性，而不是任由与放纵大学的政治属性、行政属性以及经济属性等附属属性的蔓延与滋长。其次，政府、社会、大学三者之间的彼此衔接与相互协调，构成大学自主办学外部关系的理想形态，是大学自主办学的外在支撑。大学自主办学不是在真空中进行的，而是在一定的时空条件下开展的。大学自主办学的外部关系，在划定大学自主办学活动边界的同时，也对大学自主办学产生一定的价值导向作用。再次，大学的办学自主权、自主办学责任、自主办学能力三者之间的正向匹配与耦合共生，构成大学自主办学内部关系的理想形态，是大学自主办学的内在依托。最后，大学自主办学是在大学自主办学内部关系和外部关系互动过程中实现的。无论是理想形态的大学自主办学内部关系，还是理想形态的大学自主办学外部关系，都只是大学自主办学的必要条件，而不是充分条件。理想形态的大学自主办学外部关系是大学自主办学的外在支撑，但在推动大学自主办学过程中，需要以理想形态的大学自主办学内部关系为依托。同样，理想形态的大学自主办学内部关系是大学自主办学的内在依托，但在推动大学自主办学过程中，需要以理想形态的大学自主办学外部关系为支撑。也就是说，大学自主办学内外部关系是一个互相依赖、互为依托的关系，大学自主办学只有在大学自主办学内外部关系互动过程中才能实现。恰如有研究者所言，"在讨论大学内部管理时，仍然不得不涉及外部，问题常常是交叉发生的。而中国的实情又告诉我们，外部对大学的影响巨大……因而，有些问题既是内部问题，又是外部问题"①。实际上，认识与把握大学自主办学的丰富内涵与深刻意蕴也同样如此，需要立足于大学自主办学的内部关系、外部关系以及内外部关系之间的关系。下文将对大学自主办学的外部关系、内部关系以及内外部关系之间的关系进行专门论述，此处不再赘述。

从理论上来讲，本书对大学自主办学的这个界定具有普适性的意义。自明确提出大学自主办学以来，国家先后出台与推行了多项政策与措施以推动大学自主办学，可以说促进大学自主办学是国家高等教育改革的一贯方向。然而，由于大学长期依附于政府，缺乏办学自主权。尤其是在计划经济条件下，大学的一切活动与行为都以政府部门的指令和规划为依归，大学没有自主活动的空间与条件，当然大学也没有自主活动的必要。又加之，我国大学自主办学的改革实践，又是以办学自主权为切入点而开始的。所以，在有些人的潜意识里，大学自主办学似乎就是办学自主权问题，只要解决了办学自主权问题，大学自主办学的问题自然就迎刃而解。所以，我国推动大学自主办学的历次重大改革，都是围绕着办学自主权的"放"与"收"而展开的。然而，从我国高等教育管理体制改革的实践历程来看，可以说我国大学自主办学改革一直在"一放就乱、一乱就收、一收就死、一死就放"之间徘徊，"放乱收死"似乎是我国大学自主办学至今尚未走出的"魔咒"。长期以来，我国大学自主办学之所以未走出"放乱收死"的恶性循环怪圈，一方面是由于过去几乎所有的改革都以一种外部性视角切入，过于强调外部环境对大学的限制作用，而忽视了大学的能动性；另一方面，大学长期依附于政府而形成的"等、靠、要"思想没有随着外界环境的变化而发生根本性的改观，缺乏主动提升自主性的自觉意识，缺乏自主办学能力，也不能理性识别、选择、承担与履行自主办学责任。因此，在国家提出推动大学自主办学改革之初，各大学面对期待已久的办学自主权产生了不同的认识与看法。不过，大学自主办学虽然不仅仅

---

① 张楚廷：《高等教育学导论》，人民教育出版社2010年版，第169页。

是办学自主权的问题，但在特定历史时期以办学自主权为抓手推动大学自主办学，确实抓住了问题的关键与核心。可是，这种外部性视角只抓住了问题的一方面，而忽视另一个同样重要的方面。正如有研究者所言，"在相当程度上，当前阻碍我国高校办学自主权进一步落实和扩大的关键已经不在大学之外，而在大学之内"①。所以，"在思考中国大学办学自主权问题时，需要从外部性的视角转向内部性的视角，并最终打通这两种思维方式。只有这样，才能触及中国大学自主性问题的实质，走出高教管理体制改革中的'放权'与'授权'的两难困境"②。因而，就现阶段我国大学自主办学的发展状况与实践历程而言，落实大学办学自主权可能要比扩大办学自主权更关键、更重要③，而落实办学自主权更多的需要分析与研究大学自主办学内部关系问题。

正是基于以上的基本认识，本书认为对大学自主办学的认识与理解也应该转向内部性视角，并基于内部性视角而审视与关照外部性视角，最终实现内部性视角与外部性视角的有机融通。也就是说，突破与超越内部性视角与外部性视角之间的对立与冲突，以内部性视角与外部性视角的互动与融合为基本研究范式，才能全面认识与系统把握大学自主办学的丰富内涵与深刻意蕴，也才能突破与化解大学自主办学"放乱收死"的现实困境。

第二节　大学自主办学的构成要素

大学自主办学是一个内涵丰富、意蕴深刻的概念，内在地包含诸多元素。但是，要想把握大学自主办学的所有构成元素，既不可能也无必要。矛盾论告诉我们分析与解决问题，只要把握住问题的主要矛盾和矛盾的主要方面即可，亦即把握与分析大学自主办学的构成要素即可，而不是试图去认识大学自主办学的所有构成元素。本书认为在大学自主办学的诸多构

---

①　陈金圣、刘志民、钟艳君：《我国大学办学自主权落实的困境与出路》，《国家教育行政学院学报》2013年第10期。

②　周光礼：《中国大学办学自主权（1952—2012）：政策变迁的制度解释》，《中国地质大学学报》（社会科学版）2012年第3期。

③　卢晓中：《高校自主权：落实或扩大？——基于国家教育政策文本的简要分析》，《苏州大学学报》（教育科学版）2014年第3期。

成元素之中，大学的办学自主权、自主办学能力以及自主办学责任是其核心构成要素，它们三者及其相互关系决定了大学自主办学的内部关系。只要把握住办学自主权、自主办学能力以及自主办学责任，也就基本上把握住了大学自主办学的构成要素。需要说明的是，此处对大学自主办学构成要素的探讨，并不是指大学自主办学过程中涉及的大学、政府与社会等诸多主体，而是特指大学自主办学过程中的办学自主权、自主办学能力以及自主办学责任，并且此处只从"静态"的角度对办学自主权、自主办学能力以及自主办学责任进行分析，为下一章从"动态"角度进行做铺垫。

一 办学自主权

办学自主权是大学自主办学的构成要素，同时也是分析与研究大学自主办学不可或缺的维度之一，是大学实现自主办学的核心。办学自主权是在我国高等教育管理体制改革的特定历史时期出现的一个概念，并且其内涵与外延也在逐渐丰富与拓展。自 1985 年《中共中央关于教育体制改革的决定》第一次明确提出大学办学自主权概念之后，大学办学自主权就逐渐成为高等教育研究领域里的"明星词汇"，一直闪耀至今。吊诡的是，学术界对大学办学自主权的认识却始终未达成共识，并且这个存有争议的概念竟被很多研究者视为尽人皆知的常识而理所当然地使用着。然而，办学自主权对大学自主办学具有决定性的作用与意义，如果不廓清大学办学自主权的内涵，对大学自主办学本质的解读与阐释也将是无力的，甚至是不可能的。事实上，有很多研究者早已意识到大学办学自主权确实是一个需要澄清的概念，并对其进行了多方面的探讨。不过，就已有研究来看，目前学术界对此似乎并没有令人信服的结论。此处，本书通过对大学办学自主权的来源、性质、构成以及主体等问题的分析与解读，以系统阐释与全面认识大学自主办学权。

（一）办学自主权的来源

自大学办学自主权的概念提出以来，学术界对其来源问题就进行了诸多探究与讨论，形成了两种截然不同的观点：外赋说与内生说。

持大学办学自主权外赋说的研究者认为，办学自主权是随着我国高等教育改革发展而产生的一个本土化概念。因而，持外赋说的研究者一般是从我国高等教育发展史和相关法律与政策文件中寻找依据，认为高等学校的办学自主权，是在有限的范围和限度内，政府让渡给高等学校的一部分教育行政管理权，它是"下放"的权力，而非高等学校本身所应有的权利，所以政府可以随时把已"下放"给高等学校的权力收回。① 并且，这种"政府把手中一部分管理职能授予高校行使而产生的权力"② 是受到法律保护的，任何组织或个人不得干扰或侵犯。外赋说的分析理路基本可以简要概括为：我国大学是在"教育救国"思想的指导下，以"中体西用"为基本原则，由政府主导建立的，是政府的附属机构，在民国时期曾一度成为政府的教育管理机构。由于"大学的诞生一开始就是由政府主导，属于政府行为，因此'政校合一'的传统由来已久，表现出大学对政府强烈的依附性"③。新中国成立之后到改革开放前的三十年间，大学在高度中央集权的计划经济体制下，有时是国家经济建设的工具，有时是政治建设的工具，而无论是经济工具还是政治工具，大学都是名副其实的"第二衙门"，完全依赖于政府的指令和规划办学。如此一来，"我国的大学在整个社会中失去了自我，高等教育自身的逻辑犹如大学的灵魂，失去灵魂，失去自我的大学，又谈何自主权？"④ 1979 年 12 月 6 日，以几位大学领导人呼吁"给高等学校一点自主权"为标志，大学办学自主权问题开始成为各界关注的重大问题，当然也引起了政府的高度重视。自此以后，大学办学自主权问题也逐渐成为历次高等教育重大改革政策与措施的核心。

可以说，从基本观点来看，内生说与外赋说是针锋相对的。有研究者从办学自主权是权利的角度与立场出发，指出"办学自主权本来是高等学校与生俱来的权利，是教育规律的客观要求。现在我们常说'放权'，实际应该是'还权'，即政府主管部门应该把本来属于高等学校的权利还给高等学校，而不是对高等学校的'恩赐'"⑤。与此不同的是，有研究者站在办学自主权是权力的角度和立场上，指出"办学自主权是高等学校与生俱来的权力，也是高等教育健康发展的客观要求。现在我们常说'下放权

---

① 秦惠民：《高校管理法治化趋向中的观念碰撞和权利冲突——当前讼案引发的思考》，《现代大学教育》2002 年第 1 期。
② 湛中乐：《大学自治、自律与他律》，北京大学出版社 2006 年版，第 57 页。
③ 阮李全、蒋后强：《高校办学自主权：由来、要素、涵义、走向》，《国家教育行政学院学报》2014 年第 8 期。
④ 黄厚明：《大学自主权的历史、文化视角》，《理工高教研究》2002 年第 6 期。
⑤ 姚启和：《自主办学：高等学校自身发展规律的要求》，《高等教育研究》1999 年第 5 期。

力'，实际应该是'回归权力'，即政府主管部门应该把本来属于高等学校的权力还给高等学校，而不是对高等学校自主行使权力的'恩赐'"①。暂且不论办学自主权是权利还是权力，但是内生说的基本主张是一致的，办学自主权是大学本身固有的、与生俱来的，绝不是外界的"恩赐"。持内生说的研究者认为，不能过分夸大中国语境下的大学办学自主权与西方语境中大学自治的区别，尽管两者产生的历史背景有所不同、自主性也存在一些差异，但这并不能说明两者之间存在本质性差异，更不影响与妨碍大学自治成为落实大学办学自主权可资利用的文化资源。② 因而，内生说的基本分析逻辑是：其一，从我国大学办学自主权与西方大学自治关系的角度出发论述，认为我国的大学办学自主权在理念上与西方的大学自治是承续关系，是大学自治理念的中国式表达，因而研究我国的大学办学自主权问题需要从西方的大学自治中寻找依据。认为大学自中世纪诞生之时就是高度自治的"学者社团"，自治是大学与生俱来的本质特征，不是外界的赋予。其二，从大学组织特性的角度出发论述，认为大学是以高深知识的发现、保存、传播、创新以及应用等活动为核心的特殊社会组织，学术性是大学的固有属性。正如本书在将在下一章指出的那样，学术性是大学本质属性必不可少的构成部分，是大学运行与发展的基础。而大学为了彰显学术属性、发挥学术功能、完成学术使命，需要拥有办学自主权。所以，有研究者高呼，"失去了自治，高等教育就失去了精华"③。

事实上，大学办学自主权外赋说更多的是以相关法律制度和诉讼判例为依据加以说明的，由此也就更符合政府的基本立场。政府对大学办学自主权来源的认识，早在1985年《中共中央关于教育体制改革的决定》中就已经定了基调。该《决定》明确指出，"在教育事业管理权限的划分上，政府有关部门对学校主要是对高等学校统得过死，使学校缺乏应有的活力；而政府应该加以管理的事情，又没有很好地管起来。……中央认为，要从根本上改变这种状况，必须从教育体制入手，有系统地进行改革。改

---

① 李志锋、高春华：《高校自主权：下放还是回归》，《江苏高教》2011年第3期。
② 周光礼：《中国大学办学自主权（1952—2012）：政策变迁的制度解释》，《中国地质大学学报》（社会科学版）2012年第3期。
③ ［美］约翰·S. 布鲁贝克：《高等教育哲学》，王承绪等译，浙江教育出版社2001年版，第31页。

革管理体制，在加强宏观管理的同时，坚决实行简政放权，扩大学校的办学自主权"①。可以看到，该《决定》既确立了特定历史时期我国高等教育管理体制改革的基本方向，也反映了政府对大学办学自主权来源认识的深层思维逻辑。对此有研究者曾做了较为精彩的评论，"简政放权的前提是所有的，至少是绝大部分的权原本是在政府手中，不过是政府感到事务繁多，需要简政——当然，也有在某些情况下认为由政府直接行使此行政权力不妥当时，才从手中下放一部分权力，交给高校行使。就是说，高校办学自主权的性质是国家行政权力，是由国家转给高校的，并非高校固有的"②。所以，大学的办学自主权放不放、放什么、放多少以及放到什么程度，都是政府的"权宜之计"③，很难说是站在大学的角度和立场上考虑问题。

与此相反，大学办学自主权内生说主要奠基于大学悠久的自治传统和大学的根本使命，亦即以大学自身为出点。但是，政府的强势思维逻辑在我国高等教育管理体制改革长期实践过程中，对人们认识大学办学自主权的来源产生了深远影响。正是因为如此，大学办学自主权内生说与外赋说相比，似乎显得软弱无力，但争论却没有因此而结束。有研究者看到了两种观点的矛盾与冲突，并从国家行政与社团自治的角度分析了外赋说与内生说各自立论依据的合理与不足之处，进而提出大学应自主是一个共识。④按照这种说法，人们争论大学办学自主权是外赋的还是内生的，实际意义并不是很大，只要将其作为一个既成前提加以认识和使用即可。本书认为人们对大学办学自主权来源的争论不仅是必要的，而且是必需的，即必须弄清楚是外赋的还是内生的。如果认为大学办学自主权是政府赋予的，那么在人们的意识中，它是"下放"的权力，而非大学应有的权利；扩大大学办学自主权从一开始就不是一个"学术自由""学术自治"范畴的概念，而是政府的权宜之计，这是造成大学办学自主权落实困难的一个重要原因。⑤虽然外赋说与内生说是一种理念之争，但是理念影响行动，而行动

---

① 教育部法制办公室：《中华人民共和国教育法律法规规章汇编》（上），华东师范大学出版社2010年版，第12—18页。
② 袁文峰：《我国公立高校办学自主权与国家监督》，中国政法大学出版社2015年版，第41页。
③ 熊庆年：《对落实高等学校办学自主权的再认识》，《复旦教育论坛》2004年第1期。
④ 金自宁：《大学自主权：国家行政还是社团自治》，《清华法学》2007年第2期。
⑤ 熊庆年：《对落实高等学校办学自主权的再认识》，《复旦教育论坛》2004年第1期。

又反过来强化理念。如果对此置若罔闻、置之不理，久而久之，大学办学自主权将向何处寻。

因而，本书认为大学办学自主权是大学与生俱来的、本身所固有的，绝不是外界的"恩赐"。同时，大学办学自主权又需要国家法律的确认与保护。正如有研究者曾深刻地指出的那样，"办学自主权是高等学校自身应有的权力，不是外部对高等学校的'恩赐'，但与高等学校所处的社会环境有关"①。因而，我们坚持大学办学自主权内生说，并不是否定政府的作用，恰恰相反，大学办学自主权与政府和社会等外部性因素密切相关。我们认为政府应在大学办学自主权问题上摆正姿态、理清认识，大学自身也应对此有清晰的认知和深刻的把握，如此方可切实落实大学办学自主权。当然，这也不是情感性怀旧或固执，而是一种理念的坚守，也是对我国大学自主办学始终未走出"放乱收死"恶性循环的理性反思。需要说明的是，行文之中无论是使用"放权""赋权"抑或是"授权"，并无本质性的区别，只是由于论述的方便和用词的习惯，而不是否定办学自主权是大学生而有之的基本观点。

（二）办学自主权的性质

理清与明确大学办学自主权的性质，即弄清楚办学自主权是权力还是权利，是认识与把握大学办学自主权相关问题的前提与关键。大学办学自主权的性质与其来源密切相关，但又是截然不同的概念。学术界关于大学办学自主权性质的认识也存在诸多争论，有些研究有意或无意地忽视争议的存在而在模糊的意义上使用办学自主权，甚至在有些研究之中存在前后不一致的情况。学术界对大学办学自主权性质的认识，大概可以分为三类：权利说、权力说以及权利与权力复合说。

持权利说的研究者，大多数都认为大学办学自主权是内生的。有研究者认为，大学办学自主权就是指大学依据国家的法律法规的相关规定，根据自身的目标定位和办学特点，以学术自由为主要内容，由其章程所规定、效力只及于内部成员的自主决策、自主实施、自主承担责任的资格和能力②，亦即办学自主权是一种权利。有研究者指出，所谓大学办学自主

---

① 张德祥：《高等学校的办学自主权与内部运行机制的调适》，《高等教育研究》1998年第5期。
② 蒋后强：《高等学校办学自主权概念研究》，《西南大学学报》（社会科学版）2007年第7期。

权就是指大学作为独立办学主体所具有的，以法律权利为依据，以学术自由为原则，面向社会依照章程自主决策、自主实施、自主承担责任而从事办学活动的能力和权利[①]，也就是认为办学自主权是一种权利。有研究者指出，很多研究模糊了"权利"与"权力"两个既相互联系又有本质区别的概念，进而在辨析"权力"与"权利"关系之后，认为《高等教育法》规定的大学办学自主权基本符合权利的定义，并进一步指出大学办学自主权的具体实施基本上不需要国家的强制力和支配力，所以大学办学自主权是权利。[②] 概而言之，认为大学办学自主权是权利的研究者一般都认为，大学办学自主权的扩大与落实并不是政府的恩赐，而是政府归还本就属于大学的基本权利，并且只有在认识到办学自主权是大学应然权利的基础上，扩大与落实大学办学自主权才能成为现实，"否则基于'权力说'来设计落实高校办学自主权的目标、原则、方法和路径必将导致南辕北辙"[③]。

持权力说的研究者，既有认为大学办学自主权是外赋的，也有认为大学办学自主权是内生的，但更多的认为大学办学自主权是外赋的。朱九思和姚启和主编的《高等教育辞典》，在我国高等教育研究领域产生了很大的影响，它对高等学校办学自主权的解释是："指高等学校独立处理自己内部事务的权力，如教什么、怎样教的权力、制定研究计划的权力、法律规定的权力等等。它是进行创造性研究和教学活动的必要条件，是分析高等学校与政府和社会之间关系的关键点，它反映了政府和社会对学校活动支持与干预的程度"[④]。从文本上可以看出，《高等教育辞典》是将办学自主权界定为权力的。有研究者认为，大学的自主办学和自主管理权是教育行政主管部门主动行使的权力转移过程，实际上就是政府与大学之间的权力再分配[⑤]，而分配的依然是权力。也就是说，办学自主权是一种权力。

[①] 阮李全、蒋后强：《高校办学自主权：由来、要素、涵义、走向》，《国家教育行政学院学报》2014年第8期。
[②] 宋吉鑫、刘铁雷：《权利、义务、责任、约束——落实高校办学自主权的若干思考》，《国家教育行政学院学报》2014年第10期。
[③] 阮李全、蒋后强：《高校办学自主权：由来、要素、涵义、走向》，《国家教育行政学院学报》2014年第8期。
[④] 朱九思、姚启和：《高等教育辞典》，湖北教育出版社1993年版，第87页。
[⑤] 杨聚鹏、苏君阳：《制度学视野中我国高校办学自主权的演变和发展研究——基于权力分配的视角》，《现代大学教育》2012年第2期。

有研究者指出,"从高校自主权产生的过程和性质来看,高校的自主权不是一项民事权利,而是政府下放给学校独立行使的行政权。它是一种必须根据公认的合理性原则行使的公权力"①。可以看出,该研究者认为,办学自主权是一种权力,并且是来源于政府的一种权力。有研究者对我国高等教育管理体制改革相关政策文件分析之后,指出办学自主权是指大学作为具有独立法人资格的机构,在不受其他组织或个人非法干扰和阻碍的前提下,依据国家有关方针和政策,结合自身的办学规律和特点,充分发挥自主决策、自主执行、自主监督的积极性和主动性,行使教育决策和教育活动的权力。② 也有研究虽未指明大学办学自主权的性质,但在行文之中已将其作为权力论述③,类似情况在已有研究中比较多。实际上,使用办学自主权的概念但不指明其性质,要么是在有意回避问题,要么就是没有意识到这是一个问题。而忽视性质这个前提来讨论大学办学自主权的扩大与落实问题,无异于空中楼阁,是没有坚实的基础与依靠的。

持权利与权力复合说的研究者,一般是从大学内外部关系的角度来分析的。有研究者认为,"在国家和社会的二元结构中,大学自治权是免于政府、教会或其他任何社会法人机构控制和干预的权利,其本质是一种消极自由。而在学校内部关系中,它体现为一种对学校各方面事务进行自主治理的权力"④。实际上,这就提出了一个通常被忽略的问题,大学办学自主权的面向问题,亦即大学的办学自主权是相对于谁的办学自主权。诚如论者所言,大学的办学自主权对政府与社会等来说是一回事,对大学的教师和学生等来说是另外一回事。这个认识也得到了另外一些研究者的认同。例如,有研究者指出,"高校办学自主权是权利和权力的统一体,相对于政府、举办者、外部单位和个人而言,高校办学自主权是国家法律规定的和国家认可的高校具有的自主管理学校事务,而不受政府、举办者、外部单位和个人干预的权利;相对于高校内部的机构、教师、学生而言,高校办学自主权是国家法律授予高校的和国家认可的由高校领导机构行使

---

① 秦惠民:《高校管理法治化趋向中的观念碰撞和权利冲突——当前讼案引发的思考》,《现代大学教育》2002 年第 1 期。
② 徐小洲:《自主与制约:高校自主办学政策研究》,浙江教育出版社 2007 年版,第 142 页。
③ 湛中乐:《大学自治、自律与他律》,北京大学出版社 2006 年版,第 57 页。
④ 湛中乐:《大学自治、自律与他律》,北京大学出版社 2006 年版,第 57 页。

的管理学校事务的职权"①。上述两个典型观点，都认为大学办学自主权对外部的政府和社会而言是一种权利，而对大学的教师与学生来说是一种权力。

实际上，同样是基于内外部关系的角度讨论大学办学自主权的性质问题，却可能得出截然不同的认识。例如，有研究者认为在外部关系中，大学的办学自主权相对于政府与社会而言，是免于政府与社会的控制与干预的权力，其本质是一种消极的自由；而在大学内部关系中，办学自主权相对教师与学生等各方面事务而言，是进行自主治理的权利，其总体上是一种能动的权力。② 也就是说，研究者认为大学的办学自主权对外是一种权力，而对内则是一种权利。虽然，都是权力与权利复合说论者，但立论依据却是迥然有别的。与上述从关系的角度探讨大学办学自主权性质的研究不同，有研究者将大学办学自主权分解为权利能力、行为能力和主体性三个要素，并指出如果将大学的法律权利与大学办学自主权混为一谈，如果将安心的法律权利等同于大学的自主办学权，那么势必会导致各种千差万别的大学丧失个性与特色，其结果就是形成千篇一律、千校一面的办学困境。并且，论者进一步指出，当前所说的"落实"大学办学自主权，本质上就是要加强大学自身能力的建设，建立健全大学法人内部治理结构，增强大学法人的行为能力。③ 实际上，无论是从哪个角度来论述与阐发大学办学自主权是权力与权利复合的观点，都已经认识到办学自主权的复杂性，提出权力与权利复合说亦是在试图调和办学自主权是权利还是权力的矛盾，从而为扩大与落实大学办学自主权夯实基础。

从以上的简要论述中我们可以看出，基于同样的法律政策文本，不同研究者对大学办学自主权的性质可能会有截然不同的解读；同样是大学办学自主权的权利与权力复合说论者，不同研究者也有着迥然有别的理解；都是努力调和大学办学自主权性质的权利说与权力说之间的矛盾，但不同研究者会选择不同的分析理路。如此之多的分歧与争议，既说明大学办学自主权的性质是一个亟须澄清的重要问题，也说明大学办学自主权的性质

---

① 俞德鹏、侯强：《高校自主办学与法律变革》，山东人民出版社 2011 年版，第 4 页。
② 刘宇文：《高校办学自主权研究》，湖南人民出版社 2014 年版，第 10 页。
③ 阮李全、蒋后强：《高校办学自主权：由来、要素、涵义、走向》，《国家教育行政学院学报》2014 年第 8 期。

是异常复杂的，又从侧面反映出完善我国高等教育立法体系依然任重而道远。

本书无意为本已众说纷纭的大学办学自主权性质之争"贡献"新的论断，也深知不可能凭一篇"短文"就结束这个争议多年的问题。事实上，在可预见的将来，这个争议仍将继续。但作为学术研究，需要有自己的选择与坚持，才能界定研究边界、明确研究方向、确定研究主题。本书认为，大学办学自主权有权利性质的成分，但更多的是权力。因而在本书的行文之中除特别说明和原文引用之外，大学办学自主权都做权力理解。之所以这么理解大学办学自主权的性质，除了已被广泛而透彻论述的理论依据之外，本书认为这主要取决于大学的学术属性，大学是从事高深知识的发现、保存、传播、创新以及应用的场所。知识与权力之间又存在着天然的、内在的联系，这从根本上决定了大学办学自主权的权力性质。正如有研究者所言，"权力和知识是直接相互连带的，不仅仅是因为知识为权力服务，权力才鼓励知识；也不仅仅是因为知识有用，权力才使用知识。更重要的是，不相应地建构一种知识领域就不可能有权力关系，不同时预设和建构权力关系就不会有任何知识；通过权力，我们服从于真理的生产；只有通过真理的生产，我们才能实行权力"[①]。也就是说权力通过知识生产而产生，产生的权力又服务于知识生产，知识生产又进一步拓展和强化了权力，权力与知识之间构成了螺旋上升的共生发展关系。因而，大学作为一个以高深知识为核心材料的学术场域，大学的办学自主权应更多地表现为权力。所以，大学的办学自主权奠基于大学的高深知识生产能力，是大学内生的权力，但需要国家相关的法律与政策给予确认和保护。

（三）办学自主权的基本构成

1979年几位大学领导人呼吁"给高等学校一点自主权"之时，大学应不应该有办学自主权，应该有哪些办学自主权的问题就已经被提了出来。如今，大学应不应该有办学自主权的问题，已不存在任何争议，《高等教育法》已对此做出了明确规定。《高等教育法》虽然也对大学应该有哪些办学自主权进行了规定与说明，但学界对此依然有一些争议和讨论。

在西方，有些研究也可以为我们认识大学办学自主权的构成提供一些

[①] ［法］福柯：《规训与惩罚》，刘北成等译，生活·读书·新知三联书店1999年版，第29页。

有价值的启示，文献综述部分已简要介绍过的阿什比和罗伯特·伯达尔等人的研究，对我国研究者产生了很大的影响。在我国，有研究者认为权力可以划分为根本权力、基本权力、衍生权力以及让渡权力，以此为依据可以认为大学的办学自主权也应该分为这四种权力，学术权力是大学自主办学的根本权力，校长选择权、学生选择权、自主理财权以及教员聘任权是大学自主办学的基本权力，学科规划权、专业设置权等都是衍生权力[①]。《高等教育法》虽已用七条的篇幅明确了大学的办学自主权，可是随着时空条件与发展环境的变迁，这些办学自主权显然已不能满足大学发展的实际需求了。有研究者认为，当前主要存在着以下两方面的问题：一方面，就政府来说，大学应该拥有哪些办学自主权，并没有明确而令人信服的说法；另一方面，就大学来说，大学既不清楚自己到底需要哪些办学自主权，也很少去考虑如何行使办学自主权。因此，不如换一个思路来思考这个问题，也就是考虑从规定"大学可以做什么"转到明确"大学不能做什么"，亦即建立负面清单。[②] 事实上，从办学自主权的角度来看，分析"大学不能做什么"并不比分析"大学可以做什么"更轻松，否则也就不会有当前落实大学办学自主权如此举步维艰的境况了。事实上，大学办学自主权本身就是一个复杂的概念，并且其内涵会随着环境的不断变迁而发展与丰富。所以，也就不难理解，为什么更多的研究者在分析与探讨大学办学自主权问题时基本都以《高等教育法》为基础而展开了。本书认为，以《高等教育法》为基础，参照相关研究成果，并结合研究者对我国高等教育发展趋势的基本判断，对我国大学办学自主权的基本构成进行简要分析与界定，或许是比较稳妥、合理而可行的选择。

2015年12月27日，第十二届全国人民代表大会常务委员会第十八次会议修订的《中华人民共和国高等教育法》规定，高等学校享有以下办学自主权："高等学校根据社会需求、办学条件和国家核定的办学规模，制定招生方案，自主调节系科招生比例；高等学校依法自主设置和调整学科、专业；高等学校根据教学需要，自主制订教学计划、选编教材、组织实施教学活动；高等学校根据自身条件，自主开展科学研究、技术开发和

---

① 宣勇：《大学必须有怎样的办学自主权》，《教育发展研究》2010年第7期。
② 黄达人：《高校缺哪些自主权？——与其给予，不如放权》，《中国教育报》2014年4月21日第9版。

社会服务。国家鼓励高等学校同企业事业组织、社会团体及其他社会组织在科学研究、技术开发和推广等方面进行多种形式的合作。国家支持具备条件的高等学校成为国家科学研究基地;高等学校按照国家有关规定,自主开展与境外高等学校之间的科学技术文化交流与合作;高等学校根据实际需要和精简、效能的原则,自主确定教学、科学研究、行政职能部门等内部组织机构的设置和人员配备;按照国家有关规定,评聘教师和其他专业技术人员的职务,调整津贴及工资分配;高等学校对举办者提供的财产、国家财政性资助、受捐赠财产依法自主管理和使用。高等学校不得将用于教学和科学研究活动的财产挪作他用。"[①] 然而,遗憾的是,《高等教育法》的此次修订,并未涉及大学办学自主权的问题。

很多研究者以此为依据,认为我国大学享有七项办学自主权,并将这七项办学自主权简称为招生自主权、学科专业设置与调整自主权、教学自主权、科研与社会服务自主权、对外交流合作自主权、机构设置与人事管理自主权以及财务管理自主权。实际上,从《高等教育法》的文本内容来看,第三十二条至第三十八条中"自主"一词共出现七次,或许这就是有些研究者认为我国大学享有七项办学自主权的依据所在。但是,如果深入分析《高等教育法》的第三十二条至第三十八条的具体内容,很容易就会发现除第三十五条和第三十七条之外,其余五条的相关规定基本上都是在说明同一件事情,或者说所述内容大致属于同一个范畴。所以,如果说这五条"自主"就是大学的五项办学自主权,也不存在什么大的问题。但是,第三十五条和第三十七条说的并不是一件事情,也不属于同一个范畴,如果依然说一条就是一项办学自主权,显然是有问题的。例如,第三十五条规定"高等学校根据自身条件,自主开展科学研究、技术开发和社会服务"。从政策话语上来看,如果说"科学研究"与"技术开发"同属于科研范畴,不存在大的问题的话,那么将"社会服务"与"科学研究"一同并称为"科研与社会服务自主权"肯定是有问题的。大学的科学研究与社会服务联系紧密,但是二者之间也存在着本质的不同,因而分开表述或许更为合理。同样,第三十七条规定"高等学校根据实际需要和精简、

[①] 教育部法制办公室:《中华人民共和国教育法律法规规章汇编》(上),华东师范大学出版社2010年版,第479—485页。

效能的原则，自主确定教学、科学研究、行政职能部门等内部组织机构的设置和人员配备；按照国家有关规定，评聘教师和其他专业技术人员的职务，调整津贴及工资分配"。从政策话语上来看，这一条主要是在说明两件事情，亦即机构设置与人事管理。大学里的机构设置与人事管理之间关系非常密切，但是二者之间的区别还是非常明显的，因而一概而论也欠妥当，分开表述或许更为合理。所以，本书认为以《高等教育法》为基础来分析大学的办学自主权，并将大学办学自主权的构成表述为九个方面或许更为合理，亦即招生自主权、学科专业设置与调整自主权、教学自主权、科研自主权、社会服务自主权、对外交流合作自主权、机构设置自主权、人事管理自主权以及财务管理自主权。

当然，在大力推进依法治教和依法治校的宏观背景下，《高等教育法》是我们分析和研究大学办学自主权相关问题最权威、最基本、最可靠的依据。本书认为，《高等教育法》明确规定的办学自主权肯定是大学自主办学所需要的，但大学应享有的办学自主权并不局限于《高等教育法》的规定。大学办学自主权本来就是一个发展性的概念，办学自主权的基本构成会随着大学内外部发展环境的演变而变化。近年来，我国高等教育发展迅猛，取得了举世瞩目的成绩。在新的历史时期，党的十八大明确提出"推动高等教育内涵式发展"的战略命题，继而"推动高等教育内涵式发展"成为高等教育改革发展的主旋律，所以高等教育内涵式发展的相关主题逐渐受到学术界的广泛关注与高度重视。实际上，走内涵式发展道路不仅是高等教育运行逻辑与发展规律的内在要求，同时也是社会变迁与时代发展的基本趋势，可以说是当前我国高等教育改革与发展的必然选择。[1] 大学是实施、开展与承担高等教育的基层行动主体，而大学自主办学是实现高等教育内涵式发展目标的基础。所以，没有大学自主办学的高等教育内涵式发展，仅是"镜中花，水中月"。从我国高等教育改革发展的历程来看，大学主要依据政府的政策与指令办学，依附于政府，可以说是"第二衙门"。但是，在大学发展过程中，"政府政策都是从一般情况出发考虑的，没有一项政策是针对哪一所大学提出来的，而且政策往往是多变的，政策

---

[1] 张德祥、林杰：《"高等教育内涵式发展"本质的历史变迁与当代意蕴》，《国家教育行政学院学报》2014年第11期。

一变就得转向，大学发展总是随政府政策变来变去，且始终赶不上政策变化，这样的大学不可能发展好，这样的发展也是缺少积累的。所以，依靠政府政策和指令办学已经不适合今天大学的发展了，今天的大学需要自己的判断和选择，应当利用好办学自主权，理性地选择适合自己的发展道路"[①]。实际上，这里所说的办学自主权，更多的是在强调大学应该享有战略规划制定自主权。在学术界，关于大学战略规划制定自主权的研究很少，对大学战略规划制定自主权更缺少确切的认识。

本书认为，大学战略规划制定自主权是指大学能够自主确定办学定位与目标，自主选择发展道路与发展方式的权力。大学有了战略规划制定自主权，才能明确办学定位，选择适合自己的发展道路与发展方式，从而办出特色与质量。从理论上来说，战略规划对于大学的作用与意义再怎么强调也不过分，但在实践上战略规划对大学发展发挥的实际作用却一再遭受质疑。甚至很多大学将规划斥之为"鬼话"，将规划看成是领导的"面子工程"，可以说制定规划就是为了应付政府的要求，少有大学真正的按规划办学。[②] 为什么会出现这种吊诡之事？长期以来，大学都是按照政府的政策与指令办学，政府自然而然地觉得指导大学办学是分内的事情，大学也习惯于政府的指导，制定战略规划的主观意愿不强。久而久之，大学与政府都缺乏对大学战略规划制定自主权的认可和自觉意识，大学制定战略规划只是一项需要完成的任务，很少能发挥实质性的作用。因而，在推动高等教育内涵式发展的宏观背景下，大学需要拥有战略规划制定自主权，只有拥有战略规划制定自主权，大学才能办出特色、提高质量、建成一流。实际上《高等教育法》对大学战略规划制定自主权已有所提及，但只是作为大学校长的职权，并没有将其作为大学的办学自主权。在某种意义上来说，这已是对大学战略规划制定自主权的认可，只是由于历史传统等原因，并没有将战略规划制定自主权列入大学办学自主权。很显然，大学自主办学需要享有战略规划制定自主权，而不仅仅是校长的一项职权。

总之，法律具有天然的滞后性，《高等教育法》于1998年8月29日通

---

① 别敦荣：《高等教育改革和发展的形势与大学战略规划》，《鲁东大学学报》（哲学社会科学版）2016年第11期。

② 别敦荣：《高等教育改革和发展的形势与大学战略规划》，《鲁东大学学报》（哲学社会科学版）2016年第11期。

过，1999年1月1日正式施行，到2015年12月27日的第一次修订，再到2018年12月29日的第二次修订，对大学办学自主权问题又只字未改。《高等教育法》实施至今已二十多年，这期间恰恰又是我国高等教育飞速发展期，而期间的两次修订均未涉及办学自主权问题。可以说，《高等教育法》关于大学办学自主权的相关规定，很显然落后于当前我国高等教育改革发展的新形势、新任务以及新需求。实际上，学术界对大学办学自主权的基本构成虽未达成共识，但基本都认同办学自主权是多元的，是多种权力的复合。本书认为，在《高等教育法》规定的九项办学自主权之外，大学至少还应享有战略规划制定自主权。概而言之，当前推动与促进大学自主办学，至少应赋予并确保大学拥有以下十项办学自主权：招生自主权、学科专业设置与调整自主权、教学自主权、科研自主权、社会服务自主权、对外交流合作自主权、机构设置自主权、人事管理自主权、财务管理自主权以及战略规划制定自主权。

（四）办学自主权的主体

大学办学自主权主体的问题，也就是要回答办学自主权是谁的。那么，大学的办学自主权是谁的，亦即办学自主权的主体是谁，是一个主体——大学的，还是多个主体的？长期以来，在高等教育研究领域，这似乎并不是一个问题，至少没有像办学自主权的来源或性质或构成那样引起学界那么大的兴趣和关注。实际上，办学自主权的主体问题，是切实落实大学办学自主权的基础与关键问题。

从法律的角度来讲，《高等教育法》在阐述每项大学办学自主权的时候，所有主语都是"高等学校"，亦即按照《高等教育法》来解读的话，可以合理地得出每项办学自主权的主体都是高等学校的结论。与此同时，《高等教育法》还明确规定"高等学校的校长为高等学校的法定代表人"。如此一来，就可以合乎逻辑地推导出办学自主权的主体是大学校长的结论。在人们的传统思想观念里，大学校长是行政人员的代表[①]，由此也就可以进一步得出办学自主权的主体是大学行政人员的结论。由此可见，按照这个逻辑分析大学办学自主权的主体是行得通的，起码在逻辑上没有大

---

① 汪洋、龚怡祖：《"校长退出学术委员会"的改革取向分析——兼论大学校长选拔制度的去行政化》，《国家教育行政学院学报》2014年第6期。

的问题。但是，与此相伴的问题也就随之而来，为什么会出现大学办学自主权"落而不实"和"落而即乱"等问题呢？如果往更深层次去思考的话，饱受各界诟病的大学行政化问题与权力主体的错位与异化是不是也密切相关？很显然，不能简单地按照这种逻辑来分析大学办学自主权主体的问题。然而令人遗憾的是，不知是因为无意义，还是觉得无异议，学术界对此关注得并不够。有些研究虽能给人以启发，但多是侧面提及，因未做深入探讨而显得不解渴。总而言之，大学的办学自主权主体是谁并不是不言而喻或显而易见的，恰恰相反，这是一个不得不深查细究的重要问题。

在谈论大学办学自主权的主体是谁之前，首先需要明确一个基本问题，大学办学自主权的主体不是大学校长，而是大学。正如有研究者在评论大学校长抱怨手里缺少自主权时所指出的那样，"办学自主权是落实给大学，而不是落实给校长"[1]的。虽然，从法律上来讲，大学校长是大学的法人代表，大学校长拥有法律赋予和规定的职权，但大学校长的职权并不等同于大学办学自主权，大学办学自主权是大学这个组织整体的，并不是校长个人的。正如有研究者在研究权力主体问题时所指出的那样，"权力主体是组织体的整体及其机关。组织体的最高权力属于组织体整体，由组织体或其最高机关来行使。个人不是权力主体。因此，从严格意义上来讲，个人没有权力"[2]。或许正是因为如此，《高等教育法》并没有将大学办学自主权与大学校长职权等同，而是分别作了论述与规定。但是，在推动大学自主办学过程中，大学校长职权与大学的办学自主权混同的现象或问题是普遍存在的。正如有研究者在分析大学办学自主权难以落实的原因时所指出的那样，一方面，政府部门不肯真正向大学下放办学自主权，截留了一部分大学办学自主权；另一方面，政府"下放"给大学的办学自主权没有得到科学配置和合理使用，这些有限的办学自主权通常会被大学的书记或校长截留或垄断，而教师和学生的自主权则处于虚置或架空状态，从而导致基层组织权力薄弱涣散。[3] 实际上，虽然大学的书记或校长通常会截留或垄断大学的办学自主权，是大学行政化问题的映射与表征。但是，将大学办学自主权与校长职权混同的思想或做法，也为书记或校长截

---

[1] 熊丙奇：《校长别总抱怨手中缺少自主权》，《中国教育报》2015年8月1日第2版。
[2] 俞德鹏：《宪法学》，法律出版社2009年版，第42页。
[3] 阮李全：《大学章程对高校办学自主权的界分与保障》，《现代教育管理》2015年第10期。

留大学办学自主权提供了一定的理论支撑。由此看来，如果简单地按照上述逻辑来分析大学办学自主权主体的问题，并不能揭示问题的本质，更不能真正地解决问题。

实际上，大学是一个功能独特的社会组织，所以从组织的角度来分析大学办学自主权主体的问题或许是一个可行而合理的思路。从组织层次的角度来看，我国典型的大学组织由"校—院—系"三个层次构成。在学术研究中，一般又将"院—系"统称为基层组织。所以可以从理论上说，大学由校级和基层组织两个不同层次的主体构成。那么，大学办学自主权自然也就存在校级与基层组织两个不同层次的主体，亦即大学办学自主权既是校级层次的，也是基层组织的。政府向大学下放的办学自主权，既是面向校级层次的，也是面向基层组织的，并且只有这两个主体都有了与其角色相称的办学自主权，大学的办学自主权才算是得到了合理的使用与配置。然而，当前我国大学办学自主权主要集中在校级层次，基层组织缺乏或很少有办学自主权，这已是一个不争的事实。大学办学自主权这种分布格局严重地影响着基层组织办学的积极性与主动性，这也成为制约大学自主办学的重要障碍。正如有研究者所指出的那样，"大学治理要处理的主要矛盾也由横向的'组群间的权力冲突'演变为纵向的'学校与基层学术组织的权力冲突'，基层学术组织自治问题日益凸显"①。因而，本书认为从组织层次的角度来说，推动大学办学自主权从校级层次向基层组织转移，实现办学自主权在校级层次与基层组织之间的平衡与协调，是我国大学实现自主办学的基本前提之一。

从组织成员的角度来看，我国大学至少由以下三大主体构成：以校长为代表的行政系统人员（行政系统）、以书记为代表的党委系统人员（党委系统）以及教师与学生（学术系统）。所以可以从理论上说，我国大学由行政系统、党委系统以及学术系统构成。那么，大学办学自主权自然也就存在行政系统、党委系统以及学术系统三个不同类型的主体，亦即大学办学自主权既是行政系统的，又是党委系统的，也是学术系统的。所以，政府向大学下放的办学自主权，既是面向行政系统的，又是面向党委系统的，也是面向学术系统的，并且只有这三个主体都有了与各自角色相称的

---

① 周光礼：《实现三大转变，推进中国大学治理现代化》，《教育研究》2015年第11期。

办学自主权，大学的办学自主权才算是得到了合理的配置，进而才能得到合理的使用。正如有研究者宣称的那样，大学办学"自主权的实现也必须通过那些希望大学保持一定自主的领导者和管理者的实际行动体现出来"①。又加上本身早已根深蒂固的行政化影响，导致当前我国大学办学自主权更多地停留在行政系统和党委系统，而学术系统的自主权基本被忽视或虚置了。并且，从职称或行政级别的角度来看，大学的办学自主权更多地停留在职称或行政级别相对较高的层次上，较低职称或行政级别的大学人缺乏或很少有自主权。总体而言，大学办学自主权主体的异化所产生的影响是广泛而深远的，从某种意义上来说当前饱受诟病的大学内部行政化问题就根源于此。

概而言之，大学办学自主权既是校级层次的，也是基层组织的；既是行政系统的，又是党委系统的，也是学术系统的。任何将大学办学自主权主体错位的动机、行为与实践，都会导致办学自主权的失衡、异化与混乱。因而，在新的时代背景下，我们需要从基本思想与理念问题着手，厘清大学办学自主权的主体，如此才能走向共享治理与多元治理，进而最终才能实现大学自主办学。

二 自主办学能力

自主办学能力是大学自主办学的构成要素，同时也是分析与研究大学自主办学不可或缺的维度之一，是大学实现自主办学的基础。然而，遗憾的是，在关于大学自主办学的诸多研究之中，对大学自主办学能力的论述却很少。这些不多的相关研究和论述虽能给我们一些启发，不过也存在着一笔带过、浅尝辄止，不系统、不深刻的问题。本书认为，对大学自主办学能力进行系统、深入、全面的分析与探究，是认识与把握大学自主办学本质的基础，也是推动与促进大学我自主办学实践发展的前提。

（一）自主办学能力的内涵

大学自主办学能力是一个历史的概念，是高等教育发展到一定阶段之后才出现的一个概念。所以，大学自主办学能力随着我国高等教育改革与

---

① 龙献忠、刘志国：《改革开放以来我国大学办学自主权的政策文本分析及启示》，《黑龙江高教研究》2006 年第 10 期。

发展而逐渐走进人们的视野，其内涵也随着我国高等教育改革与发展而逐渐拓展与丰富。因而，我们需要简要分析大学自主办学能力问题为什么长期没有引起各界的重视，大学自主办学能力为什么又是一个不可忽视或轻视的问题，进而才能更加深刻地认识与把握大学自主办学能力的内涵。

在我国高等教育发展史上，相比于各界对大学办学自主权的关注与重视，大学自主办学能力是一个被轻视甚至是忽视的问题，长期处于被遗忘的角落而没有受到应有的关注与重视。那么，为什么会出现这种局面呢？本书认为这主要是由以下两方面原因造成的。

一方面，我国近现代意义上的大学，并不是我国传统高等教育机构的组织形式、办学理念与文化惯习等的自然延续，而是在改革维新、救亡图存以及抵御外侮等复杂而特殊的背景下，师法西方发达国家而建立起来的富国强兵的利器与工具。正如有研究者所言，"近代大学担负着富国强兵、抵御外侮、挽救民族于危难的重大历史使命，国家和政府控制和管理大学成为天经地义的无须争辩的选择"[①]。所以说，我国大学是在强烈的国家意志主导下产生的，是政府机构的附属或延伸，天然具有附属性、依附性和顺从性，故西方国家的大学自治与学术自由思想在我国难觅踪影。或许正是基于这个原因，有研究者才指出，"在中国的传统中既没有自治权之说，也不存在学术自由思想，也没有一处可以称得上是大学的高等教育机构"[②]。纵观近现代以来我国高等教育发展史，在国家改革开放政策实施之前，除蔡元培掌舵时期的北京大学和抗日战争时期的西南联合大学具有短暂的自由与自治之外，其余绝大部分时间里我国大学都处于国家的直接管理与严密控制之下，大学的附属性、依附性与顺从性从未发生过根本的改变。在改革开放政策实施的宏观背景下，1979年几位大学领导人呼吁给"高等学校一点自主权"。可谓"一石激起千层浪"，一时之间大学办学自主权问题引起社会各界的持续关注与广泛讨论。自此以后，大学办学自主权问题也逐渐成为我国高等教育管理体制改革的核心和各界关注的焦点，进而成为高等教育管理体制改革的主旋律。正如有研究者所言，"改革开放以来，落实和扩大办学自主权成为中国高等教育改革的一个中心议题，

---

① 张应强：《新中国大学制度建设的艰难选择》，《清华大学教育研究》2012年第6期。
② [加拿大] 许美德：《中国大学1895—1995：一个文化冲突的世纪》，教育科学出版社2000年版，第19—26页。

不时浮现出来,……在高教政策中处于核心地位"①。政府对大学长期的控制与束缚,使各界以为只要脱离政府的直接管理与严密控制,大学自主办学就能自然而然地实现。然而,由于特殊的文化传统与历史背景,我国大学既缺乏自主办学的遗传基因,也缺乏后天的培育与营养,是典型的"被抱大的一代"。可以说,是"先天不足,后天不良"。在这种情况下,我国大学既无必要也无可能自主办学,如此一来大学的自主办学能力自然羸弱。故而,一直以来,大学自主办学能力问题没有引起各界的关注与重视。也正是因为如此,此后我国围绕大学办学自主权而推进的大学自主办学,一直未走出"放乱收死"的恶性循环怪圈。

另一方面,我国近现代意义上的高等教育实践活动起步较晚,与此相比,我国高等教育研究的制度化、组织化与规范化的历史则更短。我国高等教育研究的自主性不强,容易受到社会科学主流研究范式,尤其是结构主义研究范式的影响。就大学自主办学这个问题而言,学术界的相关研究受结构主义研究范式的影响较大,研究者们一般将管理体制、文化传统以及思想观念等外部性因素视为影响大学自主办学的关键,由此就会顺其自然地认为大学办学自主权是大学自主办学的关键与核心,甚至认为办学自主权是大学自主办学的唯一决定性因素。正如有研究者指出的那样,"大学办学自主权在中国之所以成为久拖不决的问题,主要源于政府对大学的集权管理模式"②。也有研究者认为,"体制的制约,自主权的缺乏,常常使高等学校产生因无权作为而无所作为、得过且过的依赖思想"③。受结构主义研究范式的影响,诸如此类的观点与著述还有很多,实际上学术界对外界(尤其是政府)对大学的控制与制约——亦即办学自主权问题——如此强调,以至于很多研究者都将大学自主办学与大学办学自主权两个截然不同的问题视为同一件事。这一点只需对学术界的相关研究成果进行简要查阅与分析便可得知。诚然,大学处于社会之中,外界环境对大学具有很强的制约性,尤其是体制环境对大学自主办学而言至关重要。大学不可能

---

① 周光礼:《中国大学办学自主权(1952—2012):政策变迁的制度解释》,《中国地质大学学报》(社会科学版)2012 年第 3 期。
② 周光礼:《中国大学办学自主权(1952—2012):政策变迁的制度解释》,《中国地质大学学报》(社会科学版)2012 年第 3 期。
③ 朱巧芳:《大学生权利保障问题的思考》,《高教探索》2005 年第 3 期。

脱离社会影响而独立生存与发展,所谓的"象牙塔"只是人们对大学理想的精神寄托,但是,如果大学自身没有以更高的自主意识和更有力的行动去有效利用与行使体制环境已赋予和提供的资源与权力,而希望获得更多的资源与权力就是一种奢望。"正如环境能够影响大学一样,大学同时也能影响环境"①,而实际上是否能产生以及能产生多大影响则取决于大学自身。所以,大学仅仅拿着办学自主权这个尺度去衡量外部世界是远远不够的,大学还应当审视与考察一下自身能否有效行使已有的办学自主权,因为大学自身才是向外界索要办学自主权基础与资格的根源所在。诚如有研究者所言,"我们常以为大学的学术自由(广而言之,大学自由)是因外部干预而受损的,实际上,更主要的是自我丢失,当外部社会条件越来越好时,更是如此。很多情况下是我们自己没有把握好自由,是我们自己丢失了自由"②。然而,当大学获得了渴望已久的办学自主权,却未能有效行使,没有实现宣称的自主办学局面时,就再难以获得办学自主权了。从一定程度上来说,我国高等教育管理体制改革的实践业已证明,大学自己没有把握好、运用好政府已赋予的办学自主权,所以政府又收回已下放给大学的办学自主权。从这个意义上来说,是大学自己丢失了办学自主权。正如有研究者分析这一问题时所指出的那样,"许多学者和教育专家更多地将其归因于政府的管理方式,这只是寻找到解决该问题的其中一个方面,却忽视了一个重要的方面——高等学校自身存在的问题"③。笔者也曾指出,"扩大与落实大学办学自主权从来都不是一个简单的政府放权问题,而是以大学战略管理能力不断提升为前提的政府放权与大学有效履行权力之间双向互动、互促共进的动态过程"④。所以说,各界对大学办学自主权是如此的关注与重视以至于轻视或忽视了大学自主办学能力,这是大学自主办学出现"放乱收死"的重要原因之一。不过,高等教育研究的结构主义范式向行动主义范式的转换以及两种研究范式的沟通、互动与对话,为

---

① [美]伯顿·克拉克:《自主创新型大学:共治、自治和成功的新基础》,王晓阳等译,《清华大学教育研究》2000年第4期。
② 张楚廷:《学术自由的自我丢失》,《高等教育研究》2005年第1期。
③ 杨际军:《自为与自律:高等学校落实和扩大办学自主权的关键》,《现代教育科学》2007年第4期。
④ 林杰、刘国瑞:《战略管理能力:大学扩大与履行办学自主权的基础——兼论大学战略管理能力的提升路径》,《现代教育管理》2014年第9期。

大学自主办学问题的分析与研究逐渐从关注外界环境到关注内部世界，并最终实现关注外部环境与内部世界的沟通与互动提供了必不可少的思想和研究基础。可以说，正是由于政策与实践对外部环境的强调与高等教育研究结构范式的共同作用，才导致各界长期以来轻视或忽视了大学自主办学能力的问题。

实际上，本书以关系思维作为研究的方法论基础，正是在努力地沟通大学自主办学外部性视角与内部性视角，从而实现两者的互动与融通，最终全面认识与系统把握大学自主办学的本质，推动大学自主办学的实践顺利开展。本书认为，正是由于长期以来各界对大学自主办学能力问题的轻视甚至是忽视，才导致对大学自主办学本质等相关问题的研究不深刻，没有为大学自主办学实践提供应有的理论指导与支撑，也才有今天大学自主办学实践举步维艰的困境。众所周知，《高等教育法》所明确的大学办学自主权，是面向我国所有公立大学的。试想，在我国现有高等教育管理体制下，那些处于同一层次、类型与区域的大学面临着大致相同的外部环境，具有几乎一样的办学自主权。如果基于外部性视角来理解，我们可以得出这样的合理推论：这些大学的实际表现应该也大致相当。可实际上，这些大学的表现却差异巨大。很显然，如果单从外部环境寻找产生这种差异的原因，基本上相当于缘木求鱼，无论是在理论上还是在实践上都是行不通的。如此看来，只有一种可能且更为合理的解释，不同的大学其内部性因素存在差异，尤其是自主办学能力存在差异。正是这种实际存在的差异，导致了各大学有不同的表现。正如有研究者所言，"大学是一个高度集成的复杂能力系统。大学的改革是能力的调整、大学的发展是能力的增长、大学的稳定是能力的均衡、大学的特色是能力的优势和异构。正是由于能力的大小、结构和整合程度不同，才使大学与大学之间存在着各种各样的差别"[①]。也就是说，大学的内部性因素是我们分析大学自主办学应该重视与关注的，在这里主要是指大学自主办学能力。由此可见，大学自主办学能力，是分析与研究大学自主办学相关问题过程中不可轻视、更不可忽视的重要问题，脱离了大学自主办学能力的大学自主办学是不可想

---

① 张卫良：《大学核心竞争力理论与实践研究》，博士学位论文，中南大学，2005年，第6页。

象的。

实际上,"大学是资源和能力的结合体"①。因而,分析大学自主办学能力的内涵,也就不可忽视资源这个与能力密切相关的概念。大学拥有与控制资源的数量与质量构成了大学生存与发展的基础和前提,大学配置与运用资源的能力决定了大学的定位、边界与发展战略。资源是能力施展的基础,能力是资源发挥作用的关键。同时,也应该看到资源是"死"的,而能力是"活"的。所以,有资源而没有相应的使用能力,资源也会被闲置或浪费,而有能力既可以使已有资源发挥作用,也可以获取更多的资源。或许正是基于对资源与能力之间矛盾关系的深刻认识与准确把握,伯顿·克拉克才有如下论述:"就大学为追求和传播知识需要自由而言,当种种控制力量软弱分散时,大学知识之花就开得绚丽多姿;就大学需要资源维持办学,并因此依赖富裕、强大的教会、国家或市场支持而言,当种种控制力量强大时,大学在物质上就显得繁荣昌盛,但是这种力量可能——也的确常常——以各种有害于教学和研究自由的方式实行控制。因此,便出现了这种奇怪现象:当大学最自由时它缺乏资源,当它拥有最多资源时它则最不自由。"②伯顿·克拉克的分析有一定的道理,但或许他只指出了问题的一个方面,而本书认为大学对外界的资源依赖与外界对大学的控制并不是一个解不开的"死结"。资源依赖理论所说的依赖是相互的依赖,是双边或多边的互动,而不是单纯的单向依赖。试想,如果一方长期或根本就不能给对方提供有价值的资源——无论是物质性的、精神性的,还是社会性的——这种依赖关系能够长期维持吗?之所以出现了伯顿·克拉克所述的这种现象,主要在于大学没有建立其自己独特的优势,大学自主办学能力尚不足以为外界提供不可替代而又不可或缺的资源。摆脱这种现象或解决这个问题,需要不断提升自主办学能力,推动大学自主办学,进而增强大学资源供给能力。由此可见,在推动大学自主办学过程中,自主办学能力相对于办学资源而言,是更为根本的方面。

那么,大学自主办学能力到底是什么呢?大学自主办学能力是一个复

---

① 迟景明:《资源与能力视角的大学组织创新模式研究》,博士学位论文,大连理工大学,2012年,第35页。
② [美]伯顿·克拉克:《高等教育新论——多学科的研究》,王承绪等译,浙江教育出版社2003年版,第26页。

杂的概念，基于不同的视角，对大学自主办学能力的基本内涵就会有不同的认识与解读。从主体的角度来看，大学自主办学能力是指大学把目标、使命转化为现实的能力；从客体的角度来看，大学自主办学能力是指大学满足外界要求的能力；从主客体之间关系的角度来看，大学自主办学能力是大学与外界进行相互作用的能力；从行为的角度来看，大学自主办学能力是指大学运用各种资源与条件开展教育教学活动的能力；从结果的角度来看，大学自主办学能力是指大学的办学绩效，亦即大学进行人才培养、科学研究以及社会服务等活动的能力；从知识活动的角度来看，大学自主办学能力是指大学发现、保存、传播、创新以及应用知识的能力。可以说上述各种不同的理解，都能揭示大学自主办学能力丰富内涵的某一侧面。而事实上，大学作为一个系统整体，无论是与外界的互动，还是自己的办学行为，都是作为一个整体而出现的。所以，理解大学自主办学能力也应该从系统整体的角度出发，如此才能综合上述各种观点而得到更加系统全面深刻的认识。基于此，本书尝试给大学自主办学能力做出如下界定：大学自主办学能力是指大学在价值理性与文化自觉的基础上，自主地获取与配置资源、优化组织与权力结构以及协调内外部关系，在符合大学内在发展逻辑的基础上进行办学定位，自主地开展与推进人才培养、科学研究以及社会服务等活动的能力。大学自主办学能力是大学竞争优势的根源，是大学个性化、多样化、特色化发展的内在动力，是大学获取更大发展空间与资源的依托，是大学实现自主办学的基础。

（二）自主办学能力的构成

通过前文的简要分析可以发现，大学自主办学能力是一个多组分、多维度、多层次的概念，具有丰富的内涵与深刻的意蕴。大学自主办学能力内在包含诸多要素，是多种能力的综合与集成。根据已有研究和相关政策文件，本书认为大学自主办学能力应主要包括自我定位能力、自我约束能力、自我管理能力以及自我发展能力。分析与理解自我定位能力、自我约束能力、自我管理能力以及自我发展能力之前，首先要厘清"自我"的含义。从词源学的角度来讲，"自我"在英语语境下有两种表述：一种表述是"Ego"；另一种表述是"Self"。"Ego"一般作为主体，是一种具有潜意识活动的自我，是作为施事、具有主动意义的自我；"Self"一般作为客体，是一种具有被动意义的自我，是具有反身意识性质的自我。《现代汉语词典》对"自我"有两种解释：一种是用在双音节动词前面，表示这个动作由主体自己发出，同时又以主体自己为对象；另一种是指主体对自身的把握和认识。由此可见，中西方对"自我"的理解基本都是从主、客体两个角度进行，在本书中所使用的"自我"也是基于这种理解。

1. 自我定位能力

大学自我定位能力是指大学在价值理性与文化自觉的基础上，认清自己是什么、分析自己有什么、确定自己处于什么位置、剖析自己能干什么以及明确自己应干什么的能力。自我定位能力对大学自主办学而言具有基础性的作用，因为"每一所大学，不管它的历史长短，都会遇到如何定位的问题"[①]。由此可见，大学自我定位能力不仅是大学自主办学过程中不断调整自我的永恒主题，也是大学不断提高自主办学水平与办学质量的现实需要。合理定位是大学自主办学之基，科学定位是大学自主办学之根，准确定位大学自主办学之源。没有合理、科学、准确定位的大学，犹如无根浮萍、墙上芦苇，如此一来就会在变动的时代环境中游离不定、随风飘摇。可以说，大学自我定位犹如大学运行与发展过程中的定针与指南，有了合理、科学、准确的定位，"就可以有效避免学校急功近利的短期行为、盲动蛮干的粗暴行为和趋炎附势的庸俗行为"[②]。而大学自我定位能力是决定大学能否合理定位、科学定位以及准确定位的基础与前提，可以毫不夸张地说，自我定位能力决定着大学自主办学的战略方向。大学作为独特的社会组织，在其产生之后的任何历史时期、任何国家、任何区域都因对自己的身份属性、社会地位、发展方向以及价值追求等有清晰而明确的认识、理解与坚守，亦即因对自己有科学、合理、准确的定位，而彰显其独特性、体现其价值、凸显其尊贵。因而，在大力推动高等教育内涵式发展的宏观背景下，自我定位能力决定着大学能否制定一个既适应社会经济发展，又符合自身发展实际，也符合内在运行逻辑的发展规划和发展目标，对推动与促进大学自主办学而言具有基础性的意义与价值。然而，当前我国大学定位普遍存在"攀大、求全、尚名、逐利"的现象，实践中也出现

---

① 刘振天、杨雅文：《大学定位：观念的反思与秩序的重建》，《清华大学教育研究》2003年第6期。

② 郭秋平：《大学办学定位的理性探讨》，《现代教育管理》2011年第5期。

了"'应然'和'实然'的错位、'高位'与'低位'的越位、'不安其位'与'盲目选位'的缺位、'目标趋同'的移位、定位过程的乱位"等问题。① 虽然，这并不能说明全部问题，但是这些不合理、不科学、不准确的定位，也从侧面反映出我国大学自我定位能力较弱的客观现实，在一定程度上制约着我国大学自主办学的推进。

2. 自我约束能力

自我约束能力也称为自控能力、自制能力、自律能力，起初是一个心理学用语，现已广泛运用于人文社会领域，在高等教育研究领域也广被应用。在学术界，研究组织自我约束能力的比较少，并且关于组织自我约束能力的相关研究，基本上也是在研究个人自我约束能力的基础上开展与进行的，并且不同研究者对自我约束能力有不同的理解与认识。所以，本书在具体阐释与论述大学自我约束能力之前，首先对学术界关于个人自我约束能力的几个具有代表性的观点做个简要梳理与分析，在此基础上提出本研究对大学自我约束能力的界定与理解。鲍迈斯特（Roy F. Baumeister）等人认为自我约束能力是指个体改变自我反应的能力，尤其是那些符合理想、价值、道德和社会期待，追寻长期目标的能力。② 坦尼（Tangney）等人认为自我约束能力是指制服或抑制不受欢迎的行为趋势并且控制使其不依照冲动行动的能力。③ 达克沃思（Duckworth）认为自我约束能力是指个体对自我的努力控制，为了达到长期的目标，自我控制的个体比冲动的个体能更好地调节他们的行为、情感、注意等冲动行为。④ 可以看出，上述各观点在具体论述上虽不尽相同，却隐含着两个共同的基本内涵：第一，自我约束能力是个体有意识控制冲动行为、抵制满足直接需要和愿望的能力；第二，自我约束能力的目的是执行能带来长期利益的目标指向的

---

① 郭秋平：《我国大学定位的发展演变和实践中的问题探讨》，《郑州大学学报》（哲学社会科学版）2009 年第 3 期。

② Baumeister R. F., Bratslavsky E., Muraven M. Tice D. M., "Ego Depletion: Is the Active Self a Limited Resource?" *Journal of Personality and Social Psychology*, Vol. 74, No. 5, 1998, pp. 1252 – 1265.

③ Tangney J. P., Baumeister R. F., Boone A. L., "High Self-control Predicts Good Adjustment, Less Pathology, Better Grades, and Interpersonal Success", *Journal of Personality*, Vol. 72, No. 2, Feb 2004, pp. 271 – 324.

④ Duckworth A. L., "The Significance of Self-control", *Proceedings of the National Academy of Sciences*, Vol. 108, No. 7, July 2011, pp. 2639 – 2640.

行为。① 结合上述论述，本书认为大学自我约束能力就是指大学在价值理性与文化自觉的基础上，克服冲动、习惯与盲从，主动抵制外界不合理需求与自身欲望，有意识地掌控自己办学行为和坚定办学方向的能力。大学自我约束能力就是大学能够自我分析什么行为与目标对自己而言是合适的，自我检查什么是自己能做且应做的，自我审视什么是是非善恶，自我坚持什么是自己的追求与使命，自我调节"欲望"与"应当"的关系。

没有自我约束能力的自主办学是不可能也是不现实的，自我约束能力是大学自主办学的基本前提。大学自产生以来就处于教会、政府以及市场等权力主体与利益主体的裹挟之中，各主体不断地以各种方式与途径向大学传达各自的诉求与期待，甚至是无休无止的欲望，而大学在各种权力博弈与利益冲突之中却依然欣欣向荣，并且给世人留下了诸多美好的期许。人们认为，"大学不是风向标，不能什么流行就迎合什么。大学应不断满足社会的需求，而不是它的欲望"②。当然，大学也不能就此而走向另外一个极端。也就是说，"大学不能自外于人群，但却不能随外界政治风向或社会风尚而盲转、乱转。大学应该是'时代之表征'，它应该反映一个时代之精神，但大学也应该是风向的定针，有所守，有所执着，以烛照社会之方向"③。总之，大学是"时代之表征"、是"社会之灯塔"，这既是人们对大学的无上赞誉与美好期许，也是大学社会价值的根基，而这一切都奠基于大学自我约束能力。甚至可以说，千百年以来，正是由于大学具有自我约束能力才没有异化为其他社会组织，也才没有被其他社会组织所取代，而是作为"时代之表征"和"社会之灯塔"在人类社会发展的长河之中一枝独秀、熠熠生辉。然而，由于先天不足，又加上科技发达、娱乐至上、市场崇拜和消费主义等当今时代主旋律④对大学的不断侵蚀与冲击，对我国大学本就孱弱的自我约束能力形成了巨大的考验与挑战。由于自我约束能力不强，大学没有经受住这种考验、冲击与挑战而逐渐地不甘平庸、难耐寂寞，随着外界风向与风尚而盲转、乱转，如此一来"争权、趋

---

① Hagger M. S., Wood C., Stiff C., et al., "Ego Depletion and the Strength Model of Self-Control: A Meta-analysis", *Psychological Bulletin*, Vol. 136, No. 4, April 2010, pp. 495–525.
② [美] 亚伯拉罕·弗莱克斯纳：《现代大学论——美英德大学研究》，徐辉等译，浙江教育出版社2002年版，第3页。
③ 金耀基：《大学之理念》，生活·读书·新知三联书店2001年版，第24页。
④ 韩益凤：《平庸时代的大学》，博士学位论文，南京师范大学，2015年，第51页。

利、求名、尚功"之风盛行，大学也逐渐沦为新的名利场而饱受各界诟病与质疑。所以，有研究者指出，"大学应该是也必须是自律办学的组织，与其说这是一个假设不如说这就是一个论断"①。实际上，失去自我约束的自主办学，或许会将大学引入庸俗化、媚俗化、平庸化的深渊，由此大学也就不会自觉担负也不可能很好地担负其应负的责任。由此可见，在推动大学自主办学的时代背景下，加强大学自我约束能力建设日益迫切而紧要。

3. 自我管理能力

自我管理能力是指大学在价值理性与文化自觉的基础上，自觉、主动、有效地管理人才培养、科学研究以及社会服务等活动过程中相关事务的能力，是大学自主办学的基础支撑。大学自我管理能力是一个能力体系，这个能力体系内在地包括教学管理能力、科研管理能力、学生管理能力、人事管理能力、组织管理能力、财务管理能力以及后勤管理能力等。教学管理能力是指大学管理教学计划、教学目标、教学实施、教学质量及其评价等活动的能力。正如"教学是大学一切活动的中心，是教育目标达成的基本途径"② 一样，教学管理也是大学管理体系的核心。大学教学管理能力就是服务教学发展的能力，影响甚至决定着大学的教学质量与水平；科研管理能力是指大学规划科研方向、组织项目申报、协调科研活动、落实科研任务、服务科研发展、评估科研成果以及促进科研成果转化等活动的能力。从本质上来说，大学科研管理能力就是服务大学科研活动的能力，对提高大学科研活动的质量、水平与效率具有基础性的作用；学生管理能力是指大学管理学生入学、学生学业、学生身心发展、学生评价以及学生就业等活动的能力。从本质上来说，大学学生管理能力就是服务学生发展的能力，是落实"以人为本、立德树人"的关键；人事管理能力是指大学调整人与人、人与事、人与组织之间的关系，共同为大学的人才培养、科学研究以及社会服务等活动发展服务的能力。大学人事管理能力就是促进相关人员各司其职、各谋其政、各展其用的能力，是大学良好运行与发展的关键；组织管理能力就是指大学协调各组织、各部门、各单位

---

① 眭依凡：《论大学的自主与自律》，《浙江师范大学学报》（社会科学版）2015 年第 1 期。
② 林杰、刘国瑞：《关于深化中国特色高等教育人才培养体系改革的几个问题》，《中国高教研究》2015 年第 3 期。

之间的关系，使之彼此衔接、相互配合、协同合作的能力。大学组织管理能力就是防止大学"巴尔干化"，维持大学有机统一的能力，是大学各项活动有序开展的基础；财务管理能力是指大学进行财务预测与预算、财务分析与计划、财务决策与控制以及资产管理等活动的能力。财务活动是流淌在大学有机体中的血液，因而财务管理能力决定着大学有机体运行的基本状况；后勤管理能力是指大学辅助教学活动、开展安全保卫、提供饮食住宿、支持文体活动以及美化校园环境等活动的能力。后勤管理是为大学各项活动的顺利开展服务的，后勤管理能力决定着这种服务的质量与水平，是大学有序运行与发展的重要基础。

大学自我管理能力是大学自主办学的基础支撑，决定着大学能否实现自主办学、能在多大程度上实现自主办学。然而，近年来我国大学为实现自主办学不断呼吁更多更大办学自主权的同时，并没有相应地提升自我管理能力。如上所述，大学自我管理能力体现在多个方面，我们就以学生管理能力为例对大学自我管理能力进行简要分析，以管中窥豹。没有谁口头上否认"大学以学生为中心"的基本观点，并且在领导讲话和相关学术研究中都在不断地强调"大学以学生为中心"的必要性和重要性。然而，在具体实践过程中却是另一番景象，"我们的教育理念把学生看作是教育的对象，是被管理者和受教育者，没有什么权利而言，就是无条件履行义务"[1]。实际上，在大学学生管理工作中，"以人为本、立德树人"和管理育人、服务育人以及教育育人的基本理念并没有完全落实到位。笔者也曾撰文指出，我们的"大学是教育规则的制定者、教育服务的提供者，学生处于被管理、被教育的地位，大学生享有哪些权利、哪些权利能够得到有效保障以及能在多大程度上得到保障等都取决于大学，学生基本没有实质性的选择权，只能被动接受"[2]。如果在理念上就不重视，在实践上也就很难会为改善学生服务质量而持续地改进工作。久而久之，大学的学生管理能力也就很难得到提高。甚至可以说，如此低水平的学生管理能力能维持大学基本运行已属不易，再谈大学自主办学的理想似乎就是一种奢望。当然，大学学生管理能力不高只是大学自我管理能力的一个方面，诸如教学

---

[1] 张振芝：《基于培养过程的大学生权利体系构建》，《中国高等教育》2015 年第 Z2 期。
[2] 林杰：《高等教育普及化时代大学生的特征及其权利保障》，《中国高教研究》2016 年第 3 期。

管理能力、科研管理能力以及人事管理能力等提高与发展的空间很大已众所周知，这些只要看一下各种铺天盖地的质疑与诟病，便可知晓一二。事实上，大学自我管理能力是大学自主办学能力向更高层次发展的根基，是大学良好运行发展的基础，是大学实现自主办学的基础支撑，没有大学自我管理能力不断提高的大学自主办学是不可能的。

4. 自我发展能力

自我发展能力是指大学在价值理性与文化自觉的基础上，自觉、主动、有效地利用自身资源和外界条件，拓展发展空间、聚集办学资源、提高教育质量以及开展创新活动的能力。大学自我发展能力是大学自主办学能力的高级阶段，也是大学实现自主办学的核心保障。大学自我发展能力主要体现为以下几个方面。一是，大学制定与实施战略规划的能力。战略规划是大学发展的定针与指南，它"能把未来五年或更长时期学校发展的总体路径设计出来，引领学校的发展方向"[1]。可以说，发展战略规划是大学摆脱对政府依赖的路线图与导航仪，在大学自主办学过程中发挥着引领性作用，没有发展战略规划的大学自主办学就像没有指南针的航船在大海上航行，是不可想象的。然而，长期以来我国大学已习惯于按照上级主管部门的指令办学，没有自己明确的发展目标与具体实施路径。虽然，目前国内绝大部分大学都有了自己的发展战略规划，然而由于缺少战略规划制定自主权，所以这些发展战略规划基本上都是按照"上级让怎么办就怎么办，看别人怎么办就怎么办"的模式制定的，忽视了自己的发展基础与需求。并且，在实施发展战略规划过程中，除了受到政府相关部门的诸多掣肘之外，自己的实施与执行能力也明显不足。可以说，我国大学制定与实施发展战略规划的能力亟须提高，否则将严重影响大学自主办学的进程。二是，大学获取与聚集办学资源的能力。资源是大学生存与发展的依托，也是大学实现自主办学的基础。在计划经济时代，大学是政府的附属机构，大学所需的一切办学资源都来自于政府的分配与安排，大学不需要考虑办学资源的问题。然而，在市场经济背景下，随着政府向大学赋予越来越多办学自主权的同时，也向大学下放了越来越多解决办学资源问题的责任，由此对大学获取与聚集办学资源能力的要求也就越来越高。实际上，

---

[1] 别敦荣：《高校发展战略规划的理论与实践》，《现代教育管理》2015 年第 5 期。

政府向大学下放办学自主权以推动大学自主办学，就是促进大学面向社会办学，是"倒逼"大学在社会竞争中获取生存空间与发展资源。通常而言，大学的资源有两种，一种是内部资源，一种是外部资源。内部资源在一定时间内是一种定量资源，这种定量的内部资源如何科学配置、合理使用，并使其发挥最大的效益，是大学运用资源能力的体现。大学的外部资源是非常丰富的，这些资源包括政策、信息、资金、项目、人才，等等。对于大学来讲，外部资源是取之不尽的，谁能最大限度地获取外部资源，谁就能获得更大的支持，谁就能在推进大学建设中增加砝码①。实际上，内部资源是大学既有的资源，只是如何运用的问题，所以大学获取与聚集办学资源的能力主要体现为获取与聚集外部资源的能力，是大学能否实现自主办学的关键。三是，大学开展创新活动的能力。没有创新的自主办学是不存在、不可能的，同样，没有自主办学的创新是不可持续的、不恒久的。大学开展创新活动既体现在课程设置、教学方式以及教师评价等较为微观的方面，也体现在科学研究以及社会服务等较为宏观的方面。创新历来就是大学活力的源泉，是大学基业长青的根源。开展创新活动既是大学自主办学的题中之意，也是大学自主办学的重要基础。然而，我国很多大学开展各种活动都是跟着所谓的"样板大学"亦步亦趋、人云亦云，到头来非但未习得人家精要，反而成了邯郸学步、东施效颦。试想，这样的大学如何自主办学，这样的自主办学有何意义。因而，提升大学开展创新活动的能力，已成为推动大学自主办学的当务之急。总而言之，当今时代，大学生活在变动不居的复杂环境之中，并且大学自身也在不断地发生着深刻的变化，自我发展能力是大学身处波涛汹涌的时代浪潮中而不迷失的定针，是大学妥善处理与协调内部各种价值冲突与利益博弈而不沉沦的关键，是大学自主办学能力的集中体现。

大学自主办学能力是一个能力体系，主要体现为自我定位能力、自我约束能力、自我管理能力以及自我发展能力，彼此相互嵌套、相互影响、相互作用，是一个有机整体。大学自我发展能力居于这个能力体系的顶层，而自我定位能力、自我约束能力以及自我管理能力是这个能力体系的基础能力。自主办学能力是大学自主办学的基础，没有自主办学能力的大

---

① 张德祥：《高水平大学建设要重点处理好的八个关系》，《高等教育研究》2009 年第 6 期。

学自主办学是不可能和不现实的，但自我定位能力、自我约束能力以及自我管理能力同样也是不可缺少的，缺少这些基础能力，大学自我发展能力将无从谈起。可以说，当前对大学自主办学能力的轻视或忽视，是我国大学自主办学至今尚未走出"放乱收死"恶性循环的重要原因。因而，在大力推动大学自主办学的背景下，需要关注与研究大学自主办学能力，并有意识地培养与提升大学自主办学能力。

（三）自主办学能力的基本特征

大学自主办学能力是内生于大学自身的由多种能力复合而成的能力体系，也是以人为基础建立起来而又主要体现为人的能力，又是大学发现、保存、传播、创新以及应用知识的能力，并且大学自主办学能力又随着社会历史的发展而不断发展。概而言之，大学自主办学能力具有内生性、整体性、人格化、知识性以及发展性等基本特征，分析这些基本特征能更加全面、深刻地认识与把握大学自主办学能力的内涵。

1. 内生性

大学自主办学能力的内生性，是指大学自主办学能力的形成与发展不是政府干预、市场介入与社会参与的结果，而是大学通过调整内部结构、整合构成要素、优化管理技术、创新管理制度、构建大学文化以及创新办学理念等活动而形成与发展的，是大学内生的。长期以来，对大学自主办学能力轻视或忽视的一个重要原因就是认为大学自主办学能力是外赋的，所以理所当然地认为大学只要具有办学自主权，大学自主办学就能顺其自然地实现。事实上，大学自主办学能力的内生性，决定了任何外界的推动与作用如果不能调动大学内在的积极性、主动性与能动性，就很难转化为大学运行与发展的积极力量。如此一来，也就不难理解为什么在我国高等教育近百年的发展历程中，外界对大学进行了各种评估、审查、考核、支持以及推动，大学自主办学能力却依然没有发生根本性的改观与提升，所以我国大学自主办学至今尚未走出"放乱收死"的魔咒。当然，大学自主办学能力的内生性并不完全否定外界力量的推动作用，甚至在一定历史时期离不开外界力量的推动，只是强调外界力量的推动需要建立在大学自我认同与自觉行动的基础上。没有大学的自我认同与自觉行动，外界的任何推动力量都没有落脚点与着力点。大学自主办学能力的内生性，是大学价值理性与文化自觉的合理而自然延伸。因而，分析、把握与尊重大学自主办学能力的内生性,是促进大学自主办学能力提升的关键,是推动高等教育内涵式发展的重要基础,也是促进大学实现自主办学的基本前提。

2. 整体性

大学自主办学能力的整体性,是指大学自主办学能力不是某一种能力的外显,而是自我定位能力、自我约束能力、自我管理能力以及自我发展能力等的相互作用、整合、协调与互促而形成的有机统一的能力体系。正如科尔所言,现代大学是一个复杂的多元化巨型大学,大学内部的结构、组织以及人员等构成了复杂的有机体,而"在有机体中,部分和整体是紧密地连在一起的"①。在推动大学自主办学过程中,大学自主办学能力体现在维持与促进这个复杂有机体的结构、组织以及人员和谐相处、相互配合、协调统一的过程之中,并且是从整体与全局的角度去把握与协调,而不是协调某一个部分或某一个层面的关系,体现出大学自主办学能力整体性的特征。不仅如此,在推动大学自主办学过程中,大学自主办学能力体现在从有机体整体的角度与多元复杂、变动不居的环境进行互动、沟通、交流与合作的过程之中,而不是处理某一方面或某一层次的关系,体现出大学自主办学能力整体性的特征。也就是说,大学要实现自主办学就要面对与处理大学内外部双重复杂性的考验与挑战,并且大学作为一个有机整体需要从整体上面对与处理这种考验与挑战,这个过程中所体现出的大学自主办学能力是整体性的,而不是割裂的或碎片化的。有研究者曾尖锐地指出,"现代大学已经变成了仅仅由中央供暖系统松散地连接在一起的一幢幢大楼"②,或许就是对大学自主办学能力整体性忽视的指责与批判。在推动大学自主办学过程中,需要从整体上去把握与认识大学自主办学能力,也应该从整体上培养与提升大学自主办学能力。

3. 人格化

大学自主办学能力的人格化,是指大学自主办学能力是以人为基础与载体建立起来的,又主要体现为与依托于人的能力。现代意义上的大学自中世纪产生之时就是一个学者行会,就"是一个由学者和学生共同组成的

---

① [美]克拉克·科尔:《大学的功用》,陈学飞等译,江西教育出版社1993年版,第13页。

② Clark Kerr, *The Uses of the University*, Cambridge: Harvard University Press, 1955, p.15.

追求真理的社团"①，亦是"智者之家"②。有研究者以《学者的社团》(*The Community of Scholars*) 为书名维护与宣传大学是学者社团的理念③，可以说这也是大学之为大学，亘古未变的根基。所以，随着时代的发展与历史的变迁，宽敞明亮的大楼、高精尖的实验设备以及赏心悦目的校园景观已成为构成现代大学躯壳与骨架不可或缺的组成部分，但大学的血肉与灵魂依然是由大学人来支撑与维持，大学的活力与朝气主要还是通过大学人来体现与彰显。正如梅贻琦先生所言："大学者，非大楼之谓也，乃大师之谓也。"弗莱克斯纳（Abraham Flexner）也曾指出："真正的大学是一个有机体，目标崇高而明确，精神与目的统一。"④ 事实上，世人之所以认为大学是一个有机体，主要缘于大学是由大学人这个有机体组成的。赫钦斯则更为直接地指出，"大学是人格完整的象征"⑤。凡此种种论述或论断，无非是说明这么一个事实：大学是大学人的大学，没有大学人的大学是不可想象的，肯定也是不存在的。所以，就其本质而言，大学自主办学能力是大学人能力的人格化，亦即大学自主办学能力是大学人能力的综合体现，大学人能力的高低决定着大学自主办学能力的高低。当然，大学人也是一个复杂、庞大、多样的群体，不同的大学人对大学自主办学能力的影响是不同的。那些掌握关键资源与核心权力的大学人，对大学自主办学能力的影响更大，甚至可以说决定着大学自主办学能力的高低。当然，这么说绝不是在宣扬个人英雄主义。大学自主办学必然是也应该是共同参与下的自主办学，没有共同参与的大学自主办学既不可能实现也容易偏离轨道。但在大学自主办学过程中，并不是所有人的能力都能得到同等程度的体现与发挥，更不可能以统一的标准来衡量。就像权力在大学人之间不是统计学意义上的平均分布一样，能力也不是相同的，那些掌握关键资源与

---

① Karl Jaspers, *The Idea of the University*, London：Peter Owen Ltd.，1965，p.19.
② 台湾师范大学教育研究所：《西洋教育思想》（下），伟文图书出版社有限公司1979年版，第916页。
③ Clark Kerr, *The Great Transformation in Higher Education*, Albany：State University of New York Press, 1991, p.52.
④ Abraham Flexner, *Universities*：*American*，*English*，*German*, Cambridge：Oxford University Press，1930，pp.178-179.
⑤ ［美］R.何钦思：《教育现势与前瞻》，姚柏春译，今日世界出版社1976年版，第110页。

核心权力的大学人更容易影响大学自主办学的进程与方向,而这些掌握关键资源与核心权力的大学人的能力也就更容易成为大学自主办学能力的实际代表,更有可能成为大学自主办学能力高低的决定性因素。由此也就不难理解,为什么大家普遍认为一流的生源、一流的师资、一流的管理者以及一流的领导者是建设世界一流大学的关键了。所以,在推动大学自主办学过程中,需要重视大学人能力的培养与提升,也需要重视大学人能力的激发与聚集,如此才能促进大学自主办学能力不断提升。

4. 知识性

大学自主办学能力的知识性,是指大学自主办学能力是在知识的发现、保存、传播、创新以及应用等活动基础上形成与发展的,亦即是以知识为根基而形成与发展的。知识是大学运行与发展的核心材料,大学人才培养、科学研究以及社会服务等活动的开展都是围绕着知识而进行,是大学一切活动的基础。也可以说,"大学是学问的中心,致力于保存知识,增进系统的知识"[①]。大学自主办学能力是在长期发展过程中逐渐形成的系统化的知识体系,这种系统化了的知识体系已转化为大学自主办学的内生动力,促使大学不断学习与创新,从而使大学自主办学能力的知识性越来越高、越来越强,同时也越来越复杂。从这个意义上来讲,大学自主办学能力是大学繁荣发展的内在依托。实际上,大学知识性的体系化、系统化程度越高,向另外一个大学或机构转化的难度也就越大,所以相对其他大学或机构而言也就更具有竞争力,此时大学的知识性就具有了能力的性质。所以,从本质上来说,知识就是大学的一种能力。因此,我们也可以说,大学自主办学能力是发现知识、保存知识、传播知识、创新知识以及应用知识的能力。实践过程中各个大学发现知识、保存知识、传播知识、创新知识以及应用知识的能力千差万别,这也就决定了大学自主办学能力是一种独特的存在。所以,在促进与提升大学自主办学能力过程应关注大学的知识禀赋与知识基础,应谨慎地进行统一规划与部署。

5. 发展性

大学自主办学能力的发展性,是指大学自主办学能力并不是固定不变

---

① Abraham Flexner, *Universities*: *American*, *English*, *German*, Cambridge: Oxford University Press, 1930, p. 230.

的，而是会随着时空条件的变化而不断发展与累积。正如"任何类型的大学都是遗传与环境的产物"① 一样，大学自主办学能力也是遗传与环境的产物。大学自主办学能力虽内生于大学自身，也是大学在长期发展过程中逐渐形成与发展的，是一个历史性累积的过程，随着大学生存与发展环境的变化而发展。大学自主办学能力的发展性主要体现在两个方面：一方面，大学自主办学能力的形成与发展是各要素不断优化、组合与提升的过程，是一个由量变到质变不断发展的过程。这个过程主要是由大学自身主动地调整与优化各要素之间的关系，从而提升自主办学能力，所以是大学主动提升自主办学能力而使大学自主办学能力体现出发展性的特征。另一方面，大学自主办学能力的形成与发展受到外界环境的影响与作用，而外界环境又是变动不居、不断变迁的，大学为了获得更大的发展空间与更多的发展资源就需要不断提升自主办学能力以更好地适应外界环境。这个过程主要是大学为适应外界环境的变化而"被动"地提升自主办学能力，但"被动"地提升大学自主办学能力也使大学自主办学能力体现出发展性的特征。由此可见，无论是主动地还是被动地提升大学自主办学能力，都使大学自主办学能力具有发展性特征。也正是由于大学自主办学能力具有发展性，我们才有可能采取相关措施促进大学自主办学能力不断提升，从而实现大学自主办学。

大学自主办学能力的基本特征不是分散的、割裂的，而是内在统一的，统一于大学自主办学实践过程之中。所以，认识与分析大学自主办学能力的基本特征不能顾此失彼，更不能割裂彼此，应站在整体与全局的角度去把握与分析。只有深刻地认识与把握大学自主办学能力的基本特征及彼此统一的本质，才能更好地把握大学自主办学能力的深刻内涵，才能为大学自主办学能力的有效提升出谋划策。

三 自主办学责任

自主办学责任是大学自主办学的构成要素，同时也是分析与研究大学自主办学不可或缺的维度之一，是大学实现自主办学的支撑。大学自主办

---

① ［英］阿什比：《科技发达时代的大学教育》，滕大春等译，人民教育出版社1983年版，第7页。

学责任的称谓与大学责任或大学社会责任基本同义，只是大学自主办学责任有一种价值倾向性，指的是"自主办学"的责任，而不是"他主办学"或"被主办学"的责任。故而，在本书的行文之中除特别说明和原文引用外，都使用"自主办学责任"的说法。

（一）自主办学责任的内涵

大学自主办学责任并不是一个尽人皆知、不言而喻的概念，恰恰相反，"因为社会责任本身就是一个令人颇感费解、且歧义百出的概念，再加上如今政府以及社会各界对大学的各种指责，就更使人对之感到无所适从"①。所以，学术界对大学自主办学责任的认识就有了"社会义务承担说"②"大学使命说"③"大学职能说"④ 以及"组织责任说"⑤ 等争论，而至今尚无定论。当对一个问题争论不休的时候，回顾一下该问题研究的历史生态或许会有所帮助。也就是说，对"大学自主办学责任研究的历史生态"进行简要回顾与分析，或许对把握大学自主办学责任的内涵有所助益。

通过中国知网（CNKI）数据库，以"全文＝大学责任或含大学的责任"或"全文＝大学社会责任或含大学的社会责任"为检索条件，截至2016年10月18日，共检索到15148个条目，各年份分布如表2-1所示。

表2-1　　　　　　1957年以前自主办学责任研究的文献分布

年份	篇数（篇）	年份	篇数（篇）	年份	篇数（篇）
1957	1	1991	18	2004	500
1974	2	1992	38	2005	748
1980	1	1993	42	2006	996
1981	1	1994	557	2007	1019
1982	2	1995	696	2008	965

---

① 阎光才：《识读大学：组织文化的视角》，博士学位论文，华东师范大学，2001年，第30页。
② 眭依凡：《大学的使命及其守护》，《教育研究》2011年第1期。
③ ［西班牙］奥尔特加·加塞特：《大学的使命》，徐小洲等译，浙江教育出版社2001年版，第12—17页。
④ ［美］德里克·博克：《走出象牙塔——现代大学的社会责任》，徐小洲等译，浙江教育出版社2001年版，第26页。
⑤ 龚放：《试论现代大学的社会责任》，《北京大学教育评论》2008年第2期。

续表

年份	篇数（篇）	年份	篇数（篇）	年份	篇数（篇）
1983	4	1996	783	2009	933
1984	1	1997	163	2010	947
1985	1	1998	207	2011	1282
1986	1	1999	76	2012	1169
1987	7	2000	126	2013	867
1988	8	2001	179	2014	725
1989	17	2002	388	2015	693
1990	31	2003	682	2016	271

从表 2-1 可以看出，学术界相关研究论及或提及大学自主办学责任的历史很长，并且相关文献非常丰富。从时间分布来看，以"1993 年"和"2002 年"是两个关键的时间节点，以这两个时间节点为分界线，大概可以将我国大学自主办学责任研究的历史生态分为三个阶段。第一阶段，1993 年以前基本都是论及。此时，对大学自主办学责任问题的认识处于初始阶段。第二阶段是 1993 年至 2001 年。自 1992 年相关政策文件将大学办学自主权与自主办学责任问题同时提出之后，学术界论及或提及大学自主办学责任的文献骤然增加，而到 1997 年、1998 年、1999 年连续三年的关注度骤降。或许是因为 1998 年 8 月 29 日通过的《中华人民共和国高等教育法》只提及"高等学校在民事活动中依法享有民事权利，承担民事责任"[①]，对大学自主办学责任问题没有更多的关注，由此导致学术界对大学自主办学责任问题的关注明显降温。这说明，在这一时期学术界对大学自主办学责任研究的自主性、自觉性还不够，并且也反映出对大学自主办学责任的研究还不成熟、不完善。第三阶段是 2002 年至今。2002 年开始学术界对大学自主办学责任的关注度又显著增加，并且持续至今。2002 年我国高等教育进入大众化发展阶段，并且随着我国加入 WTO，教育被列入服务业，此时教育市场化问题也开始成为各界讨论的焦点。高等教育大众化、国际化以及市场化的交互作用，对我国大学产生了强烈的冲击，这也

---

① 教育部法制办公室：《中华人民共和国教育法律法规规章汇编》（上），华东师范大学出版社 2010 年版，第 479—485 页。

是我国大学自获得自主办学法人地位之后首次面临如此复杂的生存与发展环境，外界对大学自主办学责任问题必然更加关注与重视。不过，这也说明学术界对大学自主办学责任研究的自主性与自觉性日益提升，相关研究成果也逐渐成熟与完善。

以上是从关注度的角度来简要分析大学自主办学责任研究的历史生态，当深入到文献本身之后就会发现很多论及或提及大学自主办学责任的文献只是在字里行间提及而已，并没有对自主办学进行深入的分析与论述。由此我们以"主题＝大学责任或含大学的责任"或者"主题＝大学社会责任或含大学的社会责任"为检索条件，截至2016年10月18日，共检索到424个条目，各年份分布如表2-2所示。

表2-2   1983年以来大学自主办学责任研究的历史脉络

年份	篇数（篇）	年份	篇数（篇）
1983	1	2006	19
1991	1	2007	29
1994	1	2008	35
1995	1	2009	35
1997	1	2010	50
1999	1	2011	44
2000	1	2012	39
2001	1	2013	40
2002	5	2014	31
2003	11	2015	37
2004	13	2016	17
2005	11		

从表2-2的数据可以看到，不考虑文献中的提及，事实上学术界对大学自主办学责任的研究并不多，可以说与大学自主办学责任的重要性相比，对大学自主办学责任的研究真的太少了。当然，这是有原因的。在大学获得法律意义上的自主办学法人地位之前，大学是政府的附属机构，一切活动与工作都听政府的指示与规划，大学只需要按照政府的要求与指示

办事即可。正如"自由是责任的前提，没有自由也无须承担责任"① 一样，没有自主的大学当然就不需要负什么责任，即使负责也只是对政府负责，或者说这种情况下对政府负责就是执行政府的指示与命令而已。所以说，彼时大学自主办学责任作为一种隐性的共识，并没有引起学术界的广泛关注与讨论。只是随着市场经济体制的建立和大学社会作用的不断提升，外界对作为自主办学实体的大学必然要投入更多的关注，与此同时大学自主意识也在逐渐觉醒。所以，无论是从学界的关注度还是从相关研究来看，2002 年都是我国大学自主办学责任研究的一个分界线。

对我国大学自主办学责任研究的历史生态做简要分析之后，可以发现对大学自主办学责任的相关理解与认识至少存在以下三个问题：其一，大学自主办学责任更多的是对外界压力的被动回应，不是大学自主自觉自愿的体认与行为；其二，大学自主办学责任在没有脱离政府行政束缚的背景下，又投向了市场的怀抱，功利性色彩浓厚；其三，大学自主办学责任更多是对当下需求的回应，很少考虑未来的需求，内涵较为褊狭。学术界对大学自主办学责任内涵虽已进行了一些探究，有些研究也抓住了大学自主办学责任的某些本质，并且也提出了富有启发意义的研究思路与研究结论，但客观来说目前学术界对大学自主办学责任内涵的理解尚存诸多需要研究的问题。或许正是由于这个原因，学术界对大学自主办学责任的理解一般存在三种倾向：一是将大学自主办学责任看作尽人皆知、不言而喻的概念；二是将大学自主办学责任与大学义务、大学职能、大学使命等概念视为同义；三是将大学自主办学责任泛化，以至于成为绝对责任或完全责任。

考察大学自主办学责任研究的历史生态，也就是从整体和宏观的角度来认识与把握大学自主办学责任研究的基本脉络、主要观点以及发展趋势，而分析与考察大学自主办学责任研究的典型观点，可以为我们揭示大学自主办学责任的内涵提供更为直接的参考与启示。接下来，本书将对学术界关于大学自主办学责任的典型论点进行简要梳理与分析，以把握其梗概，以期更加全面而深刻地认识与把握大学自主办学的内涵。有研究者从利益相关者的角度出发，指出"大学的责任是满足利益相关者的

---

① 程东峰：《责任伦理导论》，人民出版社 2010 年版，第 119 页。

利益"①，主要包括对国家和社会的责任、对学生的责任、对教职工的责任、对校友的责任以及对大学科研经费提供者、产学研合作者、贷款提供者等利益相关者的责任。有研究者认为，"大学社会责任虽然表象上表现为满足教师、学生等利益相关者的要求等行为，但其背后内隐的却是各类契约的履行"，所以大学社会责任是基于"学术性"的契约履行过程。② 有研究者认为，大学自主办学责任是大学"作为一种与社会的政治、经济机构鼎足而立的功能独特的文化机构所承担的责任"，"大学功能的发挥本质上正是其社会责任的履行，大学发挥什么社会功能，也就意味着大学必须履行和承担什么社会责任"③。可以看到，这种观点就是将大学功能与大学自主办学责任等同了。甚至有研究者直截了当地指出，大学功能或职能与大学自主办学责任就是同一回事。④

　　实际上，将大学义务或大学职能或大学使命与大学自主办学责任等同视之的论述，并不是在试图回答大学自主办学责任的内涵问题，甚至还在一定程度上影响了人们对大学自主办学责任内涵的认识与理解。有研究者在对学术界已有相关研究进行梳理与分析之后指出，"大学社会责任是大学通过教学、研究和向社会延伸的职能活动，旨在不断追求卓越、增进公共利益、引领社会进步的大学理念，是随着高等教育与社会关系的动态发展而不断发展的历史范畴"⑤，并借鉴伦克（Hans Lenk）对责任概念的理解，从主体、目的、内容、标准和范围五个维度对大学自主办学责任进行了分析，对我们进一步分析大学自主办学责任的内涵具有很大启发。然而，正如有研究者已明确指出的那样，"伦克的责任定义忽略了责任是行为主体的自觉意识，与其说行为主体尽责是向某主管负责，不如说行为主体尽责是向自己的良心负责，强烈的责任感和高度的责任心是责任实现的内在动力，主管、社会和责任客体对行为主体的监督、付酬和评价，职能

---

① 李福华：《利益相关者视野中大学的责任》，《高等教育研究》2007年第1期。
② 王世权、刘桂秋：《大学社会责任的本原性质、履行机理与治理要义》，《教育研究》2014年第4期。
③ 杨兴林：《关于现代大学社会责任的再审视》，《江苏高教》2009年第1期。
④ 刘少雪：《试论大学的社会责任》，《上海交通大学学报》（社会科学版）1999年第1期。
⑤ 康乐：《大学社会责任理念与履行模式》，博士学位论文，大连理工大学，2012年，第25页。

是责任实现的外在动力"①。也就是说，伦克对责任的界定也忽略了主体的理性选择、自主确认和自觉行动，而"真正意义上的大学社会责任不是来自外部的各种诱惑和强权，它不是被动接受的，不能把它归为'合同'的规范、约束和对权力的服从。而是一种纯粹自发的道德自律和排除了任何强制和功利的自我价值评判。严格来说，大学的社会责任不是以繁文缛节的形式规定出来的"②。概而言之，如果没有大学的理性选择、自主确认、自觉服从和主动履行，大学自主办学责任的说法就不存在。

基于以上的简要分析与论述，本书将大学自主办学责任界定为：大学自主办学责任是指大学在特定社会关系中对特定任务的理性选择、自主确认、自觉服从与主动履行。由于大学始终处于由政府和社会所构成的复杂关系网络之中，所以大学自主办学责任也是复杂的。大学自主办学责任产生于大学自主办学实践活动过程之中，因而其责任伴随大学产生而产生，亦即大学自主办学责任与生俱来。同时大学自主办学责任又不是固定不变的，而是随着大学自主办学实践活动的发展而变化。大学自主办学责任是大学在自主的基础上生发的，没有大学发自内心地、主动地、自觉地、自主地选择的责任，已是异化为执行外界权威施与的指令，而完成相应的任务。从严格意义上来讲，执行外界权威施与的指令，已不再是本书所论述的大学自主办学责任了。

（二）自主办学责任的构成

学术界对大学自主办学责任的构成进行了诸多有益的探索，而无论是认为大学自主办学责任分为学术责任和非学术责任③，或是将大学自主办学责任分为学术责任、育人责任、政治责任、法律责任以及伦理责任④，抑或是将大学自主办学责任分为教育责任、学术责任、既要服务又要引导社会前进的责任以及国际责任⑤，又或者是认为大学自主办学责任包括追

---

① 程东峰：《责任伦理导论》，人民出版社 2010 年版，第 4 页。
② 阎光才：《识读大学：组织文化的视角》，博士学位论文，华东师范大学，2001 年，第 30 页。
③ 王守军：《关于大学社会责任的一种结构化分析思路初探》，《清华大学教育研究》2005 年第 1 期。
④ 王世权、刘桂秋：《大学社会责任的本原性质、履行机理与治理要义》，《教育研究》2014 年第 4 期。
⑤ 王冀生：《超越象牙塔：现代大学的社会责任》，《高等教育研究》2003 年第 1 期。

求真理、进行全人教育、传递文化规范、推广知识至各阶层以及协助缔造人类社会的光明史①，有一点是可以肯定的：大学自主办学责任是一个内涵丰富的概念，是一个包括诸多构成要素的责任体系。由此可见，虽然"大学和它的教师似乎倾向于把他们的责任严格地限制在学术领域。但是，公众几乎肯定对大学和教师有更多的期望"②。也就是说，大学自主办学责任不仅包括对学术的责任，而是一个复杂的责任体系。在已有研究对大学自主办学责任分析、认识与理解的基础上，本书认为大学自主办学责任主要应包含以下四个方面。

1. 对学术的责任

大学对学术的责任是指大学在知识的发现、保存、传播、创新以及应用等过程中，要始终恪守学术良心、遵守学术规范、坚持学术原则、尊重学术规律、捍卫学术尊严、维护学术声誉、净化学术风气、践行学术使命，严防学术剽窃、抵御学术不端、鄙视沽名钓誉、蔑视哗众取宠、唾弃钻营取巧，以探索真理、追求卓越为依归。历史地看，现代意义上的大学自中世纪产生以来，她的一切活动与工作都是以知识为中心开展的。可以说，"知识材料，尤其是高深知识材料，处于任何高等教育系统的目的和实质的核心。不仅历史上如此，不同的社会也同样如此"③。从本质上来看，知识活动或高深知识活动实际上就是学术活动，所以"大学理所当然地应当把学术责任，即把传承、研究、融合和创新高深学问，作为自己必须承担的神圣职责和全部活动的基础"④。故而，本书认为大学对学术的责任是大学最核心、最基本的责任，是大学其他责任产生与形成的基础，如果脱离了对学术的责任，大学的其他责任都将成为无源之水。由此可见，践行对学术的责任是大学安身立命之本，但大学绝不是"知识工厂"⑤，对学术的责任也绝不是大学唯一的责任。然而，"今天中国的大学给自己定了很多的责任，天下的责任，但却丢失了自身最基本的也是最根

---

① 黄政杰：《大学的自主与责任》，汉文书店印行1997年版，第5页。
② [美] 唐纳德·肯尼迪：《学术责任》，阎凤桥译，新华出版社2002年版，第24页。
③ [美] 伯顿·R. 克拉克：《高等教育系统——学术组织的跨国研究》，王承绪等译，杭州大学出版社1994年版，第12页。
④ 王冀生：《超越象牙塔：现代大学的社会责任》，《高等教育研究》2003年第1期。
⑤ [美] 斯坦利·阿罗诺维兹：《知识工厂——废除企业型大学并创建真正的高等教育》，周敬敬等译，高等教育出版社2012年版。

本的责任"①,甚至失去了真正意义上对学术的责任。并且,当前学术界为学术而学术的风气正逐渐被个人利益、名声等侵蚀,学术逐渐沦为谋财的工具,已席卷全球的学术资本主义之风便是明证。学术不端、学术造假、学术腐败已不再是新闻,甚至关于我国最高学术荣誉的院士、大学最崇高象征的校长以及世人最尊敬的教授等的学术丑闻,也因偶见报端而不再新鲜。学术研究是一件神圣的事情,而"一旦在学术研究中掺杂有个人利益、贪婪或者虚伪,就会严重威胁到人们对学术价值的信任"②,如此一来就会引发大学的信任危机。因而,在知识经济时代,大学需要履行好自己最核心、最基本的责任——对学术的责任,唯有如此大学才能更好地履行其他责任,才能获得社会的信任,也才能获得更大的发展空间与更多的发展资源。

2. 对学生的责任

大学对学生的责任是指大学以知识的发现、保存、传播、创新以及应用等活动为基础,培养学生的社会责任感、创新精神以及实践能力,从而促进学生全面发展。大学对学生的责任主要体现为教育责任,甚至可以说"教育责任仍然是现代大学必须承担的第一责任,而且是现代大学应当承担的社会责任的核心和重点"③。大学教育责任的践行与体现,并不单纯地体现在知识的传授、能力的训练以及技能的提升上,更为重要的是文化的熏陶、品质的养成、精神的塑造、理性的发掘、价值的坚守,亦即人文精神与文化涵养的教育。大学对学生的责任主要是将学生培养成"文化人"而非"工具人"④。所以,"大学的责任是把受教育者培养成具有'人的精神'的人"⑤,人文精神是大学对学生更为重要的责任。在大学运行与发展过程中,"人文精神是大学一切责任的内核,丧失人文精神的大学是最不负责的大学,因而不再是真正的大学"⑥。忽视了人文精神的大学是可怕

---

① 陈晓燕:《大学的责任——民盟第六届高教论坛论点撷英》,《团结报》2012 年 2 月 7 日第 6 版。
② [美]唐纳德·肯尼迪:《学术责任》,阎凤桥译,新华出版社 2002 年版,第 257 页。
③ 王冀生:《超越象牙塔:现代大学的社会责任》,《高等教育研究》2003 年第 1 期。
④ 刘国瑞、林杰:《大学战略管理中的文化因素》,《现代教育管理》2012 年第 12 期。
⑤ 刘创:《大学之道:精神的传承、生产与原创》,《现代大学教育》2003 年第 6 期。
⑥ 周国平:《人文精神是大学一切责任的内核》,http://culture.people.com.cn/GB/40494/40496/3630671.html,2016 年 4 月 22 日。

的，其后果是不可想象的。然而，在市场经济的滚滚洪流之中，大学逐渐地背离了促进学生全面发展的基本责任，以多出人才、快出人才为基本要求，整齐化、统一化、快速化地将学生培养成"标准化零件"或"冷冰冰的工具"。也难怪有研究者指责，"我们的一些大学，包括北京大学，正在培养一些'精致的利己主义者'，他们高智商，世俗，老到，善于表演，懂得配合，更善于利用体制达到自己的目的"①。由此看来，我国大力推进世界一流大学和一流学科建设进程中需要深刻认识与踏实履行对学生的责任，避免成为没有学生的、没有精神的"世界一流"，而沦为"失去灵魂的卓越"②。在这方面，哈瑞·刘易斯已为我们敲响了警钟。虽然，哈瑞·刘易斯的呐喊远在异国，但其警醒与警示作用，具有普适性、迫切性。

3. 对政府的责任

大学对政府的责任是指大学从事知识的发现、保存、传播、创新以及应用等活动过程中，应服从政府的宏观规划与引导，认真落实与执行政府的教育方针与教育政策，主要体现为大学的政治责任。大学是一个独立于政府与社会的"学者乐园"，也只有独立于政府与社会，大学才能成为只服从真理、忠诚真理、探究真理的机构，才"是一个时代的智力良心"③。在我国，政府作为大学事实上的办学主体，是大学的主要投资者和举办者，大学理所当然地要对政府负责、对政治负责。正如《高等教育法》已经明确规定的那样，"高等教育必须贯彻国家的教育方针，为社会主义现代化建设服务、为人民服务，与生产劳动和社会实践相结合，使受教育者成为德、智、体、美等方面全面发展的社会主义建设者和接班人"④。实际上，这也是我国大学对政府责任的最高体现，也是大学对政府责任最为恰切的说明。我们并不否认，"大学是一个世界性的事物，其思想和制度是在世界范围内都适用的，也是世界各国大学之间进行交流和合作的基本条件"⑤。但是，一个基本事实需要我们高度重视：自民族国家产生以来，大

---

① 钱理群：《精致利己主义者若掌权比贪官危害大》，《中国青年报》，2012年5月9日。
② [美] 哈瑞·刘易斯：《失去灵魂的卓越：哈佛实如何忘记教育宗旨的》，侯定凯等译，华东师范大学出版社2012年版。
③ Karl Jaspers, *The Idea of the University*, London: Peter Owen Ltd., 1965, p.132.
④ 教育部法制办公室：《中华人民共和国教育法律法规规章汇编》（上），华东师范大学出版社2010年版，第479—485页。
⑤ 王长乐：《对一种权宜性现代大学制度理论的分析》，《大学教育科学》2012年第1期。

学就有了自己的"祖国",大学必须对自己的国家或是政府负责,大学只有履行了对自己国家或政府的责任,才能更好地履行国际责任。这是任何国家、任何人都不能否认的客观事实。所以,大学必须坚持正确的政治立场和政治方向,亦即要政治正确。对我国大学而言就是必须坚持社会主义办学方向,需要为社会主义现代化建设事业服务。但是,有一个基本前提,"在教育和政治的关系中,应该政治与教育互相尊重,各自谨守自己的边界,遵循自己的活动规律,发挥自己的意义和作用。而不能以政治重要为理由,用政治的目的代替教育的目的,用政治的原则代替教育的原则,用政治的规律代替教育的规律,使教育成为政治的附庸,导致教育的作用被抑制"①。可以说,这也是大学承担与履行自主办学责任的内在逻辑,同时也是分析与研究大学自主办学责任需要厘清的重要前提。

4. 对社会的责任

大学对社会的责任是指大学从事知识的发现、保存、传播、创新以及应用等活动过程中,应恪守社会良知与公理、维护社会正义与公平、弘扬社会美德与文明、引领社会风尚与文化、推进社会团结与和谐,这也是大学传统的社会责任。大学对社会的责任主要体现在对社会文化与社会道德的批判、引领与服务上,并且大学对社会的责任不仅体现在当下,更体现在未来。实际上,现代大学应是一个具有批判精神,注重讨论地方、地区、国家以及国际上的重要问题,并提出解决办法的场所。甚至可以说,大学的批判性是未来大学责任和使命的最高境界。② 不过,需要强调的是,大学对社会的批判不是"玩世不恭",更不是"泼妇骂街",而"是从社会良知出发,并运用高深知识,评论各种社会问题,反思无可非议的信念、不证自明的真理以及实践者常识性的理解,从而揭示出有可能阻碍实践进程的前提性条件,最终提出实践过程的价值取向"③。所以,大学才是"社会之光",才是"社会的灯塔",要对社会未来负责。虽然大学是现实的,需要在适应社会中谋求自身发展,但大学又应是超越的,是"必要的乌托邦",应秉持理性的批判精神,前瞻性地规划未来,进而成为现实世

---

① 王长乐:《对一种权宜性现代大学制度理论的分析》,《大学教育科学》2012年第1期。
② 胡弼成、徐丹:《大学走进社会中心的功能新探——论现代大学的预警功能》,《教育研究》2001年第6期。
③ 周玲:《当代大学责任与难以回避的冲突》,《大学·研究与评价》2006年第12期。

界的批判者和理想社会的建构力量。可以说,大学自产生以来就成为人类社会中最活跃的组织机构,作为传承与发展人类文化、维护与坚守人类道德的重要手段、方式与途径而存在,对人类的发展、社会的进步、文化的繁荣做出了不可替代更不可磨灭的历史贡献。然而,"在过去的很长一段时期内,我国大学几乎总是以政府的一种特殊机关和部门的身份而存在,大学在意识形态方面的作用得到相当的强化,而其隐性的社会责任则很少被提及。应该说这非常不符合大学的社会的思想先导和社会理性价值判断的评判者的角色"①。这是在新的时代背景下,推动大学自主办学过程中需要高度关注与重视的一个问题。当然,我们一再强调与"维护大学传统的社会责任,并不表明要尊奉大学作为精神贵族的传统地位,而是为了继续弘扬其内在的精神理念,并进而建构起现时代的大学社会责任体系"②。事实上,在一个日益多元化的时代,大学要成为社会的中心已不可能,当然也没有这个必要。但是,对大学而言,依然需要坚守与保持作为社会良心与灯塔的理想与追求。

然而,自市场作为一支独立而强大的力量渗透与介入大学以来,市场对大学自主办学的影响日益广泛而深远。事实上,在进入20世纪之后,大学自主办学的责任意识已经随着各种外部力量与因素,尤其是市场力量的介入与干预而日益淡化与模糊。如今随着市场经济体制的不断完善,市场已逐渐成为大学的投资主体之一。在这种背景下,市场对大学的影响可以说已无孔不入、无处不在、无时不有。如此一来,大学对市场负责已不可避免、毋庸置疑。然而,大学对市场负责需要以有利于知识的发现、保存、传播、创新以及应用等活动的开展,而不是对市场需求即时地、无条件地响应。有研究者早就不无警示地指出,"市场力量的协调可能促进对社会需求的回应,而使得政府部门不必负责决定哪些学程或学校可以在经费紧缩的时候继续存活,但它可能使大学作为真理与知识提供者的忠诚度打折扣"③。因而,大学对市场的责任需要抵御市场纸醉金迷与物欲横流的

---

① 刘少雪:《试论大学的社会责任》,《上海交通大学学报》(社会科学版)1999年第1期。
② 阎光才:《识读大学:组织文化的视角》,博士学位论文,华东师范大学,2001年,第33页。
③ [美]菲利普·G. 阿特巴赫:《21世纪的美国高等教育:社会、政治、经济的挑战》,杨耕等译,北京师范大学出版社2005年版,第11页。

侵蚀，需要理性分析市场的需求，坚守真理与知识的准则与底线。大学不是饭店，不能简单地遵循"谁付钱谁点菜"的市场原则。然而，由于历史传统的原因，我国大学既缺乏抗拒政府权威的能力，又缺乏抵御市场诱惑的基础，所以在尚未摆脱行政化影响的背景下，又投入了市场的怀抱，而逐渐地沦为新的名利场。所以，当前大学对社会的责任有逐渐异化为单纯地对经济负责任的趋势，这是在推动大学自主办学过程中需要警示，并要努力加以修正与调整的。

无论如何，"现代大学已经不再是传统的修道院式的封闭机构，而是变成沟通生活各界、身兼多种功能的超级复合社会组织"[①]。也就是说，在当今时代，大学与社会是水乳交融的，大学不可避免地要承担与履行多种社会责任。总体而言，大学自主办学对知识的责任、对学生的责任、对社会的责任以及对政府的责任等是彼此相关、相互嵌套、相互作用、内在统一的，是一个责任体系。但是，在大学自主办学实践过程中，这些责任并不是天然地和谐相处的，而通常是相互矛盾、彼此冲突的。可以说，如何平衡与协调彼此的关系，使之和谐相处、共同演进，对大学自主办学能力是一种考验，从而也影响和制约着大学自主办学的进程。

（三）大学自主办学责任的基本特征

大学自主办学责任是一个复杂的概念，分析与探究大学自主办学责任的特征，可以更加深刻地认识与把握大学自主办学责任的内涵，从而既可以更好地协调与平衡大学自主办学责任体系内部的矛盾与冲突，又有助于推动与促进大学办学自主权、自主办学能力以及自主办学责任三者之间形成正向匹配与耦合共生的关系系统。结合已有研究的相关观点，本研究认为大学自主办学责任具有以下几个主要特征。

1. 自觉性

大学自主办学责任的自觉性是指大学在认知责任、选择责任、承担责任以及履行责任等过程中主动自觉自主地行为。大学自主办学责任是与生俱来的，并不是迫于外界压力的无奈回应。如果大学履行责任不是主动自觉自主地行为，那就不是在履行责任，而是在完成外界权威施与的任务。正如本书前文中已论述的那样，大学自主办学责任是大学理性选择、自觉

---

① Derek Bok, *Beyond the Ivory Tower*, Cambridge: Harvard University Press, 1982, p. 74.

确认、主动承担与履行的结果。大学是一个生命有机体，是由一群有知识、有理想、有抱负、有追求的学者组成的学术共同体，大学对自己能够做什么、应该做什么以及应该怎么做等都有理性而自觉的判断，而不需要外界的强迫。然而，"现实的情况是，包括国家政府、个人及一切社会团体在内，往往过多地向大学索取，一味地指责大学在哪些方面没有做好，却同时忘了他们也应该帮助大学"①。如此一来，导致大学自主办学责任意识逐渐降低，责任认知逐渐模糊，大学表现得越来越像万能的机构，什么都要涉足、什么都能做，唯独做不好自己。就像激进主义者所指责的那样，大学的表现就像"枪手"，愿意按照吩咐与指令办事，去帮助任何拥有足够权力和金钱的群体实现其抱负或野心②。在这种情况下，大学不是在承担与履行自主办学的责任，而是在逐渐地远离其本质。当然，这只是对一些现实问题的放大与夸张，从而引起人们的关注与重视，事实或许并没有这么糟糕。由此可见，在推动大学自主办学过程中，应充分尊重与维护大学自主办学责任的自觉性。道理是相通的，维护与尊重大学认知、选择、承担以及履行责任的自觉性，大学就能更好地履行自己的责任，从而也就能更好地服务于学术、学生、政府以及社会。

2. 学术性

大学自主办学责任的学术性是指大学认知、选择、承担以及履行责任的过程都奠基于对学术的追求、执着、坚守与尊重。大学自主办学责任的学术性根源于大学学术性本质，就像本书下文中将要论述的那样，学术性是大学的本质属性，学术性是大学履行对学生、政府以及社会责任的基础，脱离了学术性的大学自主办学责任将是苍白的、干瘪的、无力的。大学与其他社会组织机构的根本区别就在于大学的学术性，如果没有了学术性大学将成为与其他社会组织一样的机构，也就失去了大学之为大学的独特性。脱离了高深知识亦即学术性，大学的发展必将失却根基，或逐渐与其他社会组织机构同质而"泯然众人矣"③。从根本上来说，学术性就是秉持源自古希腊"知识即目的"的传统，坚持"为科学而科学""为真理而

---

① 韩映雄：《大学的责任、权力和利益》，《上海高教研究》1997年第2期。
② ［美］德里克·博克：《走出象牙塔——现代大学的社会责任》，徐小洲等译，浙江教育出版社2001年版，第75页。
③ 林杰、苏永建：《高深知识是高等教育特殊性的来源》，《高等教育研究》2015年第12期。

真理""为知识而知识""为艺术而艺术"的理想目标与价值追求。而有研究者将大学自主办学责任分为学术性与非学术性①两种类型，实际上这种划分是值得商榷的。因为，学术性作为大学自主办学责任的本源，是大学承担与履行非学术责任的基础，非学术性责任无非是大学学术性责任的合理延伸，没有学术性责任则无从谈起大学的非学术性责任。所以，从根本上来说，就没有无学术性的大学自主办学责任，"无论何时，大学都要基于大学组织的学术性本质来承担社会责任"②。大学在认知、选择、承担与履行责任的过程中，只有坚守学术性、维护学术性、发展学术性、弘扬学术性，才有服务学生、政府以及社会的源源不断的动力，才有进步与发展的坚实基础。

3. 有限性

大学自主办学责任的有限性是指大学承担与履行的责任是有边界的有限责任，而不是无疆界的无限责任。自现代意义上的大学产生以来，随着历史的不断发展，大学对知识积累、文化繁荣、技术进步以及社会发展等的推动作用也逐渐提升。由此大学也逐渐从社会边缘走到社会中心，如今大学的触角已深入社会生活的各个领域，大学的地位与作用已不可替代。可以说，大学对人类进步与社会发展的作用再怎么强调也不过分，同时也应该理性地认识到无论大学的作用多么强大，依然还是有限的、相对的，而绝不是万能的。与此相应，大学应承担与履行的责任也是有限的，而不可能是无限的。大学处于各种关系之中，承载着各利益相关者的期望，所以大学应尽最大可能地满足各利益相关者的期望，从而大学也就担负起"广泛的社会责任"③。值得注意的是，这里所说的大学承担的"广泛的社会责任"，也绝不是完全责任、无限责任。然而，在工具主义、实用主义、功利主义等思潮甚嚣尘上的时代，大学的理想被阉割、大学的精神被矮化、大学的责任被泛化。因此，有研究者就认为，"在构建社会主义和谐

---

① 王守军：《关于大学社会责任的一种结构化分析思路初探》，《清华大学教育研究》2005年第1期。
② 康乐：《大学社会责任理念与履行模式》，博士学位论文，大连理工大学，2012年，第25页。
③ 王连森：《利益相关者与大学的责任、制度与资源》，《宁波大学学报》（教育科学版）2006年第12期。

社会中，大学有着义不容辞的责任"①；有研究者认为，服务"三农""是大学义不容辞的责任"②；有研究者认为，构建学习型社会是大学的责任③；有研究者认为，"大学需要承担更多的国际责任"④；有研究者认为，大学有责任消除校园里的"贫困"⑤；有研究者甚至坦言，大学承担着无限服务责任⑥。由此看来，大学俨然成了"全能选手"，成了"无限责任公司"。实际上，这是很好理解的，就如同大学希望得到的自由更倾向于是绝对的自由一样，外界也会认为大学承担的责任更倾向于是无限的责任。如果从世界万物是普遍联系的角度来看，大学需要承担与履行无限责任的说法是可以理解的，甚至是合理的。可是，就像大学追求的绝对自由从来没有实现过一样，大学需要承担无限责任也不会成为现实。并且，过多的责任显然已成为大学不能承受之重，实质上对大学而言就是一种"道德绑架"。实际上，"大学对利益相关者责任的履行应有一个'边界'，其治理要义在于'有限度承担'，而非'过度活跃'"⑦。因而，本书认为认识、理解与把握大学自主办学责任的有限性，既是大学做好自己的内在规约，又是外界向大学表达诉求的重要尺度。

4. 多样性

大学自主办学责任的多样性是指不同国家、不同时代、不同类型以及不同层次的大学所承担与履行的责任是多元多样的，不是单一的、相同的，并且大学自主办学责任在不同国家、不同时代的表现也是多元多样的。大学自主办学责任是一个概指，具体到不同大学，其承担与履行的责任是不同的，对同一所大学而言其承担与履行的责任也是多元多样的。并且，对同样的责任而言，在不同的大学、不同的历史时期，也有不同的承担与履行方式。所以，大学自主办学责任的多元性既表现为大学自主办学

---

① 潘晴雯：《大学在构建和谐社会中的责任》，《理论导刊》2007年第11期。
② 黄达人：《国家的发展与大学的责任》，《中高等教育》2004年第1期。
③ 应新法、张士乔、张素江：《学习型社会的构建与大学的责任和使命》，《中国成人教育》2004年第8期。
④ 严隽琪：《现代大学的社会责任》，《求是》2013年第6期。
⑤ 唐闻佳：《大学的责任：消除校园里的"贫困"路障》，《文汇报》2009年12月23日第12版。
⑥ 郭秋平：《大学精神与大学责任》，《国家教育行政学院学报》2014年第9期。
⑦ 王世权、刘桂秋：《大学社会责任的本原性质、履行机理与治理要义》，《教育研究》2014年第4期。

责任本身的多元性,也表现为大学承担与履行责任方式的多元性,而大学之间客观存在的差异性是大学自主办学责任多元性的现实基础。大学,这个统一的称谓涵盖了千姿百态的高等教育机构,但在责任的认知、选择、承担以及履行等方面,不同的大学却是千差万别。也就是说,同一角色在不同的时代需要承担与履行不同的责任,同一类的责任在不同的时代有不同的内涵与要求,而随着历史的进步与社会的发展,不同时代的尽责方式与方法也不尽相同。这种客观存在的差异,成为大学自主办学责任多元性的具体表现。所以从大的方面来说,我国大学在类型、层次以及区域等方面存在客观差异,各个大学面临的环境不同、发展的基础不同、承担责任的能力与履行责任的方式也不同,所以采用统一的行政化手段或方式要求所有大学以相同的方式去承担与履行同样的责任,是对大学自主办学责任多元性的忽视,这样的改革也很难实现预期目标。在推动大学自主办学过程中,需要重视大学自主办学责任的多元性,合理引导各个大学合理定位、各负其责、各司其职、各展其用,如此才能实现高等教育多样化发展,才能构建科学合理的高等教育生态,才能不断提高高等教育质量。

5. 动态性

大学自主办学责任的动态性是指大学认知、选择、承担以及履行责任的方式与途径随着大学内外部条件的变化而不断变化,不是固定不变的。大学自主办学责任是一个历史的概念,会随着历史变迁而拓展或缩减。正如"责任的内涵具有鲜明的时代特色,责任是与时俱进的"[①] 一样,大学自主办学责任也是与时俱进、动态变化的。大学自主办学责任的动态性"是随着正式制度和非正式制度的变化而变化的"[②],这既表现为大学自主办学责任的动态性,也表现为大学认知、选择、承担以及履行责任方式与途径的动态性。一方面,历史地看,大学自主办学责任边界始终处于变化之中,这种变化是大学内在运行规律与发展逻辑和大学与外界不断互动、共同作用的结果,可以说是一个必然的过程。另一方面,大学自主办学责任因大学自主办学实践活动而产生与发展,而大学自主办学的实践活动是

---

① 程东峰:《责任伦理导论》,人民出版社2010年版,第99页。
② 王守军:《关于大学社会责任的一种结构化分析思路初探》,《清华大学教育研究》2005年第1期。

随着内外部环境变化而不断变化的,这种变化必然导致大学认知、选择、承担以及履行责任的能力也随之而变化。大学自主办学责任随着大学的产生而产生,并随着大学自主办学活动的推进而发展。只要大学自主办学活动不止,大学自主办学责任就处于变化与发展之中。

概而言之,大学自主办学责任是个复杂的概念,系统认识、准确理解与深刻把握大学自主办学责任,有助于大学更好地承担与履行责任,有助于大学更好运用办学自主权,有助于大学更好地做自己。

第三节 大学自主办学的基本特征

对大学自主办学的内涵与构成要素进行分析之后发现,大学自主办学是一个相对的概念,也是一个文化的概念,又是一个历史的概念,还是一个复杂的概念,亦即大学自主办学具有相对性、文化性、历史性以及复杂性等基本特征。深入分析与探讨大学自主办学的基本特征,能够更加准确地认识与把握大学自主办学的丰富内涵与深刻意蕴,进而揭示其本质。

一 相对性

大学自主办学是一个相对的概念,在不同历史时期、不同环境条件下,大学自主办学的范围与程度是不同的。借用卢梭"人生来是自由的,但却无处不身戴枷锁"[1]的名言,来论述大学自主办学概念的相对性是再恰切不过的了。大学生而自由,但却无处不身戴枷锁。大学自主办学为追求学术自由而提出,但又不得不受到各种主客观条件的限制,"大学自治不是绝对的"[2],而是一个相对的概念,具有相对性。

有研究者指出,尽管在西方国家,大学自治一直在政策文件中使用着,但是都不同程度地限定和设置了大学自治的边界。[3] 有研究者通过案

---

[1] [法]卢梭:《社会契约论》,李平沤译,商务印书馆2014年版,第4页。
[2] Philip G. Altbach, et al., *American Higher Education in the Twenty-first Century: Social, Political, and Economic Challenges*, Baltimore: Johns Hopkins University Press, 1999, p.39.
[3] Reeves, M., T. Tapper and B. Salter, "Oxford, Cambridge and the Changing Idea of the University. The Challenge to Donnish Domination", *British Journal of Educational Studies*, Vol. 3, No. 41, Sept 1993, pp. 59–71.

第二章　大学自主办学的本质解读

例研究，进一步揭示与阐释了大学自治的相对性。① 总之，在西方学术界，大学自治是相对的自治，已是共识。与西方国家大学是自然产生的不同，我国大学是在"中体西用"思想指导下，以教育救国为目的而移植借鉴西方大学的产物，属于典型的"后发外生型"。我国大学与政府这种与生俱来的密切关系，不但没有随着大学的改革与发展而有所减弱，反而在不断加强。然而，随着高等教育实践活动的不断发展，尤其是伴随改革开放政策的实施与推进，为改革长期以来大学隶属于政府的问题提供了契机。如此一来，再加上一系列理论研究的推进和实践经验的不断积累，推动与促进大学自主办学逐渐成为我国高等教育改革发展的主旋律。不过，有一点需要明确的是，推动大学自主办学改革目标的提出是为了改变长期以来政府高度集权的管理方式，促使大学摆脱依赖于或附属于政府的传统，"使之真正成为面向社会自主办学的法人实体"②，而不是追求自外于政府或社会，回到那个并没有真实存在过的"象牙塔"之中，是一个相对的概念。事实上，大学过去不是现在也不是独立于社会的组织，尽管大学强调自主决定和管理内部事务并主导自己的运行与发展，但大学绝不是否定或抵制外界影响，尤其是来自法律和政府的控制，对以国家资源为支撑的公立大学而言更是如此。③ 实际上，就我们要阐述的问题而言，大学受控的一面体现地过于明显，以至于完全掩盖或遮蔽了大学自主的一面而已。

本书对大学自主办学概念所做的基本界定中就已揭示了，大学自主办学是一个相对的概念。此处不再赘述。在当今这个知识经济社会，大学对科技进步、社会发展以及文化繁荣是如此重要，以至于被誉为社会的"动力站"和"发动机"。当大学对社会各个领域的影响越来越大的时候，政府介入乃至控制大学的欲望也就越来越强烈，并且这是建立在确保大学能够更好地为社会服务的基础之上的。正如布鲁贝克指出的那样，"高等教育越卷入社会的事务中就越有必要用政治观点来看待它。就像战争意义太重大，不能完全交给将军们决定一样，高等教育也相当重要，不能完全留

---

① Ordorika, Imanol, "The Limits of University Autonomy: Power and Politics at the Universidad Nacional Autónoma de México", *Higher Education*, Vol. 46, No. 3, 2003, pp. 361–388.
② 别敦荣：《我国高等学校的自主办学与西方的大学自治》，《高等教育研究》1999 年第 5 期。
③ 眭依凡：《论大学的自主与自律》，《浙江师范大学学报》（社会科学版）2015 年第 1 期。

给教授们决定"①。既然大学具有如此重要的作用,任何国家的政府都不可能放弃对大学的控制。可以说,当前政府逐渐加强对大学的控制,已成为全球化的发展趋势,这样就在事实上限定了大学自主办学是相对的。实际上,"传统的高等教育自治现在不是,也许从来都不是绝对的"②。当然,绝对意义上的"大学他主办学"也从未发生过。正如有研究者所言,在"现实世界中,还没有不依他的自主,也没有不自主的依他,即没有绝对的独存的自主和依他"③。大学自主办学的范围与程度既取决于大学如何协调与平衡办学自主权、自主办学能力以及自主办学责任之间的关系,亦即能否促进以及在多大程度上促进办学自主权、自主办学能力以及自主办学责任之间实现正向匹配与耦合共生,也取决于政府与社会为大学自主办学提供什么样的政策环境、多少物质资源以及多大的发展空间,亦即取决于政府、社会、大学三者之间的关系状况。

总之,分析与研究大学自主办学的相关理论问题,推动与促进大学自主办学的实践发展,需要对大学自主办学的相对性有清醒的认识。

二 文化性

大学自主办学是在我国高等教育改革与发展实践过程中提出的一个具有中国特色的,符合我国文化传统与大学发展实际的概念,而不是西方大学自治概念的简单移植。大学是一个崇尚真理、探究学术、追求卓越的功能独特的文化组织,而大学这些功能的实现都以自由为基础和条件,但在不同的文化语境中大学对自由的诉求与维护又依凭不同的文化概念来表达。简而言之,在西方,大学对自由的诉求主要以"大学自治"的概念来表达,而在我国,主要是通过"大学自主办学"的概念来承载。也就是说,大学自主办学具有典型的文化性。

大学自主办学的文化性主要体现在两个方面:一方面,大学自主办学是在我国文化语境中产生的一个本土化概念,并且只在我国学术研究领域

---

① [美]约翰·S. 布鲁贝克:《高等教育哲学》,王承绪等译,浙江教育出版社2001年版,第32页。

② [美]约翰·S. 布鲁贝克:《高等教育哲学》,王承绪等译,浙江教育出版社2001年版,第33页。

③ 庞朴:《一分为三论》,上海古籍出版社2003年版,第72页。

使用，可以说，文化性与生俱来。大学自主办学是法律予以确认的，也正是因为如此，长期以来大学自治与大学自主办学之间就有一种难以言说的微妙差异。从学术研究的角度来看，大学自主办学也比大学自治更符合我国大学发展的客观实际。从政治学与行政学的角度来看，自治权比自主权所指的范围要大得多，意蕴也更加丰富。而大学办学自主权（大学自治权）是大学自主办学（大学自治）的核心，大学办学自主权（大学自治权）的文化性基本上也就决定了大学自主办学（大学自治）的文化性。在我国，大学是国家的事业，大学不可能自外于国家与社会，成为独立自治的"王国"。所以，在我国，官方从没有提出大学自治权的说法，而学术界也更多的是提大学办学自主权。或许也正是因为如此，《高等教育法》才明确提出"高等学校应当面向社会，依法自主办学"[①]。也就是说，大学不可能实现自治，大学既不能自外于社会，也不能置国家法律于不顾，而只能在国家法律许可范围内自主地办学，与我国文化相适应。

另一方面，大学自主办学的文化性通过与大学自治相比较而凸显。在西方，大学自治是随着大学产生而产生的，是与生俱来的，所表达的核心思想是作为自治法人的大学，她的运行与发展不受政府或其他任何社会组织机构的控制或干预。但是随着大学功用的凸显，外界对大学的控制与干预也日益频繁，致使大学自治的范围与程度呈现出逐渐减少趋势。而大学自主办学所表达的核心思想是解决大学长期以来对政府的依赖问题，落实大学的法人地位。大学自主办学是由政府提出，并且随着大学的争取与政府的推动，大学自主办学的范围与程度呈现逐渐增加的趋势。也就是说，大学自治自提出以来呈现出被逐渐压缩的态势，而大学自主办学自提出以来呈现出逐渐扩大的态势。当然，就大学自治与大学自主办学所追求的"更少的干预，更大的自主"的核心目标而言，两者是一致的，起码在方向上是这样。所以，大学自治与大学自主办学的不同说法，主要是由于中西文化的差异。我们知道，文化具有时代性与民族性两种基本属性，且文化的时代性与民族性具有不同的指向，而大学自主办学与大学自治表述的不同主要是因为文化的民族性。"以时代性论，各个不同的文化可以比较，

---

① 教育部法制办公室：《中华人民共和国教育法律法规规章汇编》（上），华东师范大学出版社2010年版，第479—485页。

也可以评价，可以评出文化发展上的先后。以民族性论，各个不同的文化可以比较，却不可以评价，不能评出民族文化的孰优孰劣来。"① 实际上，这也就是说判断文化时代性的标准或依据是先进与落后，而判断文化民族性的标准或依据则是共同与差异。先进与落后和共同与差异，是两对性质截然不同的范畴，具有不同的内在规约。如果是时代性问题，就应该且需要用先进取代落后；而如果是民族性问题，却不能用共同取代差异。同样的道理，大学自主办学作为一个文化性的概念，它与大学自治之间并不是简单的相同或不同。就时代性而论，大学自主办学与大学自治之间是相同的，都追求独立的法人地位，追求学术自由，只是处于不同的发展阶段，我国推动大学自主办学需要向西方学习乃至借鉴其大学自治的合理做法与先进经验；就民族性而言则是不同的，所以要与本国、本民族的文化与传统相适应，而不能简单地用西方国家的大学自治来套用我国的大学自主办学。也就是说，大学自治是符合西方国家文化传统的表述，而大学自主办学是符合我国文化传统的表述。本书认为大学自主办学与大学自治之间的不同主要是民族性的，这也是大学自主办学文化性的主要体现，所以在我国大学自主办学成为通行的、官方确定的用法。但时代性的一面也说明，西方大学自治先进的经验与做法，完全可以对我们研究大学自主办学提供参考和借鉴，作为后发外生型国家，我们研究和推动大学自主办学也需要从西方大学自治中寻找智慧和灵感。

虽然，大学自主办学是一个符合我国历史文化传统的概念，但在学术界也有很多研究者在论述我国大学自主办学问题时使用大学自治的说法。其实，大学自主办学与大学自治产生的历史不同，办学自主权也存在重要差别，但两者的核心追求是基本一致的，都赋予大学法人地位，尊重大学自主办学的权利②。可以说，"在本质上没有什么不同，它们是同一个概念的两种表述"③。因而，基于文化角度的考量，本书在行文之中除原文引用和特别说明之外，都使用大学自主办学的说法。本书将大学自主办学翻译为"University Autonomy"，与大学自治采用相同的翻译。

---

① 庞朴：《文化的民族性与时代性》，中国和平出版社1988年版，第151—152页。
② 别敦荣：《我国高等学校的自主办学与西方的大学自治》，《高等教育研究》1999年第5期。
③ 陈文干：《"大学自治"内涵新探》，《江苏高教》2006年第5期。

三 历史性

大学自主办学是随着我国高等教育历史的不断发展而提出的一个概念，是一个历史的概念。可以说，大学自主办学是埋嵌在高等教育发展史中的一个概念，其内涵也随着高等教育历史的不断发展而逐渐丰富与完善，具有典型的历史性。

1979年12月6日，几位大学领导人呼吁给"高等学校一点办学自主权"，拉开了我国大学自主办学改革的历史帷幕。自此以后，大学自主办学的思想以大学办学自主权之名正式进入公众的视野，并逐渐走向我国高等教育改革与发展历史舞台的中央，而成为我国历次高等教育重大改革措施与政策关注的核心问题。可以说，大学自主办学是随着我国高等教育改革发展的不断推进与开展，而逐渐明晰的一个历史性概念。

同时，大学自主办学的内涵也是随着我国高等教育改革与发展的不断推进而逐渐丰富与发展的一个历史性概念。我国大学自主办学概念的提出是以办学自主权为切入点的，又加上在我国高等教育改革发展实践过程中大学始终没有摆脱政府附属机构的地位，如此一来，就有研究者"认为只要政府放权了大学自然就有了自主性，外部性问题的解决可以一劳永逸地改变大学缺乏办学自主权的状况"[1]。由此，各界对大学自主办学概念的认识就停留在或主要体现在办学自主权方面。然而，在当代的结构和信念中我们可以感到历史的"沉重之手"，现实制约着未来[2]。在各界关于大学自主办学概念的认识和理解上，我们确实看到了历史这个"沉重之手"的重要影响，可以说直到今天都没有完全从这个影响中走出来。这主要体现在两个方面：一是，学术界对大学自主办学的研究自觉或不自觉地演变成对大学办学自主权的研究，有研究甚至认为大学自主办学就是大学办学自主权，只是提法不同而已[3]。客观来说，类似这样片面的认识与看待大学自主办学的观点所产生的消极影响是巨大而深远的，至今我们都无法解开我

---

[1] 周光礼：《中国大学办学自主权（1952—2012）：政策变迁的制度解释》，《中国地质大学学报》（社会科学版）2012年第3期。

[2] ［美］伯顿·R. 克拉克：《高等教育系统——学术组织的跨国研究》，王承绪等译，杭州大学出版社1994年版，第263页。

[3] 李如森：《高等学校面向社会自主办学的理性思考》，《中国轻工教育》2002年第1期。

国大学办学自主权改革"放乱收死"的魔咒就是一个明证。不过，随着高等教育历史的不断发展和理论研究的逐渐深入，学术界对大学自主办学的认识，逐渐从办学自主权单向的线性思维向以办学自主权、自主办学能力以及自主办学责任相互关联的复杂性思维过渡，亦即随着学术研究的不断推进，学术界对大学自主办学内涵的认识也逐渐丰富与发展。二是，国家法律政策文件中对大学自主办学的相关表述也在随着历史演变而变化，从1985年5月27日，中共中央发布的《中共中央关于教育体制改革的决定》提出"扩大高等学校的办学自主权，使高等学校具有主动适应经济和社会发展需要的积极性和能力"①，到1993年2月13日，中共中央、国务院发布的《中国教育改革和发展纲要》提出"进一步扩大高等学校的办学自主权。学校要善于行使自己的权力，承担应负的责任"②，再到2014年7月8日，国家教育体制改革领导小组办公室发布《关于进一步落实和扩大高校办学自主权，完善高校内部治理结构的意见》指出，"高校应切实加强自律机制建设，自觉履行社会责任，确保用好办学自主权"，"根据赋权与能力相匹配原则，对有能力用好、有机制规范的，以协议、试点等方式放权。选择若干自律机制健全、办学行为规范的高校，赋予更多的办学自主权"③。

也就是说，从政策的角度来看，对大学自主办学内涵的认识与理解也在随着历史的不断发展而逐渐丰富与发展。实际上，就像高等教育是一个历史的概念一样，大学自主办学也同样是一个历史的概念，会随着高等教育历史的不断发展而发展。

四 复杂性

大学是一个复杂的社会组织的观点④，已被公众所熟知，也被学术界

---

① 教育部法制办公室：《中华人民共和国教育法律法规规章汇编》（上），华东师范大学出版社2010年版，第12—18页。

② 教育部法制办公室：《中华人民共和国教育法律法规规章汇编》（上），华东师范大学出版社2010年版，第19—29页。

③ 教育部：《关于进一步落实和扩大高校办学自主权，完善高校内部治理结构的意见》，2014年12月22日，http://www.moe.gov.cn/s78/A02/zfs__left/s6528/s6529/201412/t20141222_182222.html，2016年8月1日。

④ ［美］亚伯拉罕·弗莱克斯纳：《现代大学论——美英德大学研究》，徐辉等译，浙江教育出版社2002年版，第4页。

广泛认可。而关于大学自主办学的复杂性,却少有人提及,也鲜有人论述与剖析。事实上,对大学自主办学复杂性的忽视或无视,是导致我国大学自主办学理论研究不深入,实践推进成效不彰的重要原因。

大学自主办学是一个复杂的概念,其复杂性既体现在大学本身就是一个复杂的社会组织,也体现在大学自主办学活动的复杂性。大学是一个复杂的社会组织。首先,从组织的角度来看,大学是由"校、院、系"等有形的组织结构和"学科、专业以及课程"等无形的组织结构组成的。大学的有形组织结构和无形组织结构以及两者之间都不是孤立地存在的,有形的组织结构和无形的组织结构的内部以及彼此之间纵横交错、上下互动、宏微相连,形成了复杂的组织关系网络,由此也就形成了大学独特的区别于其他任何社会机构的组织结构,为大学运行与发展奠定了坚实的组织基础。其次,从权力的角度来看,大学内部是一个权力场,存在着党委权力、行政权力、学术权力以及学生权力等多种权力,权力本身就是一种关系的存在,并且这些不同权力之间又相互联系、相互交叉、相互作用、相互制约,由此就形成了大学内部复杂而独特的权力关系网络,构成了大学运行与发展的内部权力基础。最后,从文化的角度来看,大学的物质文化、制度文化、行为文化以及精神文化等并不是孤立存在的,各种文化相互作用、相互影响以及相互嵌套,形成了复杂的大学文化,由此构成了大学运行与发展的文化基础。需要明确的是,大学的组织、权力以及文化之间也不是孤立存在的,他们纵横交错、彼此嵌套、互联互动,形成了复杂而无形的内部关系网络。正是因为大学内部充斥着各种关系,各种关系之间又彼此交错与嵌套,所以大学看上去扑朔迷离、难以捉摸。因而,就算是在高等教育领域深耕多年的专业研究者,要全面而准确地识得大学的庐山真面目也非易事。正是因为如此,有研究者干脆宣称大学处于"有组织的无政府状态",是一个极其复杂的组织。大学的复杂性在一定程度上决定了大学自主办学的复杂性,也增加了认识与把握大学自主办学本质等问题的难度。

大学自主办学也是一个复杂性的过程。首先,从大学自主办学的"既定时空条件"来看,大学自主办学是在政府和社会构成的复杂关系网络中进行的,并不是在真空中开展的。而政府和社会历来就是大学运行与发展的核心影响因素,也是复杂的影响因素,所以政府与社会对大学的影响与作用从来都是非线性的、不确定的，其作用效应在一定程度上来说也是不可预期的。或许正是因为如此，学术界一直探讨的维护与保持大学与政府和社会关系平衡与协调的"度"至今尚未找到。其次，从大学自主办学的基本追求来看，大学自主办学是为了提高人才培养、科学研究以及社会服务等的水平与质量，亦即提高教育质量，而高等教育质量的提升并不遵循简单的线性刺激反应的规律与逻辑，而是一系列复杂因素与活动非线性相互作用的结果。最后，从大学自主办学的内部关系来看，办学自主权、自主办学能力以及自主办学责任本身就是复杂性因素，而三者之间构成的系统必然也是一个复杂的关系系统。

  总之，大学自主办学是一个复杂性的概念，承认大学自主办学的复杂性是认识与把握大学自主办学内涵的前提，甚至可以说认识了大学自主办学的复杂性也就在很大程度上把握住了大学自主办学的本质。但是，如果用线性的、静态的、实体的思维方式，不可能深刻地认识与准确地把握大学自主办学的丰富内涵与深刻意蕴。可以说，长期以来我国大学自主办学一直在"一放就乱、一乱就收、一收就死"之间徘徊，很大程度上是因为没有认识到大学自主办学的复杂性，从而没有准确认识与系统把握住大学自主办学的丰富内涵与深刻意蕴。大学自主办学是一个复杂的动态过程，大学自主办学各种内外部复杂关系的实际存在，就在客观上要求我们在大学自主办学的理论研究和实践开展过程中，应坚持非线性的、复杂性的思维方式，而不能将大学自主办学的复杂性与非线性不恰当地简化为简单性与线性问题进行研究，否则难以认识和把握大学自主办学的丰富内涵与深刻意蕴。

第三章

大学自主办学的基点与合理性

明确了大学自主办学的基本内涵,就需要进一步分析大学自主办学的基点与合理性。亦即厘清大学基于什么身份自主办学,阐明大学为什么要自主办学,这是全面认识与系统把握大学自主办学丰富内涵与深刻意蕴的关键。然而,在已有相关研究中,这两个关键性的问题通常被忽视至少是被轻视了。

第一节 大学自主办学的基点

大学职能的多元性与作用的广泛性、大学发展的多样性与演变的多维性以及大学内涵的丰富性与组织的复杂性等因素的综合作用,使得大学自主办学成为一个异常复杂的"问题域"。所以,大学自主办学必然面临多种因素与力量的制约与影响,存在着诸多的价值矛盾与冲突,如此就需要理清大学身份属性以明确大学自主办学的基点。厘清与把握的大学身份属性,可以为大学与外界互动和内部管理决策提供参照与依据,以使大学根据自己的身份属性行事,避免不适当的行为。对大学独特的组织属性与运行规律的忽视甚至是无视[①],是大学产生很多不适当行为的重要原因。甚至可以说,"我国政府和社会从未真正意识到大学究竟应该是一种什么样的机构"[②]。由此可见,认识与探讨大学的身份属性,对分析大学自主办学的相关问题具有基础性的作用与意义。本书从解读大学本质属性和附属属性及其两者之间的关系着手,力图理清大学的身份属性,进而分析与明确

[①] 眭依凡:《论大学的自主与自律》,《浙江师范大学学报》(社会科学版)2015年第1期。
[②] 李明忠:《高深知识与大学治理——大学制度变革的知识社会学分析》,河北大学出版社2011年版,第187页。

大学自主办学的基点。

一 大学的本质属性

任何事物都具有多重属性，在多重属性中有些属性是某个或某类事物所特有的，决定着该事物的本质，是该事物之所以是该事物的内在规定性，并将该事物与他事物区别开来。这些属性就是事物的本质属性，它是事物本质的规定性，决定着该事物的本质。大学的本质属性是一个由教育属性、学术属性以及文化属性共同构成的、与生俱来的、超越时空的、永恒不变的属性体系，这个属性体系是大学本质的规定性，决定着大学的本质，是大学之为大学的内核与基质。

（一）大学的教育属性

大学的教育属性亦即教育性，也称之为育人属性，是大学与生俱来的固有属性，是大学的本质属性之一。大学因教育需求而产生，亦即因培养人才而产生，教育属性是大学产生的基本依据，没有教育属性的大学是不可能存在的。可以说，大学的教育属性是大学安身立命之本，也是大学繁荣发展之魂，脱离教育属性的大学必将失去之所以为大学的根基。

任何国家、任何历史时期的大学首先应该是一个教育性组织，没有教育性的组织不可能是大学，也不可能发展成为大学。大学所从事的任何活动、涉足的任何领域、处理的任何事务，都需要服务于大学教育属性的有效发挥，失去教育属性的大学必将异化为"非大学"。大学只有坚守教育属性、维护教育属性、释放教育属性、发展教育属性、完善教育属性，才能更好地做好自己，也才有自主办学的资本。从功能的角度来讲，大学的教育属性是大学的本质属性，可以表述为，大学的教育功能是大学的基本功能和原生功能。大学"首先应该把普通人培养成有文化修养的人，使他们处于时代标准所要求的高度"[①]，所以说培养有文化修养的人"是大学的基本功能，也必须是大学凌驾于其他一切之上的基本功能"[②]。党的十八大报告明确提出的"立德树人"，既是对大学教育属性的深刻认识与准确把

---

① ［西班牙］奥尔特加·加塞特：《大学的使命》，徐小洲等译，浙江教育出版社2001年版，第73页。
② ［西班牙］奥尔特加·加塞特：《大学的使命》，徐小洲等译，浙江教育出版社2001年版，第58页。

握，也是大学教育属性的时代诠释与高度概括。

　　大学的教育属性就是尊重学生、培养学生、发展学生，而这又主要体现为以学生为中心，并且又主要通过教学来实现，所以说大学教育属性的坚守、维护、释放、发展以及完善等需要坚持"大学以教学为中心和教学以学生为中心"的基本理念。大学以教学为中心是指大学的运行与发展以支持教学、服务教学、促进教学、提升教学以及发展教学为中心。大学以教学为中心是大学人才培养、科学研究以及社会服务等职能发挥的基础与前提，是大学区别于其他社会组织机构的核心与关键，是大学教育属性实现的基础路径，是大学教育属性之"根"。脱离以教学为中心的大学，也必然逐渐丧失教育属性，犹如墙上芦苇，必因根基不牢而逐渐异化；教学以学生为中心是指大学的教学以尊重学生主体性、调动学生自主性、激发学生潜能、提升学生素质以及促进学生全面发展为中心。教学以学生为中心是大学的价值追求、办学理念以及教学方式的转变，是大学教育属性的集中体现，是大学教育属性之"魂"。无视教学以学生为中心的大学，也必然逐渐丧失教育属性，好比水面浮萍，必因无魂定心而逐渐异化。所以纽曼也曾不无感慨地指出，"如果大学的目的是进行科学和哲学的发现，我不明白为什么一所大学要有学生"[①]。大学以教学为中心与教学以学生为中心是一个有机的整体，是大学教育属性的"根"与"魂"，只有坚持"大学以教学为中心和教学以学生为中心"，大学才有立足之"根"和发展之"魂"，如此才"根固而魂定"。所以，我们可以说现代大学在最高层次上应全心全意并毫无保留地致力于增进知识、研究问题（不管它们源自何方）和训练学生。[②] 或许正是因为如此，克拉克·克尔才不无告诫意味地指出："大学如果首先不是充分地致力于继续推进智力的培养，就注定要被淘汰。"[③] 总而言之，教育属性是大学产生与发展的前提性条件之一，是大学之为大学的根基。如果没有教育属性，大学就不可能产生，也就更不可能有发展了。同样，脱离或被遮蔽教育属性的大学，也将会逐渐异化，

---

① John Henry Newman, *The Ideas of a University*, Indiana: University of Notre Dame Press, 1982, p.80.
② ［美］亚伯拉罕·弗莱克斯纳：《现代大学论——美英德大学研究》，徐辉等译，浙江教育出版社2002年版，第19页。
③ ［美］克拉克·克尔：《大学之用》，高铦等译，北京大学出版社2008年版，第148页。

最终将成为"非大学"。

（二）大学的学术属性

大学的学术属性亦即学术性，也称之为高深知识性或知识性，是大学与生俱来的固有属性，是大学的本质属性之一。大学的学术属性就是秉持源自古希腊"知识即目的"的传统，坚持"为科学而科学""为真理而真理""为知识而知识""为艺术而艺术"的理想目标与价值追求。大学的学术属性既体现在探究高深知识过程之中，也体现在崇尚真理、追求卓越的理念上，"是贯穿于大学组织活动的始终并决定和支配大学一切活动进程的根本之所在"①。

学术属性是大学产生与发展的必要性前提条件，也是大学存在、延续与发展的核心支撑，又是大学基业长青的根源。也就是说，没有学术属性，大学就不可能产生，大学的发展就更无从谈起。从大学产生与发展的历史来看，不同国家、不同历史时期的大学或许会表现出一定的差异，但任何国家、任何历史时期的大学都是以学术属性为基础而产生，也因学术属性的充分释放而发展。如果大学运行与发展过程中脱离了学术属性，大学必将失去存在的根基和发展的动力，最终趋向湮灭，或逐渐与其他社会组织同质而"泯然众人矣"。所以伯顿·克拉克才有如下论断："只要高等教育仍然是正规的组织，它就是控制高深知识和方法的社会机构。"② 事实上，伯顿·克拉克的论断所体现的潜在逻辑应该是：正是因为大学坚守、维护与发扬学术属性，才使得大学成为控制高深知识和方法的社会机构，而不是相反。大学需要以学术属性为基础，只是因为以高深知识为活动的核心材料，大学才是知识的高地，才能成为社会发展的动力站。所以，伯顿·克拉克进而旗帜鲜明地指出："知识材料，尤其是高深的知识材料，处于任何高等教育系统的目的和实质的核心。"③ 当然，也正是因为大学是一个学术性组织，她"在知识上的成就和能力"④，才是其他任何社会组织

---

① 康翠萍：《学术自由视野下的大学发展》，《教育研究》2007年第9期。
② [美]伯顿·R.克拉克：《高等教育系统——学术组织的跨国研究》，王承绪等译，杭州大学出版社1994年版，第11页。
③ [美]伯顿·R.克拉克：《高等教育系统——学术组织的跨国研究》，王承绪等译，杭州大学出版社1994年版，第13页。
④ [美]爱德华·希尔斯：《学术的秩序——当代大学论文集》，李家永译，商务印书馆2007年版，第115页。

和机构所不能代替的。

有研究者从组织形态、组织活动、组织功能、组织人员以及组织管理五个方面对大学的学术属性进行了系统的分析,指出"大学学术属性的特点正是集中体现在学术组织之中,学术组织的特性也正是学术特性"[①]。众所周知,大学是一个典型的资源依赖型组织,大学为了维持生存与发展需要源源不断地从外界获取资源与能量。当然,或许不同国家、不同历史时期以及同一国家不同历史时期的大学,获取资源和能量的方式与途径会有所差异,但无论采用何种方式、通过何种途径以及采取何种手段,都奠基于大学学术属性的坚守、发挥、彰显与释放。只有坚守学术属性,大学才具有获取资源与能量的能力;只有维护学术属性,大学获取资源与能量的能力才会得到保存与延续;只有发展学术属性,大学获取资源与能量的能力才不会衰竭;只有释放学术属性,大学才具有获取资源与能量的现实依靠。大学越是很好地坚守、维护、发展与释放学术属性,大学获取资源与能量的能力就越是强劲、强大,大学发展的动力与后劲也就越足,大学的表现也就越好。正如有研究者所言:"学术性是大学组织之所以存在的依据和理由,任何时候、任何社会,都不能放弃和忽略大学的学术性。大学自身更不能在纷繁复杂的社会、无穷无尽的要求声中迷失了自己的本性。"[②] 总而言之,学术属性是大学产生与发展的前提性条件之一,是大学之为大学的根基。如果没有学术属性,大学就不可能产生,也就更不可能有发展了。同样,脱离或被遮蔽学术属性的大学,也将会逐渐异化,最终将成为"非大学"。

(三) 大学的文化属性

大学的文化属性亦即文化性,是大学与生俱来的固有属性,是大学的本质属性之一。大学是一个教育组织,又是一个学术组织,更是一个文化组织。历史地看,文化与教育之间存在着"天然的、密切的联系"[③]。大学就是一种文化的存在,是人类社会理性文化繁荣与发展的重要源泉。

---

① 季成钧:《大学组织属性与结构研究》,博士学位论文,华东师范大学,2004年,第84—88页。

② 侯志军:《社会资本与大学发展研究》,博士学位论文,华中科技大学,2008年,第172页。

③ 张文泉、沈剑飞:《教育属性识别与教育产业探讨》,《华北电力大学学报》(社会科学版)2002年第2期。

大学的文化属性主要体现在保存文化、传承文化、批判文化、发展文化、创新文化、繁荣文化、弘扬文化以及引领文化等方面，文化属性也是大学被视为"社会之光"的依据与源泉。大学所从事的活动是以精神为主要特征的文化活动，既不同于以权力为主要特征的政治活动，也不同于以金钱为主要特征的经济活动；大学的目的是培养"文化人"，而不是培养"工具人"，更不是培养"精致的利己主义者"；大学培养"文化人"的手段或途径是文化，是"以文化人"，文化是与教育密切相关的，作为一种结果它标志着人的发展状态①，脱离文化培养出来的人是"没有文化修养的新生的野蛮人，是落后于时代文明的迟钝者"②；大学活动的材料是以文化为基础的高深知识，是人类文化活动所积累的优秀成果，也是人类文化活动所追求的目的；大学是由一群具有社会责任感、积极追求真理、掌握高深学问、传播高深学问、探索高深学问、发展高深学问的文化人构成，所以，大学天生具有关怀人类命运、关注社会发展、关心时代进步、引领社会风尚以及敢于批判社会不良现象的独特品质和天性。大学的活动是诠释文化的活动，是传承文化的活动，是推广文化的活动，是创新文化的活动，是繁荣文化的活动，是弘扬文化的活动，是引领文化的活动。可以说，大学既以文化为活动的基础与依据，又以文化为活动的目的与旨归。从这个意义上来说，文化是大学的核心，也是大学沟通内外部关系的纽带。因为"在教育关系中，文化不仅存在于内部关系中，而且存在于外部关系中，成为沟通或统一教育内外部关系的桥梁"③。

大学在人类文明发展史上发挥着重要作用，既具有人类文化的传承功能，又具有人类文化的创新功能，大学是人类文化传承与创新的文化机构。可以说，文化属性是大学区别于其他任何社会组织机构的重要表征，文化属性是大学之为大学的内在根源，是大学的本原状态，也是大学长盛不衰的重要原因。所以，我们说如果"没有了理想大学就会世俗，没有了精神大学就会枯萎，没有了文化大学就不成其为大学"④。也正是因为如

---

① 潘懋元主编：《多学科观点的高等教育研究》，上海教育出版社2001年版，第110页。
② ［西班牙］奥尔特加·加塞特：《大学的使命》，徐小洲等译，浙江教育出版社2001年版，第56页。
③ 潘懋元主编：《多学科观点的高等教育研究》，上海教育出版社2001年版，第114页。
④ 徐广宇：《论现代大学的文化使命》，博士学位论文，南开大学，2009年，第35页。

此，大学的内涵已远远超出作为"学者共同学习交流场所"的传统界定，而世人甘愿把神秘色彩赋予大学，进而对大学顶礼膜拜甚至奉若神明，这绝不表明大学仅仅是一个探究"高深学问"之所，最重要的是大学作为一个独特的社会组织机构所蕴含的极其丰富的精神文化内涵①。所以，本书认为与其说大学是一个"学术共同体"，不如说大学是一个"文化共同体"更为恰切。从本质上来讲，大学就是一个文化组织，就是一个文化性的存在。自大学在中世纪产生以来，大学一直就是人类高尚精神的圣殿，是人类文明延绵与昌盛的源泉，是弘扬"崇真、向善、尚美"精神的堡垒，是批判"虚假、伪善、丑陋"恶习的旗帜。

（四）大学本质属性是一个永恒不变的属性体系

大学的本质属性是由大学的教育属性、学术属性以及文化属性共同构成的一个永恒不变的属性体系，三者中的任何一个或两个都不能决定大学的本质。缺少教育属性、学术属性以及文化属性三者中任何一个属性的组织机构都不是大学，脱离或遮蔽三者中任何一个属性的大学都将逐渐异化为"非大学"。然而，我们经常会看到有研究者提出教书育人是大学的本质工作，大学的一切活动都是围绕学生开展的，大学的根本目的就是培养人才，所以单独的教育性是大学本质属性。事实上，且不说现实社会中具有教育性的组织俯拾皆是，就是从事高等教育活动的组织机构也不是全部都能被称为大学的。所以，那些认为单独的教育性是大学本质属性的观点，是值得商榷的。因为，单独的教育性并不是大学的本质属性，也不能决定大学的本质，更不能将大学与"非大学"区别开来。当然，没有教育性的组织机构，绝不可能是大学，也不可能成为大学。

也有研究者提出学术性是大学赖以产生、存在与发展的基础，是大学本质的反映，是大学的本质属性或根本属性。事实上，如前文已论述过的，学术性是构成和决定大学本质属性必不可少的属性之一，但是单独的学术性并不是大学的本质属性，也不能决定大学的本质，更不能将大学与"非大学"区别开来。众所周知，中国科学院是我国最重要的科学研究机构之一，具有典型的学术性。然而，从来没有人说中科院是一所大学，也

---

① 阎光才：《识读大学：组织文化的视角》，博士学位论文，华东师范大学2001年，第18页。

正是因为中科院本身不是大学，它在中科院研究生院的基础上才逐渐地建立了中国科学院大学。这或许是我们所能找到的，用以说明单独的学术性不是大学本质属性的最好例证了。当然，没有学术性的组织机构，绝不可能是大学，也不可能成为大学。

也有研究者提出大学是一个功能独特的文化组织，自大学产生的那一刻起就自觉或不自觉地进行着文化的保存、传播、传承以及创新等活动，具有典型的文化性，因而单独的文化性是大学的本质属性。事实上，任何社会组织都处于特定的文化环境之中，又都在自觉或不自觉之中进行着文化活动，也就是说任何现实的社会组织都具有文化性，而大学与"非大学"相比最多也就是更加自觉地、主动地、理性地进行文化活动而已，单独的文化性并不是大学的本质属性，也不能决定大学的本质，更不能将大学与"非大学"区别开来。当然，没有文化性的组织机构，绝不可能是大学，也不可能成为大学。

不过，也不排除有些研究者是为了强调大学的教育属性或学术属性或文化属性，而将单独的教育属性或学术属性或文化属性上升为大学的本质属性。从情感上来说这是可以理解的，尤其是当大学的教育属性或学术属性或文化属性被长期遮蔽而不能有效彰显时，更有必要呼唤与维护大学的教育属性或学术属性或文化属性，但绝不能因此而走向另一个极端。所以，从学理的角度来讲，教育属性、学术属性和文化属性中的任意一个或两个，都不是大学本质属性的全部，也不能单独地决定大学的本质。

当然，大学的教育属性、学术属性以及文化属性并不是彼此割裂、毫不相干、没有瓜葛的，它们三者构成三重螺旋的超循环关系，彼此之间是互相影响、互依共存、互促共进、互相嵌套、互相渗透的，三者共同构成并决定着大学的本质，使大学区别于其他任何社会组织。大学教育属性是学术属性发挥的目的，是文化属性显现的旨归，大学教育属性的彰显又以学术属性为基础、以文化属性为依托；没有学术属性发挥的教育属性缺乏动力，这样的教育缺少发展的后劲与活力；没有文化属性显现的教育属性缺乏依托，这样的教育是苍白的、功利的，是异化了的"制器"而非育"文化人"。大学学术属性是教育属性彰显的动力，是文化属性显现的支撑，大学学术属性的发挥以教育属性为旨归、以文化属性为内核；没有教育属性彰显的学术属性,是一般科研机构从事的科研活动,不应以教育的名义活跃于大学之中,起码不能成为大学活动的全部或主导;没有文化属性显现的学术属性,是不存在的,学术活动本身就是一种文化的存在,而大学从事的学术活动更应该重视与强调其文化属性。大学文化属性是教育属性彰显的依托,是学术属性发挥的内核,大学文化属性的显现以学术属性为支撑,以教育属性为旨归;没有学术属性发挥的文化属性缺乏支撑,这样的文化属性缺少繁荣发展的不竭动力;没有教育属性彰显的文化属性,是普通社会机构从事的文娱活动,不应以教育的名义活跃于大学之内,至少不能成为大学活动的全部或主导。

本书认为大学本质属性是一个属性体系,但这个属性体系仅限于教育属性、学术属性和文化属性,除此之外的任何属性都不能纳入这个属性体系之内。也就是说,大学本质属性并不是随着历史变迁而变化的,而是永恒不变的。

然而,当前学术界对大学本质属性的认识,依然存有诸多争议。有研究者认为,"开放是大学的本质属性"[1],而论者只是从历史与现实发展趋势的角度对此稍作论述,并没有给出令人信服的立论依据。也有研究者认为,服务属性是大学的本质属性,其立论的基本依据是:第一,大学服务属性的固有性;第二,大学服务属性的不可剥离性;第三,大学服务属性与学术属性一起决定了大学之所以成为大学而不是其他组织的价值基础与本质特征。[2] 事实上,任何现实的社会组织都是开放的,封闭的社会组织是不存在的。任何现实的社会组织也都具有服务属性,没有服务属性的社会组织也是不存在的。可以说,开放性和服务性是任何社会组织的共性,它们并不能标识大学的本质,更不能将大学与其他社会组织区别开来。而如果说开放性和服务性是大学身份属性的话,充其量也只是大学的附属属性。本书认为除了教育属性、学术属性以及文化属性三者之外的任何其他属性,都是大学的附属属性。

众所周知,本质属性是事物的内在规定性,是一事物之所以是该事物的根本,是永恒不变的。正如有研究者所强调的那样,"无论社会怎样变

---

[1] 马陆亭:《开放是大学的本质属性》,《辽宁教育研究》2008年第4期。
[2] 钱志刚:《大学服务属性:"一般属性"抑或"本质属性"》,《现代教育管理》2015年第5期。

革，大学的天性未变"①。"大学的天性"亦即大学的本质属性，是永恒不变的。然而，大学的本质属性是固定不变的，还是随着大学内外部关系的变迁而不断变化的，在学术界却有不同的看法与认识。有研究者认为，"今天大学的本质与属性也并不是大学先天地决定了的，不是大学开始存在的一刻就已规定了的，而是大学在社会中与社会共同的发展过程中逐渐生成的"②。论者在整个行文之中都是使用"大学的本质与属性"，这里就有两个问题需要讨论。一个问题是，如果论者认为"大学的本质"与"大学的属性"是并列的关系，亦即如果将"本质"与"属性"等同，很显然论者的观点就是值得商榷的。我们知道，本质是一事物之所以为该事物的内在规定性，如果本质是变化的，那么本质变化了的事物就不是原来的事物。同理，本质变化的了大学就不再是大学，而是其他组织机构，是"非大学"；另一个问题是，如果论者行文中大学的"本质"与"属性"，分别相当于本书中使用的"大学本质属性"与"大学附属属性"的话，依然存在问题。大学的本质属性是由教育属性、学术属性以及文化属性共同构成、共同决定的，大学的本质属性并不会随着大学内外部关系的变迁而变化，这是大学之所以是大学的内在规定性，是"大学开始存在的一刻就已规定了的"，是"内生固有的"，是"生就的、决定的"。而大学的附属属性则随着大学内外部关系的变迁而不断拓展、日趋多元、逐渐复杂，"是大学在社会中与社会共同的发展过程中逐渐生成的"，是"外生赋予的"、是"进化的"。然而，论者在行文之中既没有交代"本质"与"属性"的内涵，也没有对两者之间的关系做说明，而是笼而统之地使用"大学的本质与属性"，所以问题也就不可避免了。当然，由于大学附属属性是逐渐生成的，而大学身份属性包括本质属性与附属属性，所以说大学身份属性是逐渐生成的，也基本可以说得通。但这个前提我们需要清楚。事实上，大学的附属属性是"外生赋予的""生成的、进化的"，发展变化的、拓展的，而大学的本质属性是"内生固有的"，是"生就的、决定的"，是不变的。

故而，本书认为大学本质属性是一个永恒不变的属性体系，对此，我

---

① 张楚廷：《高等教育哲学通论》，高等教育出版社2010年版，第16页。
② 刘小强：《关系论和生成进化论视野中的大学本质与属性》，《现代大学教育》2008年第4期。

们在分析与研究大学身份属性相关问题时，需要保持清醒的认识，否则将会产生偏差甚至是错误。大学的本质属性是大学永葆生机之源，是大学基业长青之根，是大学屹立千年而不倒之魂，也是大学自主办学的基点。

二　大学的附属属性

大学原本脱胎于社会，现代大学更不是与世隔绝的"象牙塔"。所以，大学与社会存在着天然的、密切的联系，大学发展史业已证明故步自封的大学必然走向衰落。大学需要不断地与社会交流与互动，才能获得生存与发展的资源和能量，才能获得存在的合法性。事实上，现代大学的触角已伸入社会生活的各个领域、各个层面、各个角落，可以说在现代社会生活中大学已无孔不入、无处不在、无时不有。随着大学内外部关系的不断变迁，大学的附属属性也不断拓展、日趋多元、逐渐复杂。正如大学是一个历史发展中的概念一样，大学的附属属性也是随着历史的发展而不断显现、逐渐多元的。就此而言，大学附属属性的拓展是一个永远没有完结的过程。而就当前我国高等教育发展的实际情况来看，本书认为大学的附属属性主要体现为政治属性、行政属性以及经济属性。

（一）大学的政治属性

大学的政治属性亦即政治性，是指大学与外界互动过程中发生的政治关系和大学内部各主体互动过程中发生的政治关系的总和。大学的政治属性是随着大学的不断变迁而逐渐显现的，是后天生成的，是大学的附属属性。

大学的政治属性是复杂的，在不同历史时期、不同国家具有不同的表现。历史地看，大学虽然不是"为政治而生"，却是"因政治而生"，亦因政治而发展，具有典型的政治属性。在11世纪"教皇革命"的推动下，教会与国家的逐渐分离，为中世纪大学的产生提供了"中立空间"与现实可能。加之，"在12世纪、13世纪，随着新知识的不断涌入，在教会或世俗政权的支持下，早期的修道院和主教座堂学校逐渐被大学所取代"[①]。但需要清楚的是，教权与世俗政权的政治斗争只是为大学的产生提供了空间与可能，大学并不是为政治而生，只是因政治而生，中世纪大学并没有体现出鲜明的政治属性。随着宗教改革运动的不断推进、资产阶级运动的跌

---

① 王建华：《大学为何诞生于西方》，《中国高等教育评论》2014年第12期。

宕起伏以及民族独立运动的风起云涌，民族国家逐渐产生并成为主导社会各领域生活的政治实体，而大学也逐渐地被纳入民族国家的政治体系之中。1810年建立的柏林大学是世界大学发展史上的一个里程碑，也是政治属性开始成为大学一个重要属性而广为人知的标志性事件。众所周知，柏林大学是"以精神的力量来弥补物质上的损失"①的国家政治诉求的直接产物，所以我们才有了上述观点。应该说，大学产生之时具有世界性的特点，但随着民主国家的出现，大学也就有了自己的祖国，响应与满足民族国家的利益诉求是大学获得存在合法性的基础。后来当克拉克·克尔宣称州的边界，就是大学边界的时候，也在无意中诠释着大学的政治属性。尤其是在现代社会、在知识经济时代，大学作为社会发展的"动力站"与"发动机"，大学对国家政治的稳定与昌明具有不可替代的重要作用，任何国家都会高度重视与密切关注大学的表现与活动，也必然要求大学的"活动原则必须符合国家需要和广泛接受的社会标准"②，并逐渐加强对大学的"政治审查与渗透"，从而确保大学的政治正确。如此一来，大学的政治属性也就更加凸显。

伯顿·克拉克对大学的政治属性具有深刻的认识与独到的见解，他指出"大学和其他高等教育机构确实是复杂的政治组织"，并预言"如果我们要寻找未来研究的关键领域，我们必须把高等教育看作一个发展规范的政治理论的实验室"③。约翰·布鲁贝克对大学的政治属性亦有深刻的认识，所以他在分析既有研究的基础上，旗帜鲜明地提出"大学确立它的地位的主要途径有两种，即存在着两种主要的高等教育哲学，一种哲学主要是以认识论为基础，另一种哲学则以政治论为基础"④。实际上，布鲁贝克所言的大学存在的政治论基础，就是他对大学政治属性深刻认识的哲学诠释。在我国，大学政治属性主要体现在两个方面：一方面，《高等教育法》

---

① 陈洪捷：《德国古典大学观及其对中国大学的影响》（第三版），北京大学出版社2015年版，第28页。

② [加]约翰·范德格拉夫：《学术权力——七国高等教育管理体制比较》，王承绪等译，浙江教育出版社1989年版，第12页。

③ [美]伯顿·克拉克：《高等教育新论——多学科的研究》，王承绪等译，浙江教育出版社2003年版，第71页。

④ [美]约翰·S. 布鲁贝克：《高等教育哲学》，王承绪等译，浙江教育出版社2001年版，第13页。

明确规定"高等教育必须贯彻国家的教育方针,为社会主义现代化建设服务、为人民服务,与生产劳动和社会实践相结合,使受教育者成为德、智、体、美等方面全面发展的社会主义建设者和接班人"①,这实际上也就决定了我国大学从性质到目的都具有鲜明的政治属性;另一方面,《高等教育法》明确规定"国家举办的高等学校实行中国共产党高等学校基层委员会领导下的校长负责制"②,党委系统贯穿于大学的各个层面、各个领域、各个部门,这也就决定了我国大学从领导体制到组织结构都具有鲜明的政治属性。我们可以用一句话来概括我国大学的政治属性,那就是要坚持社会主义办学方向。

（二）大学的行政属性

大学的行政属性亦即行政性,"是指大学为达到组织目标而设置一定的行政机构进行管理活动,并强调行政组织观念,建立等级秩序,形成严格按照规章办事的组织制度"③。大学的行政属性是随着大学的不断发展而逐渐显现的,是后天生成的,是大学的附属属性。

中世纪大学产生之时,大学的活动、事务、结构、功能以及人员构成等都较为简单,大学的一切活动和事务都由教师或学生来管理,大学既没有专门的行政管理组织和人员,实际上也不需要。因为"中世纪大学产生时,大学内部学术事务与行政事务关系没有分化,大学内的学术权力统治着大学,行政权力极其微弱,还未形成一套权力体系,只是到了近代,高等学校内部的行政权力才逐步发展起来"④。也就是说,随着大学与外界交往日益增多,大学逐渐从社会边缘走向社会中心,与此同时大学的规模不断膨胀、大学的事务不断庞杂、大学的结构不断复杂、大学的作用不断提升、大学的影响不断扩大、大学的功能不断拓展、大学的人员日益多元,克拉克·克尔所言的多元化巨型大学⑤逐渐成为现实。如此一来,大学需

---

① 教育部法制办公室:《中华人民共和国教育法律法规规章汇编》（上）,华东师范大学出版社2010年版,第479—485页。
② 教育部法制办公室:《中华人民共和国教育法律法规规章汇编》（上）,华东师范大学出版社2010年版,第479—485页。
③ 季诚钧:《论现代大学的三重属性》,《高等教育研究》2005年第9期。
④ 潘懋元主编:《多学科观点的高等教育研究》,上海教育出版社2001年版,第295页。
⑤ [美]克拉克·科尔:《大学的功用》,陈学飞等译,江西教育出版社1993年版,第1—29页。

要处理的关系逐渐增多、逐渐复杂，专门化、专业化、组织化的行政机构与管理人员，逐渐成为大学正常运行与有序发展必不可少的组成部分。并且，学科固有的不断细化与分化的发展特征，使大学具有走向分崩离析的潜在危险，为了消除这个危险就需要专门的行政组织与人员来协调与统一各个不同的学科，以维护大学内部的协调与统一。此外，大学作为一个学术组织所固有的保守性，使大学表现出拒斥变革、偏执保守、散漫，由此大学就会只遵循内在发展逻辑与规律而不能及时有效地响应社会的诉求。所以，需要专门的行政组织与管理人员来促进与沟通大学内外部关系，并维持大学的良好运行与有序发展。所以，从这个意义上来说，现代大学"也是一个行政组织，遵循行政管理的法则，追求效率，因而具有行政属性"①。

由此可见，行政属性虽是大学的附属属性，却是现代大学正常运行与发展不可或缺的属性。需要说明的是，大学的政治属性与行政属性并不是同一回事，虽然有时两者的体现有相同或相似之处。政治属性主要体现为政治正确，行政属性主要是为了处理大学内外部关系，维护大学活动的协调与统一，确保大学活动的质量与效率。在我国，无论是公立大学还是民办大学都需要为国家利益与民族福祉服务，所以我国大学的政治属性是毋庸讨论的。当前，学术界与实践界对大学行政属性的关注较多，并且各界普遍认为大学行政属性的彰显程度与体现方式存在很多问题，而这也是我国大学改革发展过程中诸多问题产生的根源，也是大学自主办学顺利开展与推进的严重障碍。

（三）大学的经济属性

大学的经济属性亦即经济性，也有研究者称之为产业属性或产业性，是指大学的运行具有效率性、大学的活动具有生产性、大学的产品具有商品性以及大学自身具有逐利性等产业所具有的经济性特征。大学的经济属性是随着大学的不断发展而逐渐显现的，是后天生成的，是大学的附属属性。大学的经济属性主要体现在以下几个方面。

首先，大学组织的运行与管理讲求效率性。现代大学是一个多元化巨型组织，涉及社会生活的多个方面，大学组织的运行与管理必然要以最小

---

① 季诚钧：《论现代大学的三重属性》，《高等教育研究》2005年第9期。

的资源消耗获得最大的利益产出为追求,也就是说大学组织需要按照经济领域的效率原则运行与管理,具有强调成本核算、追求绩效等类似于企业行为的特性,因而具有产业属性。① 有研究者甚至认为,美国大学之所以普遍比欧洲大学表现得要好,就在于美国大学组织的运行与管理过程中更多地遵循了效率原则,并指出,大学的逻辑或许不是纯经济的,但大学管理的逻辑却必定是纯经济的。② 从理论上来讲这是很容易理解的,在同等条件下,同样的资源投入,运行与管理效率高的组织其竞争力自然也就更强。

其次,大学的活动具有生产性。大学活动的生产性主要体现在以下三个方面:第一,大学是新文化、新观念、新思想以及新技术的重要策源地,这些又以知识为主要载体,是大学的知识产品。第二,大学源源不断地向社会输送毕业生,从某种意义上来说,毕业生是大学的教育产品。第三,大学通过培训、咨询以及开发等活动向社会提供教育服务,教育服务本身就是大学的一种产品。不过,从根本上来说,上述三个方面又都以知识为基础。在知识经济时代,知识就是生产力,知识就是资本,知识本身已具有经济的属性。大学作为以知识为活动的核心材料的社会组织,自然就具有经济属性。

再次,大学的知识、毕业生以及服务等产品具有价值和使用价值,在市场经济条件下,大学的这些产品在市场中自由流通,但需要付出相应的费用才能获得,具有典型的经济性。

最后,大学作为一个现实的社会组织具有逐利性,尤其是在市场化背景下大学的逐利性更为明显。正如有研究者所指出的那样,大学作为实施与开展高等教育的主体,为了改善办学的物质条件和教职工的待遇,大学本身有功利性目的,也必然是一个独立的利益主体。但"大学的功利性追求,既不是办学的主要目的,更不是唯一的目的"③。也就是说,大学具有产业性,但绝不能产业化。

需要指出的是,大学的经济属性是客观存在的,并且随着大学市场化改革的不断推进正日益凸显。而无论从哪个角度来说,经济性是大学第一

---

① 季诚钧:《论现代大学的三重属性》,《高等教育研究》2005年第9期。
② 郑文全:《大学的本质》,博士学位论文,东北财经大学,2006年,第31页。
③ 冷全:《简析大学办学的功利性目的与市场行为》,《教育与经济》2009年第3期。

性的论点①都是值得商榷的。事实上，正如论者所言大学逻辑既包括目标逻辑，也包括管理逻辑。管理逻辑的经济性是为目标逻辑更好地实现服务的，但经济性不是目标逻辑本身，也绝不是大学的本质属性。所以，管理逻辑的经济性只能说明大学具有经济属性，而不能据以说明经济性是大学的"第一性"。同样，大学的目标逻辑中有盈利的可能或成分，也只能说明大学具有经济属性，而据此断定经济性是大学的"第一性"，是武断的、错误的。正如有研究者早就告诫的那样，"学术体系不能完全变为商业性质"②。所以，当强调与重视大学的经济属性之时，一定不能将大学的经济属性提高到不适当的高度，更不能以经济属性取代大学的本质属性，进而主导大学的运行与发展。所以，本书认为有一点是可以肯定的，虽然当前市场经济的强势逻辑对大学运行与发展产生了深远影响，但只要大学还是大学，无论大学的经济属性如何凸显、如何强势，也无论研究者如何强调和夸大大学的经济属性，大学的经济属性都是大学的附属属性。事实上，且不说经济属性主导下的大学是不是已异化了的"非大学"，如果经济属性长期主导着大学的运行与发展，对大学而言必将是灾难性的。

（四）大学附属属性是一个不断拓展的属性体系

大学的附属属性是大学在内外部关系发展与演变过程中逐渐生发出来的身份属性。由此可见，大学的附属属性是一个随着历史发展而逐渐丰富多彩的、不断拓展的属性体系。尽管大学的附属属性是一个不断拓展的属性体系，但这个属性体系之中的属性并不能得到同等程度的表达与彰显。在大学自主办学过程中，大学的哪些附属属性得以彰显，如何彰显，彰显到什么程度，都视情况不同而有所不同。也就是说，要看大学自主办学的内外部关系以及内外部关系之间关系的状况。不过，从理论上来讲，大学的附属属性是不能穷尽的。而本书认为在当前，大学的附属属性主要体现为政治属性、行政属性和经济属性，故而本研究只对此三者进行了简要分析与论述。

大学附属属性虽不能决定大学的本质，但是大学附属属性的表达与彰显是大学立足社会，获得存在合法性，争取办学资源与发展空间的重要基

---

① 郑文全：《大学的本质》，博士学位论文，东北财经大学，2006年，第15页。
② [美]约翰·S. 布鲁贝克：《高等教育哲学》，王承绪等译，浙江教育出版社2001年版，第32页。

础，也在一定程度上反映着大学的本质属性。当前，无论是主动还是被动，大学越来越多、越来越深地卷入各种社会事务之中已是既成事实，并且也是大势所趋。大学已在自觉或不自觉之中逐渐地从社会边缘走向社会中心，成为社会的"轴心机构"。与此相伴随的是，外界对大学的要求也逐渐增多，大学的附属属性由此也就越来越多，大学附属属性体现得也就越来越明显。与此同时，大学附属属性对大学本质属性的遮蔽与侵蚀效应也就愈加明显，有时大学的附属属性甚至主导着大学的运行与发展。大学附属属性主导大学运行与发展的一个必然结果，就是大学逐渐地异化。如果这种情况长期得不到扭转与扼制，那么大学必然在异化的道路上越走越远。所以，研究大学自主办学、推动大学自主办学，需要弄明白一个基本前提：大学自主办学的基点是大学的本质属性，大学自主办学的目的也是践行大学的本质使命。所以，无论大学的附属属性如何彰显，都需要以服务于和有利于大学本质属性的维护与彰显为核心，脱离了这个核心大学附属属性将失去存在的基础（关于大学本质属性与附属属性之间的关系，将在下一节详细论述）。也正是由于大学附属属性的不断拓展，有研究者所说的大学身份属性不断变化的论点才有成立的现实依据。但是，如果将大学身份属性的不断变化等同于大学本质属性的不断变化，那是大错特错的。当我们说大学身份属性不断丰富的时候，一定是基于大学附属属性不断拓展而言的，绝不是说大学本质属性是不断变化的。

三 大学本质属性与附属属性之间的关系

大学的身份属性历来就是一个重要而复杂的学术研究命题，自大学产生之时就已提出，因而也是一个永恒的理论研究命题。可以说，任何关于高等教育研究的话题，最终都可以在大学身份属性问题上找到蛛丝马迹。而欲图得到令人信服的关于大学身份属性的见解，绝非朝夕之功，但绝不是一个不可能达到的"奢望"。随着实践的发展和理论研究的推进，定能逐渐地揭开大学身份属性的"庐山真面目"。对此，我们有真切的体悟和深刻的认识，所以依然努力地从本质属性与附属属性的角度去认识与把握大学的身份属性，就是想为大学与外界互动和内部管理决策提供参照与依据，以使大学根据自己的身份属性更好地进行自主办学，避免不适当的行为。当前，在推动大学自主办学过程中，存在着对大学身份属性认识不清的问题，主要表现为对大学本质属性与附属属性认识模糊甚至是错位的问题，这严重影响与制约着大学自主办学的顺利推进与深入发展。如此一来，不但需要弄清大学的本质属性与附属属性，更需要辨明大学本质属性与附属属性之间的关系。

前文已经明确了大学的本质属性是一个属性体系，并且是长期不变的。也就是说，只要是大学——无论其处于何时、身在何地、何种类型、什么层次——都具有由教育属性、学术属性以及文化属性共同构成与决定的本质属性，并且，也只有大学这个组织机构才同时具有教育属性、学术属性以及文化属性，这也是大学之所以区别于其他任何社会组织机构的基质。大学的本质属性就是大学的同一性，亦即凡属大学者皆有此性，有此性者皆是大学。大学的本质属性虽是固定不变的，但处于不同时空条件下的大学面临着不同的内外部关系，而大学自主办学内外部关系的动态性、发展性、多维性，使得大学的本质属性就会在不同的内外部关系中不断地生发出不同的附属属性，由此也就决定了处于不同时空条件下的大学具有不同的身份属性。可以说，无论是在历史上，还是在现实中，自大学这个组织机构产生以来就不存在着两个完全一样的大学。所以，古今中外的大学千差万别、千姿百态，由此也就为大学多样化、特色化、个性化发展提供了现实可能。但无论如何，大学的同一性都是大学特色化、多样化以及个性化发展的基础，这在任何时空条件下都应该得到尊重、维护与坚守。并且，多样化、特色化与个性化发展的大学，又有助于维护与加强大学的同一性。所以，任何以推动大学多样化、特色化和个性化发展为理由而置大学同一性于不顾的改革，为特色而特色、为个性而个性、为创新而创新的改革，都是异化的改革，都是违反大学本质属性的改革，都是需要坚决反对与抵制的改革。也就是说，大学的本质属性是大学附属属性生发与拓展的基础，脱离大学的本质属性来谈大学的附属属性是没有基础、毫无根据的。大学的本质属性与附属属性是相互嵌套、相互渗透、相互作用的，而大学的本质属性决定着大学的附属属性，大学的附属属性又反作用于大学的本质属性。不过从根本上来说，大学附属属性的生发与拓展乃至显现，都是为了促进与推动大学本质属性更有效、更充分地彰显。由此也就很容易给人造成一种错觉，说大学"都是以满足各自所属的历史时期的不同程度的需要来获得各自的合法地位的"①。事实上，只要深入分析便可发现这个论断只是对现象的一般描述。例如，大学经济属性的合理显现，可以为大学本质属性的充分彰显提供更加优越的物质条件。并且，在特定的时空条件下，大学也需要通过经济属性的体现来证明其存在的价值与意义。但大学经济属性的显现是奠基于大学本质属性的，大学经济属性只是大学本质属性在特定时空条件的映射而已。如果大学经济属性过度地、不适当地发挥与显现，就会遮蔽甚至侵蚀大学的本质属性，从而影响大学的良好运行与发展，大学的功能也就不能正常发挥了，大学也就会异化为"非大学"。因而，大学在不同历史时期通过不同的方式与途径获得存在的合法性地位，完全是大学本质属性在不同时空条件下的具体表现形式，并不是根源于大学满足了不同历史时期的不同需求。总之，大学之所以诞生、存在以及不断地繁荣发展，都根源于大学本质属性的坚守、维护、发展与彰显。而就当前我国大学来说，大学越来越广泛地涉足社会事务，大学内外部关系日益复杂，与此同时大学的附属属性也在日益多元、日益复杂、日益模糊，并且大学的附属属性不断地冲击与侵蚀着大学的本质属性，从而导致大学表现了很多与其本质属性不相符的行为，大学逐渐地异化了，各界对大学的诟病与质疑便由此而来。

众所周知，大学既是一个教育组织，又是一个学术组织，也是一个文化组织。所以，大学不是商场，拜金与逐利不应该出现在大学，起码不应该成为大学的主流，商业的运作方式与经济的管理原则不适合于大学，更不应该左右大学的运行与发展；大学不是官场，崇官与媚权不应该出现在大学，起码不应该成为大学的主流，官场的思维逻辑与行政化的管理方式不适合于大学，更不应该主导大学的运行与发展；大学不是工厂，学生不是待加工的零件，统一标准与效率第一的企业生产原则不应该出现在大学，起码不应该成为大学所有活动的主要标准与基本要求，更不应该成为大学运行与发展的统一要求与唯一标准。我们也应该看到，有时在某些特殊历史时期，大学的附属属性可能居于主导地位，成为大学身份的主要标识。但通常而言，附属属性居于主导地位的情况绝不可能长期维持，否则

---

① ［美］约翰·S. 布鲁贝克：《高等教育哲学》，王承绪等译，浙江教育出版社2001年版，第3页。

必将伤害大学之为大学的根基。也就是说，在大学自主办学过程中，大学的本质属性虽然一直遭受着附属属性的不断冲击与侵蚀，但大学需要有所坚守。否则，如果大学的本质属性被附属属性长期遮蔽，大学将会慢慢地异化为"非大学"。在大力推动大学自主办学的大趋势下，大学的内外部关系必将日益复杂，这个问题也由此将变得更加严峻。正是因为如此，才更有必要对大学的本质属性与附属属性及其相互关系有更加清醒而深刻的认识与把握，从而明确大学自主办学的基点。

四 大学自主办学的身份确认

大学具有多重身份属性，不同的身份属性既表征着大学处于不同的关系之中，也决定了大学具有不同的价值追求与行为选择。由此可见，基于不同的身份属性，大学就会有不同的价值追求与行为选择，如此也就会产生不同的结果与影响。因而，探讨大学自主办学问题，需要先明确大学自主办学的基点，也就是分析大学自主办学基于何种身份以及应基于何种身份。可以说，分析大学的身份属性是我们研究大学自主办学的前提，因为只有明确了大学的身份属性才能对大学自主办学的行为进行评判与分析。就当前我国大学运行与发展的实际情况来看，在大学自主办学过程中，主要存在着经济属性和行政属性过度彰显的问题，或者说大学自主办学过程中的很多问题都源于大学被经济属性与行政属性所主导。

大学自主办学作为一种精神理念，意味着大学拥有更多的选择自由和更宽的活动空间，也就是说大学可以更加自主地选择与调整自己的办学行为和活动空间。然而，大学自主办学绝不是我行我素、为所欲为，推动大学自主办学主要是为了激发大学潜能、释放大学活力，增强大学适应性与服务社会的灵活性，而根本目的是提升大学人才培养、科学研究以及社会服务的水平与质量，进而为经济发展、社会进步以及文化繁荣等做出更大的贡献。可是，随着知识经济的发展和市场化改革步伐的不断加快，一个必然的发展趋势是知识作为一种资本登上了历史的舞台。知识资本逐渐成为学术研究的显学，与此同时"知识就是本钱""知识就是财富""知识就是生产力""知识就是力量"等口号也开始成为公众熟知的流行语，这对大学自主办学产生了不易察觉却重要而深远的影响。当前，大学虽早已走下知识垄断机构的神坛，但大学依然是当今社会最重要的知识生产机

第三章　大学自主办学的基点与合理性

构，在知识的保存、发现、传播、创新以及应用等方面具有不可替代的作用。正是在掌握与积累知识资本方面具有如此得天独厚的优势，才使得大学在功利主义盛行的社会也开始不甘寂寞。可以说，对职业市场和市场经济的粗浅理解已严重影响甚至是决定着大学的办学行为，时下最容易就业专业、最能挣钱专业、最容易升职专业以及最强造富大学等逐渐流行于大街小巷，大学也由此被公众质疑为学历超市、知识工厂，是"几乎漂在钱海里的大学"①。

简而言之，在知识经济时代，大学的经济功能日益彰显，大学经济属性被提到史无前例的高度。通过前文的分析我们知道，当大学经济属性被无限拔高的时候，大学的本质属性必然受到冲击与侵蚀甚至被遮蔽，尤其是当无限拔高的经济属性不以大学本质属性的彰显为目的的时候，问题就更为严重。当前，大学开企业、办工厂已不再是新鲜的事情，也无怪乎有研究者批判说，企业表现得越来越像大学，与此同时大学也变得越来越像企业。② 大学自主办学虽不反对大学的企业行为，也不拒绝争取现实的利益，但也绝不是让大学自主地成为企业，更不是以逐利为目的。可以说，办企业或逐利是更好地实现大学本质使命的必要手段，但绝不是目的本身。如果异化了目的与手段之间的关系，长此以往必然使目的受损。当然，大学经济属性过度彰显的问题，既有大学自我放逐的原因，也有外力推动的原因。

正如有研究者所言，"大学是相当独特的机构，有着共同的历史渊源，却又深植在各自社会的土壤里"③。我国大学与西方大学一个最根本的不同就在于，我国大学与政府是一体的、同构的，大学是政府的附属机构。所以，起初在我国推动大学自主办学的首要目的就是摆脱附属于政府的依附地位，成为自主办学的法人实体。而今，从法律上来讲，我国大学已是自主办学的法人实体，但大学长期依附于政府所产生的影响与惯性至今依然制约着大学自主办学的顺利推进。大学广为质疑与诟病的行政化问题，实

---

① ［美］斯坦利·阿罗诺维兹：《知识工厂——废除企业型大学并创建真正的高等教育》，周敬敬等译，高等教育出版社2012年版，序言。
② 韩益凤：《平庸时代的大学》，博士学位论文，南京师范大学，2015年，第53页。
③ ［美］菲利普·G. 阿特巴赫：《21世纪的美国高等教育：社会、政治、经济的挑战》，杨耕等译，北京师范大学出版社2005年版，第17—18页。

质上就是大学行政属性过度彰显所导致的必然结果。大学的行政化问题既有政府强加的行政化，也有大学自身的行政化，是一种从外而内的、内外互动的、全方位的行政化。从外部来说，政府对大学的管理方式与思维逻辑依然是以行政化为主导，这个可以从现有的资源配置、质量评价以及领导任命等方面略知一二。从内部来说，虽然大学内部权力日益多元，但是行政权力和党委权力依然主导着大学运行与发展，学术权力依然处于边缘而没有受到应有的尊重，这个可以从教师评价、教学评估以及专业设置等方面略知一二。并且，大学外部的行政化问题深刻地影响着大学内部的行政化，而大学内部的行政化有时又在不知不觉之中成为加强大学外部行政化的推手。总之，无论是从行政的过程，还是从所产生的影响来看，我国大学的行政化问题是一个异常复杂的问题。而从大学身份属性的角度来看，主要是大学行政属性过度彰显所致，也就是说大学行政属性被抬高到一个不适当的高度，从而使行政居于主导地位，问题也就随之而来。

事实上，"大学作为一个专门培养人才、发展科学、创造思想的教育和学术机构，只能是一个自己为自己做主的自治性机构，而不能是政府或其他社会机构的下属"[①]。所以，无论是经济属性主导或行政属性主导抑或是其他附属属性主导的大学自主办学，都是异化了的大学自主办学，都不是大学自主办学所追求的。大学自主办学必然是奠基于大学本质属性基础之上的，也应该是为了尊重、维护、彰显与弘扬大学的本质属性，舍此都是异化的大学自主办学。也就是说，大学自主办学首先应该是大学的自主办学，而不是"非大学"的自主办学，并且自主办学的目的也是促使大学更好地成为大学，而绝不能是为了满足眼前可见的物质利益和官阶等级而遮蔽大学本质属性的彰显，更不能单纯地为了追求效率和统一而放弃大学之为大学的本质与坚守。也就是说，自主办学是大学的自主办学，自主办学是为了使大学更好地成为大学。然而，在大学自主办学实践过程中，这个基本前提却通常没有受到应有的重视，有时甚至被忽视了。所以说，在大学运行与发展过程中，"学校领导应深入实际，一切从学校的教学实际和科研实际出发，不是教学研究为金钱（或上级部门）服务，而是金钱（或上级部门）为教学研究服务，不是大家为学校的政绩服务，而是学校

---

① 王长乐：《大学应该是谁的》，《湖南师范大学教育科学学报》2016 年第 1 期。

为大家的工作服务"①。也就是说，大学自主办学是为了"学"，为了学生、学者和学术，而不是为了"钱"，更不是为了"官"。为了"钱"和"官"的大学自主办学，是异化的大学自主办学，其结果必然是大学异化为"非大学"，而这是我们应坚决抵制的大学自主办学。

也就是说，大学自主办学绝不能促使大学在异化的道路上越走越远，大学自主办学必然是以大学本质属性的彰显与弘扬为基点与依托，也必然以大学本质使命的达成与实现为目的与归宿，任何背离于此的自主办学都是异化的自主办学，都不是我们所追求的大学自主办学。

第二节 大学自主办学的合理性

有研究者认为"大学应自主办学"在中国已经成为不言而喻的广泛共识，并没有推敲论证的必要②。实际上，大学为什么要自主办学，亦即大学自主办学的合理性既不是不言而喻的常识，也不是尽人皆知的共识。没有对大学自主办学合理性系统而深刻阐明，或许也是当前大学自主办学之所以困难重重、举步维艰的一个重要原因。甚至有研究者认为，"直到今天，我国的政府并未真正意识到大学为什么要拥有办学自主权"③。当我们把讨论的重点聚焦于大学自主办学时，一个需要认真讨论与深入分析的问题是：人们一般仅将自主办学视为大学向政府与社会表达的一种政治或权力诉求，却忽视了（至少也是轻视了）从学理上分析大学自主办学的合理性。而大学自主办学无懈可击的合理性，又是建立大学自主办学合法性的基础。诚如眭依凡教授指出的那样，大学自主办学的合理性决定了大学自主办学的法理性，并在此基础上影响相关法规的生成即大学自主办学合法性的赋予。正是由于学理上与认识上的缺乏，才导致我国的大学自主办学更多地停留在观念甚至是口号层面，而在实践层面上的实质性进展异常缓慢④，而对大学自主办学合理性的再讨论、再探究、再认识之所以必要就

---

① 李零：《学校不是养鸡场》，《中国税务》2003 年第 11 期。
② 金自宁：《大学自主权：国家行政还是社团自治》，《清华法学》2007 年第 2 期。
③ 李明忠：《高深知识与大学治理——大学制度变革的知识社会学分析》，河北大学出版社 2011 年版，第 187 页。
④ 眭依凡：《论大学的自主与自律》，《浙江师范大学学报》（社会科学版）2015 年第 1 期。

在于此。并且,有研究表明,"较高绩效的国家典型地享受一定程度的自治"①。因而,本书认为,讨论与追问大学自主办学的合理性是一个重要的时代课题,具有重要的理论意义与实践价值。具体来说,大学自主办学的合理性主要基于以下几方面的原因。

一 大学组织特殊性的本质要求

大学组织的特殊性是大学自主办学合理性的源泉,是大学自主办学最核心、最基础、最根本、最重要的合理性依据。而大学的本质属性是大学特殊性的基质与内核,同时大学的特殊性又可以通过大学的本质属性得到更深刻的认识与理解。当然,也有研究从大学内在发展规律的角度来认识与理解大学组织的特殊性。甚至可以说,大学的特殊性、大学的本质属性以及大学的内在发展规律与运行逻辑等不同论述,在本质上是一致的,只是从不同维度对同一件事情——大学本质的不同描述。

前文已经论述过,大学的本质属性是一个兼具教育属性、学术属性和文化属性的属性体系,并且大学的教育属性、学术属性以及文化属性并不是彼此割裂、毫不相干、没有瓜葛的,而是互相影响、互依共存、互促共进、互相嵌套、互相渗透的,三者共同构成三重螺旋的超循环关系,这也是大学区别于其他任何社会组织机构的根本。大学作为教育组织、学术组织以及文化组织只是从不同角度去观察的结果,也是为了简化分析这个复杂问题所致,而实际上它们是同时共存于同一个有机体之中的,彼此之间存在着复杂的关系,是无法被泾渭分明地分割开来的。所以,按照"规律是本质的关系",是"本质或本质之间的关系"的理解,大学的内在发展规律就是由大学的教育属性、学术属性以及文化属性及其相互之间的关系共同构成并决定的。而大学的内在发展规律是大学自主办学的内在依据,大学自主办学是按教育规律办学的本质要求。② 所以,揭示大学自主办学的合理性,可以通过认识与把握大学的内在发展规律来实现。而认识与把握大学的内在发展规律,就是认识与把握大学的教育属性、学术属性以及文化属性彰显与释放的规律,就是认识与把握大学的教育属性、学术属性

---

① Aghion P., Dewatripont M., Hoxby C., Mas-Collell A., Sapir A., "Higher Aspirations: An Agenda for Reforming European Universities", *Bruegel Blueprint*, Series V., 2008.
② 姚启和:《自主办学:高等学校自身发展规律的要求》,《高等教育研究》1999 年第 5 期。

以及文化属性及其相互关系的规律。

如果从大学作为教育组织的角度来看，大学主要是为了促进学生全面发展，实现"立德树人"的目标。大学教育的对象是一个个鲜活的个体，每个学生都是一个独具个性的客观存在。并且，大学的教育效应只有通过学生积极的内化才能转变为学生发展的动力，没有学生的积极配合和主动参与，大学任何的教育活动都是无用的，起码与其预期目标相比将大打折扣。大学要实现"立德树人"的目标，就应以尊重学生主体性、调动学生能动性、培养学生自主性以及激发学生创造性等为基础。而这一切又需要通过教师的教育教学活动来实现，而教师"最有资格决定开设哪些科目以及如何讲授。此外，教师还应该决定谁有资格学习高深学问（招生）、谁已经掌握了知识（考试）并应该获得学位（毕业要求）"[1]。所以，从大学作为一个教育组织的角度来说，大学自主办学可以使教师的主体性与自主性得到充分尊重，如此教师的积极性、主动性与创造性就能得到有效激发与充分释放，从而能更好地实现大学"立德树人"的目标。

如果从大学作为学术组织的角度来看，大学主要是进行高深知识的发现、保存、传播、创新以及应用等学术活动的场所，其内核是崇尚真理、追求卓越。然而，越来越多的知识领域表现出内在的深奥性和固有的自主性[2]，可以说深奥性与自主性是高深知识的典型特征。高深知识的深奥性是指，高深知识是"超出一般的、复杂的甚至是神秘的知识，那么，自然只有学者能够深刻地理解它的复杂性。因而，在知识问题上，应该让专家单独解决这一领域中的问题。他们应该是一个自治团体。这就是学院和大学常常被称为学者王国的原因"[3]。高深知识的自主性是指，高深知识活动是一个独立自由的领域，外界的控制与干预会妨碍高深知识活动的顺利开展与进行，由此也就决定了大学的学术性活动应以自主办学为基础。实际上，高深知识的深奥性与自主性具有一定的内在关联性，因为"学术在本质上必须是独立的、自由的，不能独立自由的学术，根本不能算是学术。

---

[1] ［美］约翰·S. 布鲁贝克：《高等教育哲学》，王承绪等译，浙江教育出版社2001年版，第31页。

[2] ［美］伯顿·R. 克拉克：《高等教育系统——学术组织的跨国研究》，王承绪等译，杭州大学出版社1994年版，第14页。

[3] ［美］约翰·S. 布鲁贝克：《高等教育哲学》，王承绪等译，浙江教育出版社2001年版，第31页。

学术是一个自主的王国,它有它的大经大法,它有它神圣的使命,它有它特殊的范围和领域,别人不能侵犯"①,同时"大学的学术性特点,决定了大学必须是一个享有高度自由的学术性组织"②。由此,我们就可以符合逻辑地得出自主办学也是大学学术性的必然表达与内在诉求的观点。

如果从大学作为文化组织的角度来看,大学主要是为了保存、传播以及传承人类社会文化,鉴别、批判以及反思人类社会文化,创新、繁荣以及引领人类社会文化。而大学进行上述文化活动,是在广泛参与、平等对话、共同协商、合作共享基础上进行的,是大学自觉确认、主动承担、理性选择、自主行动的结果,而不是外界赋予的、强加的、推动的。正如"办学民主与学术自由是高等教育进行文化选择和创造的必不可少的条件"③一样,自主办学是大学进行文化活动的重要基础和内在动因。

经历上千年的发展与演变,尽管"现代大学与过去的'学者行会'和'知识金庙'有了很大不同"④,但大学作为教育组织、学术组织以及文化组织的本质与天性并未改变。只不过与历史上任何时期的大学相比,现代大学的教育属性、学术属性以及文化属性之间的相互关系更为复杂。所以,今天的高等教育"生产过程",比起任何企业公司,更加错综复杂⑤。但无论如何,大学都在坚守、维护与发展教育属性、学术属性以及文化属性的过程中,实现了一次又一次的突破与飞跃。当然,正是因为如此大学才与以追求利益为主的企业相区别,才与以追求权力为主的官场所不同,才与以追求服从为主的军队不一样,才历经风雨与沧桑而依然屹立于人类社会发展的长河之中,熠熠生辉、光彩夺目、欣欣向荣。这一切都源于大学是一个独立、自治、自由与自主的机构,或者说源于大学对独立、自治、自由与自主的不懈追求。所以说,独立、自治、自由与自主对大学的意义与价值远超于其他任何社会组织机构,甚至可以说独立、自治、自由与自主是大学维持生命活力的根基。如果没有了独立、自治、自由与自主,大学就会因缺少活力之源而枯萎。如此也就难怪有研究者高呼,"失

---

① 贺麟:《文化与人生》,上海文艺出版社 2001 年版,第 192 页。
② 程悦、刘赞英、刘兴国:《论大学的学术属性及其本然生存逻辑》,《高等教育研究》2012 年第 6 期。
③ 潘懋元:《潘懋元高等教育文集》,汕头大学出版社 1997 年版,第 247 页。
④ 张应强:《把大学作为学术组织来建设与管理》,《中国高等教育》2006 年第 19 期。
⑤ Howard R. Bowen, *Investment in Learning*, San Francisco: Jossey-Bass, 1977, p. 12.

去了自治,高等教育就失去了精华"①,大学应"独立于一切国家的组织形式"②。由此,也就可以理解为什么有研究者不无告诫地指出,如果一所高等教育机构要有效地运作,则需要具备高度的自由,以明智地限制外部因素与力量的介入与控制③。

总之,从本质上来说,大学是一个"按照自身规律发展的独立的有机体"④,独立、自治、自由与自主是大学焕发生命活力的前提条件,所以大学在决定它们的发展项目和未来的基本特征方面应该保持自主⑤。伯顿·克拉克旗帜鲜明地指出,大学的"教学和科研在成为完全自治的活动或受到严厉监督的时候,它们都会受到损害"⑥。所以,本书认为大学的本质属性内在地要求大学自主办学,这是大学运行与发展的普遍规律。不同国家、不同历史时期以及同一国家不同历史时期的大学,莫不如此。

二 大学基本职能发挥的内在基础

大学自主办学是大学基本职能发挥的内在基础,不尊重与维护大学自主办学而期望大学还能充分发挥基本职能的想法,无异于竭泽而渔、杀鸡取卵。所以,无论大学基本职能如何拓展,都必然奠基于自主办学,并且大学基本职能的有效发挥也应该以尊重和维护自主办学为基础。所以说,"如果要使高等教育机构持续地成功实现其探索、扩展、应用、传递知识和理解的基本功能,那么大学自治就具有至关重要的意义"⑦。

大学自中世纪产生,至今近千年的发展历程中,在内在发展逻辑与外在发展诉求的共同作用下,逐渐形成了世所公认的人才培养、科学研究以

---

① [美]约翰·S. 布鲁贝克:《高等教育哲学》,王承绪等译,浙江教育出版社2001年版,第31页。
② 陈洪捷:《德国古典大学观及其对中国大学的影响》,北京大学出版社2015年版,第38页。
③ [美]菲利普·G. 阿特巴赫:《21世纪的美国高等教育:社会、政治、经济的挑战》,杨耕等译,北京师范大学出版社2005年版,第71页。
④ [美]约翰·S. 布鲁贝克:《高等教育哲学》,王承绪等译,浙江教育出版社2001年版,第16页。
⑤ 魏新等编:《21世纪的大学》,北京大学出版社1999年版,第153页。
⑥ [加]约翰·范德格拉夫:《学术权力——七国高等教育管理体制比较》,王承绪等译,浙江教育出版社1989年版,第182页。
⑦ Tight M., "Institutional Autonomy", Burton R. C., Guy N., et al., *The International Encyclopedia of Higher Education*, New York: Pergamon Press, 1992, p.1384.

及社会服务三大基本职能。可以预见的是，随着大学内外部关系的不断变迁，大学的基本职能将逐渐拓展。但大学基本职能的形成、拓展与发挥绝不仅仅是外界赋予和强制的结果，而是大学根据自身内在发展逻辑，对外部发展需求和压力进行理性选择、自觉承担、自主行动的结果，是内外部各因素相互作用的结果。可以说，维护与保持大学选择、承担与行动的独立、自治、自由与自主的权利，是大学职能形成与拓展的基本前提，更是大学职能发挥的内在依托。事实上，大学基本职能的形成、拓展与发挥都与高深知识活动密切相关，人才培养必须通过教学来实现，而教学，就是高深知识的发现、保存与传播。① 正如前文已论述的，高深知识亦即大学的学术属性是大学教育属性和文化属性彰显的动力与支撑，没有学术属性发挥的教育属性和文化属性缺乏动力与支撑，这样的大学必然缺少发展的后劲与活力，如此也就不能很好地发挥人才培养、科学研究以及社会服务的基本职能。所以，当克拉克·克尔不无赞叹地指出，大学"在维护、传播和考察永恒真理方面是无与伦比的；在探索新知识方面是无与伦比的；在整个历史上的所有高等学校中间，在服务于先进文明的如此众多的部分方面也是无与伦比的"时候，他并没有止步于大学无与伦比的功用，而是进一步指出，大学"作为一个机构，它的内部虽然并不一致，但它却始终如一地产生效益。虽然经受到变革的折磨，但它保持着稳定的自由"②。然而，通过梳理与分析相关研究文献，可以发现在相关著述中我们经常会看到关于前一句大学功用无与伦比的引用，而更为重要与关键的后一句往往被忽视了。也就是说，世人通常只惊叹于大学功用的无与伦比，而逐渐地忘记了大学功用之所以无与伦比的基础与关键——自由。故而，当我们在惊叹大学作为人类智慧之花的时候，当我们向大学不断索取的时候，我们更应该尊重与维护大学自主办学的基本权利，要理解与维护作为大学基本职能发挥内在依托的自主办学。国家或政府也应当理解与尊重大学活动的特性，明确外界因素与力量对大学自主办学天然的、潜在的和可能的危害与威胁，并尽可能地克制与限制对大学不得已的控制和干预，不试图将大学的活动纳入政府的行为系统。从系统层面和战略高度来看的话，大学、

---

① 林杰、苏永建：《高深知识是高等教育特殊性的来源》，《高等教育研究》2015年第12期。
② ［美］克拉克·科尔：《大学的功用》，陈学飞等译，江西教育出版社1993年版，第29页。

政府、社会三者是一个"命运共同体"。所以说,"大学倘若实现其目标,同时也就实现了、而且是在更高的层次上实现了国家的目标,由此而来的收效之大和影响之广,远非国家之力所能及"①。正如弗莱克斯纳早就指出的那样,"当人们关心如何立即将贱金属转变成金时,化学只能停滞不前;但当它暂时忽视功用和实际时,它却前进了。今天,化学的理论和化学的实际不断相互促进。同样地,直到医学基础科学分化出来并能够不考虑实际功用而自由发展时,医学才摆脱了几乎停滞不前的状态"②。也就是说,人们若期望大学能够发挥她应有的功用,就应该给予大学充分的自由,理解与尊重大学自主办学,维护与推动大学自主办学,舍此任何期望都将成空。

由于大学的核心构成主体是"大学人",所以自主办学之于大学基本职能发挥的重要意义,也可以通过哈耶克论述自由之于个人重要性的言论得到一些诠释与理解。哈耶克认为,"在一个日益发展的社会中,任何对于自由的限制,都将减少人们所可尝试之事物的数量,从而亦会降低进步的速度。换言之,在这样一个日益发展的社会中,行动的自由之所以被赋予个人,并不是因为自由可以给予个人以更大的满足,而是因为如果他被允许按其自己的方式行事,那么一般来讲,他将比他按照我们所知的任何命令方式去行事,能更好地服务于他人"③。可以说,道理是相通的。我们理解、尊重与维护大学自主办学的权利,并不是基于大学应自主办学的理解,而是当大学能自主办学的时候,它将比它按照我们所知的任何命令方式去办学,能发挥更大的作用,能创造出更多的价值,由此也就能更好地服务于社会。所以,自主办学对大学之所以必要,主要在于使大学能够更好地发挥其基本职能,而且也只有更好地发挥基本职能,大学自主办学才是合理的。

三 大学基业长青的根源

自主办学使大学具有自我调整、自我更新、自我发展、自我完善的能

---

① 陈洪捷:《德国古典大学观及其对中国大学的影响》,北京大学出版社2015年版,第42页。
② [美]亚伯拉罕·弗莱克斯纳:《现代大学论——美英德大学研究》,徐辉等译,浙江教育出版社2002年版,第10页。
③ [英]哈耶克:《自由秩序原理》(上),邓正来译,生活·读书·新知三联书店1997年版,第1页。

力，使大学具有旺盛的生命力。如此一来，大学能够有效地应对与处理改革发展过程中遇到的各种困难与挑战，从而使大学永葆生机、基业长青。可以说，大学自主办学是大学永葆生机的源泉，是大学基业长青的根源。

历史地看，大学是最古老的社会组织机构之一，她的存在时间"超过了任何形式的政府，任何传统、法律的变革和科学思想，因为它们满足了人们的永恒需求。在人类的种种创造中，没有任何东西比大学更经受得住漫长的吞没一切的时间历程的考验"[1]。有研究者从历史的角度出发，对此进行了考察，考察结果似乎也印证了上述观点。据考证，"西方世界在1520年以前建立的大约75个公共机构仍旧以可以辨认的形式存在，有着类似的功能和未中断的历史"，这些社会组织机构中，有61所是大学。不仅如此，"这61所大学大部分仍在同样的地点，拥有一些同样的校舍，教授和学生从事很相同的事情，学校管理按基本上相同的方法进行"[2]。这不免引起我们思考，大学为什么在人类社会发展的长河之中，历经沧桑、饱经磨砺、受尽磨难却依然屹立不倒，并且还不断发展壮大、欣欣向荣呢？有研究者认为，主要是因为大学满足了不同历史时期不同主体的不同需要，才使得大学获得了超越时空而存在的合法性。事实上，这种观点只看到了表面现象，而没有看到问题的实质性根源。大学之所以能够表现出如论者所说的满足了不同历史时期不同主体的不同需要，根源于大学具有能够选择是否服务、服务什么、如何服务、何时服务以及服务多少等的权利，亦即根源于大学自主办学。

大学是一个历史的产物。大学自中世纪产生以来，就天然地具有自主办学的品质，这种品质是大学长盛不衰、繁荣发展的基因。大学既有中外之别，也有古今之异，尽管这些不同的大学"所享有独立性程度的高低而有所不同，但绝大多数最终都趋向于行会组织的正统模式，这是大学具有适应能力和长久不衰的关键所在"[3]。所以，历经上千年的发展与演变，如今大学已在世界各地生根发芽、开枝散叶，形态各异、各具特色的大学形

---

[1] [美]约翰·S. 布鲁贝克：《高等教育哲学》，王承绪等译，浙江教育出版社2001年版，第30页。

[2] [美]克拉克·克尔：《高等教育不能回避历史——21世纪的问题》，王承绪等译，浙江教育出版社2005年版，第50—51页。

[3] [美]伯顿·克拉克：《高等教育新论——多学科的研究》，王承绪等译，浙江教育出版社2003年版，第30页。

成了异彩纷呈的世界高等教育生态体系。如果以国家为单位来看的话,可以说各个国家的大学都是同宗同源——都来源于中世纪大学。从历史渊源的角度来看,"大学是相当独特的机构,有着共同的历史渊源,却又深植在各自社会的土壤里。……大学从来都不是静态的,而是不断随着环境改变和调整的机构。……几乎没有例外,全世界大学都源自西方模式"①。然而,各个国家的大学却呈现出显著差异,就是同一个国家的不同大学也迥然有别,为什么会出现这种情况呢?考察之后发现,不同国家对待大学自主办学的态度是截然不同的,同一个国家的不同大学对待自主办学的态度也是各不相同的,不同历史时期国家或大学对待自主办学的态度也存在显著差异。总体而言,那些能够很好地尊重与支持大学自主办学的国家,该国大学的表现一般较好。那些能够很好地理解与运用自主办学的大学,其表现一般较好。如果恰好国家也尊重与支持大学自主办学——大学自主办学具有可靠的外在支撑,而大学自身恰好又能很好地理解与有效地运用自主办学的权利——大学自主办学具有坚实的内在依托,这样的大学一般都引领着世界大学发展的潮流,都成为其他国家大学模仿与学习的榜样。也就说,大学的表现与自主办学的实现程度与范围密切相关。尽管大学在不同国家、不同历史时期的表现千差万别,大学自主办学的形式与实现程度在不同国家、不同历史时期也不尽相同,但大学自主办学的基因一直流淌在大学发展的历史长河之中,并且从未改变。也正是因为大学自主办学基因的存在,不同时空条件下的大学才具有相同的发展规律与运行逻辑。

所以,虽然当前大学生存与发展的环境变动不居、日益复杂,但只要大学自主办学得到切实的理解、尊重与支持,在时代改革发展大潮中大学定能游刃有余,也必将成为时代的弄潮儿。纵然大学生存与发展的环境和谐稳定,但大学自主办学得不到理解、尊重与支持,大学必然会逐渐走下历史舞台,终将成为时代的弃儿。

四 高等教育繁荣发展的必要前提

从生态学的角度来看,高等教育系统具有鲜明的生态系统的基本特

---

① [美]菲利普·G. 阿特巴赫:《21世纪的美国高等教育:社会、政治、经济的挑战》,杨耕等译,北京师范大学出版社2005年版,第17—18页。

征。所以,从一定意义上来说,高等教育系统就是一个生态系统。并且,高等教育系统的各种要素与其生存环境相互作用,构成一个与环境进行物质循环、能量流动以及信息传递的复杂系统。[①] 生态学研究表明,多样化是生态系统的重要特征,多样化既是生态系统维持稳定的关键,也是生态系统适应能力形成与发展的基础,是生态系统生命活力的集中体现。可以说,多样化是生态系统繁荣发展的核心动力。同样,多样化是高等教育系统健康的重要标志,是高等教育系统繁荣发展的核心动力,"是高等教育本身生命的表现,同时,它使高等教育彰显自己的生命"[②]。没有多样化的高等教育系统,不可能是一个高质量的高等教育系统,也不可能是一个充满活力的高等教育系统,这样的高等教育系统也就不可能有繁荣发展的基础支撑与基本依托。大学作为高等教育系统的构成主体,高等教育系统的多样化取决于大学的多样化、特色化与个性化,而单一的、同质的大学只能构成僵化的、死水一潭的高等教育系统。可以说,大学的多样化、特色化、个性化发展,是提高人才培养、科学研究以及社会服务水平与质量的基础,是维护与保持高等教育良好生态体系的关键。而自主办学是大学多元发展的必要条件[③],大学的多样化、特色化与个性化必然来源于独立、自治、自由与自主。同样,"自由、自主发展必然呈现多样化"[④]。可以说,自主办学是高等教育多样化发展的必要条件,高等教育多样化发展是自主办学的必然结果。而政府的统一管理与集中控制必然导致大学的同质化、同型化,不可避免地要产生千校一面的问题,由此就会形成僵化的高等教育系统,这样的高等教育系统是缺乏生命力的,是不可持续的。就当前我国高等教育改革与发展的具体实践来看,"让人强烈感觉到的是高等教育的单一性。在清一色的公办之下,是大一统的招生,大一统的专业设置,大一统的分配制度……后来我们都能发现,那正是它生命力微弱之所在"[⑤]。也就是说,维护与推动高等教育系统多样化发展,需要尊重与推进

---

① 贺祖斌:《中国高等教育系统的生态学分析》,博士学位论文,华中科技大学,2004年,第26页。
② 张楚廷:《高等教育哲学》,湖南教育出版社2004年版,第14页。
③ 湛中乐:《大学自治、自律与他律》,北京大学出版社2006年版,第25页。
④ 魏小琳:《我国高等教育多样化发展的价值和路径研究》,博士学位论文,湖南师范大学,2008年,第48页。
⑤ 张楚廷:《高等教育哲学》,湖南教育出版社2004年版,第11—12页。

第三章 大学自主办学的基点与合理性

大学自主办学,大学自主办学是高等教育多样化发展的必要条件。

自高等学校扩招政策实施以来,我国高等教育规模迅速扩大。2002年高等教育毛入率历史性地突破15%,进入世所公认的高等教育大众化发展阶段。大约2005年前后我国高等教育总体规模超越美国,成为名副其实的世界高等教育第一大国。2015年高等教育毛入率达到40%,提前5年实现了《国家中长期教育改革和发展规划纲要（2010—2020年）》确定的2020年的发展目标。据有研究者预测,在2018—2022年之间,我国高等教育毛入学率很可能突破50%,而进入高等教育普及化发展阶段。[①] 然而,这些光鲜的数字掩盖了高等教育质量问题,误导或延缓了公众对高等教育真实状况的基本判断。事实上,随着高等教育规模的不断扩大,高等教育质量问题也日益突出,可以说高等教育质量已成为当前高等教育发展的生命线。所以,当前国家建设世界一流大学、提高高等教育质量和建设高等教育强国的呼声、决心与力度,前所未有、世所罕见。实际上,建设世界一流大学、提高高等教育质量和建设高等教育强国的内在价值逻辑和目标逻辑是一致的,亦即要推动与实现我国高等教育繁荣发展。而高等教育繁荣发展又以大学这个基层行动主体为基础与支撑,没有大学作为基础与支撑的高等教育繁荣发展,必然是空中楼阁。而自主办学是大学办好学的一个先决条件[②],也必然是高等教育繁荣发展的必要前提。此处,我们以当前较为热门的世界一流大学建设为例,对自主办学作为高等教育繁荣发展的必然前提进行简要分析与论述,以加深理解。我们知道,促进大学自主办学的目的,就是要尊重大学办学的主体性和自主性,激发大学的积极性、能动性和创造性。无论从哪个角度来讲,大学都是一个独立的主体,大学的办学质量与水平在根本上取决于大学办学的主体性和自主性能在多大程度上得到尊重,大学办学的积极性、能动性和创造性能在多大程度上得到发挥与释放。大学的繁荣与发展离不开外界的推动,而外界的推动又必然以尊重大学办学的主体性和自主性为前提。可以说,大学的繁荣与发展是价值引导与自主建构相统一的过程。同样,建设中国的世界一流大学也是一个价值引导与自主建构相统一的过程,政府和社会的价值引导为建设中

---

① 易梦春:《我国高等教育普及化进程及其影响因素——基于时间序列趋势外推模型的预测》,《中国高教研究》2016年第3期。

② 眭依凡:《论大学的自主与自律》,《浙江师范大学学报》（社会科学版）2015年第1期。

国的世界一流大学提供方向，而尊重大学的主体性和自主性、促进大学自主办学，是建设中国的世界一流大学的根本动力。虽然，形成纯粹的自发秩序是不可能的，但不尊重大学办学的主体性和自主性，没有大学自主办学的世界一流大学建设，很可能只是南柯一梦。正如有研究者在二十多年前就质疑的那样："仅仅有高投入和强烈的主观意愿能否建成世界一流大学？"① 二十多年的建设实践似乎已经给出了答案。自组织理论认为，所有有序结构的形成，外界的物质和能量供给只是一个条件。② 同样的道理，在新一轮世界一流大学的建设实践中，需要清醒地认识到，外部各种推动、支持和支撑力量，只有在尊重、调动和发挥大学的主体性、能动性和创造性的基础上，彼此协调、有机衔接、协同推进，形成系统整体，如此世界一流大学建设的战略目标才有可能实现。否则，在简单的刺激反应式的线性思维逻辑下，靠一些孤立的、割裂的、缺乏系统配套的，甚至彼此之间存在矛盾冲突的政策措施，而不顾大学自主办学的内在秉性，却一味地传达主观愿望，很可能会拔苗助长、适得其反。

  总而言之，大学是高等教育繁荣发展的基层行动主体，只有大学的主体性和自主性得到应有的尊重与维护，大学的积极性、能动性以及创造性得到有效的激发与彰显，建设世界一流大学才有行动基础，提高等教育质量才有现实依托，建设高等教育强国才有事实依据，高等教育繁荣发展才有基础动力。我们坚信大学自主办学是高等教育繁荣发展的必要前提，若期望高等教育繁荣发展就应该尊重并推动大学自主办学。

五 高等教育内涵式发展的基础动力

  自党的十八大明确提出"推动高等教育内涵式发展"之后，高等教育内涵式发展便受到政府、高校以及学术界的普遍关注，关于推动高等教育内涵式发展的相关研究一时之间也成为学术界热议的话题之一。然而，分析和梳理相关研究之后发现，这些研究几乎都把作为高等教育内涵式发展行动主体的大学给忽略了，至少也是轻视了。大学是高等教育内涵式发展的基层行动主体，推动高等教育内涵式发展必然是以大学自主办学为基

---

① 王英杰：《规律与启示——关于建设世界一流大学的若干思考》，《比较教育研究》2001年第7期。
② 吴彤：《自组织方法论研究》，清华大学出版社2001年版，第31页。

础，没有大学自主办学的高等教育内涵式发展是不可想象的，亦是不现实的。

高等教育内涵式发展是指高等教育系统遵循其内外部发展规律与逻辑，在系统内外部各因素共同作用下，以提高质量为核心、优化结构为依托、促进公平为追求、创新制度为保障，以人才培养、科学研究以及社会服务等为根本使命，从而实现高等教育的质量、结构、公平、制度等各要素统一、协调、可持续的发展模式。高等教育内涵式发展是一个复杂的、综合的概念，在宏观层面和微观层面的具体内涵有所不同。首先，质量是高等教育内涵式发展的核心标准，是高等教育的生命线，提高质量是实现高等教育强国和人力资源强国梦想的必然选择。"因此，提高质量对于高等教育发展来说十分重要，是高等教育发展最紧迫、最核心的任务，是解决高等教育结构、公平、制度等其他问题的前提和基础。"① 质量在宏观层面的最高体现是，能够满足国家建设和社会经济发展的客观需要；在微观层面的最高体现是，能够满足学生个人全面自由发展的实际需求。其次，结构是高等教育内涵式发展的基本依托。"高等教育结构是否合理，关系到高等教育与经济社会发展是否相适应，关系到高等教育自身能否健康、可持续发展。"② 从宏观层面来讲，高等教育结构就是区域布局结构、学科专业结构（国家层面）、层次结构和类型结构；从微观层面来讲，高等教育结构就是学科（专业）结构（大学层面）、课程设置、师资队伍结构以及各职能部门组织结构等。再次，公平是高等教育内涵式发展的应然追求。"教育公平是社会公平的反映，是社会公平的基础，是促进社会公平的手段"③。从宏观层面来讲，高等教育公平就是促进接受高等教育和优质高等教育的机会在各地区和各层次之间趋于均衡，尤其是城乡之间、东中西部之间；从微观层面来讲，公平就是给每个有意愿且有能力接受高等教育的个体以同等的机会，并使他们具有通过自己的努力能够改变命运的希望。最后，制度是高等教育内涵式发展的根本保障，是提升质量、优化结构以及促进公平的关键环节。从宏观层面来讲，高等教育制度主要指国家高等教育管理体制、管理机构及其运行机制；在微观层面，主要指大学内

---

① 张德祥：《全面建成小康社会与高等教育的历史责任》，《中国高教研究》2013年第2期。
② 张德祥：《全面建成小康社会与高等教育的历史责任》，《中国高教研究》2013年第2期。
③ 张德祥：《全面建成小康社会与高等教育的历史责任》，《中国高教研究》2013年第2期。

部各组织机构、各种管理制度与规则及其运行机制。

我国高等教育发展史可以说是一部高等教育不断选择发展方式的历史，在不同的发展阶段高等教育总是面临着走内涵式发展道路，还是走外延式发展道路的问题。尤其是经过一段时间超越常规的扩招和发展之后，我国高等教育迅速从精英化发展阶段步入大众化发展阶段，并向大众化中后期深入发展，然而，这一过程也带来了一系列的问题。例如，我国高等教育规模已经是世界第一，高等教育质量却饱受社会诟病，培养的学生不符合用人单位的需求，从而在一定程度上造成用人单位的"用工荒"和毕业生"就业难"两重天的尴尬；高校数量迅速增加，但是高校盲目追求"规模大、层次高、专业全"，导致很多学科（专业）重复设置和高校同质化与同型化发展等问题，从而造成资源的浪费、高校间恶性竞争以及高校债务危机越演越烈等；原本各地高等教育资源的不均衡状况随着高等教育大众化的不断推进而被逐渐放大，进而导致了高等教育区域结构失衡和高等教育公平等问题日益严峻；此外，高等教育管理体制改革和制度建设的步伐远远落后于高等教育发展的客观需求。超越常规的扩招和发展所积累的矛盾与问题已逐渐显现。

可以说，目前我国高等教育面临着有史以来最为复杂的发展环境，又一次站在了选择的十字路口。走内涵式发展道路是高等教育的内在发展诉求和基本发展趋势，是当前我国高等教育改革与发展的必然选择。大学作为高等教育内涵式发展的行动主体，不但决定着高等教育质量，而且高等教育微观层面的结构、公平以及制度等都离不开大学的积极行动和主动作为。简而言之，推动高等教育内涵式发展必然以大学自主办学为基础，大学自主办学是高等教育内涵式发展的基础动力。没有大学自主办学作为基础动力的高等教育发展方式转变是不现实的。

六　高等教育改革发展的大势所趋

恰如"任何类型的大学都是遗传与环境的产物"[①]的论断所揭示的深刻道理一样，大学自主办学不仅具有内在的合理性，也是高等教育改革发

---

① ［英］阿什比：《科技发达时代的大学教育》，滕大春等译，人民教育出版社1983年版，第7页。

展的大势所趋。也正是因为外界，尤其是国家高等教育改革发展政策的不断推动，大学自主办学才由理论与呼吁逐渐成为现实。

自十一届三中全会明确提出建立社会主义市场经济体制改革目标以来，我国社会各个领域都发生了翻天覆地的变化，尤其是市场经济体制改革在经济领域取得了巨大成功的背景下，而作为计划经济体制最后一个堡垒的大学也必然会受到影响。可以说，推动大学自主办学，是市场经济体制发展完善的必然结果。实际上，"无论社会变迁的成因中是否会有教育的作用，社会变迁或迟或早、或多或少都会对教育产生影响，且最终将导致教育变迁"[1]。随着国家市场经济体制改革的不断推进和高等教育规模的不断扩大，大学自主办学改革问题逐渐受到国家的关注与重视。国家也深刻地认识到，若要让大学更好地承担与履行好社会职能，对经济社会发展发挥更大的促进作用，就需要尊重与维护大学自主办学的基本权利，从管理上让大学具有适度的办学自主权。因此，在高等教育改革与发展过程中，国家不仅在舆论上支持大学自主办学，而且在政策法规上也赋予大学一定的办学自主权。正如有研究者所指出的那样，"由于从上到下的密切监督并没有对大学产生好的作用，反而带来意想不到的结果，因此在过去的十多年中，许多政府开始退到后台，甚至鼓励大学采取更加自治的姿态"[2]。

至少从1985年《中共中央关于教育体制改革的决定》的发布开始，以办学自主权为核心推动大学自主办学的改革，就逐渐成为我国高等教育改革发展的主旋律。尽管当前大学自主办学之路步履蹒跚，大学却一直未停止向政府呼吁下放更多的办学自主权。可以说，就当前我国大学的实际情况来看，距大学自主办学的理想目标还很远。但是，推动大学自主办学不但已是国家法律明确了的基本改革方向，国家也从未停止过对推动大学自主办学进行部署与安排。所以说，无论是在国家高等教育改革的价值取向上，还是在具体的制度设计上，推动与落实大学自主办学都是既定而明确的努力方向与改革目标。可以说，大学自主办学是国家高等教育改革发展的大势所趋。事实上，大学自主办学不可能仅凭内在的、理论上的合

---

[1] 吴康宁：《教育社会学》，人民教育出版社1998年版，第155页。
[2] 曲恒昌：《引入市场竞争机制，增强高等教育的省级或活力——美英日法等国高等教育透视》，《北京师范大学学报》（人文社会科学版）2001年第3期。

理性而得以实现，必然需要外界尤其是政府对大学自主办学的理解、尊重、维护与推动。"根据世界大学发展和进步的规律，大学要由'政府的'转化为'自己的'，其过程基本上无法在大学内部完成，也无法由大学自己主导完成，而必须得到国家和社会的帮助，尤其是要在国家级的权力机构，或者国家领导人的主导或领导下才能完成"[①]。同样，大学自主办学的推动与实现也是多种因素共同作用的结果，而政府的推动是必不可少的因素。就当前我国高等教育改革发展的实际情况来看，大学自主办学虽然任重道远，但促进与推动大学自主办学却是高等教育改革发展的历史必然。

总而言之，大学自主办学不仅是当前高等教育改革发展的主题，也是今后高等教育改革发展的必然趋势。可以说，自主办学是大学的基本理念与价值追求，所以，"只要大学还实体性地存在，大学自治作为一种理念和精神就将是大学永恒的主题"[②]。而高等教育的繁荣发展既需要外界尤其是政府的合理规划、适当引导、大力推进，更加需要尊重、维护与推动大学自主办学，甚至可以说大学自主办学是更为根本性与基础性的方面。高等教育发展史业已证明，仅由外力推动的高等教育繁荣发展不仅是不可能的，这样的高等教育体系也必然是病态的。因为，高等教育的繁荣发展是全方位，不是一些光鲜数字的堆砌，也不是一些越来越精致的指标体系所能衡量的表面的、肤浅的繁荣。尤其是在当今这个知识经济时代，知识作为社会发展与进步的核心动力，而大学作为知识之源将会在社会发展过程中扮演越来越重要的角色。正如丹尼尔·贝尔曾未卜先知似地指出的那样："如果说在过去的100年中为实现产品的大规模制造而组织生产，企业是社会的核心机构，那么在接下来的一个世纪，大学将成为社会的核心机构，因为它将扮演社会改革发起者和知识创新策源地的角色。"[③] 然而，若期望大学能正常承担与履行这个越来越重要的角色，一个必要性前提是——理解、尊重、维护与推动大学自主办学。虽然，当前大学处于政府和市场的双重夹裹之中，大学自主办学面临异常艰难的处境，但"与社会

---

① 王长乐：《大学应该是谁的》，《湖南师范大学教育科学学报》2016年第1期。
② 李升元：《大学自治——解读一个重要的高等教育法原则》，《东岳论丛》2011年第10期。
③ Bell D., "Notes on the Post-Industrial Society", https://www.nationalaffairs.com/public_interest/detail/notes-on-the-post-industrial-society-i, 2022 – 07 – 15.

的政治、经济机构鼎足而立,大学作为一种功能独特的社会组织,其最基本的价值和品性并没有改变"①。大学自主办学依然是政府应该维护的、市场需要尊重的、大学应该坚守的基本理念与价值追求,是大学繁荣发展的基础,是高等教育改革发展的大势所趋。

---

① 杨东平:《大学精神》,辽海出版社2007年版,第176页。

第四章

大学自主办学的双重关系

从"静态"角度对大学自主办学概念所做的解读,使我们对大学自主办学的丰富内涵与深刻意蕴有了基本认识和初步了解,而要系统全面地把握大学自主办学的本质,还需要从关系的角度,亦即从"动态"的角度做进一步的解读。长期以来,学术界对大学自主办学所做的分析主要是基于或属于外部性视角,基于或属于内部性视角的研究则相对较少,而融通外部性视角与内部性视角的探究则更为缺乏。或许也正是因为如此,学术界关于大学自主办学的理论研究成果可谓汗牛充栋,但在推动大学自主办学实践过程中并没有发挥多少实质性作用。正如有研究者所指出的那样,"坦率地说,迄今为止,有关大学与政府和社会关系的常规范式在理论上并不严密,它无法解开大学自治、学术自由与政府控制和社会干预之间的逻辑悖论,在实践上也难以把握,无法操作"[①]。实际上,学术界关于大学自主办学的相关研究也存在同样的问题。大学自主办学本来就是一个涉及大学内外部多种关系的复杂概念,如果只从外部性视角或内部性视角出发,而不是从外部性视角与内部性视角互动和融通的角度出发来理解与分析大学自主办学的本质等问题,就很难准确而全面地认识与把握大学自主办学的丰富内涵与深刻意蕴,在此基础上也就不能为大学自主办学实践的顺利开展与推进提供坚实的理论支撑。近千年的大学发展史业已表明,大学自主办学既取决于政府与社会能为大学提供多少物质资源、提供怎样的制度环境以及提供多大的发展空间,亦即取决于政府、社会、大学三者之间的关系状况;同时,又取决于大学的办学自主权、自主办学能力、自主

---

① 董云川:《论中国大学与政府和社会的关系》,博士学位论文,华中科技大学,2002年,第27页。

办学责任三者之间的关系状况。所以，如果不能认识大学自主办学内外部关系以及内外部关系之间的关系，就不可能深刻地把握大学自主办学的本质。基于此，本章从内部性视角和外部性视角互动与融通的角度出发，对大学自主办学的本质做进一步的分析与解读。

第一节　大学自主办学的外部关系

"象牙塔"作为一个"隐喻"表征着大学的精神追求与理念坚守，而大学本身从来就不是"象牙塔"，也不可能成为"象牙塔"，尤其是对我国大学而言更是如此。事实上，大学自产生以来就一直处于复杂的外部关系网络之中。外部关系网络既为大学自主办学划定了活动边界，也对大学自主办学活动具有价值引导作用，同时也是大学自主办学的外在支撑。因而，分析这个复杂的外部关系网络，可以使我们更加深刻地认识与把握大学自主办学的内涵。而大学与政府和社会之间的关系是这个复杂关系网络的"纲绳"，厘清了"纲绳"，也就可以"提纲挈领"地把握住这个复杂关系网络的核心与脉络。

一　大学自主办学过程中的政府

我国现代意义上的大学是在政府一手操办和强力主导下产生、建立和发展起来的，从1898年成立的京师大学堂至今，大学百余年的发展历程中，经历了清末、民国和新中国三个不同的发展阶段，也就是说我国大学百余年的发展历程中与三个不同的政府打过交道。在每一个发展阶段，虽然政府对大学施加作用和影响的方式、途径、内容以及手段等不尽相同，但政府作为大学运行发展核心主导力量的本质至今未变。改革开放以来，政府明确提出并极力推动大学自主办学，政府是大学自主办学外部关系形态形成与构建的决定性因素。故而，要准确而深刻地认识与把握大学自主办学，首先需要对大学自主办学过程中政府的作用、局限、角色以及定位等问题进行分析与研究。

（一）大学自主办学过程中政府管理的必然

教育是国家的事业，大学处于教育系统的顶层，兴办大学、资助大学、发展大学以及监管大学是政府行使管理职能的体现，也是政府不可推卸的责任。现代大学已处于社会中心，是民族振兴和社会进步的基石，政府不可能不重视对大学的管理。并且，政府掌握着各种资源配置权，而"大学史上的一个不变的因素就是缺乏资金来源"①。所以，在计划经济时代，政府完全掌控着大学发展的资源。同时，政府也是制度供给主体，政府管理大学是必然的，是不可否认的客观事实。具体到推动大学自主办学而言，政府是大学自主办学的提出者、设计者以及推动者，因而大学自主办学过程中政府管理是必然的。

本书前文中已多次提到我国推动大学自主办学改革起始于扩大大学办学自主权，而扩大大学办学自主权则起因于一些有远见卓识的大学领导者的呼吁。起初，高教界的呼吁并没有落实到相关政策之中，1985年政府才首次明确提出"要扩大高等学校的办学自主权"。又经过几年的酝酿，1992年政府明确提出大学法人实体和大学自主办学的概念，并于1998年得到了法律的确认。由此可见，政府作为大学自主办学改革目标的提出者，它必然对此负责并进行部署与管理。实际上，政府提出大学自主办学改革目标之后，并没有就此止步，为推动大学自主办学采取了诸多措施，也是大学自主办学的设计者和推动者。政府设计与推动大学自主办学的具体措施，主要体现在相关政策文件之中。如1985年的《中共中央关于教育体制改革的决定》、1992年的《关于加快改革和积极发展普通高等教育的意见》、1993年的《中国教育改革和发展纲要》、1998年的《面向21世纪教育振兴行动计划》、2010年的《国家中长期教育改革和发展规划纲要（2010—2020年）》、2014年的《关于进一步落实和扩大高校办学自主权，完善高校内部治理结构的意见》以及2015年的《关于深入推进教育管办评分离，促进政府职能转变的若干意见》等。由于下文将开辟专章，从政策变革的角度来梳理与分析我国大学自主办学的历史变迁，此处就不再赘述。

当然，政府作为推动大学自主办学的提出者、设计者以及推动者体现在多个方面，而政策作为政府发挥管理与调控职能的基本手段，在推动大学自主办学过程中体现得尤为明显。可以说，自国家提出推动大学自主办

---

① ［比利时］希尔德·德·里德-西蒙斯：《欧洲大学史（第二卷）：近代早期的欧洲大学（1500—1800）》，贺国庆等译，河北大学出版社2008年版，第198页。

学之后，政府历次发布和实施的高等教育改革重大政策文件都对推动大学自主办学有所部署和强调，甚至可以说推动大学自主办学已成为政府进行高等教育改革与发展的主要任务，也是政府不可推卸的责任。由此可以看出，从明确提出扩大大学办学自主权，到提出大学自主办学法人地位，再到推动大学自主办学，无不体现着政府的强大推动力量、意志和决心。不过，从另一方面来说，大学自主办学所表达的核心思想是解决大学长期以来对政府的依赖或附属地位，落实大学的法人地位，给大学更多、更大的自主办学空间。不是寻求独立于政府的"自治"，是与政府保持适当关系的"自主"。所以，大学自主办学从来就不排斥政府的作用，并且只有重视政府的作用、发挥政府的作用、调动政府的作用，才可能实现大学自主办学的目标。所以，"如果没有政府给予大学和学术之相对独立和超越保障，在市场主导的产业化、商业化和资本化进程中，它难免沦为企业的研发机构或培训所，进而失去其立基之本"[1]。

由此可见，政府作为大学自主办学过程中资源的掌控者与配置者、制度的供给者与维护者，没有政府管理的大学自主办学是不现实、不可能的。

(二) 大学自主办学过程中政府管理的局限

大学自主办学过程中政府管理是必然的，也是必要的，但这并不是说政府管理是没有限度的、全面的、事无巨细的管理。事实上，与政府管理在大学自主办学过程中具有不可替代的重要作用一样，政府管理在大学自主办学过程中也存在固有的局限。因而，本书认为政府为推动大学自主办学所出台与实施的各种政策措施，应充分调动和发挥政府的积极作用，而限制和破除政府固有的局限。

政府与大学的关系是如此密切，以至于政府习惯性地把大学看作自己的附属机构，所以政府就像家长管孩子一样管理大学。政府集大学的举办者、办学者与管理者于一身，大学的命运与政府决策直接相关。在这种情况下，也就造成了大学不敢轻易冒犯上级部门，往往严格遵照上级指令来办学，而不敢或不愿有所变通和违背[2]。大学以政府之马首是瞻，以政府指令与规划行事，表现的就像"枪手"，愿意按吩咐办事，去帮助任何拥

---

[1] 阎光才：《西方大学自治与学术自由的悖论及其当下境况》，《教育研究》2016年第5期。
[2] 陈何芳：《论高校自主办学的政府"归位"与市场"补位"机制》，《教育与职业》2011年第11期。

有足够权力和金钱的群体实现其抱负或野心。① 在此情况下，政府"乐此不疲"，大学却"疲于奔命"，何谈自主办学。事实上，政府与大学之间是紧密相连的，但这种"紧密相连的关系"仅仅是"程度"上的，绝不是"性质"上的。也就是说，政府与大学之间虽然如此密切，但政府与大学依然是两个性质截然不同的主体，有着不同的运行与发展逻辑。而我们的问题恰恰就在于将本来是"程度"的问题当成"性质"的问题去理解，进而以此为依据对大学进行管理，这也是大学自主办学过程中政府管理局限产生的根源。

此外，在高度集权管理体制下，政府与大学之间的关系是单向的，并且是不对等的，政府处于绝对主导地位。所以，"政府在行使教育管理权能时，其相对于公立和私立学校的地位是至高无上的，只要是国家行政机关依法发布的行政命令，学校都应当遵照执行"②。因而，在大学自主办学过程中，政府的管理体现在大学运行与发展的各个方面，从大学主要领导人（书记与校长）的考核、选拔与任命，到学科（专业）建设，到大学的基础设置建设，再到大学的经费使用与财务管理，甚至连教师的办公室面积等都在政府管理范围之内，可以说是从宏观到中观再到微观，事无巨细、无所不管、无所不包、无处不在，是全方位、无死角的。政府俨然成了全能选手，大学的教学、科研以及社会服务等活动都能感受到政府"沉重之手"的影响。正如有研究者早就警示的那样，"政府控制大学的繁复程序将会严重阻碍大学达成其所选择目标的能力"③。正是因为如此，政府管理遭到了一些质疑与诟病，认为政府管得过多、管得过宽、管得过细、管得过死挫伤了大学自主办学的积极性、主动性与能动性，大学自主办学甚至成了一个美好的口号。虽然，2010 年发布的《国家中长期教育改革和发展规划纲要（2010—2020 年）》就已明确提出，"推进政校分开、管办分离，构建政府、学校、社会之间新型关系"④ 的改革目标。然而，从当

---

① ［美］德里克·博克：《走出象牙塔——现代大学的社会责任》，徐小洲等译，浙江教育出版社 2001 年版，第 75 页。

② 胡劲松、葛新斌：《关于我国学校"法人地位"的法理分析》，《教育理论与实践》2001 年第 6 期。

③ ［美］菲利普·G. 阿特巴赫：《21 世纪的美国高等教育：社会、政治、经济的挑战》，杨耕等译，北京师范大学出版社 2005 年版，第 7 页。

④ 教育部：《国家中长期教育改革和发展规划纲要（2010—2020 年）》，2010 年 7 月 29 日，http://www.moe.edu.cn/srcsite/A01/s7048/201007/t20100729_171904.html，2016 年 8 月 1 日。

前高等教育改革与发展的实际情况来看，其效果似乎并不太理想。2015年5月4日，教育部发布的《关于深入推进教育管办评分离，促进政府职能转变的若干意见》就直言不讳地指出，当前"政府管理教育还存在越位、缺位、错位的现象"①。至于政府在哪些方面存在越位现象或问题，哪些方面存在缺位现象或问题，哪些方面又存在错位现象或问题，文件并没有指明，这也是需要学术界深入探究与厘清的问题。

虽然，随着时代的发展政府对大学的管理方式和管理理念等都发生了一些变化，管得过多、管得过宽、管得过细、管得过严以及管得过死的问题也有所改观。但政府不仅集大学的举办者、管理者与办学者于一身，还是大学命运的"主宰者"，这一事实基本没有实质性的改观。所以，无论政府管理大学问题的具体表现是什么，也无论政府在大学自主办学过程中是越位、是缺位、还是错位，主要问题就是政府管了一些不该管且管不好的事务，而一些需要政府管的事务，政府却没有管至少是没有管好。本书认为，根本原因在于，政府对大学缺少信任。正是由于政府不相信没有政府的直接管理大学能够良好运行，所以才有意或无意地模糊了政府与大学之间密切相连的"性质"与"程度"的区别，才对大学进行事无巨细、"无微不至"的管理。如同家长不相信孩子的自理能力一样，对孩子过于溺爱，其结果是不但没有促进孩子健康成长，反而导致孩子过于依赖家长，自理能力长期得不到培养、锻炼与提升，这个道理对大学来说亦然。

（三）大学自主办学过程中政府的角色定位

政府管理大学具有客观必然性和必要性，但政府绝不是大学的"主宰者"。尽管"政府可以轻而易举地居于大学的上风，甚至，如果它愿意的话，可以摧毁大学"②，但政府却不能随心所欲地管理与控制大学，若如此必然伤害大学之为大学之根基。并且，政府也不是全能的，因为"一个有效率的政府必须是一个有限的政府，是有所为而有所不为的政府"③。具体来说，有限政府扮演着"守夜人"的角度，这主要通过制定法律、政策与

---

① 教育部：《关于深入推进教育管办评分离，促进政府职能转变的若干意见》，http://www.moe.gov.cn/srcsite/A02/s7049/201505/t20150506_189460.html，2016年8月8日。
② [美] 约翰·S. 布鲁贝克：《高等教育哲学》，王承绪等译，浙江教育出版社2001年版，第13页。
③ 毛寿龙、李梅：《有限政府的经济分析》，上海三联书店2000年版，第59页。

规划对大学进行宏观的、间接的、远程的管理,主要体现在配置资源、保障质量、维护公平以及发展规划等方面,而不是直接地参与到大学办学过程之中。大学自主办学也不是要脱离政府的管理和控制,而是希望走出政府的"怀抱"和"庇护",落实大学独立办学的法人地位,政府则由"主宰者"转变为"守夜人"。

在推动大学自主办学过程中,政府是主导性力量,依然是大学与政府和社会之间关系形态确立的决定性因素。因而,只有厘清政府的角色定位,才有构建大学、政府、社会之间新型关系的现实基础。本书认为厘清政府在大学自主办学过程中的角色定位,也就是处理好以下几个问题。

首先,需要清晰界定和规范大学的举办者、管理者以及办学者的角色,促进这三个不同角色在性质上实现分离。正如有研究者早就指出的那样,政府不是所有大学的举办者,而只是公立大学的举办者;政府是所有大学的管理者,但政府不是大学的办学者,对公立大学不是,对社会力量举办的大学也不是。① 由于办学是一项特殊的活动,有其内在运行规律与发展逻辑,这也是大学之所以被视为特殊社会组织的根本原因,由此也决定了大学的办学者是大学自身,而不可能是大学之外的其他任何社会组织机构。其次,在明确政府作为大学的举办者和管理者的基础上,政府应通过法律的形式将办学自主权赋予大学,调整与转变大学与政府之间简单的行政附属关系,逐步实现大学与政府之间关系的法律化和契约化,从而才能真正落实大学独立办学的法人实体地位。所以大学的办学自主权能否落实、能在多大程度上落实,主要取决于政府。也正是在这个意义上,才有"政府是大学与政府和社会之间关系形态确立的决定性力量"的结论。最后,在我国,政府是大学的管理者,这是毋庸置疑的,但这并不意味着政府对大学的管理是毫无限制、随心所欲的。大学是一个特殊的社会组织,其活动具有特殊性,而政府行政化的管理方式不适合于大学活动的特殊性,甚至与大学内在的运行规律与发展逻辑存在天然的矛盾与抵牾。正是由于大学办学活动具有内在的运行规律与发展逻辑,从而决定了政府对大学的管理"不应在大学运行过程和具体环节上,更不应该在大学内部日常

---

① 申素平:《论我国高等教育管理体制改革中政府角色的转变》,《高教探索》2000年第4期。

事务上，而应在调控大学内外部的宏观关系上，在高等教育的方向和质量标准上"①。也就是说，政府应"综合运用法律、政策、规划、财政拨款、标准、信息服务和必要的行政措施，引导和督促学校规范办学"。实际上，政府对大学的管理主要是为大学创造条件、提供支持、规范引导，而在本质上来说这是服务而非管理。所以，在新的历史时期，推动大学自主办学，政府应转变管理方式。

理论和实践都已证明，在任何社会形态中政府都是有限政府，全能型政府只存在于理论世界之中。在现实世界里，全能政府理论及其思想所产生的负面影响是深远而广泛的，对其所导致的问题与危险需要保持警醒。事实上，在当前我国高等教育领域中，全能政府理论及其思想依然在发挥作用，甚至依然是我国高等教育管理体制改革中最难破除的隐性障碍。从某种意义上来说，政府在实际上集举办者、管理者与办学者于一身，就是全能思想的客观反映。所以，在推动大学自主办学过程中，需要以"有限政府"取代"全能政府"。本书认为，当前政府对大学的管理或许客观上存在越位、缺位、错位等问题，但主要问题还是政府管了很多不该也管不好的事务，即主要问题还是越位问题。所以，在推动大学自主办学过程中，政府的角色定位应是"有限的政府不越位"。

二 大学自主办学过程中的社会

大学处于社会之中，社会是大学的母体。任何国家、任何历史时期的大学莫不如此，所不同的只是大学与社会关系的密切程度及其互动方式。这也就是说，社会参与大学自主办学具有必然性。然而，正如社会参与对大学自主办学必不可少一样，社会参与对大学自主办学而言也存在局限性。只有深刻认识社会参与大学自主办学的必然性和局限性，才能更好地把握社会在大学自主办学过程中的角色定位。需要说明的是，除特别说明外，本书中的社会是指广义社会中除政府之外的其他部分，包括市民社会和市场。由于社会作用的发挥主要是通过市场机制，所以本书行文之中并未严格区分社会和市场，而是基于文化的考量将两者等同视之并以社会称之。本书选择"社会参与"一词而没有使用"社会干预"，主要因为"社

---

① 周川：《高校与政府关系的几点思考》，《高等教育研究》1995年第1期。

会参与"是一个不需解释就很容易理解的中性词,而"社会干预"并不是一个一目了然的中性词。所以,"社会参与"更易于表达社会在推动大学自主办学过程中,既有可能是起推动作用的积极参与,也有可能是起阻碍作用的消极参与。

(一)大学自主办学过程中社会参与的必然

在大学自主办学过程中,社会参与是必然的,这种必然性主要由两方面因素决定:一是,大学自主办学对社会的需求,决定了社会必然参与大学自主办学过程之中;二是,大学对社会的重要性日益提升,决定了社会必然要参与到大学自主办学过程之中。

一方面,在计划经济体制下,社会各个领域实行"统一经营、统一管理、统一劳动和统一分配"的"大统一体制",政府是大统一体制的唯一主导力量。在这种背景下,与其说"大学处于社会之中,社会是大学的母体",倒不如说"大学处于政府怀抱之中,政府是大学的母体"更为确切。大体而言,改革开放以前政府实际上是大学与社会之间联系与互动的中介,如此也就隔断了大学与社会的直接联系与互动,大学办学需要的资源、信息等都由政府来调配与传递。在这种情况下,社会参与大学办学不可能真正实现,要么就走到了"开门办学"的极端。在改革开放政策实施的大背景下,我国大学以扩大办学自主权为契机开始推动大学自主办学改革发展。随着大学自主办学的不断推进,在计划经济体制下主要由政府配置的资源、传递的信息、处理的关系,在市场经济体制下需要大学自己争取、沟通、协调。然而,这一切在市场经济体制下都将发生深刻的变化。因为,"在市场经济体制下,社会对大学的要求不再需要通过政府这个中介就能直接对大学的办学产生影响,高等教育市场的形成更使得社会对大学教育的影响越来越规范化"[①]。如此一来,大学与社会之间直接的互动、沟通、交换逐渐增加,进而走向规范化与制度化,社会也因此自然而然地参与到大学自主办学过程之中。在计划经济体制下,作为大学主要输出的毕业生都由国家统一分配,而不存在"销路问题"。但是,在市场经济体制下,随着大学自主办学范围的不断扩大和程度的不断深化,促使大学与

---

① 别敦荣、郭冬生:《"象牙之塔"与"无形之手":大学市场化矛盾解析》,《江苏高教》2001年第5期。

就业市场和技术市场等的接触日益密切与频繁，社会成为大学自主办学成果的最终检验者与评价者。也就是说，大学的输出已不再像计划经济时代被视为"硬通货"一样无可置疑了，而需要接受社会的检验与评价。大学的任何活动与产品，只有符合社会需求、满足社会期待，才能获得社会的认可与支持，从而才能获得社会的资源回报。因而，随着大学自主办学的不断推进与深化，社会对大学的资源供给与对大学的成果评价也日益必不可少，并且强度逐渐增加。这样社会参与大学自主办学也就成为必然。

另一方面，推动大学自主办学的进程几乎与我国改革开放政策实施，尤其是与市场经济体制建设同步，而改革开放政策实施与市场经济体制建设为大学作用的发挥提供了广阔的舞台与空间。尤其是在知识经济时代，知识作为生产力的核心要素，对经济发展、科技进步、文化繁荣发挥了不可替代的重要推动作用。大学也由此逐渐从社会边缘走到社会中心，成为名副其实的社会发展的"动力站"和"发动机"。甚至可以说，"如今的大学已经成为经济发展和国家生存绝对不可缺少的事物"①。正是随着大学作用的不断增强和地位的日益提升，社会参与大学自主办学活动的欲望与程度也日益强烈与增加，社会参与大学自主办学成了必然。作为现实的、处于社会之中的大学，大学自主办学需要社会提供资源与条件，所以必然离不开社会。与此同时，大学对社会发展作用的逐渐提升，也为社会更加紧密与频繁地参与大学自主办学提供了合理性依据。简而言之，大学自主办学对社会的依赖性越来越强，而大学自主办学的根本目的就是更好地为社会服务，两者之间具有天然的耦合性，因而社会参与大学自主办学是必然的。

不过，需要注意的是，大学对社会的依赖性与社会对大学的依赖性，实际上并不是对等的。一般来说，大学对社会的依赖通常具有直接性、显在性，易于被社会所观察和认知，而大学对社会的贡献或者说社会对大学的依赖通常具有间接性、潜在性和长期性，难于被社会所观察和认知。正是大学对社会依赖和社会对大学贡献之间的性质差异，导致了在大学与社会相互依赖关系中，大学通常处于弱势地位。由此来看，大学对社会的依

---

① ［英］阿什比：《科技发达时代的大学教育》，滕大春等译，人民教育出版社1983年版，第12页。

赖并不能简单地用资源依赖理论来诠释，更不能以此为基础得出大学对社会的依赖具有客观必然性，进而大学要认识并服从这种客观必然性。事实上，资源依赖理论所说的依赖并不是单边的依赖，而是双向的、相互的依赖，单向的、单一的依赖关系只存在于寄生关系之中，很显然大学与社会之间并不是寄生的关系。试想，如果大学只是单纯地依赖于社会，而对社会没有任何贡献或者没有做出社会所期望的贡献，那么大学历经千年而依然基业长青就是一件难以理解、不可能的事情，而这确是历史事实。实际上，大学对社会的贡献或社会对大学的依赖通常需要从历史的、宏观的、理性的视野出发去观察与分析，才能得到确切而深刻的认识与把握，而这正是社会所欠缺的，恰好也是本真的大学所擅长的。所以，在理论上大学与社会之间的依赖是对等的，而实际上大学总是处于弱势地位的事实，根源于大学资源供给能力还不足以支撑起与社会之间的对等依赖关系。由此也说明，大学需要提高自身资源供给能力，增强社会对大学的依赖，从而获取更多的发展空间与办学资源。本书认为，就今天的大学发展状况与现实处境而言，推动大学自主办学是提高大学资源供给能力的必由之路，当然这也是推动大学自主办学的题中之意与合理性所在。

（二）大学自主办学过程中社会参与的局限

正所谓，世上没有免费的午餐。社会参与大学自主办学并为此提供资源、信息与能量的同时，也必然要表达和传递社会的诉求、期望与利益。社会参与大学自主办学既有不可替代的作用，同时也有局限性的一面。大学是一个具有内在运行逻辑与发展规律的特殊的社会组织，也可以说，推动大学自主办学就是维护与尊重大学的特殊性。社会参与大学自主办学具有客观必然性与现实必要性，但社会参与大学自主办学的全部活动与行为并不一定都是在维护与尊重大学特殊性的前提下进行的，甚至有些活动与行为与大学的特殊性相悖。所以说，正如社会参与对推动大学自主办学具有不可替代的重要作用一样，社会参与大学自主办学也具有不可不察的局限。

随着市场经济体制的建立与完善，政府已不再是大学与社会之间交往的屏障或中介，大学与社会之间的缓冲地带也就此消失，社会可以在毫无阻拦的情况下长驱直入地进入大学，并逐渐多层次、多角度、多领域、全方位地渗透到大学自主办学活动的全过程之中。如此一来，当大学的触角逐渐渗透到社会各个领域、各个角落的同时，大学自主办学过程中社会的或者说市场的"无形之手"也已无处不在、无时不有。随着社会参与大学自主办学的范围越来越广、程度越来越深，社会参与对大学自主办学活动的影响与作用也就越来越大。顺理成章的是，社会或市场以经济价值为主要追求的功利主义不仅要求大学自主办学活动注重效率与效益原则，而且还要求大学直接参与到社会经济活动之中，把追求经济利益作为大学的主要目标。推动大学自主办学必然需要相应的资源，在政府对大学自主办学资源投入越来越少的情况下，则需要大学自主地去争取由社会控制的外部性资源，最终实现自立与自强。然而，大学自主办学需要考虑经济利益，但大学自主办学不仅仅是为了追求经济利益，更多的是为了精神与文化，为践行大学的本质使命。事实上，以经济利益为追求不是大学自主办学的目标，并且大学也不可能在经济利益主导下实现自主办学，甚至不可能在经济利益长期主导下生存。虽说大学并不是一个遗世孤立的组织，它有自己的价值追求，更不排除对经济价值的追求，但大学的价值追求更多的是面向未来的、长远的、永恒的精神与文化价值，而决不仅仅是社会或市场追求的即时的、短期的、眼前的、狭隘的经济利益。然而，随着社会参与大学自主办学的范围与程度逐渐拓展与加深，市场以经济利益为主要追求的功利主义逐渐遮蔽，甚至在不知不觉之中替代了大学的精神与文化价值，进而逐渐侵蚀并消解着大学的特殊性，由此也就引起了各界对大学合法性危机的讨论。

　　大学是一个系统，且处于社会系统之中，但大学与社会是性质不同的两个系统。所以说，社会或市场的经济理性与功利主义的本性与大学的特殊性之间存在天然的矛盾与冲突，不过也正是由于这种矛盾与冲突的存在，才有大学与社会之分，讨论大学自主办学过程中的社会参与才有意义。从这个意义上来讲，大学与社会之间的矛盾与冲突是不可调和的。而这不是问题的根本，大学与社会之间具有彼此不可替代性，社会在大学自主办学过程中表达诉求、期望与利益也有其合理性与必然性。问题的根本在于，无论是大的利益还是小的利益，无论是长期利益还是短期利益，无论是全局利益还是局部利益，无论是经济利益还是精神与文化利益，社会都一股脑地直接地向大学传递、表达甚至是施压，而没有保留一定的距离以作缓冲，忽视了大学的特殊性。久而久之，社会逐渐主导了大学自主办学，进而导致了大学自主办学的异化。事实上，大学与社会之间的矛盾是不可避免的，而正是这种矛盾运动推动着大学向前发展。从高等教育发展史的角度来看，"在大学从社会的边缘走向中心的过程中，大学与社会的价值取向与行为方式的矛盾与不和谐不会消失，并且会长期的存在于大学与社会的关系之中，在旧的矛盾不断化解，新的矛盾又不断产生的非线性过程中，推动着大学的发展与演化"[①]。在推动大学自主办学过程中，社会参与是必然且必要的，只不过在当前，社会参与的消极作用似乎比其积极作用更加明显。正如有研究者所言，"市场目标对大学的影响更多体现在消极方面"[②]。所以，在推动大学自主办学过程中，需要认清社会参与的局限，进而才能厘清社会在大学自主办学过程中的角色定位。

（三）大学自主办学过程中社会的角色定位

社会参与大学自主办学具有必然性与必要性，但这并不能为社会全方位、全过程、全领域地参与甚至主导大学自主办学提供充足的理由，因为社会参与大学自主办学也具有固有的局限。社会与大学是两个性质不同的系统，社会参与大学自主办学首先要认清并坚守自己的角色定位。

在市场经济体制不断完善的背景下，社会也逐渐多元与开放，在大学自主办学过程中社会参与的角色也是多元的。社会是大学自主办学的资源和信息的供给者。大学自主办学并不是"躲进小楼成一统"，而需要与外界进行资源与信息的沟通、交流与互动，从而与社会建立更加密切与紧密的联系。在市场经济体制下，社会自然而然地就成为大学自主办学资源与信息的供给者，这也是社会在推动大学自主办学过程中的重要角色，正是因为此角色之重要，社会往往以此角色自居而忽略其他角色，进而一味地向大学直接地、频繁地、强力地传递期望、诉求与利益，从而阻碍了大学自主办学的顺利推进。实际上，社会作为大学自主办学资源与信息的供给者，虽然具有重要作用，但在推动大学自主办学过程中，社会还是大学自主办学活动的监督者、质量的评价者和产品的消费者。大学自主办学消耗了社会提供的资源、信息与能量，因此，社会不可能允许大学自娱自乐、自行其是地自主办学。同时由于大学与社会之间存在性质差异，所以社会

---

① 朱浩：《非线性视野中我国大学和谐管理机制研究》，博士学位论文，华东师范大学，2007年，第177页。

② 赵婷婷：《大学市场化趋势与大学精神的传承》，《高等教育研究》2001年第5期。

直接插手干预大学自主办学活动并不能达到预期目的,而对大学自主办学活动进行监督就成为合理而可行的选择;大学自主办学的成效如何主要取决于其产品的质量,也就是人才、知识、技术以及思想等的质量。大学的这些产品最终要进入社会,接受社会的检验与评价,所以社会作为大学产品的最终消费者的同时也成为大学产品质量的评价者。

由此可见,社会在大学自主办学过程中,不仅是资源与信息供给者,同时也是大学自主办学活动的监督者、产品的消费者和质量的评价者。一种角色并不能取代另一种角色,各个角色在大学自主办学过程中发挥的作用是不同的,如果混淆各角色之间的差异,必然会影响社会在大学自主办学过程中功能的发挥。认清了社会在大学自主办学过程中的角色差异,并进行适当地角色定位,从而间接地发挥作用、传递信息、表达诉求,才能成为大学自主办学的推动力量。也就是说,社会在大学自主办学过程中应全方位支持、远距离观察、宏观上引导、全过程监督,从而做到"多元的社会不错位"。

三 大学自主办学过程中的大学

大学自主办学的前提是有大学的存在。有了大学却不必然就能实现自主办学的理想局面,大学本身也可能因政府的夹裹和市场的诱惑而自觉或不自觉地迷失在自主办学过程之中。因而更确切地说,大学自主办学的前提是有本真的而非异化的大学的存在,也就是要坚守、尊重与维护前文所论述的大学自主办学的基点,否则大学自主办学将仅是某个或某些力量主导下的表演。

(一)大学自主办学过程中大学的身份迷失

大学只有先做好自己,才能更好地发挥其能发挥且应发挥的作用与功能。因为,从根本上来说,"当今社会对大学的多种需求和挑战本身并不会决定大学的命运,大学应对这些挑战的对策和实际行动才是问题的关键所在"[①]。在推动大学自主办学过程中,面对变动不居的复杂的时空条件,大学正主动或被动地走向迷失。所以,从本质上来说,推动大学自主办学

---

① [英]阿什比:《科技发达时代的大学教育》,滕大春等译,人民教育出版社1983年版,第7页。

就是促使大学回归本真、回归自我，亦即促进大学坚守本质、践行本质使命。

大学在政府与社会共同构筑的时空条件下自主办学，时时刻刻处处都受到政府和社会的影响与制约。基本可以说，政府与社会主导着大学自主办学的进程与方向。作为大学自主办学核心的办学自主权由政府控制，政府决定着扩大与落实办学自主权的进度与步伐。虽然，"高等学校对于办学自主权的要求在市场经济条件下总是强烈而又迫切，政府方面则进退自如，把是否给予、何时给予和给予多少高等学校办学自主权的主动权牢牢掌握在手中"①。实际上，不仅政府的这个角色至今未发生实质性的转变，而且随着政府推动大学自主办学政策的实施与推进，政府作为大学与社会之间联系的屏障逐渐消失，社会可以近乎自由地进入并参与大学运行与发展。可以说，当前社会已作为一支新兴力量逐渐地渗透到大学自主办学过程之中，成为仅次于政府的影响大学自主办学进程与方向的又一重要力量。如此一来，在我国高等教育领域就掀起了一场势不可挡的市场化改革热潮。实际上，高等"教育市场化改革虽然有一定的社会经济背景，但实际上仍是由政府主导和驱动的，是政府在教育财政能力不支的情况下，向社会和大学出让一部分控制权的结果"②，是解决政府举办高等教育的沉重负担和提高办学效益的一种新的举措和尝试。③ 从表面来看，大学与市场的结盟似乎给大学注入了新的"活力"，似乎使大学具有了"去行政化"的特质。然而，市场的进入和参与，不但没有使大学摆脱行政化的困扰，大学反而又在不知不觉之中落入市场化的泥淖，由此大学就陷入政府与市场的双重控制与夹裹之中。所以，为推动大学自主办学诉诸的"多元控制"，最后演变为市场经济与政治的双重挤压，以学术创造为己任的大学所创造的不再是知识而是知识经济。④ 大学里将充斥"崇官、媚权、拜金"的功利主义的市侩作风，逐渐地平庸化、世俗化、官僚化，成了各界批判与诟病的高等教育公司、文凭工厂，甚至是新的名利场。

---

① 李泽彧：《我国高等学校办学自主权研究》，博士学位论文，厦门大学，2000年，第48页。

② 茹宁：《国家与大学关系的哲学分析》，博士学位论文，南开大学，2007年，第151页。

③ 李盛兵：《高等教育市场化：欧洲的经验》，《高等教育研究》2000年第4期。

④ 周光礼：《中国大学办学自主权（1952—2012）：政策变迁的制度解释》，《中国地质大学学报》（社会科学版）2012年第3期。

然而，我国大学是在特殊的文化传统与历史背景下产生与发展起来的，既缺乏自主办学的遗传基因，也缺乏后天的培育与营养，是典型的"被抱大的一代"，可以说是"先天不足，后天不良"。在这种情况下，大学不但无力抵抗政府的控制，也无力抵御市场的诱惑，而且在政府控制与市场诱惑的情况下，大学倾向于自觉主动地接近政府与市场。因而，自主办学过程中大学的迷失并不全然都是政府与市场的问题，与其说这是对"政治和经济上不得已的让步"[①]，倒不如说是大学的自我迷失。在计划经济体制下被严重束缚手脚的大学，只能感慨与遗憾"英雄无用武之地"。在推动大学自主办学、市场经济体制改革以及知识经济社会初见端倪的复杂背景下，大学长期被压抑与束缚的热情与活力一下迎来了广阔的展示舞台与发挥空间，大学面对"突如其来"的花花世界也逐渐地不甘寂寞，一时之间大学办公司、开工厂、搞培训的投资行为如火如荼、遍地开花。就这样，大学成了无所不能的"全能选手"，而唯独不能做好自己。正如大学自我丢失了学术自由一样[②]，大学也正逐渐地迷失在自主办学过程之中。从此大学便失去了曾经的圣洁与高贵，自觉地沦为市场经济的俘虏，成为功利主义的奴隶，也由此成为众矢之的。

无论是外界诱导大学走向迷失，还是大学主动地走向迷失，其结果都是一样的，最终都不可能实现自主办学的理想局面，甚至还会与此背道而驰、越走越远。

(二) 大学自主办学过程中大学的角色定位

大学是具有主体性和自主性的特殊组织，也是自主办学活动的行动主体，亦即是办学者。在大学自主办学过程中，大学存在走向迷失的可能，而迷失的大学不可能实现我们追求的自主办学理想状态或局面。因而，在推动大学自主办学过程中，大学只有坚守主体性和自主性，不屈从于政府的权威、不迎合社会的"欲望"，厘清与坚守大学的角色定位，才有可能实现我们所追求的大学自主办学。也就是说，大学要自主办学，一个必要前提就是弄清楚自己的身份属性，进而根据自己的身份属性选择合适的定位，在此基础上才能理直气壮地争取与追求自主办学。也就是前文中，本

---

① [美]约翰·杜威：《学校与社会：明日之学校》，赵祥麟译，人民教育出版社1994年版，第350页。
② 张楚廷：《学术自由的自我丢失》，《高等教育研究》2005年第1期。

书一直强调并系统论述过的大学自主办学的基点问题，此处不再赘述。

在政府集举办者、管理者与办学者于一身的情况下，大学既无主体性可言，也无自主性可言，纯粹是政府的附属机构。在大学自主办学过程中，大学的角色定位是指在承认与维护大学主体性的基础上，对大学的学术性角色、教育性角色以及文化性角色予以确认、尊重与坚守。首先，大学是一个学术性组织。大学的学术性既体现在探究知识过程之中，也体现在崇尚真理、追求卓越的理念上，是大学的本性。学术或高深知识是大学产生的必要性条件，又是大学存在、延续与发展的核心支撑材料，也是大学基业长青的根源。也就是说，没有学术，大学就不可能产生，更遑论其发展了；而如果脱离了学术，大学必将失去存在的根基，最终趋向湮灭，或逐渐与其他社会组织同质而"泯然众人矣"。正因为大学是一个学术性组织，"在知识上的成就和能力"[①]是其他任何社会组织和机构所不能代替的。其次，大学是一个教育性组织。大学的教育性主要表现在培养人才方面，这是大学安身立命之本，也是其繁荣发展之魂。任何国家、任何历史时期的大学，首先都是一个教育性组织，大学从事的任何活动、涉足的任何领域也都应服务于大学教育性的发挥，失去教育性的大学已不再是大学，或者是异化了的大学。大学只有坚守教育性、维护教育性、释放教育性、发展教育性、完善教育性，才能更好地做好自己，也才有自主办学的资本。最后，大学是一个文化性组织。大学的文化性主要体现在保存文化、传承文化、批判文化、发展文化、创新文化以及引领文化等方面，是大学被视为现代社会的"轴心机构"[②]的根本。由于这个问题太重要了，所以此处再做强调。

大学的学术性、教育性与文化性是内在统一的，统一于"立德树人"实践之中。大学只有坚守学术性，才有追求卓越的基础；大学只有坚守教育性，大学追求的卓越才不至于成为"失去灵魂的卓越"[③]；大学只有坚守文化性，才能真正成为弘扬真善美、批判假恶丑的"社会之光"。当然，

---

① [美]爱德华·希尔斯：《学术的秩序——当代大学论文集》，李家永译，商务印书馆2007年版，第115页。
② [美]伯顿·克拉克：《高等教育新论——多学科的研究》，王承绪等译，浙江教育出版社2003年版，第45页。
③ [美]哈瑞·刘易斯：《失去灵魂的卓越：哈佛实如何忘记教育宗旨》，侯定凯等译，华东师范大学出版社2012年版。

这并不是否定大学应承担与履行的责任，而大学承担与履行责任必然以坚守学术性、教育性与文化性为根基，并且大学承担与履行责任不一定都是直接的、即时的、当下的；也不是否定大学的行政性、政治性以及经济性等属性，但大学的行政性、政治性以及经济性等属性应以大学的学术性、教育性以及文化性的彰显与弘扬为旨归，否则大学将会异化。所以说，大学做好办学者的角色也就是坚守学术性、教育性与文化性，只有坚守学术性、教育性与文化性的大学才能真正成为办学者，只有成为真正的办学者，才能实现自主办学。因而，在推动大学自主办学过程之中，大学应坚守与维护好学术性、教育性与文化性，做到"自主的大学不缺位"。

四　大学、政府、社会的彼此衔接与相互协调

在推动大学自主办学过程中，大学、政府和社会并不是彼此孤立、泾渭分明地存在的，而是相互嵌套、共时交织、融为一体的。对大学自主办学过程中的政府、社会和大学进行分析与研究，是认识与把握大学自主办学外部关系的基础。并且，研究大学自主办学的外部关系，绝不是单纯地研究"政府与大学"之间或"社会与大学"之间或"社会与政府"之间的"两两关系"，而是要超越"两两关系"，将政府、社会、大学三者作为一个系统整体来考虑与分析。在推动大学自主办学过程中，脱离政府去谈大学与社会之间的关系，或脱离社会去谈大学与政府之间的关系，或脱离大学去谈政府与社会之间的关系，都是不全面、不深刻的，不可能认识与把握大学自主办学的丰富内涵与深刻意蕴。

在大学自主办学过程中，大学、政府和社会三者是相互嵌套在一起的，三者构成一个"三位一体"的复杂关系系统。认识与把握大学自主办学的外部关系，需要从系统整体的角度进行分析与研究。就大学自主办学这"一体"而论，其所包含的大学、政府和社会三者是不同的主体、居于不同的位置、发挥不同的作用，是为"三位"；而大学、政府和社会虽分属三位，却又不是截然分离、毫不相干、彼此孤立的，三者之间是相互作用、相互联系、彼此嵌套的，从而才会有大学自主办学，是为"一体"。从静态的角度来看，"三位一体"的最佳静态格局是大学、政府和社会三足鼎立又并行不悖，且缺一不可；从动态的角度来看，最佳动态格局是彼此相连、相互支持而又相互制约，且没有绝对的强者。故用"三位一体"

来概括与论述大学、政府和社会之间的关系,既能在形式上表达三者的位置关系,又能在实质上表达三者的内在关系。在此需要说明的是,本书用"三位一体"来概括大学、政府和社会三者之间的复杂关系,无论是其形式还是其实质,都不是庞朴先生所言方法论意义上"三位一体"① 的概念,而仅仅是且只是对大学、政府和社会三者复杂关系的客观陈述。因为,大学、政府和社会是三个不同的主体,此三者之间"并无内在的正、反、中的逻辑,而只是一些简单的三数并列和连列",而"见对立而尚中,因对立、尚中而有三分法"②,才是辩证法的体系。不过,庞朴先生所言"三位一体"的辩证法对我们认识三者之间关系却有很大启发,以此而论,推动高等教育"管、办、评"分离,只是强调政府、社会、大学三者实现"角色与定位"的分离,但在"功能与作用"方面要实现互补。所以,不能忽视大学、政府和社会三者的协同互动,也绝不能从一个极端走向另外一个极端。所以,有研究者将大学、政府和社会三者之间的"三位一体"关系视为庞朴先生所言辩证法意义上的"三位一体",似有推之过甚、牵强附会之嫌。

如果说推动大学自主办学相当于编排一场盛大的"戏",那么大学、政府和社会在戏中都是"主角",都扮演着不可替代的角色,缺少任何一个角色,这场戏都无法顺利开演。不过戏里的任何一个"主角"都是相对的,都只是在自己擅长的领域里担当"主角",任何越界的表演都将影响整场戏的质量。因而,戏里的任何一个"主角"都不能主导这场戏的整个过程和全部活动,它们是相互关联在一起的,共同决定着大学自主办学这场戏的方向、进程与目的。并且,只有戏里的各个"主角"在各自擅长的领域里扮好自己的角色,大学自主办学的大戏才可能精彩。因此,大学自主办学既不是大学的"独角戏",又不是政府的"个人秀",也不是社会的"独唱曲",更不是"你方唱罢我登台"的系列表演,而是大学、政府和社会三者的"联合会演",即只有大学、政府和社会共同搭台、协同表演,才可能是一场精彩的大戏。所以,从推动大学自主办学的角度来说,大学、政府和社会在大学自主办学过程中是一个命运共同体,在这个共同体

---

① 庞朴:《一分为三论》,上海古籍出版社2003年版,第3页。
② 庞朴:《儒家辩证法研究》,中华书局1984年版,第116—117页。

中大学、政府和社会都是主体，各有其"位"，互不替代，互补互助，合为一体。绝不能只谈政府之"位"而忽略大学之"位"，也不能只谈社会之"位"而漠视大学之"位"[1]，更不能只谈大学之"位"而无视政府与社会之"位"。

　　哈贝马斯的交往行为理论为我们认识大学自主办学过程中大学与政府和社会之间的复杂关系，提供了有益的启示。交往行为理论的核心是主体间性，虽在不同领域中对主体间性有不同的认识，但在基本内涵的理解上都是一样的，即是交往的主体性，核心都是表达主体与主体共在的关系，也就是互为主体，在相互交往中实现意义的建构。在大学自主办学过程中，大学与政府和社会也是互为主体的关系，缺少任何一方来谈这个关系系统都是不全面的，所以说，大学与政府和社会都是主角，缺一不可。或许也正是因为这样，有研究才如此强调大学与政府和社会之间的密切关系，以至于模糊了大学与政府和社会之间的差异性，进而侵蚀或消解了大学的特殊性。当然，"学校如果无视社会需求，闭门办学，必然无法获得足够的生存和发展的资源。社会各界如果不关心，不参与高等教育，则难以获得所需的人才资源与科技成果资源，同样难以生存"[2]。没有社会的支持与参与，大学将立刻陷入困境，而大学向社会提供人才却是缓慢的、间接的。所以，我们说大学与政府和社会是一个命运共同体，绝不是就当前和眼前而论的，而是从未来与永恒的角度来说的。政府与社会对大学的作用是直接而显现的，而大学对政府和社会的作用则是间接而潜在的。从宏观和战略的角度来看，大学与政府和社会三者之间是彼此影响与制约的关系，彼此之间都存在千丝万缕的联系，只有三者都实现良好发展，整个系统才能充满活力、欣欣向荣。

　　有一点需要重申的是，大学与政府和社会之间密切相关、紧密相连，主要是指"程度"上的，并不是"性质"上的，三者是不同的主体，具有不同的内在运行规律与发展逻辑。从本质上来说，大学与政府和社会是不同的组织或机构，彼此之间理论上存在边界，这个边界一方面划定了各自

---

[1] 董云川：《论中国大学与政府和社会的关系》，云南大学出版社2004年版，第103—104页。
[2] 陈学飞：《中国高等教育研究50年（1949—1999）》，教育科学出版社1999年版，第1441页。

独特性的区域，越过了边界就不再是自己。与此同时，这个边界也揭示了各自发挥作用的领域，越过了边界，其作用就不能正常发挥，并将影响其他主体作用的发挥。但是，大学与政府和社会之间的边界并不是泾渭分明、判若鸿沟、一清二楚的，这个边界只能在理论上去认识、在观念上去把握，并在实践磨合互动中逐渐走向清晰明了，但只能无限接近而不可能完全达到"上帝的归上帝，恺撒的归恺撒"的理想状态。事实上，边界清晰的事物或活动只存在于自然世界和物质领域，而在社会领域和文化世界这样的边界只存在于理论和观念之中，在实践上是不存在的，起码不是非常清晰地存在的。不过理论和观念上边界的存在，是我们在实践上认识与把握边界的依据。由此就可以理解，为什么有很多研究大学与政府和社会之间关系的文章，用一个巧妙而必要的、在理论上基本自洽的"度"作为结论。可是，这个"度"在哪里，用什么来衡量，如何去把握，至今尚未有说服力的、合理的解释，事实上也很难甚至不可能有清晰明确的认识。客观来说，"度"的引入，虽然只是对大学与政府和社会之间复杂关系的思维抽象和理论概括，对分析与认识这种复杂关系具有很大的简化作用，虽没有从根本上解决问题本身，但"度"的引入确实是巧妙而必要的。之所以说"度"的引入是巧妙而必要的，一方面，"度"在一定程度上传达了人们对大学与政府和社会各就其位、各司其职、各展其用的期待与向往；另一方面，"度"也在一定程度上揭示了大学与政府和社会之间复杂关系的某些本质。如果"从管理制度看，最急迫的是要在政府管什么和不管什么之间确立一个明确的法律界限，因为这对人们的行为具有决定性的影响。事实上，要做到这一步几乎是不可能的，因为大学事务是复杂地联系在一起的"[①]。人文社会科学研究主要以人及其活动为研究对象，具有自然科学研究对象无法比拟的复杂性，也就不可能像自然科学研究那样有相对客观、可以测量的标准，而只存在一个理论上的"度"。对"度"的认识与把握，只能随着实践的推进而逐渐深化与清晰。在大学与政府和社会构成的复杂关系系统之中，大学与政府和社会在维护与推动这个关系系统的运行与发展方面都存在发挥作用的"度"，过度或不足都不利于这个关

[①] 王洪才：《对露丝·海霍"中国大学模式"命题的猜想与反驳》，《高等教育研究》2010年第5期。

系系统的运行与发展。此外，由于大学与政府和社会是性质不同的组织或机构，它们各自具有自身的优势与功能，所以强调三者之间的平衡与协调并不是追求绝对的均衡，而是强调各主体扮演好自己的角色，形成综合的、相对的平衡关系。就主体地位而言三者是平等的，都是具有主体性的组织或机构。

当前的问题是，在大学自主办学过程之中，大学与政府和社会之间的关系是单向且不对等地存在的，政府依然处于绝对强势地位，社会次之，大学几乎一直处于劣势地位。政府主导着大学自主办学的方向、进程与目的，而社会发挥着重要的影响与制约作用，大学则在没有摆脱政府超强行政化管控的情况下，又投入了市场的怀抱，从而面临着政府与市场的双重夹裹之中。所以，政府与社会可以对大学指手画脚、颐指气使，而大学要么是忍气吞声，要么是主动迎合，而很少能坚守本质，"躲进小楼成一统"。尤其是在中国，当前"现实情况是政府和社会的主体性在高等教育领域的过度扩张压制了大学主体性的生长和体现，故强调大学的相对独立性或相对自治在今天就更具有现实意义"[①]。事实上，"影响大学发展的力量是多元的，历史已证明无论是宗教、国家还是市场，任何单一力量对大学的极端控制都是危险的"[②]。不过从根本上来说，之所以出现政府或市场主导大学自主办学的情况，主要是因为大学自身的资源供给能力较弱，不足以形成大学与政府和社会之间对等的依赖关系。而推动大学自主办学就是要提升大学资源供给能力，从而夯实大学与政府和社会平等对话的基础。

因而，在当前政府与社会处于主导地位的情况下，推动大学自主办学需要"小政府"的智慧与开明，做到有限的政府不越位；需要"大社会"的包容与支持，做到多元的社会不错位；也需要"真大学"的坚守与奋进，做到自主的大学不缺位。也就是说，大学自主办学的外部关系是一个由"有限的政府不越位、多元的社会不错位、自主的大学不缺位"共同构成的"三位一体"的复杂关系系统。也可以说，在知识经济时代，这也是一个命运共同体，而在这个命运共同体之中，大学、政府和社会三者既安

---

① 唐振平：《当代中国大学自治管理体制研究》，博士学位论文，中南大学，2006年，第120页。

② 赵婷婷：《大学市场化趋势与大学精神的传承》，《高等教育研究》2001年第5期。

分守己、克己奉公，也各尽其能、各展其用，又彼此衔接、相互协调，为大学自主办学提供坚实的外在支撑。大学自主办学的外部关系的理想形态，可以用图4-1所示的三角协同模型来表示。

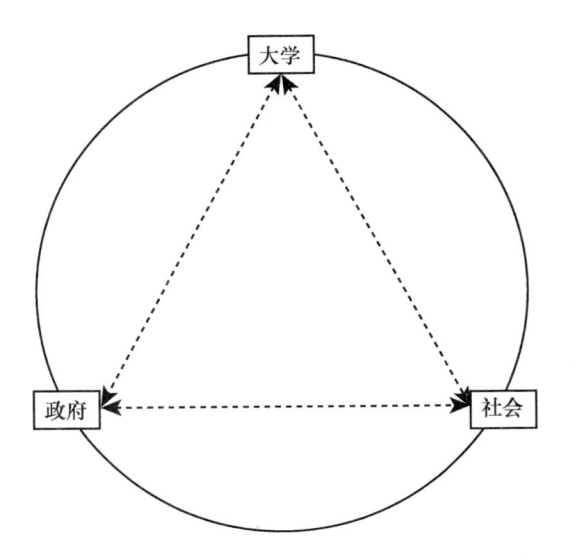

图4-1 大学自主办学外部关系的理想形态

第二节 大学自主办学的内部关系

大学自主办学由办学自主权、自主办学能力以及自主办学责任三个要素构成，而办学自主权、自主办学能力以及自主办学责任之间并不是彼此孤立、静止不动的，它们三者之间是相互联系、相互作用、互促共进的，由此就形成了大学自主办学的内部关系，这也是大学自主办学的内在依托。

一 大学自主办学过程中的办学自主权

办学自主权是大学自主办学的核心依据，对推动大学自主办学具有决定性的作用与意义，可以说没有或缺乏办学自主权的大学自主办学是"空自主"。

事实上，各界对办学自主权之于大学自主办学的重要作用具有深刻而透彻的认识，所以我国政府推动大学自主办学的政策措施与改革实践和学术界的相关理论研究基本上都是以办学自主权为切入点与核心而展开与推进，甚至有研究者直接将办学自主权与大学自主办学视为相同的概念。在此需要再次明确的是，虽然办学自主权对大学自主办学的重要作用再怎么强调也不过分，但是这种重要作用仅仅是"程度"上而非"性质"上的，办学自主权与大学自主办学是两个性质截然不同的概念，任何将它们等同的看法都是错误的，由此而产生的消极影响也是严重的。在我国，政府赋予大学办学自主权并予以确认与保护是大学实现自主办学的必要性条件，但大学自主办学的理想局面并不是随着政府对大学办学自主权的下放、确认与保护的完成就能自然而然地实现的。也就是说，政府对大学放权，并在法律意义上确立大学自主办学的合法性，"从政府的角度看，高等学校开始进入'依法自主办学'阶段"[1]。但事实上，我国大学自主办学改革依然未走出"放乱收死"的魔咒，大学自主办学依然任重而道远。从本质上来讲，这还是政府主导下的大学的消极自主办学，而不是大学的积极自主办学，不是本研究所追求的自主办学。"大学需要自治"是无可置疑的，但大学的"积极自治不同于被动自治。除非你打算利用自治使大学取得进步，否则即使享有自治也是无济于事的"[2]。所以，办学自主权只是为大学实现自主办学提供了条件与可能，因而没有或缺少办学自主权是不可能实现自主办学的，而至于大学自主办学能否以及在多大程度上由可能转化为现实，既取决于外部关系的支撑，又取决于内部关系的状态，是内外部多种因素共同作用的结果，而绝不是办学自主权一方面所能线性地决定的。由此可见，大学自主办学实现的范围和程度与办学自主权之间并不存在一一对应的线性关系，而是复杂的非线性关系。

只从办学自主权的维度做简要分析，就足以说明为什么政府对大学办学自主权的下放、确认与保护并不能自然而然地带来大学自主办学的理想局面。事实上，很多关于办学自主权的研究基本都止于大学这个整体，对办学自主权是谁的、是哪个层次的，亦即办学自主权主体等深层次问题探

---

[1] 刘少雪：《从执行型机构向自我发展型机构转变——从大学拥有办学权力的角度》，《现代大学教育》2016年第1期。
[2] [美]伯顿·克拉克：《自主创新型大学：共治、自治和成功的新基础》，王晓阳等译，《清华大学教育研究》2000年第4期。

讨得并不多，或者将类似问题视为基本常识而不愿多着笔墨。而恰恰正是这些看似毫无疑问的常识性问题，却隐藏着问题的真实原因。前文已有所述，大学办学自主权既是校级层次的，也是基层组织的；既是行政系统的，又是党委系统的，也是学术系统的。任何将大学办学自主权主体错位的动机、行为与实践，都会导致办学自主权的失衡、异化与混乱，由此也会成为推动大学自主办学的障碍。因而，大学办学自主权既需要在校级与基层组织之间平衡与协调，又需要在行政系统、党委系统以及学术系统之间匹配与优化。只有如此才能在源头上消除各权力主体之间的矛盾与冲突，为大学自主办学奠定坚实的权力基础。当前，大学办学自主权主体的错位主要表现为权力集中于校级层次（包括各职能部门），基层组织缺乏自主权；大学办学自主权主体的异化主要问题是权力主要集中于书记、校长、处长以及院长等各种带"长"的行政人员之手，教师与学生群体处于集体失语状态。毫不忌讳地说，大学办学自主权主体的错位与异化已是公开的秘密。并且，大学办学自主权主体的错位与异化是相互交织在一起的，共同导致了权力的混乱与冲突，这也是大学办学自主权落而不实、落而即乱的重要原因。在这种情况下，政府对大学办学自主权的下放、确认与保护，自然也就不会带来大学自主办学的理想局面，而且我们甚至还可以说政府赋予大学的办学自主权越多越大，可能导致的混乱、带来的负面影响反而也越多越大。

由此可见，只从办学自主权的维度来看，泛泛而谈大学办学自主权的扩大与落实已无意义。大学自主办学应是各主体共同参与的自主办学，大学的办学自主权应在各主体之间实现共享，这也是治理理论的主要观点之一。如果再考虑到大学是否有能力有效行使办学自主权，问题则更为复杂。所以，政府单纯地下放、确认与保护办学自主权，并不必然会有大学自主办学的理想局面。

二　大学自主办学过程中的自主办学能力

自主办学能力是大学自主办学的基础支撑，对推动大学自主办学具有基础性的作用与意义，可以说没有或缺乏自主办学能力的大学自主办学是"乱自主"。

以行政学的基本观点而论，政府下放大学办学自主权的范围、幅度、

第四章 大学自主办学的双重关系

程度以及进度并不单纯是政府的单向行为，大学办学自主权的扩大与落实也不完全取决于政府的单方意志，在很大程度上也取决于大学为政府放权提供了多大的空间、余地与条件，亦即主要取决于大学自主办学能力的高低。因为，"'自主'意味着没有外在的控制，具有能够自行管理的能力"[1]。所以，"仅靠外界权威承认大学的独立主体资格还远不足以使大学获得完整的自治权，大学自身实力的发展才是大学行使自治权的关键"[2]。从本质上来说，这里所谓的"自行管理的能力"和"自身实力"与自主办学能力是同一回事，是大学获得与行使办学自主权的前提，是大学实现自主办学的基础。由此可见，我们说自主办学能力对大学自主办学具有基础性的作用与意义，非但不是言过其实反而还是恰切中肯。令人遗憾的是，与备受各界广泛关注与高度重视的办学自主权相比，自主办学能力在学术研究中则显得异常暗淡，尤其是考虑到自主办学能力对大学自主办学的基础性作用与意义时，而鲜有研究者对大学自主办学能力进行专门深入的研究与探讨似乎就更有些不可思议了。然而，恰恰是这个几乎被忽视的大学自主办学能力问题，才是我国大学自主办学至今尚未走出"放乱收死"恶性循环的重要原因。从研究的相关性来看，学术界对大学组织与管理能力的相关研究，尤其是近两年成为高等教育研究热点的大学治理体系与治理能力现代化的相关研究，对促进内部性视角与外部性视角的交流、互动与对话具有重要的推动作用，也对我们认识与研究大学自主办学能力具有重要的启发意义。然而，无论是关于大学组织与管理能力的相关研究，还是关于大学治理能力的相关研究，都不是以推动大学自主办学为背景而展开，更不是在推动大学自主办学框架下而进行，由此也就决定了它们与本书所探究的大学自主办学能力是存在差异的。有研究者认为，"大学自治是大学治理的内在逻辑，也是大学治理的原型"[3]。本书认同这个论断，并且本书认为大学治理能力与本书所说的大学自主办学能力具有内在的一致性，只是提出的背景和所要解决的问题有所不同而已。但是，从大

---

[1] [美]菲利普·G. 阿特巴赫：《21世纪的美国高等教育：社会、政治、经济的挑战》，杨耕等译，北京师范大学出版社2005年版，第6页。
[2] 樊俊飞：《大学自主权研究——以大学章程为依归》，博士学位论文，西南财经大学，2013年，第21页。
[3] 王洪才：《大学治理的内在逻辑与模式选择》，《高等教育研究》2012年第9期。

学治理能力和大学自主办学能力的本质追求来看，都是追求大学能更好地践行其本质使命。所以，学术界关于大学治理能力的相关研究，对我们认识与把握大学自主办学能力的内涵有重要的启发。就当前我国高等教育改革发展实践来看，大学自主办学能力是制约与影响大学自主办学的关键，是破解大学自主办学"放乱收死"之困的基础。

从理论的角度来讲，大学自主办学是一个自然而然的行为，是一个完全自组织的过程，不需要其他任何因素的介入与干扰。但就现实而论，没有或缺乏办学自主权是不可能有自主办学的，没有或缺乏自主办学能力也不可能有自主办学。推动大学自主办学既要赋予其相应的权力，又要重视、培养与提升大学自主办学能力。

三　大学自主办学过程中的自主办学责任

自主办学责任是大学自主办学的内在规约，对推动大学自主办学具有重要的意义与价值，可以说没有或缺乏自主办学责任的大学自主办学是"伪自主"。

依政治学和管理学的基本理论来看，"权责对等"是一个基本的原则，权责是同等重要、互依而生而存的。然而，在关于大学自主办学的众多相关研究之中，各界对大学办学自主权的关注显然要远多于对自主办学责任的关注，对自主办学责任的关注又远多于对大学自主办学能力的关注。前文已述，没有或缺乏办学自主权与自主办学能力的大学自主办学是不可能、不现实的，但是有了相应的办学自主权与自主办学能力并不必然实现理想的大学自主办学。在大学办学自主权力越大、自主办学能力越强而同时缺少相应自主办学责任约束的情况下，可能产生的消极影响与危害也越大，起码这种可能性在理论上是存在的。事实上，近年来我国大学自主办学过程中出现的权力滥用、能力误用的案例所产生的不良影响正在消解着大学自主办学的根基，使大学成为各界质疑与诟病的众矢之的。正如评论家在分析美国大学遭受批评的原因时指出的，"大学遭受批评的根源在于大学内部不能认真承担责任"[①]。随着高等教育改革实践的不断发展，高等教育的作用也在不断提升，与此同时，"责任一词正在和高等教育逐渐地

---

① ［美］唐纳德·肯尼迪：《学术责任》，阎凤桥译，新华出版社2002年版，第23页。

联系起来，并且关系日益紧密。今天，在大学触角逐渐深入到社会各个领域的同时，公众要求大学承担与履行的责任也越来越多。如此一来，大学若不能很好地承担与履行自主办学的责任，必然会遭到社会各界的诟病与质疑。就此而论，上述情况虽然是论者针对美国高等教育所做的分析、描述与反思，事实上我国高等教育又何尝不是如此呢。当然，另外的一种情况也是存在的，当前越来越多的责任已成为我国大学不能承受之重，反而使大学不能很好地履行其本应履行的责任。就当前我国高等教育改革与发展的实际情况来看，"现在的问题是，公众对大学倾注了过多的感情。这种相当情绪化的'关爱'，使得大学疲于应付，很难平静地思考涉及未来发展的重大问题"[1]。与此同时，随着信息公开制度的推行与建立，过去对公众而言多少有些神秘的"象牙塔"逐渐暴露于公众视野之中，尤其是那些关于大学负面信息的报道更是成为公众热议的话题。并且，教育行政部门要求大学不断提升质量、争创一流的呼声也日益高涨。如此一来，"教育行政机构以及以媒体为代表的社会舆论，给大学带来了双重的压力"[2]。尤其是媒体的异化，又进一步使大学遭受了更大的舆论压力。

事实上，本书认为"大学遭受批评的根源在于大学内部不能认真承担责任"[3]，或许只指出了问题的一个方面。另一个或许更为重要的方面是大学承担了一些本来难以或不该承担的责任，并且这些往往与大学自主办学责任存有抵牾的责任反而成了主角，从而导致大学忽视了本应承担与履行的责任。此外，大学自主办学责任也不总是及时兑现的，而公众似乎并没有太多的耐心去"容忍"大学按照自身运行逻辑与发展规律去承担与履行责任。所以，在社会或市场功利主义和政府行政化管理的双重夹裹之下，大学逐渐失去了本应有的坚守与责任，而逐渐沦为市场与政府的奴仆，亦即过多的责任反而消解了大学的自主。然而，"就理论上而言，在高度自主和严格负责之间，并不必然有不相容的地方。但实际上，在要求更多绩效责任的案例中，自主往往就剩得更少。理想的境界是做到两者平衡，太多的自主可能使得大学对社会不负责任，而太多的责任要求可能会摧毁学

---

[1] 陈平原：《大学何为》，北京大学出版社2016年版，第89页。
[2] 陈平原：《大学何为》，北京大学出版社2016年版，第89页。
[3] ［美］唐纳德·肯尼迪：《学术责任》，阎凤桥译，新华出版社2002年版，第23页。

术的精神"①。对大学而言，如何承担与履行本应承担与履行的责任，从而适时地满足公众的需要，同时又理性地抵制与拒绝公众的"欲望"，而不至于丧失自己的学术坚守与精神追求，是一个重要且迫切需要解答的问题。所以说，"大学存在于它企图思考的世界之中"，应当且必须承担与履行一定的责任，同时也要组织一种创造性的抵抗——"抵抗一切（政治、司法、经济等对大学）的重占企图，抵抗一切其他形式的主权形态"②。也就是说，大学对责任的认知、选择与履行应是理性的、自觉的、主动的。

大学在现代社会生活中的作用日益提升并已不可替代，与此同时公众要求大学承担与履行的责任也越来越多，但无论大学的作用如何重要，社会要求大学承担与履行责任的范围多广，大学自身要对责任有清晰而清醒的认知与选择。大学满足的是社会的需要，而不是社会的欲望，大学所能承担的责任是有限的而不是无限的。由此观之，大学自主办学离不开对自主办学责任的认知与选择，否则大学自主办学或许会因大学承担了不适当的责任而无法实现。

四 办学自主权、自主办学责任、自主办学能力的正向匹配与耦合共生

以上我们对大学自主办学过程中的办学自主权、自主办学能力以及自主办学责任进行了简要分析与论述，已可初步判定大学自主办学既要拥有适当的办学自主权，又要有相应的自主办学能力，还要承担与履行自主办学责任。在大学自主办学过程中，办学自主权、自主办学能力以及自主办学责任三者已然构成一个生态共同体，离开任何一方，这个生态共同体就难以维系。为了更加深刻地认识与透彻地分析大学自主办学的内部关系，需要对办学自主权、自主办学能力以及自主办学责任之间的关系进行分析与研究。

（一）办学自主权与自主办学能力的匹配

"权能匹配"，就是强调权力与能力的匹配与对应。在大学办学自主权与自主办学能力之间，也存在同样的关系。正如有研究指出的那样，"政

---

① ［美］菲利普·G. 阿特巴赫：《21世纪的美国高等教育：社会、政治、经济的挑战》，杨耕等译，北京师范大学出版社2005年版，第7页。
② 杜小真、张宁生：《德里达中国讲演集》，中央编译出版社2003年版，第134页。

府放权，高校要接得住"①。大学既要拥有适当的办学自主权，又要有相应的自主办学能力以有效行使办学自主权。正是因为如此，在推动大学自主办学过程中，需要使大学拥有的办学自主权与大学的自主办学能力相匹配，在赋予大学办学自主权与大学自主办学能力之间建立起对应关系。既不能只赋予大学办学自主权而不考虑大学是否有足够的自主办学能力（有自主权而没有能力，大学就如同"有权的阿斗"而不能有效行使办学自主权），也不能只强调大学自主办学能力而不赋予使其充分发挥的办学自主权（有能力而没有自主权大学将空余"英雄无用武之地"的叹息）；既要确保大学有足够的办学自主权保证其充分发挥自主办学能力，又要规避大学办学自主权超过其能有效行使的范围，从而导致办学自主权的误用、滥用。如果大学有足够的自主办学能力而没有与之匹配的办学自主权，大学就会因缺乏积极性、主动性而趋于保守甚至不作为；如果大学有足够的办学自主权而没有与之匹配的自主办学能力，大学就可能滥用办学自主权，从而影响大学自主办学的推进。能力有余而权力不足，或许并不会造成太大的负面影响，最多也就是能力得不到有效施展。如果权力过大而能力不足，其负面影响往往是巨大的。并且，任何超过能力的权力，都可能反过来损害能力，并最终导致各方面关系的失衡和整体功能的紊乱。一言以蔽之，大学拥有多大的办学自主权就应有与之匹配的自主办学能力去有效行使与运用它，大学有多强的自主办学能力就应该有与之对应的办学自主权以确保其充分发挥与施展，而大学所拥有的办学自主权应止于其所能有效行使的边界。

（二）办学自主权与自主办学责任的对称

"权责对称"，就是强调权力与责任是共生共存的统一体。"责任是权力的行使前提，权力是责任的实现条件，没有无责任的权力，也没有无权力的责任。拥有权力意味着应同时承担相应的责任"②。同样，办学自主权与自主办学责任是一对相伴而生的概念，如同一枚硬币的两面，没有无办学自主权的自主办学责任，也没有无自主办学责任的办学自主权，抛开任何一方去谈另一方都是不可能、不现实的。大学既要拥有适当的办学自主

---

① 翁小平、曹曦：《五位教育界人大代表谈完善高等教育治理结构》，《中国教育报》2015年3月14日第1版。
② 徐蕾：《系统治理：现代大学治理现代化的现实路径》，《复旦教育论坛》2016年第2期。

权，又要承担自主办学责任。正如有研究者所言，"大学承担着对国家发展、社会发展和人的发展的重要责任，忽略了这种责任，大学也便失去了存在的价值，就更谈不上任何意义上的自治"①。正因为如此，在推动大学自主办学过程中，需要使大学拥有的办学自主权与其所承担的自主办学责任相对称，在赋予大学办学自主权和大学所承担的自主办学责任之间建立起对等关系。既不能出现无自主办学责任的办学自主权，也不能出现无办学自主权的自主办学责任；既要确保大学有足够的办学自主权保证其履行自主办学责任，又要规避大学的办学自主权过度冗余，以防止大学滥用办学自主权。如果大学承担自主办学责任而缺少与之对称的办学自主权，大学就无法正常履行自主办学责任，大学自主办学就无法顺利推进；如果大学拥有办学自主权而不承担相应的自主办学责任，大学就可能滥用办学自主权，从而影响大学自主办学的顺利推进。由此也就可以理解，为什么有些大学的行政干部对于办学自主权的享有表示了担忧，认为是"烫手的山芋"，理由是没有权也不要负责任，有了权还不好办，不好把握，出事了要承担责任。②

概而言之，赋予大学多大办学自主权就应承担与之相对称的自主办学责任以约束大学自主办学行为，大学所拥有的办学自主权止于其所能承担自主办学责任的边界。

（三）自主办学能力与自主办学责任的统一

"责能统一"，就是强调自主办学能力与自主办学责任应统一与协调。大学自主办学要履行自主办学责任，就应有能力去履行，而这主要体现为本书所说的大学自主办学能力。正因为如此，在推动大学自主办学过程中，需要使大学承担的自主办学责任与大学自主办学能力相统一，在大学承担自主办学责任和大学有自主办学能力履行之间建立起统一关系。既不能承担过多的自主办学责任而没有履行自主办学责任的自主办学能力，也不能有自主办学能力而不承担自主办学责任；既要确保承担自主办学责任的大学有足够的自主办学能力去履行自主办学责任，又要规避大学有很强的自主办学能力而承担很小的自主办学责任，从而防止大学"磨洋工"。

---

① 孙茜：《责任自觉：大学治理理念的价值诠释》，《教育研究》2013年第5期。
② 熊庆年：《对落实高等学校办学自主权的再认识》，《复旦教育论坛》2004年第1期。

如果大学承担了自主办学责任而没有相应的自主办学能力去履行，大学也就不能有效地履行自主办学责任，甚至会影响大学存在的合法性。如果大学自主办学能力较强而没有承担相应的自主办学责任，大学很可能会盲目地拓展活动领域，从而影响大学自主办学的推进。因而，大学自主办学责任的认知、选择、承担以及履行，以大学自主办学能力为基础，大学自主办学能力是承担与履行自主办学责任的保障。但有了自主办学能力并不一定就可以承担与履行自主办学责任，自主办学能力也可能出现不负责任的情况。总之，大学承担的自主办学责任应有自主办学能力去履行它，大学所承担的自主办学责任应止于大学自主办学能力的边界，并且往往要远小于这个边界。

综上所述，没有或缺乏办学自主权与自主办学责任，自主办学能力便是无意义的；没有或缺乏办学自主权与自主办学能力，自主办学责任是无依托的；没有或缺乏自主办学能力与自主办学责任，办学自主权是无作用的。由此可见，大学办学自主权是大学自主办学的核心依据，没有或缺乏办学自主权的大学自主办学是"空自主"；自主办学能力是大学自主办学的基础支撑，没有或缺乏自主办学能力的大学自主办学是"乱自主"；自主办学责任是大学自主办学的内在规约，没有或缺乏自主办学责任的大学自主办学是"伪自主"。只有大学办学自主权、自主办学能力、自主办学责任三者之间形成正向匹配与耦合共生的关系，大学自主办学的内部关系才处于平衡与协调状态，才能为大学自主办学提供坚实的内部依托与支撑。正因为如此，在推动大学自主办学过程中，需要使大学拥有的办学自主权与自主办学责任相对称，也需要使大学拥有的办学自主权与自主办学能力相匹配，又需要使大学的自主办学责任与自主办学能力相统一，即要促进办学自主权、自主办学能力以及自主办学责任之间形成正向匹配与耦合共生的关系，从而形成一个生态共同体。大学自主办学内部关系的理想形态，可以用图4-2所示的三角协同模式来表示。

当然，这里所说的办学自主权与自主办学能力相匹配、办学自主权与自主办学责任相对称以及自主办学责任与自主办学能力相统一并不是数学意义上的一一对称，而是理论意义上的均衡与协调。事实上，办学自主权、自主办学能力以及自主办学责任之间的关系是异常复杂的，数学意义上的匹配、对称与统一只存在于理论与理念之中，在实践过程中是不存在

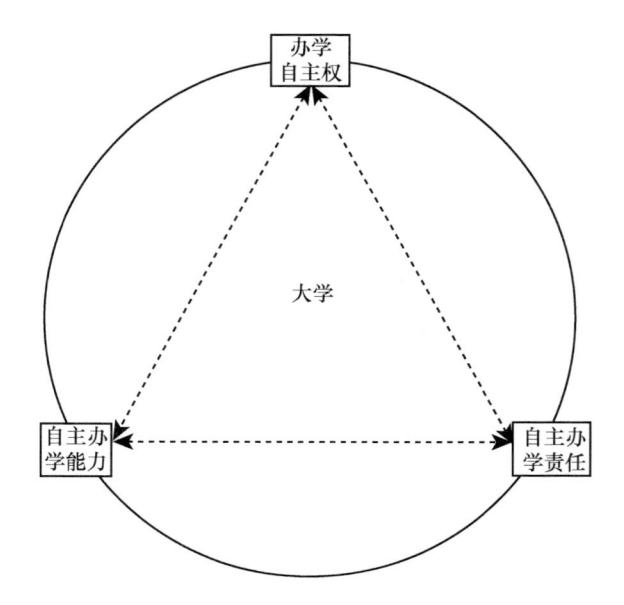

图 4-2　大学自主办学内部关系的理想形态

的。不过，对办学自主权、自主办学能力以及自主办学责任之间正向匹配与耦合共生关系的认识，会随着大学自主办学实践的不断深化与推进以及理论研究的不断开展与深入而逐渐清晰与明确。

由上述分析可知，办学自主权、自主办学能力以及自主办学责任之间不能形成正向匹配与耦合共生的关系，大学实现自主办学是不可想象的事情。撇开大学自主办学的外部关系不论，仅从大学自主办学的内部关系来看，大学自主办学"放乱收死"或是因办学自主权不够，或是因自主办学能力不足，或是因自主办学责任的承担与履行问题，或是三种情况兼而有之。如此看来，此前很多研究将大学自主办学的"放乱收死"都归结为办学自主权的问题，是非常片面的，办学自主权仅是其中的一个可能的原因而已，绝不是问题的全部。所以，在推动大学自主办学过程中，应具体问题具体分析，是以权力输入为主，还是以能力提升为主，或是以责任明确为主，不同的大学有不同的情况，也就需要不同的"药方"。由此也反映出大学自主办学的复杂性特征，是一个非线性的动态发展过程，因而采用实体的、线性的思维方式认识与推动大学自主办学难以奏效。

第三节　大学自主办学内外部关系的互动

大学自主办学内外部关系之间的互动与沟通是大学实现自主办学的基础，然而大学自主办学内外部关系之间的互动与沟通并不是自然而然地发生的。大学自主办学内外部关系的互动与沟通是一个复杂的过程，需要制度基础、文化基础以及信任基础等多方面的支撑与保障。本书认为信任基础是更为根本性的方面，也是当前我国大学自主办学实践过程中较少受到关注与重视的问题。因而，本书主要对大学自主办学内外部关系互动与沟通过程中的信任基础进行深入分析与研究，暂不讨论制度基础和文化基础等问题。本书认为，大学自主办学内外部关系之间的互动与沟通，需要以大学信任为媒介。没有大学信任，大学自主办学内外部关系之间的互动与沟通将不可能发生。

一　大学自主办学内外部关系互动的价值

通过前文的分析可知，由"有限的政府不越位、多元的社会不错位、自主的大学不缺位"共同构成的大学自主办学外部关系，是大学自主办学的外在支撑。没有大学自主办学外部关系的坚实支撑，大学实现自主办学是不可能的。由"办学自主权、自主办学能力以及自主办学责任的正向匹配与耦合共生"形成的大学自主办学内部关系，是大学自主办学的内在依托。没有大学自主办学内部关系作为依托，大学实现自主办学亦是不现实的。也就是说，大学自主办学受到内外部关系的双重制约。大学自主办学的内部关系与外部关系虽分属两层，但内外部关系之间并不是绝缘的、孤立的、静止的，而是紧密相连、相互作用、相互影响、互依互动的，并且大学自主办学内外部关系的互动时刻都在进行着。正如"本质在关系中呈现，规律是本质的关系"[1] 一样。大学自主办学的本质在内外部关系的互动过程中呈现，并且也只有在内外部关系的互动过程中，才能深刻而全面地认识与把握大学自主办学的本质。实际上，大学自主办学内外部关系的理想形态以及内外部关系之间互动的模式，可以通过图4-3得到较为直

---

[1] ［德］黑格尔:《小逻辑》，贺麟译，商务印书馆1980年版，第247—326页。

观、形象、深刻的认识与理解。在政府、社会、大学三者构成的复杂关系系统中，此三者只有相互衔接与彼此协调才能形成理想的大学自主办学外部关系形态。在大学的办学自主权、自主办学责任、自主办学能力三者构成的复杂关系系统中，此三者只有正向匹配与耦合共生才能形成理想的大学自主办学内部关系形态。而大学既是大学自主办学外部关系中不可或缺的一个构成要素，同时也是大学自主办学内部关系的实际承载者，也就是说大学自主办学的内外部关系是天然地联系在一起的。虽然，大学自主办学内外部关系是天然地联系在一起的，但内外部关系的互动却不是自然而然地发生的。长期以来，大学自主办学内外部关系的天然联系不但没有被深刻地认识与全面地把握，反而在推动大学自主办学实践过程中被自觉或不自觉地割裂开来。

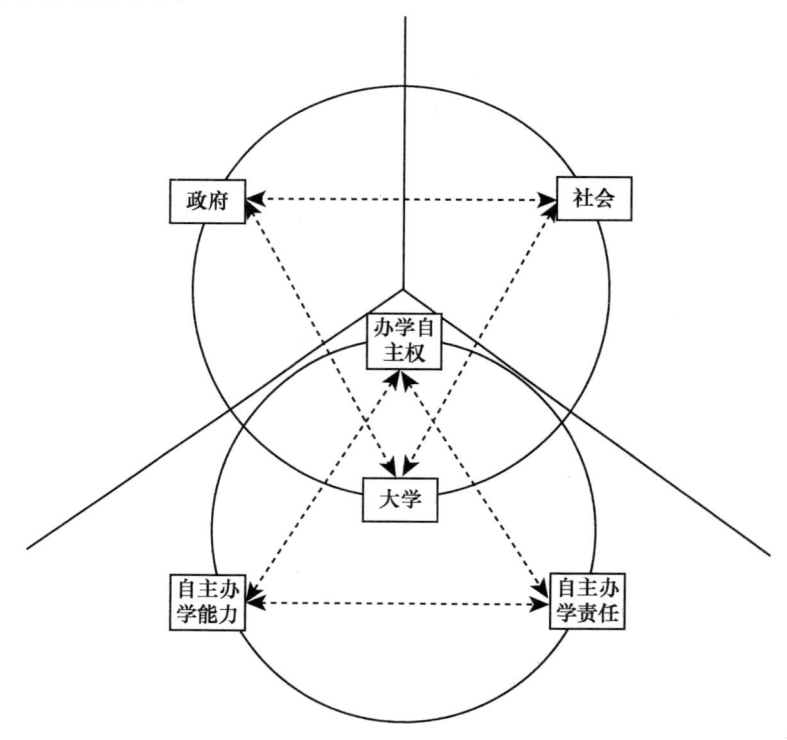

图 4-3 大学自主办学内外部关系互动的模式

历史地看，我国大学是在政府主导下建立与发展起来的，从其产生之日起就依附于政府，在随后的发展历程中也几乎一直未真正摆脱附属于政府的实际地位，并且随着新中国的成立大学依附于政府的状况得到不断强化。直到1979年一些有远见卓识的大学领导人呼吁"给高等学校一点自主权"，大学寻求办学自主权的意识才逐渐觉醒、热情也逐渐高涨。与此同时，政府也意识到"对高等学校统得过死，使学校缺乏应有的活力"，所以1985年发布的《中共中央关于教育体制改革的决定》明确提出，"扩大高等学校的办学自主权，使高等学校具有主动适应经济和社会发展需要的积极性和能力"[1]。由此可见，政府和大学都认为是由于缺乏办学自主权才导致大学缺乏活力与能力，所以大学强烈的呼吁更多更大的办学自主权，政府也适时地向大学下放办学自主权。然而，就像我们通常所看到的那样，政府的放权并没有带来大学活力的增强与能力的提升，而是陷入"放乱收死"之中，至今难以自拔。自1985年《中共中央关于教育体制改革的决定》确定向大学下放办学自主权以来，我国高等教育管理体制改革就一直围绕着办学自主权的"放与收"而进行，却几乎没有关注大学自主办学能力建设、培养与提升的问题。所以，办学自主权的放与收在我国大学自主办学过程中曾多次发生，至今依然未走出"放乱收死"的恶性循环怪圈。大学与政府在围绕办学自主权经历了数次拉锯之后，可以看出政府向大学下放办学自主权的决心是坚定的、一贯的，只是一直没有找到合适而有效的方式，没有在办学自主权、自主办学责任以及自主办学能力之间建立起正向匹配与耦合共生的关系，没有建立起以大学有效行使办学自主权为前提的放权机制，没有建立起大学自主办学内外部关系之间有效沟通与良性互动的机制。也就是说，大学自主办学内外部关系之间是割裂的。

大学自主办学内外部关系的割裂是有原因的。一方面，在高等教育发展的特定历史时期，政府对大学"管得过多、管得过宽、管得过细、管得过死"，外部关系确实是制约大学自主办学的主要矛盾，政府下放办学自主权，从而放松对大学的管制确实是必要的。然而，长期依附于政府的大学太渴望办学自主权了，以至于大学作为事实上"被抱大的一代"，自主办学能力羸弱，根本没有能力有效行使突如其来的办学自主权，而这一客

---

[1] 教育部法制办公室：《中华人民共和国教育法律法规章汇编》（上），华东师范大学出版社2010年版，第12—18页。

观事实被政府和大学忽视了，至少也是轻视了。所以，政府的改革政策与措施和大学的呼吁都主要是从外部性视角切入，也就是注重大学自主办学的外部关系，而忽视了内部关系的调整与构建。另一方面，受政府相关政策的影响和大学自主办学实践所限，关于大学自主办学的相关理论研究也基本都偏向了大学自主办学的外部关系，而缺少对大学自主办学内部关系的探讨，更鲜有研究者对大学自主办学内外部关系之间的互动进行分析与研究。也就是前文所说的，关于大学自主办学的相关研究主要以外部性视角为主，而缺少内部性视角的探究，更加缺少内部性视角与外部性视角相结合的研究。如此一来，政府和大学对大学自主办学内外部关系互动的忽视，加之学术界相关研究的推波助澜，使大学自主办学内外部关系的天然联系被割裂开来。正是因为如此，本书才认为这种割裂是人为地自觉或不自觉的推动的结果。

奥尔特加·加塞特曾指出，"如果学校确实是国家的一个职能机构，与其内部人为创造的教学气氛相比，它更多地依赖于它所处的民族文化氛围。这种内在和外在的平衡是造就一所好学校的一个基本条件"[①]。实际上，内在的教学气氛相当于本研究所说的大学自主办学内部关系，外在的民族文化氛围相当于本研究所说的大学自主办学外部关系，所以从这个意义上来说，大学自主办学内外部关系的状态决定着大学自主办学的进程。但是，在推动大学自主办学过程中，内外部关系发挥的作用并不总是相等的，内外部关系之间一直处于运动、变化、发展之中，有时内部关系是主要矛盾、发挥主要作用，有时外部关系是主要矛盾、发挥主要作用，但无论如何我们都不能只抓主要矛盾而忽视次要矛盾，更何况在大学自主办学过程中主次要矛盾的转化比较复杂，此时是主要矛盾，彼时可能就转换成次要矛盾。所以，需要从整体的角度出发，全面而系统地考量主次要矛盾，也就是应该将内部关系与外部关系结合起来进行分析。事实上，正是大学自主办学内外部关系的疏离乃至隔绝，才是我们难以把握大学自主办学本质的根源，也是大学自主办学实践举步维艰的根源。因此，认识与把握大学自主办学的本质，推动大学自主办学实践发展，需要打破内外部关

---

① ［西班牙］奥尔特加·加塞特：《大学的使命》，徐小洲等译，浙江教育出版社2001年版，第48页。

系疏离的状态，而从内外部关系互动的角度来进行。办学自主权是大学自主办学的核心，没有或缺乏办学自主权的大学自主办学是"空自主"。同时，办学自主权也是大学自主办学内外部关系互动的杠杆，大学自主办学内外部关系的互动主要是通过这个杠杆来发挥作用。如果没有办学自主权这个杠杆，大学自主办学内外部关系的互动就不可能发生。以此而论，我国大学自主办学已有实践围绕办学自主权而进行，也算是找准了"命脉"。但是，经历了数次"放乱收死"困局与失败之后，牢牢掌握大学办学自主权的政府是否、如何以及何时启用这个杠杆，则成为一个需要分析的问题。所以，本书认为大学自主办学内外部关系的互动虽是天然的，但并不是自然而然地发生的。进入新的发展时期，政府对此已有深刻的认识。2014年，国家教育体制改革领导小组发布了《关于进一步落实和扩大高校办学自主权，完善高校内部治理结构的意见》（以下简称《意见》），该《意见》明确指出"教育行政部门对高校依据办学需要提出的本意见以外的办学自主权事项，应牵头认真研究，提出处理意见。根据赋权与能力相匹配原则，对有能力用好、有机制规范的，以协议、试点等方式放权。选择若干自律机制健全、办学行为规范的高校，赋予更多的办学自主权。对出现重大违规办学行为的高校，实行协议暂停或试点退出机制"[1]。从本质上来说，这里所说的就是大学能不能获得政府信任的问题，政府对大学的信任水平越高，也就会给大学更多的办学自主权，而如果大学不足以让政府信任，政府给大学的办学自主权就较少，甚至还会收回已赋予大学的办学自主权。所以，"自治与信任相关，政府对大学的信任是大学自治权获得的前提"[2]。很显然，信任，政府和社会对大学的信任，就成为大学自主办学内外部关系互动的基础，为大学自主办学奠基。

可以说，政府与社会对大学的信任，是大学自主办学的基石，是大学自主办学内外部关系互动的基础。没有政府与社会对大学的信任，大学自主办学是不可想象的。

---

[1] 教育部：《关于进一步落实和扩大高校办学自主权，完善高校内部治理结构的意见》，2014年12月22日，http://www.moe.gov.cn/s78/A02/zfs__left/s6528/s6529/201412/t20141222_182222.html，2016年8月1日。

[2] 吴晓春：《信任视野下我国政府与大学关系研究》，博士学位论文，西南大学，2012年，第30页。

二 大学自主办学内外部关系互动的基础

自大学作为一个独立的主体产生以来,大学与外界互动过程中就存在着信任问题。信任伴随大学发展的始终,只是信任作为隐性元素在大学发展过程中很少引起人们的关注。所以,与大学信任的重要性相比,关于大学信任问题的相关研究显得很少,而以推动大学自主办学为背景的相关研究则更少。在新的时代背景下,推动大学自主办学必然要重视大学的信任问题。大学没有足够的信任,政府和社会不可能放心地让大学自主办学。所以,脱离大学信任来谈大学自主办学,是不可能、不现实的。在这个意义上来说,大学信任也是一种约束机制。信任,是大学最为重要的社会资本,是大学与外界互动的前提,是大学自主办学的基石,是推动大学自主办学要关注与重视的一个核心问题。尤其是"在当今充满偶然性、不确定性及全球化条件下,信任变成一个非常紧迫的中心问题"[1]。对大学自主办学来说亦然。

(一)大学信任的内涵

虽然关于大学信任的相关研究不多,但对大学信任的理解与认识却异彩纷呈、莫衷一是。清晰明确的概念,是分析与研究相关问题的基础。从词源学的角度来看,大学信任属于信任的范畴,认识与把握大学信任的内涵可以首先从信任着手。《辞海》认为信任是指"信得过而敢于托付"[2]。在英文中与信任对应的词是"Trust",据第六版《牛津高阶英汉双解词典》的解释,"trust"既可以作为名词解,也可以作为动词解。作为名词的"trust"有四种解释:(1)相信、信任、信赖;(2)作为法律用语的委托、信托、信托财产;(3)作为法律用语的受托基金机构、受托团体;(4)作为商业用语的托拉斯。作为动词的"trust"有三种解释:(1)信任、信赖、相信(某人的善良、真诚等);(2)相信、认为可靠;(3)想、希望、期望[3]。学术界对信任的研究主要集中在心理学、社会学、经济学、政治学

---

[1] [美]伯纳德·巴伯:《信任:信任的逻辑与局限》,牟斌译,福建人民出版社1989年版,第2页。
[2] 辞海编辑委员会:《辞海》(增补本),上海辞书出版社1982年版,第67页。
[3] 霍恩比原:《牛津英汉双解词典》(第六版),石孝殊等译,商务印书馆2004年版,第1896页。

第四章 大学自主办学的双重关系

以及组织行为学等领域,基于本研究的研究对象与研究旨趣,此处只对心理学与社会学关于信任研究的代表性观点进行简要梳理,进而以此为基础明确与界定大学信任的内涵。

在心理学领域,关于信任的研究主要是以微观个体为出发点,认为信任是由于心理期望与心理预期而产生的风险行为,这种心理期望与心理预期的产生可能缘于外部情境的刺激,也可能缘于个体的主观因素。多伊奇(Morton Deutsch)曾指出,信任是指"期待某件事的出现,并相应地采取一种行为,这种行为的结果与它的预期相反时所带来的负面心理影响要大于其结果与预期相符时所带来的正面心理影响"[1]。列维斯(Lewis)和维格尔(Weigert)则认为,从本质上来说,信任就是在人际互动与交往过程中基于理性计算和情感关联而产生的人际信任,主要包括认知的、情感的和行为的三个维度[2]。我国也有研究者从心理学的角度出发,对信任内涵做了一些探究。例如有研究者认为,"信任可以看作是人们在社会活动和交往过程形成的一种理性化的交往态度,是基于对自己的安全考虑和行为结果的预期而形成的一种价值心理"[3]。有研究者认为,从本质上来说,信任就是一种心理期望或期待,亦即"对于自然的和道德的秩序的坚持和履行的期望"[4]。有研究者则指出,"信任是建立在对另一方意图和行为的正向估计基础之上的不设防的心理状态"[5]。也就是说,信任是一种心理活动。综合上述简要论述,本书认为从心理学的角度来看,信任主要是指个体在社会交往过程中对信任客体的行为与结果的心理期望,是一种心理活动状态。

在社会学领域,关于信任的研究不再局限于个体信任,而主要研究人际信任和社会信任。社会学家认为信任是在社会交往活动中形成的,受到社会制度、行为规范等因素的影响与制约,因此也只有在社会关系中才能理解与把握信任的丰富内涵。卢曼(Niklas Luhmann)认为信任是社会复杂性的简化机制,将信任与复杂性、不确定性以及风险性等社会发展趋势

---

[1] Deutsch M., "Trust and Society", *Journal of Conflict Resolution*, 1958: 268.
[2] Lewis J. D., Weigert A., "Trust as a Social Reality", *Social Forces*, 1985, pp. 67 – 85.
[3] 马俊峰、白春阳:《社会信任模式的历史变迁》,社会科学辑刊,2005 年第 2 期。
[4] 郑也夫、彭泗清等:《中国社会中的信任》,中国城市出版社 2003 年版,第 105 页。
[5] 潘敏:《信任问题——以社会资本理论为视角的探讨》,《浙江社会科学》2007 年第 2 期。

联系起来,认为信任与社会结构和制度变迁之间有着显著的互动关系,是社会生活的基本事实。信任的内涵与功能会随着社会结构变化、制度变迁而发生相应的改变。并且,卢曼首次引入"系统信任"一词,超越了传统上认为信任只能是基于个体的观点,进而开拓了基于组织信任的广阔研究领域①,同时也拓展了信任的内涵。英国社会学家吉登斯(Anthony Giddens)则认为,信任是指"对一个人或一个系统之可依赖性所持有的信心,在一系列给定的后果或事件中,这种信心表达了对诚实或他人的爱的信念,或者,对抽象原则(技术性知识)之正确性的信念"②。巴伯(Bernard Barber)认为,信任是指"对维持合乎道德的社会秩序的期望"③。日裔美籍社会学家福山(Francis Fukuyama)指出,信任是由文化决定的一种社会美德,而文化就是继承而来的伦理习惯。④ 综上所述,从社会学的角度来看,信任是一种被制度化了的社会结构的一部分,与作为非正式制度的风俗习俗、思想观念以及道德规范和作为正式制度的法律、法规以及规章等一起,对个体的社会活动以及彼此之间的交往与互动发挥着约束性作用。

通过以上的简要论述可以发现,虽然对信任的理解与认识有所不同,但各种不同的看法又体现出一些共同的思想:第一,信任与风险、不确定性等相伴而生。正如有研究者所言,"风险与信任是交织在一起的,信任本质上是有风险的"⑤,没有风险和不确定性也就不存在信不信任的问题;第二,是基于利益的考量,虽然有风险和不确定性,但依然选择相信对方,亦即施信方认为让渡部分权力与资源给受信方能够获得更多的回报;第三,信任在施信方与受信方之间是相互的,单边的信任是不存在的;第四,信任并不是即时发生的,有一定的时间差;第五,信任对施信方与受信方来说都是自由的,双方都有选择信不信任的自由,否则就没有信不信

---

① Niklas Luhmann, *Trust and Power*, Chichester:John Wiley & Sons Ltd,1979,p.126.
② [英]安东尼·吉登斯:《现代性的后果》,田禾译,译林出版社2000年版,第30页。
③ [美]伯纳德·巴伯:《信任:信任的逻辑与局限》,牟斌译,福建人民出版社1989年版,第11—15页。
④ [美]弗朗西斯·福山:《信任:社会美德与创造经济繁荣》,彭志华译,海南出版社2001年版,第33页。
⑤ [英]安东尼·吉登斯:《现代性与自我认同——现代晚期的自我与社会》,赵旭东等译,译林出版社1994年版,第186页。

任的问题。概而言之，信任就是施信方与受信方在无法控制对方行为的情况下，依然相信向对方让渡权力与资源能够获得更多的回报。施信方向受信方让渡权力与资源的多少，取决于对受信方的信任水平。正如卢曼所指出的那样，信任是一种冒险，一种风险投资[①]，是施信方愿意将精神与情感的信赖、物质和权力的归属投资于受信方的度量。

由于本书主要分析大学与政府和社会之间的关系问题，而在这个复杂关系系统中大学处于弱势，政府和社会是主导方，大学基本没有选择信不信任政府和社会的自由。正如有研究所言，"国家与社会的信任既是大学组织希望的，又并非大学组织自身能够决定的"[②]。故而，本书所说的大学信任主要是指政府和社会对大学的信任，而不探讨大学对政府和社会信任的问题，亦即政府和社会作为施信方，大学作为受信方。基于这种理解，本书认为大学信任是指政府和社会在对大学的能力、声誉、风险与不确定性行为等理性分析与自觉认知的基础上，对大学做出的权力与资源的让渡。大学信任是一种特殊的社会资本，是大学自主办学的基石。大学信任水平与外界对大学让渡权力与资源的多少正相关，亦即如果政府与社会对大学的信任水平较高，就会做出较多的权力与资源让渡，大学发展的空间与余地就大；如果政府与社会对大学的信任水平较低，就会做出较少的权力与资源让渡，大学发展的空间与余地就小。本书认为大学信任、大学公信力以及大学公共信任等概念，都是在表达公众（本书中主要是指政府和社会）对大学的信任，因而本研究不对这些概念进行严格区分，在相同的意义上使用。

（二）大学信任的特征

大学信任具有一些典型的特征，分析与把握大学信任的特征能够使我们更好地认识与理解大学信任的内涵，进而可以更深刻而全面地剖析大学信任的问题。

1. 动态性

大学信任并不是一成不变的，而是随着大学发展而动态变化的，具有

[①] ［美］尼古拉斯·卢曼：《信任：一个社会复杂性的简化机制》，瞿铁鹏等译，上海人民出版社2005年版，第30页。

[②] 侯志军：《社会资本与大学发展研究》，博士学位论文，华中科技大学，2008年，第170页。

典型的动态性。大学在与政府和社会互动过程中，大学信任是动态变化的，并且不是单向变化的。亦即大学信任，既有可能随着与政府和社会的互动而正向的增长，也有可能随着与政府和社会的互动而负向的降低。并且，大学信任的建立可能需要经过长时间的努力与积累，而大学信任的破坏却可能不费吹灰之力，一个突发事件就能使大学长期的努力功亏一篑。也就是说，大学信任的正向增长是艰难的，而负向降低却是轻而易举的。正是由于大学信任的这种动态性特征，才使得大学信任对大学发展具有一定的激励与约束作用，所以大学才应该时刻关注与重视信任的建立、维护与发展。并且，也正是由于大学信任具有动态性，大学信任才可以从一个侧面反映大学的办学质量，才可以成为衡量大学质量的一个尺度。如果没有大学信任的动态性变化，大学信任就不能反映大学办学质量的变化，大学也就缺少持续提高办学质量的动力。

2. 继承性

大学信任作为大学的文化资本，一旦形成就具有一定的惯性，体现出明显的继承性。例如，历史上我国政府主导下实施的"211工程大学"和"985工程大学"建设项目，使那些获得"211"或"985"头衔的大学相比于那些未获得此头衔的大学具有更高的信任水平，并且这种大学信任会随着历史发展而不断被继承与累积，进而成为大学获得更多信任的基础。虽然，当前国家已经明确取消"211工程"和"985工程"建设项目，但外界对"985工程"和"211工程"大学的信任依然会得以延续。事实上，对每一所大学而言都是如此，只要大学信任建立起来就会被继承与累积。当然，不仅大学信任可以继承与累积，政府与社会对大学的不信任也会被继承与累积起来。并且，正如公众更容易被负面新闻与报道吸引一样，人们倾向于过高估计发生在大学里的那些特别引人注目的负面新闻。由于大学信任本身的特殊性，不信任比信任更容易被继承与累积。由此也就提醒我们，既要注重大学信任的维护与累积，更要预防与控制影响大学信任继承与累积的负面因素。

3. 内生性

大学信任的产生与发展受外部因素的影响与制约，而外部因素发挥作用需要通过内部因素，并且没有内部因素作为基础，外部因素不可能有效发挥作用。从根本上来说，大学信任是内生性的，主要产生于大学自身，政府与社会只能在大学内部因素的基础上发挥其影响与制约作用。而大学信任的内部因素，又主要体现于大学人的思想、行为与活动之中。也就是说，大学信任是奠基于大学人的，对此将在"大学信任的人格化"部分再述。所以，政府与社会对大学的信任最终要落实与转化到具体的人身上，且主要由大学里的学者承担。而"基于学者是高深学问的看护人这一事实，人们可以逻辑地推出他们也是他们自己伦理道德准则的监护人。那么，谁是这些监护人的监护人呢？没有。只有他们的正直和诚实才能对他们自己的意识负责"①。也就是说，大学信任只能来源于学者的正直与诚实，而不是其他，具有内生的特征。由此，本书认为，大学信任具有典型的内生性。

4. 非均衡性

实际上，大学信任是大学与政府和社会之间的相互信任，理想状态下的相互信任肯定也是对等信任。然而，通常来说大学信任是不对等的，具有典型的非均衡性特征。大学信任的非均衡性，在不同时空条件下具有不同的体现。当大学还能"在维护、传播和考察永恒真理方面是无与伦比的；在探索新知识方面是无与伦比的；在整个历史上的所有高等学校中间，在服务于先进文明的如此众多的部分方面也是无与伦比的"②的时候，大学更多地扮演着施信方的角色，而政府与社会成为受信方，至少也是对等的。然而，随着历史的发展，这一状况逐渐发生转变。尤其是在我国，大学是典型的"后发外生型"，是政府主导下产生、建立与发展起来的。在大学与政府与社会互动过程中，大学几乎从未获得与政府和社会平等对话的地位，一直处于政府与社会的双重夹裹之中。在这种情况下，政府和社会处于绝对优势地位，掌握着信不信任大学的主动权，而大学没有选择的自由，只能扮演受信方的角色。在我国高等教育发展史上，大学作为施信方的案例似乎并不好找。所以，这也是本书将大学信任设定为政府和社会对大学的信任，政府和社会作为施信方、大学作为受信方的原因所在。

---

① [美]伯顿·R. 克拉克：《高等教育系统——学术组织的跨国研究》，王承绪等译，杭州大学出版社1994年版，第121页。

② [美]克拉克·科尔：《大学的功用》，陈学飞等译，江西教育出版社1993年版，第29页。

5. 复杂性

大学信任是大学与政府和社会之间的信任，属于组织间的信任，涉及大学与政府和社会之间复杂关系的问题。前文已分析过大学与政府和社会之间是一个复杂的关系系统，就大学信任这个具体问题而言，政府与社会对大学的信任或许是对大学学术的信任，或许是对大学声誉的信任，也或许是对大学制度的信任，总之是一种多元的、综合的、复杂的信任。不仅是外界对大学的信任是多元的、综合的信任，而且大学信任的产生、建立与发展也受到多种因素的影响与制约。大学的学术生产能力、培养学生的质量、社会声誉、办学活动的可预期性与连续性、大学内部各成员之间的关系以及大学内部管理制度建设与执行水平等因素对大学信任具有重要的影响与制约，政府实施与出台的法律、政策、规章以及制度等因素也对大学信任具有重要的影响与制约，同时社会组织对大学的评价、监督以及引导等因素也对大学信任具有重要的影响与制约。并且，大学信任具有多种不同的表现形式，或表现为学术，或表现制度，或表现声誉。总而言之，大学信任构成、表现形式、来源以及影响因素等的多元多样，决定了大学信任的复杂性。

6. 人格化

大学是一个抽象的统一的称谓，她又是一个具体的存在。由现实的、具体的大学人组成大学，如果抽离了大学人，大学的概念将成为虚无，大学信任也就无从谈起。因而，政府和社会对大学的信任，既是对大学这个抽象主体的信任，也是对大学里具体的大学人的信任，具有典型的人格化特征。由于，"对组织和机构的信任问题都可以还原到人际信任"[1]，在这个意义上大学的信任与大学人的信任是等价的，通过大学人的信任可以一定程度上了解与把握大学的信任。事实上，公众对大学信任的判断与认知，主要还是通过大学里的行政人员、教师以及学生等大学人所呈现出来的基本状况来实现的。所以，在公众看来大学人的信任或不信任，几乎与大学的信任或不信任是等价的，而不管大学人所反映的信任或不信任能在多大程度上代表着大学信任的实际情况。这也在一定程度上反映了大学信任的复杂性，也从侧面说明建立与发展大学信任应从大学人着手，从一个

---

[1] [美] 马克·E. 沃伦：《民主与信任》，吴辉译，华夏出版社 2004 年版，第 26 页。

个具体的大学人着手。

（三）大学信任的来源

张维迎认为信任有以下三个主要来源：基于个性特征的信任、基于制度的信任、基于信誉的信任①。张维迎关于信任来源的这个观点，对本研究探寻大学信任的来源问题具有重要的启发意义。此外，如前文所言，学术性是大学的本质属性之一，学术自然也是大学信任的重要来源。基于此，本书认为，大学信任主要来源于以下四个方面，即大学的个性、大学的制度、大学的学术以及大学的声誉。

1. 基于个性的大学信任

大学的个性特征是大学信任来源的基础，正是由于大学具有其他任何社会组织都不具有的个性特征，大学信任由此也是一种天然的信任。大学自诞生以来就作为人类文明的智慧之花，一直闪耀在人类社会发展的历史长河之中。大学自作为独立的主体存在以来，就以"崇尚真理、追求卓越、批判假丑恶俗、弘扬真善美"为己任，这也成为大学区别于其他社会组织机构最为重要的个性特征。大学的个性特征是大学与生俱来的，而大学生而有之的个性特征也使得"大学具有一种与生俱来的社会公信力"②。大学被誉为社会的良心、道德的楷模、文明的灯塔、精神的高地、前进的航向、发展的动力，这既是人们对大学的褒喻与赞扬，也是人们对大学天然信任的表征。大学也未辜负人们的信任，一直在"烛照社会之方向"③，发扬社会之理性，推动文明之进程，促进文化之繁荣。虽然，随着人类社会的发展，尤其是在政府不断的干预与控制、市场不断的冲击与诱惑之下，基于大学特征的信任正逐渐被消解与侵蚀。然而，历史地看，"在认识事物、认识真理与谬误方面，现代世界中还没有什么社团比大学学者社团犯的错误更少"④。所以，大学依然是一个理性的社会组织，依然是智慧之源、知识之源、文化之源以及人才之源，依然是一个值得信任的组织。由此可见，"无论是从本质上还是从历史上，大学组织都是一个值得国家

---

① 张维迎：《信息、信任与法律》，生活·读书·新知三联书店2003年版，第6—9页。
② 李莉、彭世文、侯盾：《试论和谐社会视角下的大学公信力构建》，《湖南大学学报》（社会科学版）2009年第5期。
③ 金耀基：《大学之理念》，生活·读书·新知三联书店2001年版，第24页。
④ [美]约翰·S. 布鲁贝克：《高等教育哲学》，王承绪等译，浙江教育出版社2001年版，第140页。

和社会信任的机构"①。或许正是基于对大学个性特征的天然信任,有研究者才如此坚定地认为,"凡是需要人们进行理智分析、鉴别、阐述或关注的地方,那里就会有大学",而如果没有大学,"社会所赖以取得的新的发现和明智判断的'涓细的智慧溪流'将会干涸"②。

2. 基于制度的大学信任

大学制度是大学信任来源的保障,在倡导依法治校的背景下基于制度的大学信任显得尤为重要。大学制度既包括大学的外部制度,也包括大学的内部制度,外部制度与内部制度都是大学信任的重要来源。大学的内部制度主要是指为了规范与约束大学的人才培养、科学研究以及社会服务等活动与行为,协调大学内部不同组织、单位、部门以及人员之间的关系,而制定与实施的各种规章与制度的总称。大学的外部制度主要是指政府为了对大学进行战略规划、质量监督、维护公平以及配置资源等,而制定和出台的法律、法规、条例以及规章等的总称,其目的是规范、引导、约束大学的办学行为。大学的内部制度主要是规范与协调大学人的行为与关系,它表征着大学的自我控制能力。若自我控制能力较强,大学人的行为与活动就比较规范与可靠,就为政府和社会信任大学奠定了基础。大学的外部制度主要是政府对大学行为与活动的协调、规范与约束,以预防、矫正和惩罚大学可能的失范行为,从而促进大学规范办学行为,以提升信任水平。由于高等教育活动的复杂性,大学的内外部制度并不是割裂存在的,它们应相互匹配、衔接与协调,如此才能共同发挥作用,才能为大学信任水平的不断提升奠定坚实的制度基础。

3. 基于学术的大学信任

学术性是大学的本质属性,学术也是大学信任来源的核心。学术也就是处理高深知识的活动,而"知识材料,尤其是高深知识材料,处于任何高等教育系统的目的和实质的核心"③。基于此,本书认为学术或处理高深知识的活动,也是大学信任的重要来源。如前文所述,学术性是大学的本

---

① 侯志军:《社会资本与大学发展研究》,博士学位论文,华中科技大学,2008年。
② [美]约翰·S. 布鲁贝克:《高等教育哲学》,王承绪等译,浙江教育出版社2001年版,第12页。
③ [美]伯顿·R. 克拉克:《高等教育系统——学术组织的跨国研究》,王承绪等译,杭州大学出版社1994年版,第13页。

质属性，大学的结构与形态、功能与作用、运行逻辑与规律都与大学的学术性紧密相连、密切相关，大学产生的原始可能与生长动力也由学术活动而生发与提供，大学的活动与要素也因学术活动而连接与互动，大学的规则与制度也围绕学术活动而构建、亦因学术活动而完善，大学的精神与文化也因学术活动而形塑与传承，大学的运行与发展也以学术活动为核心与主线，大学的目标与使命也因学术活动而达成与实现。总而言之，大学在漫长的历史演进中所形成的独特结构、所发挥的独特功能以及体现出的精神气质等，均与学术活动密不可分。所以，大学信任必然围绕学术活动这个核心而产生与发展，没有学术活动的大学信任是不可想象的。

4. 基于声誉的大学信任

大学声誉就是大学的品牌与名片，也是大学的口碑与形象，是外界信不信任大学最易识别的因素，大学声誉是大学信任来源的关键。"大学声誉是指与其他大学相比，一所大学凭借其过去、现在和可以预见的未来的大学精神、大学行为、办学条件、社会贡献等大学身份识别要素对公众产生的吸引力在认知层面的表达"[①]。大学的科研实力、办学条件与校园文化是大学声誉产生的重要基础，大学毕业生的就业质量是衡量大学声誉的重要指标，大学在各种大学排行榜上的表现是大学声誉的直接体现，大学的责任担当与学术风气直接影响着大学声誉的形成。大学声誉的形成与建立就像任何知名品牌的形成与建立一样，绝非朝夕之功，都经过了持续不断的努力，并且好不容易建立起来的声誉却可能因为一些突发的不良事件而遭到巨大破坏，而消除这些负面影响又需要通过巨大的努力。由此可见，建立、维护与发展大学声誉，是一个复杂的系统工程，需要常抓不懈。

概而言之，大学的个性、制度、学术以及声誉，都是大学信任的重要来源。并且，需要强调指出的是，大学的个性、制度、学术以及声誉并不是彼此孤立的，也不是各自单独地为大学信任的产生与提升提供支撑与营养。这些因素是相互交织在一起的，彼此之间相互作用，共同为大学信任的形成与发展提供支撑与营养。

（四）信任作为大学自主办学内外部关系互动基础的合理性

在学术界，以推动大学自主办学为背景来探讨大学信任作用的相关研

[①] 叶丽芳：《大学形象、大学品牌、大学声誉概念辨析》，《黑龙江教育》（高教研究与评估）2006年第4期。

究并不是很多,然而大学信任是推动大学自主办学不可忽视且应该高度重视的问题。大学信任是大学自主办学的基石,大学信任之于大学自主办学的作用再怎么强调也不过分。与此同时,大学自主办学又会不断地产生新的大学信任,积累起来的大学信任又为更高层次的大学自主办学准备着必不可少的条件。本书基本可以肯定的是,"政府和社会对大学的信任是大学依法自主办学的重要基础"①,而大学自主办学能带来更高水平的大学信任。概而言之,信任是大学自主办学内外部关系互动的媒介,是大学与政府和社会互动的复杂性简化机制,是大学源源不断地凝聚自主办学资源的基础,是大学凝聚力的增强剂,是大学创造力的触发器。

1. 信任是大学自主办学内外部关系互动的媒介

大学自主办学内外部关系的互动,是大学自主办学实现的基础。因而,认识与把握大学自主办学的本质,推动与促进大学自主办学的实践,应基于大学自主办学内外部关系互动的视角,否则都将是偏颇的。而大学自主办学内外部关系虽是天然相联、密不可分的,但两者之间的互动并不是自然而然地发生的,需以信任为媒介。

大学自主办学的内部关系是认识与理解大学自主办学本质的重要基础,是大学实现自主办学的内在依托。大学自主办学内部关系的理想状态,是大学的办学自主权、自主办学能力以及自主办学责任之间形成正向匹配与耦合共生的关系系统。然而,事实上大学的办学自主权、自主办学能力、自主办学责任能否以及在多大程度上实现正向匹配与耦合共生的关系,对外部世界而言就像是一个黑箱,无从知晓。正如有研究所言,大学"在围墙内进行的许多活动,对于外界来说简直就像是一个谜"②。所以,大学外部关系与内部关系之间的互动,是通过扩大或收回大学办学自主权来实现,还是通过培养大学自主办学能力来实现,抑或是通过大学自主办学责任的施于或缩小来实现,又或是通过综合办学自主权、自主办学能力与自主办学责任来实现,都是一个"谜"。在这种情况下,作为受信者的大学需要向外界释放一个信号,以让外界判断大学是不是一个值得信任的组织,进而基于这个信号对大学内部关系状态有个基本了解与判断,从而

---

① 刘海波:《政府和高校的信任与分权研究》,《复旦教育论坛》2012 年第 6 期。
② [美] 唐纳德·肯尼迪:《学术责任》,阎凤桥译,新华出版社 2002 年版,第 3 页。

选择与内部关系互动的方式与途径。正如有研究者所言,"外行接触的主要是组织的正规形象和公众声誉(也就是本研究所说的信任,引者注),所以他们一般是根据正规组织的象征物而不是根据它的专门结构来认识它的"①。在当前大学处于弱势,政府和社会是大学信任实际上的施信方,大学应通过协调办学自主权、自主办学能力以及自主办学责任之间的关系,并向政府和社会释放积极信号,从而才有可能引起有效的内外部关系的互动。这是从当前大学与政府和社会之间关系的实际状况而言的,如果从理想状态下、从大学信任是双向的角度来看,也是成立的。大学认为政府与社会是可信任的,大学就会更好地协调与维护内部关系状况,从而在内外部关系之间形成良性互动与循环关系,促进大学实现自主办学。

总而言之,无论大学自主办学内外部关系互动是通过办学自主权来实现,还是通过自主办学能力来实现,抑或是通过自主办学责任来实现,都应以信任为媒介。如果没有大学信任的存在,大学自主办学内外部关系之间或许将永远绝缘,大学自主办学也将变得不可能。

2. 信任是大学与外界互动的复杂性简化机制

信任是大学与政府和社会互动的复杂性简化机制,在大学处理与政府和社会关系过程中具有重要的作用,犹如大学自主办学的润滑剂。正如"在经济领域,信任是交易的前提,没有信任,就没有交易"②一样。在推动大学自主办学过程中,信任是大学自主办学的基石,没有信任,大学自主办学就难以实现。

大学自主办学并不是离群索居,也不是要回到那个并未真实存在过的"象牙塔"之中。大学自主办学是对大学实际生存与发展状态的突破与超越,但又是以现实的生存与发展环境为基础、为条件的,是在不断地协调和处理与政府和社会之间关系过程中实现的。也就是说,脱离政府与社会,大学自主办学将是一个纯粹的"乌托邦"。从法律意义上来说,在《高等教育法》历史性地明确大学法人资格之前,我国大学一直是政府的伴生物,是政府的附属机构,是实际上的"第二衙门"。大学与社会之间的关系被政府所隔离,大学与外界的关系实际上已经简化为大学与政府之

---

① [美]伯顿·R. 克拉克:《高等教育系统——学术组织的跨国研究》,王承绪等译,杭州大学出版社1994年版,第12页。

② 张维迎:《重建信任》,《光彩》2002年第9期。

间的关系。而且,大学与政府之间的关系,是大学纯粹地按照政府的法律、政策、规划、指示以及命令运行与发展的线性关系。此时,政府与大学在实质上是"一家人",两者之间的信任关系基本被湮灭与遮蔽。然而,自大学获得法人资格,并且国家明确提出推动大学自主办学以来,大学与外界的关系就变得日益复杂起来。在推动大学自主办学的背景下,政府集大学的举办者、管理者以及办学者于一身的历史将逐渐被改变,取而代之的是"管、办、评"的分离,并且将逐步建立与形成大学与政府和社会之间的新型关系。如此一来,大学与政府和社会之间的关系必将日益复杂,而从政府和社会的角度来看,大学自主办学的不确定性、机会主义行为以及风险等也将逐渐增加,由此就必然增加大学与政府和社会之间互动的交易成本。因而,降低大学与政府和社会之间的交易成本,简化大学与政府和社会之间互动的复杂性,就显得尤为必要而迫切。诚如郑也夫所言,"简化复杂,是生物,包括人类,从生存中进化出的战略。其原因在于世界,或曰环境,过于复杂,且包含着未知和变幻,而人类的理性,以及其他物种的能力,都是有限的。无论是环境中完备的信息(不包含未知)还是非完备信息(包含未知和变幻),都迫使人类以及其他物种发展出一种特殊的策略去应对它"①。这对大学而言同样是适用的,大学也需要发展出一种特殊的策略去应付这些日益复杂的关系。而信任恰好就具有这样的功能,可以简化大学与政府和社会互动的复杂性。实际上,"信任通过超越可用的信息,以及把行为期待一般化(其中以内在有保证的安全感取代缺失的信息)可降低社会复杂性"②。如前文所述,信任与不确定性、风险以及机会主义行为等相关,并且信任是应对不确定性、风险以及机会主义行为等的手段。由此,信任可以降低大学与外界互动的交易成本,减少不确定性、风险以及机会主义行为。也就是说,信任发挥着大学与外界互动的润滑剂的作用。

总之,在推动大学自主办学的背景下,大学与政府和社会之间的关系将会日益复杂,并且不确定性、风险以及机会主义行为等则可能会成为大学自主办学的绊脚石。由此,应不断建立与提升大学的信任水平,简化与

---

① 郑也夫:《信任论》,中国广播电视出版社2001年版,第99页。
② Niklas Luhmann, *Trust and Power*, Chichester: John Wiley & Sons Ltd, 1979, p. 93.

外界互动的复杂性，促进大学实现自主办学。

3. 信任是大学凝聚资源的基础

本书中的大学信任是指政府和社会在对大学的能力、声誉、风险与不确定性行为等理性分析与自觉认知的基础上，对大学做出的权力与资源的让渡。以此而论，信任，是大学的一种社会资本，是大学自主办学不可或缺的前提性条件，可以为大学带来权力与资源，是大学凝聚自主办学资源的基础。"一般而言，若政府对大学持信任态度，就会下放权力，给予大学办学自主权；反之，政府就不愿意放权或收回权力"①。所以，在推进政校分开、管办分离，完善现代大学制度建设过程中，政府和高校的信任关系是影响政府和高校分权的一个重要因素②。并且，若社会对大学持信任态度，就会给予大学自主办学所需的资源；反之，社会就不会投入相应的资源。在当前我国高等教育改革与发展过程中，"公众与大学的关系状况开始得到人们的极大重视，因为大学的社会信任状况与信任水平往往是一种'社会晴雨表'，它不但可以表征人们与大学之间的合作意愿，而且还可以提供一个考察公众与大学的合作力度的中间环节"③。公众信任大学，就会产生与大学合作的意愿；公众对大学的信任水平越高，与大学合作的意愿与力度就愈强。大学信任在本质上是一种社会资本，是大学的无形财富与资源，是大学在自主办学过程中历史性累积的，表征着大学在公众中的影响力与吸引力，是大学凝聚与调动自主办学资源的源泉。众所周知，资源是大学自主办学的基础与条件，大学自主办学能否实现以及在多大程度上可以实现，取决于大学凝聚与调动资源的能力。大学自主办学的资源分为内部资源与外部资源两种，并且内部资源在一定时间内是一种定量资源。所以，对大学而言如何凝聚与调动外部资源，是大学能否顺利实现自主办学的关键。因为，"对于大学来讲，外部资源是取之不尽的，谁能最大限度地获取外部资源，谁就能获得更大的支持，谁就能在推进大学建设中增加砝码"④，也就能更好地、更加顺利地实现自主办学。

---

① 吴晓春：《信任：建立政府与大学新型关系的路径》，《重庆大学学报》（社会科学版）2014年第9期。
② 刘海波：《政府和高校的信任与分权研究》，《复旦教育论坛》2012年第6期。
③ 张清：《大学的公共信任：概念、结构与功能》，《江苏高教》2010年第5期。
④ 张德祥：《高水平大学建设要重点处理好的八个关系》，《高等教育研究》2009年第6期。

一般来说,"在大学组织外部,社会公众对高校学术水平的尊重和信任、对大学承担国家发展重任的理解与信任、对学者团队和管理团队能否办好大学的信任是大学组织发展过程中必不可少的关键因素"①。大学建立起信任就可以获得政府与社会的权力与资源让渡,高水平的信任将获得更多的权力与资源让渡。失去信任,大学将难以获得生存与发展的资源,由此将失去发展的根基,最终也必将因无力凝聚与调动生存与发展所需资源而走向枯竭。所以,"失去了社会信任的大学组织也就失去了存在的意义与价值,而得到了充分信任的大学组织就能够赢得更多的社会支持,获得更多的资源和价值,从而能够得到更大的发展"②。正是基于这种认识,本书认为大学信任是凝聚与调动大学自主办学资源的基础。

4. 信任是大学凝聚力的增强剂

信任作为大学的一种社会资本,一旦建立起来就具有一种特殊的凝聚与吸引作用。在这个意义上,可以说大学信任是提升大学凝聚力的文化力量,是大学凝聚力的增强剂。

一般而言,大学这个统一称谓很容易掩盖其内部复杂的、彼此迥异的人员构成、组织关系、学科结构、部落文化以及价值追求等客观事实。又加之大学内在运行规律与发展逻辑的推波助澜,大学的人员、组织、学科、文化以及价值等逐渐分离开来,彼此之间的隔阂、差异与鸿沟也呈现出逐渐扩大的趋势。最为明显的体现就是学科高度分化导致的各学科之间壁垒森严,属于不同学科的学者之间的学术旨趣与文化差异也逐渐拉大,不同学院之间的矛盾也因学者差异的拉大而日益加深。在这个意义上,如果说大学正逐渐走向支离破碎,或许并不是危言耸听。如果听之任之而不管不问,大学将走向分崩离析也不是完全没有可能。在信息化时代,知识呈爆炸式增长,学科分化与细化的步伐逐渐加快,并且在可预见的将来,这种发展趋势是必然的、不可逆转的。而大学"在向前演化的进程中,正经历着遗传体系经常遇到的进退两难的困境:一方面,它们本身必须改变以适应社会的新形势,否则将遭受社会的抛弃;另一方面,它们在适应社会的改变中,又不能破坏大学的完整性,不然就将无法完成它们所承担的

---

① 侯志军:《社会资本与大学发展研究》,博士学位论文,华中科技大学,2008年,第170页。
② 梅仪新、杨思帆:《大学组织信任文化的意蕴与意义》,《高教发展与评估》2010年第2期。

社会职责"①。在这种情况下，试图以阻止学科分化而维护大学完整性、统一性的做法是不现实的，而增强大学凝聚力就成了现实且可行的选择。因为，"信赖是在社会之内的最重要的综合力量之一"②，在维护社会凝聚力方面发挥着重要的作用。信任，对大学而言具有同样的作用，可以增强大学的凝聚力，可以说是大学凝聚力的增强剂。大学作为被政府与社会信任的对象，大学内部不同的组织、人员、学科、文化以及价值等，为了维护与延续大学作为被信任对象的集体荣誉感，自然就会产生一种微妙而强劲的向心力，从而又促成彼此分离的不同组织、学科、文化、学者以及价值等共同汇聚于大学这个统一称谓之下。所以，通常而言，"大学组织作为'被信任'的对象，就能够使大学内外部的关系网络更加团结有力，就能够使交往和互动更有效率，能够使资源交换更容易达成，能够形成高质量的合作关系，获得长期而稳定的社会资本，大学内部的凝聚力就越强，在外部也具有更大的影响力"③。

虽然说，这里的信任主要是指政府与社会对大学的信任，而不包括大学内部的信任，但绝不是说大学内部的信任就毫无意义。事实上，大学内部的信任也具有同等重要的作用，它能够促进大学形成和谐、自由、宽松、合作的文化氛围，从而形成大学组织的向心力与凝聚力。并且，大学内部信任也会影响大学信任的提升。所以说，大学内部的信任对大学凝聚力的产生也具有重要的作用。

5. 信任是大学创造力的触发器

信任是动态变化的，动态变化的信任不断地对大学的办学质量做出反馈。获得政府与社会信任意味着大学办学质量受到了认可与肯定，因此信任对大学而言也是一种赞誉与褒奖，而这对大学具有正向激励与强化作用，会不断刺激与激发大学的创造力和积极性。

信任表征着大学的办学质量，是大学自主办学过程中形成的一种办学质量的社会感知系统。公众对大学办学质量的看法都会通过信任反映出来，进而会传递给大学。大学就可以依据公众对大学的信任水平来分析办

---

① [英] 阿什比:《科技发达时代的大学教育》，滕大春等译，人民教育出版社1983年版，第7页。
② [德] 齐美尔:《社会学》，林荣远译，华夏出版社2002年版，第251页。
③ 侯志军:《社会资本与大学发展研究》，博士学位论文，华中科技大学，2008年，第171页。

学质量与公众期待的差距，从而对大学办学行为做出相应的调整与改进，进而提升大学办学质量。由此观之，政府与社会对大学的信任，既是一种鼓励，也是一种约束。鼓励体现为对大学办学质量的满意，而约束则体现为对大学办学质量提升的期待。在本质上，无论是鼓励还是约束，都会对大学产生一种无形的刺激，激发大学持续不断地努力，以持续地改进和提升办学质量。因为，"能获得信任对大学来说，也能带来自由发展的空间，激发起创新和新的探索，而这又引出大学对有利发展机遇的发现……信任可作为一种资本积累起来，它为大学在更大范围的行为开放了更多的机会。相反，信任的缺乏往往会使得大学备受社会压力，导致大学习惯性地墨守成规，把其掩藏在许许多多规则和律令背后"①。在大学依附于政府的时代，大学处于政府的怀抱之中，不用担心质量问题和生存问题，由此也就不会考虑信任的问题。而在推动大学自主办学的时代，大学的生存与发展主要基于办学质量，并通过信任反映出来。信任就成为衡量大学办学质量与水平的一个参照，就在无形中发挥着激发大学创造力的作用，是大学创造力的触发器。此外，大学本身是一个偏于保守的组织，具有固有的惰性，如果没有外界的刺激与推动，大学可能将逐渐与社会发展脱节，最终危及大学存在的合法性。大学信任能在一定程度上表征着大学的办学质量，并且具有动态变化的特征。如此，大学信任对大学的保守性与惰性才会形成一种无形的刺激与压力，从而不断地激发与释放大学的办学活力。

　　由以上的简要分析不难发现，信任对大学创造力的激发不仅体现在正向激励层面，还体现在负向刺激与约束层面，是对大学创造力、活力的全面激发。只有大学的创造力不断地激活与释放，大学自主办学才有源源不断的动力，才能更顺利地实现自主办学的理想目标。

　　（五）大学信任面临的挑战

　　大学信任对大学自主办学而言，具有不可替代的重要性。然而，在大学自主办学过程中，大学信任常常面临着诸多挑战，从而产生大学信任危机。对大学信任危机的披露并不是逞口舌之快，而是公众对大学的关注、对大学的爱、对大学的期待。如果公众不屑于批判大学之过，甚至对大学

---

① 黄波、张清：《大学信任及其研究意义》，《高教探索》2014年第3期。

之过置若罔闻时，那才是大学悲剧真正的开始。所以，批判与质疑主要是为了揭示大学信任危机产生的根源，进而化解大学信任危机。恰如有研究者所指出的那样，"如果没有那些非公正的事情，人们就不知道公正的名字"①。同样，也正是由于当前大学不信任问题屡被披露，大学信任问题才逐渐受到外界的关注与重视，才会反思、审视与分析大学信任危机产生的根源，并寻求化解之道。从学理的角度来讲，大学信任危机的产生是一个复杂的过程，是大学内外部因素共同作用的结果。概而言之，本书认为以下几方面因素是导致大学信任危机愈演愈剧的重要原因。

1. 社会结构性变革导致大学信任危机

大学是一个功能独特的社会组织，处于社会大系统之中，与社会大系统之间不断地进行着物质、能量以及信息的互动与沟通，因而社会大系统的发展与变化必然要不同程度地反映到大学之中。并且，大学信任具有动态变化性，其内涵与外延也随着社会结构性变革而不断变迁。所以，"信任是一种历史依赖的过程，在历史的动态中勾画信任状况，一个社会的信任传统是有'上下文'的，是借助人们的集体记忆，在一定语境中形成的一个文化结构整体。……人们往往受制于集体制的'超稳定'结构下的社会信任"②。就当前我国社会发展的实际情况来看，可以说我们现在面临着严重的社会信任危机，由此也产生了巨大的效率损失和经济损失，而且包含着严重的社会风险③。当前中国社会正处于"一个使人迷茫的时期"，2014年中国社科院发布的《社会心态蓝皮书：中国社会心态研究报告（2014年）》显示，中国"社会信任"终于及格了，但总体信任水平的回升，却并不意味着，"信任危机"的阴影已经不复存在。④ 大学信任根植于社会系统之中，大学信任危机也必然与社会结构性变革密切相关。可以说，大学信任危机是社会结构性变革过程中，社会整体信任水平下降的客观映射。

社会结构性变革是一个复杂的过程，它既是一种物理形态的变革，又

---

① 周辅成：《西方伦理名著选辑》，商务印书馆1996年版，第12页。
② 邱建新：《信任文化的断裂》，社会科学出版社2005年版，第2页。
③ 白春阳：《现代社会信任问题研究》，博士学位论文，中国人民大学，2006年，第49页。
④ 张渺：《中国社会心态研究报告（2014）："社会信任"终于及格了》，http://www.cssn.cn/shx/shx_gcz/201410/t20141022_1372029.shtml，2016年9月25日。

是一种制度与文化的变革，也是一种观念与思想的变革。当前，正处于社会大变革过程之中，怀疑一切、批判一切、否定一切的不信任现象或文化充斥社会的各个角落，公众的思想观念、文化传统以及价值体系等面临一些冲突与矛盾，社会信任水平逐渐降低。如此一来，"在当代中国现代性实践过程中，对于传统的否定，更多的是一种无差别的彻底抛弃。……传统的诚信美德与人格特征，在这股怀疑否定的冲动中被轻率贬视，弃若敝屣，千百年来所形成的人格美德维系的信任关系从根本上被动摇"①，整个社会陷入信任危机之中。改革开放四十余年以来，我国经济、社会、文化以及政治等领域都发生了深刻而复杂的巨大变革，社会开放程度空前提高、各阶层之间的往来互动日益密切、各种新的思想不断涌现与碰撞，传统上以"熟人关系"为基础的社会信任结构被逐渐瓦解。然而，由于经济的发展步伐太快，社会其他领域的建设与发展又远远落后经济的进步，以制度等为基础的新的社会信任结构，并没有随着传统社会信任结构的瓦解而同步建立起来。所以，"中国社会转型中出现了剧烈变化，变化导致较大规模的群体被甩到社会结构以外，并在经济增长成果与社会成员的生活和文化感受之间，经济增长与社会状况改善之间出现了断裂"②。可以说，当前我国正处于传统的社会信任结构已瓦解与新的社会信任结构尚未建立起来的社会信任断裂期，此时各种社会信任关系较为脆弱，总体而言社会信任水平不高，社会处于信任危机之中。与此同时，大学与社会的互动与联系越来越密切，公众对大学的关注与重视也日益提升。在这种背景下，社会信任危机就会自然而然甚至是不可避免地映射到大学中，导致大学信任危机。

社会结构性变革是我国大学改革发展的重要宏观背景，同时也是分析大学信任危机无法绕开的核心因素，如果脱离这个宏观背景来分析大学信任危机问题就不可能得到科学而全面的理解。当然，只从这个宏观背景来寻找大学信任危机的产生原因，也不可能得到科学而全面的理解。

2. 高等教育大众化导致大学信任危机

高等教育质量问题是随着高等教育大众化进程的不断加快而逐渐凸显

---

① 高兆明：《信任危机的现代性解释》，《学术研究》2002 年第 4 期。
② 孙立平：《断裂——20 世纪 90 年代以来的中国社会》，社会科学文献出版社 2003 年版，第 198 页。

的，而高等教育质量问题逐渐凸显导致大学信任危机日益严峻。从这个意义上来说，大学信任危机伴随高等教育大众化而来，高等教育大众化在客观上加剧了大学信任危机，高等教育大众化是大学产生信任危机的重要原因之一。

自 1999 年高等教育扩招政策实施以来，我国高等教育总体规模迅速提升，2005 年前后超越美国，成为名副其实的世界高等教育第一大国。2015 年，我国高等教育毛入学率达到 40%，提前 5 年实现了《国家中长期教育改革和发展规划纲要（2010—2020 年）》设定的 2020 年的目标。1990—2015 年我国高等教育毛入率具体情况如图 4-4 所示。

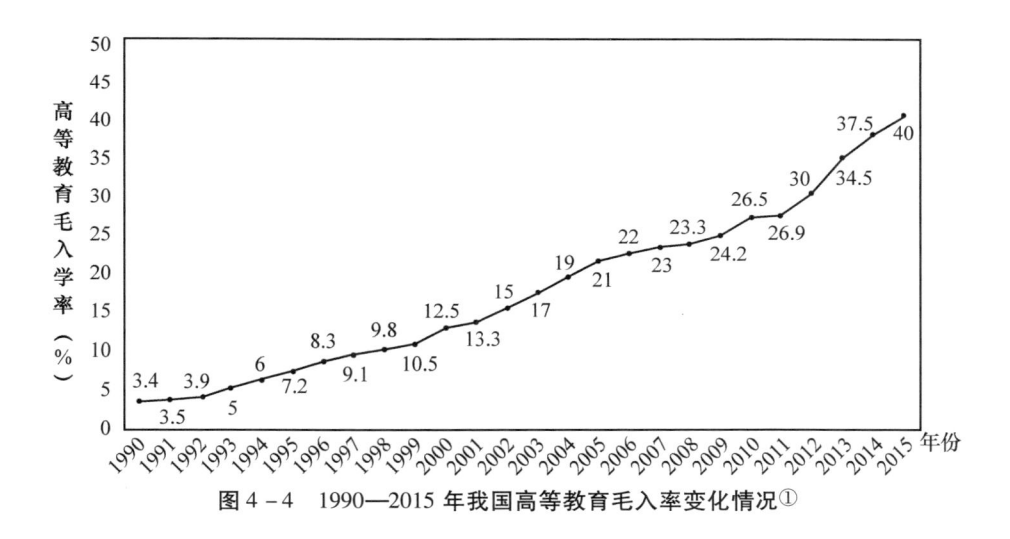

图 4-4　1990—2015 年我国高等教育毛入率变化情况①

从当前我国高等教育改革发展的趋势与形势来看，高等教育普及化时代即将来临。② 对我国高等教育发展史稍做了解即可发现，我国高等教育大众化步伐之所以如此之快，完全是政府强力推动的结果，并且政府的强力推动是在大学没有做好充分准备的情况下进行的。随着高等教育规模的大幅度扩张，高等教育的结构、质量、效益、公平以及办学经费等问题日益显现，高等教育的制度、理念、文化以及价值等问题也逐渐引起公众的

---

① 教育部：《教育事业发展统计公报》，http://www.moe.edu.cn/jyb_sjzl/sjzl_fztjgb/，2016 年 9 月 24 日。
② 林杰：《高等教育普及化时代大学生的特征及其权利保障》，《中国高教研究》2016 年第 3 期。

热议与关注,可以说各种问题随着高等教育大众化的迅猛发展而纷至沓来。马丁·特罗早就指出,"数量增长已引发了许多相关问题:经费、组织、管理(governance),以及教授那些具有多样化倾向与多样化学术潜能的新型学生所构成的挑战"①。我们甚至可以更进一步地说,高等教育发展过程中的各种问题,都可以从高等教育规模的迅速扩张中找到解释。正如有研究者所指责的那样,"大学的迅速膨胀,让身体走在了灵魂的前面,高校的硬件设施可能搭建了起来,但包括师资、专业课程等在内的软功夫尚没有练好,在这种情况下,盲目的招生,从某种程度上来说,就是对学生的不负责任"②。其结果必然会导致大学信任危机。查阅我国历年教育统计年鉴可以发现,自1993年以来,尤其是高校扩招政策实施之后,我国大学生师比逐渐提高,具体情况如图4-5所示。

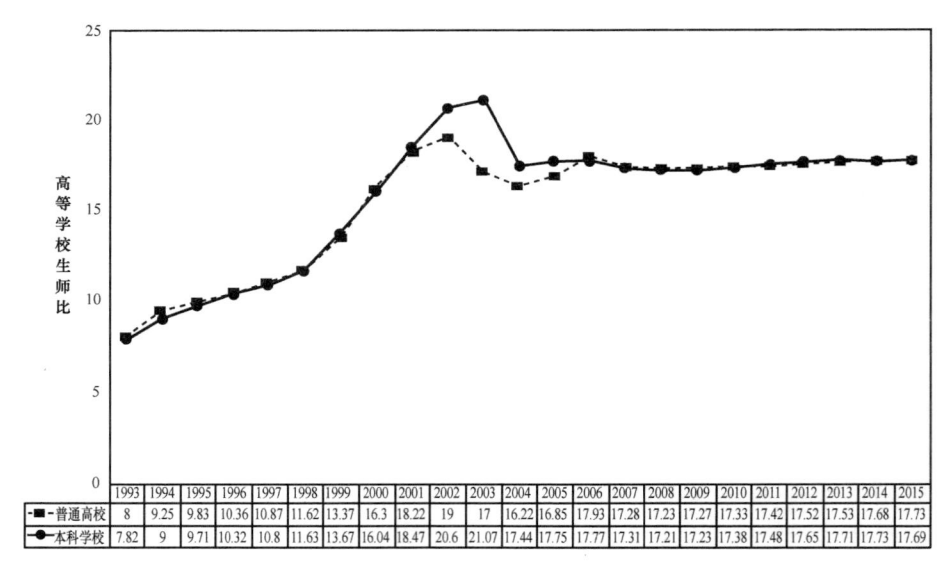

	1993	1994	1995	1996	1997	1998	1999	2000	2001	2002	2003	2004	2005	2006	2007	2008	2009	2010	2011	2012	2013	2014	2015
普通高校	8	9.25	9.83	10.36	10.87	11.62	13.37	16.3	18.22	19	17	16.22	16.85	17.93	17.28	17.23	17.27	17.33	17.42	17.52	17.53	17.68	17.73
本科学校	7.82	9	9.71	10.32	10.8	11.63	13.67	16.04	18.47	20.6	21.07	17.44	17.75	17.77	17.31	17.21	17.23	17.38	17.48	17.65	17.71	17.73	17.69

图4-5 1993—2015年我国高等学校生师比变化情况

也难怪很多学生直到大学毕业也没有认全所有的任课教师,更别提任

---

① [美]马丁·特罗:《从大众高等教育到普及高等教育》,濮岚澜译,《北京大学教育评论》2003年第4期。
② 邱晨辉:《一封来信再揭大学教育弊病》,《中国青年报》2015年7月13日第9版。

课教师认识每一个学生了。如此的师生关系，怎么可能不引起教育质量的下滑，不引起公众的质疑。不仅如此，高等教育大众化发展也改变了公众对大学的认知与期待。在高等教育精英化时代，大学这个名字本身就是品牌、就是质量、就是信誉、就是保证，大学生是"天之骄子"，是大学信任的代言人。近年来，在就业市场上，用人单位以本科出身为依据的招聘歧视现象屡禁不止，本质上就是大学信任危机的客观反映。那些层次更高、级别更高的大学，其信任水平也相对较高，所以选择这类大学的毕业生对用人单位而言就是降低甄选成本，并确保了选择的合理性。事实上，随着高等教育大众化的深入发展，大学不可避免地出现了良莠不齐、滥竽充数、鱼龙混杂的情况。如此一来，亟须大学证明自身存在的价值，去争取、建立、维护与巩固公众的信任，否则必然被高等教育发展的滚滚洪流所淹没。又加上我国高等教育大众化发展是外力强力推动而非大学主动出击的结果，大学质量并没有随着高等教育规模的扩大而同步提升，大学受到公众的质疑与指责就在所难免了。

客观来讲，大众化作为高等教育的一个发展阶段，其本身只是一个对高等教育发展阶段的描述或概括，而与大学信任危机之间并没有必然的因果关系。但是，有一个前提我们需要清楚，我国高等教育大众化并不是在高等教育内在发展规律主导下自然而然地实现的，而是政府在忽视至少也是轻视高等教育内在发展规律的情况下强力推动的。也就是说，是在大学本身不具备大众化基础的情况下实现了大众化。我们甚至可以说，我国高等教育大众化是一个"早产儿"。所以，各种症结与问题必然会随着高等教育大众化的不断发展而涌现，如此必然会导致大学信任危机。

3. 高等教育市场化导致大学信任危机

自十一届三中全会明确提出建立社会主义市场经济体制改革目标以来，我国经济社会各个领域便开始了计划经济体制向市场经济体制转型发展的市场化改革大潮。高等教育作为社会大系统的子系统，自然也难以置身于市场化改革大潮之外。高等教育市场化来势汹汹，势不可挡。并且，高等教育市场化改革最快之时，也是高等教育大众化迅猛发展之时，二者齐头并进、相互作用，一些微妙而深刻的变化便发生了，进而在深层次上不断地冲击与侵蚀着大学信任。

首先，目前我国高等教育市场化改革正处于建立与发展阶段，尚不完善,而竞争与效率等市场的基本原则却已强势介入高等教育领域,这虽在一定程度上提高了高等教育资源配置与利用效率,但也导致了高等教育领域竞争的异化与泛滥。大学之间为争取科研立项、研究基地以及奖励荣誉等而明争暗斗。高等教育"竞争导致了更快的全球化和科技变革,产出了更多的研究成果,但它并不必然导致更好的教学或更高质量的研究"①。甚至有研究者认为,在高等教育领域引入"竞争并没有激发大学或其教师尽可能努力提高教学水平,这与促进计算机公司努力改进其产品的竞争完全不一样"②。由此可见,高等教育领域竞争虽随处可见,但与提高大学信任水平的积极作用相比,其负面影响似乎更大,起码也难以忽视。

其次,随着高等教育市场化步伐的逐渐加快,高等教育公平问题也日益凸显,由此也导致大学信任不断下降。对于学生来说,高等教育市场化对公平的影响主要体现在入学机会和就业机会两个方面。在入学机会方面,高等教育市场化条件下学费的不断上涨提高了高等教育入学门槛,使困难群体的受教育权益受到了威胁。在就业机会方面,高等教育市场化条件下的自主择业制度更有利于拥有丰厚社会资本的学生,而无形之中伤害了弱势群体学生的选择机会;对于大学来说,高等教育市场化并没有形成预想中各类高校公平参与、百花争艳的理想高等教育生态体系,而是导致了各类高校日渐分化、等级日益分明,加快了优质资源向优势高校聚集的步伐,使在竞争中处于劣势地位高校的办学资源日益贫乏、竞争力日渐下降。"强者越强,弱者越弱"的"马太效应"日益严峻。所以,高等教育市场化的盲目发展,既损害了学生入学与就业的公平,也损害了大学之间的公平,进而引起公众对大学的质疑与批判。

最后,由于我国市场经济体制尚处于发展与完善之中,高等教育引入市场机制之时,高等教育的公益性与公共性受到了市场逐利本性的巨大冲击。在计划经济体制下,高等教育是铁板一块,根本没有逐利的余地与空间,高等教育的公益性与公共性的地位是毫无争议、不可撼动的。当然,退一步来说,在计划经济体制下,大学都是"按需生产"的,只有供不应求而无供过于求的问题。所以就算公众对大学质量不满意,但因没有替代

---

① Marginson S., *Markets in Education*, St Leonards: Allen & Unwin, 1997, p. 254.
② Derek Bok, *Universities in the Market Place: The Commercialization of Higher Education*, Princeton: Princeton University Press, 2003, pp. 161 – 162.

者，所以公众没有选择的余地与空间，也就不存在信不信任大学的问题。但是，随着"市场对高等教育的日益渗透，已经使得昔日对真理的追求让位于今日对收入的贪求。随着那道横亘于高等教育所标榜的'公益性质'和它在现实中的糟糕表现之间的沟壑日渐加深，高等教育这座圣殿，这块被公众因为深受其益而鼎力支撑的一方净土，正岌岌可危"①。高等教育市场化对大学公共性与公益性的冲击是深刻的，由此也引起了学术界的广泛关注，这也是推动市场机制在高等教育资源配置过程中发挥基础性作用需要解决好的核心问题。

4. 大学的自我放逐导致大学信任危机

社会结构性变革、高等教育大众化以及高等教育市场化等，固然是大学信任危机产生的重要原因，但这些外部性因素的推动与刺激并不足以，更不必然使大学产生信任危机。大学信任危机是内外部因素共同作用的结果，外部性因素是大学信任危机产生的条件，而外部性因素发挥作用需要以内部性因素为基础，内部性因素才是大学信任危机产生的根本原因。也就是说，如果没有大学的自我放逐，大学信任危机不可能产生，起码不会蔓延得如此之快。

改革开放四十多年来，我国大学经历了深刻而复杂的变化。在不同阶段，大学总是在不断地为满足各种政治的、行政的、经济的目标与要求而忙碌不迭，在尚未摆脱行政化束缚的情况下，又陷入市场化的泥淖。当前，大学办学目标的功利化、学术管理的官僚化、校园文化的泛政治化，已使大学的功能日趋萎缩与退化，大学传承学术和发展学术的功能也不断弱化②，大学逐渐丧失对精神的追求与对文化的敬畏。实际上，"大学危机的根源不在于人才培养质量的下降或科研水平的降低，而在于人们看不到精神生活的希望"③。所以，有研究者认为大学信任危机是大学对"政治和经济上不得已的让步"④，或许并不准确。我们认为大学信任危机是大学在利益驱使下的主动作为，在某种意义上是大学的自我放逐，或许更为客

---

① ［美］弗兰克·纽曼：《高等教育的未来：浮言、现实与市场风险》，李沁译，北京大学出版社 2012 年版，第 4 页。
② 肖雪慧：《教育：必要的乌托邦》，《社会科学论坛》2000 年第 7 期。
③ 王建华：《大学的三种概念》，《高等教育研究》2011 年第 8 期。
④ ［美］约翰·杜威：《学校与社会：明日之学校》，赵祥麟译，人民教育出版社 1994 年版，第 350 页。

观、准确。正如大学学术自由的自我丢失一样，大学的信任也在逐渐地自我丢失。大学本应有的"任尔风吹雨打，我自岿然不动"的情怀与坚守逐渐丢失，在满足外部不同利益需求的同时，大学放逐了自己。

从本质上来说，"大学——无论是综合性的大学还是专门性的大学——的最大作用是营造闲暇与反思的氛围来反抗'能量崇拜'以及行动的狂热"①。然而，不知从何时起，大学不再是激浊扬清、针砭时弊、批判社会的理性堡垒，主动放弃了对理性的坚守、对真理的敬畏、对卓越的渴求、对意义的追寻、对灵魂的守护，反而成了堕落与平庸的助推者。大学正逐渐地自我放逐，正在信任危机的道路上越走越远。

5. 公共媒体异化夸大了大学信任危机

在强调公开、透明的时代，公共媒体成为公众认识大学、接触大学的重要媒介与渠道。然而，"虽然最近公众对大学投了信任票，大学教育中仍然存在着大量难题。媒体继续用一种掺杂了怀疑与无知的沮丧态度来观察大学，他们时而有之的敌意破坏了公众对大学的信任与信心"②。并且，在一个已习惯于褒奖、颂扬与点赞的社会，公众对各类负面报道和丑闻似乎更加敏感。所以，公共媒体并不总是那样的客观公正，常常为了博人眼球、吸引关注而专找负面新闻，甚至故意夸大其实、大加渲染。实际上，"公共媒体对民众利益与诉求的表达，并不总是客观和建设性的，往往具有批判性，有时甚至为迎合公众对于大学的不满情绪，专门寻找大学的问题进行报道，对公众关注的焦点事件加以炒作"③。媒体的推波助澜，在一定程度上放大了大学信任危机问题。而媒体的力量之所以强大，并不在于它揭示了多少不为人知的事实，在于它本身具有放大效果。所以，一些平淡无奇的事实在媒体报道中往往被人理解成惊天骇浪，一所大学的问题经过媒体的报道也成了大学群体败落的征兆。并且，大学声誉的表达与传播往往具有"晕轮效应"，会给公众造成一种以偏概全的认识，认为这个不好其他的方面也都不好，只要一方面出问题，就会由此而及他地推理其他

---

① [美] 欧文·白碧德：《文学与美国的大学》，张沛等译，北京大学出版社 2004 年版，第 8 页。
② [美] 詹姆斯·杜德斯达：《21 世纪的大学》，刘彤等译，北京大学出版社 2005 年版，第 4 页。
③ 唐安奎：《大学公信力危机与重塑》，《教育发展研究》2014 年第 19 期。

方面也存在问题，进而不断地将问题放大，从而严重地影响了大学的公共形象。本身作为公众了解与认识大学，进而增强大学信任的各种媒体，反而却成了助长大学不信任的推手，使大学信任问题更复杂了。

总而言之，大学的公共信任下降使得许多教育改革面临巨大困境，因为所有的教育改革都需要信任氛围的支持，同样，大学内部的相关教师改变其教学技能的教学改革也要仰仗信任来实现[1]。与此同时，我们也应看到信任与不信任之间不断的矛盾运动，是推动大学不断前进与发展的不竭动力。不过就当前我国大学信任的实际状况来看，应尽快建立起新的公众信任，否则大学将有可能陷入"塔西佗陷阱"。也就是说，当大学失去公信力之后，无论是说什么或做什么，公众都会认为是说假话、做坏事。所以，大学应该努力地建立信任、维护信任、巩固信任、发展信任，如此才能为大学自主办学提供坚实的基础。此外，需要说明的是，在信任作为外界对大学让渡权力与资源表征的情况下，信任使大学自主办学内外部关系的互动成为可能，而外界对大学让渡的权力和资源才使这种可能成为现实。外界对大学的信任度高，对大学让渡的权力与资源就多，大学自主办学的空间就大，资源就多。这也是我国大学的层次与级别越高，得到的资源也就越多，与此同时自主办学的状况也相对较好的原因。

---

[1] Tschannen-Moran M., Hoy W. K., "A Multidisciplinary Analysis of the Nature, Meaning, and Measurement of Trust", *Review of Educational Research*, Vol. 70, No. 4, April 2000, pp. 547–593.

第五章

大学自主办学的历史变迁

大学自主办学是一个历史的概念，其内涵随着历史发展而逐渐展开。正如雅斯贝尔斯所言，"从历史中我们可以看见自己，就好像站在时间中的一点，惊奇地注视着过去和未来，对过去我们看得越清晰，未来发展的可能性就越多"①。同样，如果不了解大学自主办学的演进历程，就很难全面而深刻地理解今天大学自主办学的基本状况是如何形成的，也就无从谈起破解当前大学自主办学"放乱收死"的现实困局。大学自主办学是在内外部关系互动过程中实现的一个复杂的历史过程，分析大学自主办学的历史演进也就是分析大学自主办学内外部关系的历史演进。基于这种认识，按照本书对大学自主办学本质的理解与界定，新中国成立以来中央与地方、政府与大学以及社会与大学之间关系的调整与变革，都是大学自主办学的重要组成部分。如此算来，中国大学自主办学的实践至今已近八十年；如果以学术界讨论较多的办学自主权为依据，高教界1979年提出办学自主权至今已四十余年；如果以国家政策文件为依据，1985年发布《中共中央关于教育体制改革的决定》明确提出大学办学自主权至今也已超过三十年。当然，为了更加全面、系统地认识与把握大学自主办学的历史变迁，本书将以1949年为时间起点，以国家出台与发布的相关政策为主要依据，对我国大学自主办学的历史变迁进行系统考察与分析，从而了解我国大学自主办学的"来龙"，把握我国大学自主办学的"去脉"。与此同时，又以本书所界定的大学自主办学内外部关系来全面审视与深刻反思国家出台与发布的相关政策，努力在"理论、政策、实践"三个维度之间实现耦

---

① [德] 雅斯贝尔斯：《什么是教育》，邹进译，生活·读书·新知三联书店1991年版，第58页。

合，从而构建大学自主办学内外部关系的理想形态，进而为大学自主办学提供坚实的内在依托和可靠的外在支撑。

第一节 大学自主办学外部关系的历史变迁

自新中国成立以来，大学自主办学外部关系经历了曲折复杂的发展与演变。从本质上来说，大学自主办学外部关系就是如何处理与协调政府、大学、社会三者之间的关系，也内在地包括如何处理与协调中央政府与地方政府之间关系的问题。本书以1978年十一届三中全会提出的改革开放政策为标志，将新中国成立至今的历史划分为两个发展阶段，对各个发展阶段大学自主办学外部关系的演变历程进行梳理与分析。

一 中央与地方：经过集权与分权多次反复后走向"央地结合"

从本质上来说，中央与地方之间关系的问题，就是在高等教育管理体制上是采用中央集权，还是采用地方分权的问题。而在不同历史时期，中国高等教育管理体制改革又有不同的历史选择，总的趋势是经过集权与分权多次反复后走向"央地结合"。

（一）1949—1978年：中央与地方在集权与分权之间多次反复

1949—1978年，中国社会经历了曲折复杂的历史演变。在这个特殊的历史时期，中国高等教育管理体制改革经历了集权与分权的多次反复。

第一，1949—1958年：中央集权管理时期。1949年10月1日，中央人民政府政务院设立中央人民政府教育部，作为新中国教育事业最高管理机构。1950年5月5日颁发的《各大行政区高等学校管理暂行办法》，明确规定"除华北地区高等学校由中央教育部直接领导外"，"各大行政区高等学校暂由中央教育部或文教部代表中央领导"，"各大行政区高等学校的重要方针，除由中央教育部作一般性的统一规定外各大行政区教育部或文教部亦得作适应地方性之规定，但须报中央教育部核准后始得执行"。① 可以看出，该《办法》虽没有明确提出建立中央集权的管理体制，但从政策

---

① 何东昌：《中华人民共和国重要教育文献（1949—1975）》，海南出版社1998年版，第14页。

话语的角度来看，中央集权管理思想一直贯穿始终，体现得淋漓尽致。1950年6月1日至9日，教育部在北京召开了新中国成立以来的第一次全国高等教育工作会议，毛泽东主席和周恩来总理参加了此次会议，由此可见党和国家对此次会议的重视程度。此次会议讨论并确定了改造高等教育的方针和新中国高等教育的建设方向，对新中国成立初期我国高等教育的改革与发展发挥了重要作用。此次会议之后，主要通过接管、接收、接办以及院系调整等一系列的改革措施，完成了对旧中国国立大学、教会大学以及私立大学等的社会主义改造。为我国高等教育在新时期的改革与发展，奠定了坚实的基础。1950年7月28日通过的《关于高等学校领导关系的决定》，第一次明确地提出"全国高等学校以由中央人民政府教育部统一领导为原则"①。此后，"教育部统一领导"成为我国高等教育集权管理改革的主基调。1952年11月15日，中央人民政府委员会决定，在原有教育部基础上分设高等教育部，以专门行使全国高等教育管理职能，实际上主要就是配合高等教育集权管理改革。"教育部统一领导"的原则得到了1953年5月29日通过的《关于修订高等学校领导关系的决定》②的肯定与强化，实际上这就进一步强化了我国高等教育集权管理改革的基本方向。1954年6月19日，中央人民政府发布了《中央人民政府关于撤销大区一级行政机构和合并若干省、市建制的决定》，明确指出"国家计划经济的建设，要求进一步加强中央集中统一的领导"，进一步强化了各领域中本已存在的中央集权的管理体制。高等教育系统是社会大系统的子系统，社会大系统的改革与调整也会或迟或早的对高等教育管理体制改革产生影响。这次国家层面的集权管理改革对高等教育管理体制改革确实产生了很大的影响，主要体现就是到1954年年末，全国共有188所高等学校，由中央教育行政部门或其他业务部门管理的高校有171所，由省、市、自治区代管的高校只有17所③。至此，中国高等教育集权管理体制得以确立，也就是形成了以"条条为主"（以中央教育行政部门和中央其他业务

---

① 何东昌：《中华人民共和国重要教育文献（1949—1975）》，海南出版社1998年版，第44—45页。

② 何东昌：《中华人民共和国重要教育文献（1949—1975）》，海南出版社1998年版，第212—213页。

③ 郝克明、汪永铨：《中国高等教育结构研究》，人民教育出版社1987年版，第235页。

部门为主）的高等教育管理体制。

  第二，1958—1961年：地方分权管理时期。经过新中国成立初期一系列的改造与调整，基本形成了与计划经济体制相匹配的高等教育集权管理体制。应该说，在新中国成立之初的特定历史时期，这是必要而迫切的，并且也符合当时社会建设与经济发展的客观需要。然而，随着社会建设与发展逐渐步入正轨，高等教育集权管理体制固有的弊端与问题也慢慢凸显与暴露，主要体现就是严重地限制了地方办学的积极性与主动性。此外也在客观上增加了高等教育的管理成本。事实上，1956年4月25日，毛泽东在《论十大关系》中就已深刻地指出了中央与地方之间的关系问题，但直到1958年在高等教育领域才有实际行动。1958年2月11日，一届全国人大五次会议通过的《关于调整国务院所属组织机构的决定》，将原本独立于教育部的高等教育部并入教育部，由此高等教育行政管理职能被弱化。可以说，此举开启了我国高等教育管理体制由中央集权向地方分权改革的序幕。1958年开始的以"鼓足干劲、力争上游、多快好省地建设社会主义"口号为标志的"大跃进"，也全面地渗透到高等教育领域，而这在客观上加快了高等教育管理体制由中央集权向地方分权改革的步伐。1958年4月，中共中央发布了《关于高等学校和中等技术学校下放问题的意见》，明确规定"除了少数综合大学、某些专业学院和某些中等技术学校仍旧由教育部或者中央有关部门直接领导外，其他的高等学校和中等技术学校都可以下放，归各省、市、自治区领导"[①]。将高等学校下放，实际上就是将高等学校管理权力下放，从中央集权管理转向地方分权管理。1958年8月4日，中共中央、国务院发布的《关于教育事业管理权力下放问题的规定》，明确规定"今后对教育事业的领导，必须改变过去条条为主的管理体制，根据中央集权和地方分权相结合的原则，加强地方对教育事业的领导管理"[②]。1958年9月19日，中共中央、国务院发布了《关于教育工作的指示》，指出"各大协作区应该根据自己的实际情况和需要，建立起一个完整的教育体系"，进而明确提出"将以十五年左右的时间来普及

---

  ① 中央教育科学研究所：《中华人民共和国教育大事记（1949—1982）》，教育科学出版社1984年版，第220—221页。
  ② 何东昌：《中华人民共和国重要教育文献（1949—1975）》，海南出版社1998年版，第850—851页。

高等教育"①。可以说,《关于教育工作的指示》拉开了"教育大跃进"的序幕,此后地方政府发展高等教育的积极性和主动性被极大地调动起来。据统计,1957 年、1958 年、1959 年和 1960 年,全国共有普通高等学校分别为 229 所、791 所、841 所和 1289 所②,四年时间增加一千多所高校,其增速之快可以说空前绝后。

虽然高等教育"大跃进"的初衷是为了摆脱苏联模式的影响,从而建立起自己的高等教育体系。但是,在"赶英超美"心态的极大刺激与鼓动之下,"大干快上"占据了主导地位,并且严重地忽视了高等教育发展的客观条件和现实基础,由此高等教育的无度甚至是畸形发展似乎成了必然。"大跃进"式的发展模式,不但严重地损害了高等教育的质量,而且中央政府对地方政府发展高等教育的宏观调控能力也受到严重削弱③,这又为新一轮的集权管理改革埋下了伏笔。

第三,1961—1966 年:中央集权管理时期。1961 年开始的新一轮高等教育集权管理改革,以中共八届九中全会制定的"调整、巩固、充实、提高"的"八字方针"为基本指导思想。1961 年 9 月 15 日,中共中央发布了《中华人民共和国教育部直属高等学校暂行工作条例(草案)》,由于这个《条例》共有十章六十条,故而在我国高等教育发展史上也被称为"高教六十条"。"高教六十条"明确规定,"教育部直属高等学校,行政上受教育部领导,党的工作受省、市、自治区党委领导。省、市、自治区党委和学校党委对这些学校的领导,应该根据中共中央、国务院的方针、政策和教育部的各项有关规定办事"④。"高教六十条"发布之初,只在部分高校实行。1962 年 3 月,周恩来总理在二届全国人大三次会议上的报告,明确指出"高教六十条"可以在全国高等学校中试行。1963 年初,全国试行"高教六十条"的高等学校共有 222 所,其中教育部直属高等学校 24 所,中央各部委领导的高等学校 71 所,省、市、自治区领导的高等学校 127

---

① 《中国教育年鉴》编辑部:《中国教育年鉴(1949—1981)》,中国大百科全书出版社 1984 年版,第 688—690 页。
② 何东昌:《中华人民共和国重要教育文献(附录)》,海南出版社 1998 年版,第 292 页。
③ 朴雪涛:《现代性与大学——社会转型期中国大学制度的变迁》,人民出版社 2012 年版,第 94 页。
④ 《中国教育年鉴》编辑部:《中国教育年鉴(1949—1981)》,中国大百科全书出版社 1984 年版,第 683—699 页。

所。其余高等学校也大都参照了"高教六十条"的精神改进了工作①。"高教六十条"在我国高等教育发展史上具有承前启后的重要意义，是新中国成立以来中央制定的最详尽的管理高等教育的政策文件，对今后很长一段时期内高等教育改革与发展具有方向性和奠基性作用。实际上，"高教六十条"一直沿用至1985年《中共中央关于教育体制改革的决定》的发布与实施。但历史地看，"当时由于克服'教育革命'中'左'的错误造成的混乱局面的需要，'高教六十条'中的有些规定实际退到了'教育革命'前的状态，是部分地向苏联教育模式的回归"②。所以，虽然从政策文本的内容来看，"高教六十条"没有对中央与地方之间关系做出直接规定，但集权管理思想依然居于主导地位，由此也就奠定了这一时期高等教育管理集权改革的基调。1963年5月21日，中共中央、国务院发布的《关于加强高等学校统一领导、分级管理的决定（试行草案）》，明确指出"对高等学校实行中央统一领导，中央和省、市、自治区两级管理的制度。在高等教育工作中，各地区、各部门、各学校，都要贯彻执行中央统一的方针政策；都要遵守中央统一规定的教学制度和其他重要的规章制度；都要按照全国统一的高等教育规划和计划办事"③。该试行草案对教育部、中央业务部门以及省、市、自治区高教（教育）厅（局）等的主要职责做了详细与明确的规定，并且第一次明确提出建立中央与地方两级管理体制的思想。虽然该试行草案给地方保留了部分发展高等教育的权力，但其基本思想依然是集权的，这也是中国高等教育"条块分割"管理体制的滥觞。1964年7月，为了适应高等教育管理权上收的形势，重新恢复了高等教育部，强化了中央对高等教育的管理职能。

总之，通过一系列的改革与调整，中央教育行政部门和其他业务部门的高等教育管理职能得到强化，高等教育集权管理体制得以再次确立。

第四，1966—1978年：地方分权管理时期。应该说，"高教六十条"的颁发与实施在客观上促进了高等教育的繁荣，然而，在"文化大革命"

---

① 《中国教育年鉴》编辑部：《中国教育年鉴（1949—1981）》，中国大百科全书出版社1984年版，第298页。
② 姚启和：《艰难的选择：突破苏联教育模式》，《高等教育研究》1994年第2期。
③ 《中国教育年鉴》编辑部：《中国教育年鉴（1949—1981）》，中国大百科全书出版社1984年版，第93页。

期间，中央再次向地方下放高等教育管理权力，致使全国高等教育呈现无序化发展状态。

实际上，从"文化大革命"开始到1975年恢复教育部为止，我国高等教育管理体制较为混乱，甚至可以说基本处于"瘫痪和半瘫痪状态"。从集权与分权的角度来讲，也是一种畸形的地方分权管理。在此期间我国"教育事业遭到严重破坏，广大教育工作者遭受严重摧残，耽误了整整一代青少年的成长，并且使我国教育事业同世界发达国家之间在许多方面本来已经缩小的差距又拉大起来"①。

（二）1978年至今：构建"中央与地方分级管理、以省为主"的新体制成为主基调

1976年10月，以"四人帮"的粉碎为标志，高等教育领域也开始了"拨乱反正"工作，对"文化大革命"期间遭受严重破坏的高等教育管理体制进行了反思、调整和重建。1977年"高考"的恢复，标志着中国高等教育恢复重建工作正式开始。1978年十一届三中全会提出改革开放政策，则成为中国高等教育管理体制改革进入全新历史阶段的重要宏观背景。

第一，1978—1985年：中央集权管理时期。由于对"文化大革命"期间缺乏中央统一领导而导致高等教育混乱发展的痛苦记忆与反思，新一轮集权管理改革是合理的。1977年8月4日至8日，邓小平同志主持召开了科学和教育座谈会，他明确指出，"教育目前的状况不行，需要有一个机构，统一规划，统一调度，统一安排，统一指导协作"②。这是邓小平同志恢复工作后，召开的第一次科学和教育座谈会，此次座谈会既是我国高等教育在新的历史条件下改革与发展的起点，也是我国高等教育新一轮集权管理改革的开始。1978年2月17日，教育部发布了《关于恢复和办好全国重点高等学校的意见》，明确指出"根据有利于加强党的一元化领导，有利于发挥中央和地方两个积极性，有利于教学和科学研究工作中早见成效的原则，对全国重点高等学校要实行统一领导，分级管理。……面向全国和面向地区的全国重点高等学校，除少数院校实行有关部委直接领导

---

① 教育部法制办公室：《中华人民共和国教育法律法规章汇编》（上），华东师范大学出版社2010年版，第12—18页。

② 《邓小平文选（一九七五——一九八二年）》，人民出版社1983年版，第49页。

外，多数院校实行有关部委和省、市、自治区双重领导，以部委为主"①。该《意见》是"文化大革命"之后，指导我国高等教育改革与发展实践的第一个政策文件。1979年8月30日，教育部向中央提出《关于建议重新颁发〈关于加强高等学校统一领导、分级管理的决定〉的报告》，该《报告》认为1963年颁发的《关于加强高等学校统一领导、分级管理的决定》的试行效果、基本精神和主要规定是好的，是适用于当前高等教育发展的基本形势的。1979年9月18日，中共中央批转了这个报告。

至此，我国又恢复了"文化大革命"之前就已基本形成的"中央统一领导，中央和省、市、自治区两级管理"的高等教育管理体制。不过，这也在无形之中强化了"文化大革命"之前，高等教育管理体制中就已存在的"条块分割"的问题，而"条块分割"也成为此后我国高等教育管理体制改革解决的难题。

第二，1985—1992年："央地结合"管理体制的初步提出。"条块分割"的管理体制，虽然在特定历史时期发挥了重要作用，但在新的历史条件下这种管理体制所产生的重复办学、资源浪费以及质量低下等问题也逐渐凸显与暴露。为了解决"条块分割"所引发的一系列问题，中共中央于1985年又开始了新一轮的高等教育管理体制改革，而"地方分权"也成为新一轮改革的主要特征。1985年5月27日发布了《中共中央关于教育体制改革的决定》，该《决定》取代了实际上指导中国高等教育改革发展多年的"高教六十条"，而成为中国高等教育发展史上又一个具有里程碑意义的政策文件。关于我国高等教育管理体制改革，该《决定》明确指出"为了调动各级政府办学的积极性，实行中央、省（自治区、直辖市）、中心城市三级办学的体制"②。自此以后，"分级管理"也逐渐成为我国高等教育管理体制的一个基本方向。为推进《中共中央关于教育体制改革的决定》的组织实施工作，1985年6月18日，六届全国人大十一次常委会决定撤销教育部，设立国家教育委员会，以统一部署和指导教育体制改革。1986年3月12日，为加强和改进对高等教育的宏观指导和管理，国务院

---

① 《中国教育年鉴》编辑部：《中国教育年鉴（1949—1981）》，中国大百科全书出版社1984年版，第804页。

② 教育部法制办公室：《中华人民共和国教育法律法规规章汇编》（上），华东师范大学出版社2010年版，第12—18页。

发布了《高等教育管理职责暂行规定》，明确指出"国家教育委员会在国务院的领导下，主管全国高等教育工作；国务院有关部门在国家教育委员会的指导下，管理其直属高等学校；省、自治区、直辖市人民政府管理本地区内的高等学校"[1]。事实上，可以将此看作是对 1985 年《中共中央关于教育体制改革的决定》提出的"三级办学体制"的进一步阐述与明确。1988 年 1 月 27 日，国家教委副主任朱开轩在全国高等教育工作会议上指出，"全国和地方高等教育事业，应当由中央和地方两级教育部门统筹规划并负责协调"，"地方教育部门管理普通高等学校的职能应当逐步增强"。并且报告还明确指出，"部门和地方的条块分割体制，不利于国家统筹规划高等教育事业的发展，造成一部分学校、专业的设置、布局不合理，需要投资多，而办学效益不高"[2]。由此可见，此时国家教委已认识到高等教育"条块分割"管理体制的弊端，并且也在努力地解决这个问题。1988 年 5 月 3 日，国务院办公厅在《转发国家教委〈关于推动联合办学和校际协作若干问题的意见〉的通知》中指出，为了克服与解决我国高等教育管理体制的弊端——实际上就是克服与解决"条块分割"的弊端，积极推动与发展高等教育事业，提高教育质量和投资效益，"国家提倡和支持跨部门、跨地区的联合办学，提倡和鼓励高等学校之间各种形式和内容的协作"，"地方教育主管部门应加强统筹、组织、协调本地区高等学校联合与协作的职能"[3]。

事实上，"条块分割"的问题长期困扰着我国高等教育的改革与发展，而解决"条块分割"问题也成为此后中国高等教育管理体制改革的主要任务。然而，以 1985 年《中共中央关于教育体制改革的决定》为代表的一系列政策文件与改革措施，为解决高等教育管理体制中的问题起到了积极的促进作用，但在实践开展过程中并不是非常顺利。

第三，1992—2001 年："中央和地方分级管理、以省为主"管理体制的确立。1992 年 11 月 14 日至 18 日，国家教委在北京召开全国普通高等教育工作会议，此次会议在我国高等教育管理改革与发展过程中具有历史

---

① 教育部法制办公室：《中华人民共和国教育法律法规规章汇编》（上），华东师范大学出版社 2010 年版，第 495—497 页。
② 朱开轩：《贯彻党的十三大精神，深化和加快高等教育的改革——在全国高等教育工作会议上的报告》，《中国高等教育》1988 年第 4 期。
③ 金铁宽：《中华人民共和国教育大事记》（第 3 卷），山东教育出版社 1995 年版，第 1825—1826 页。

第五章 大学自主办学的历史变迁

性的意义。1992年12月8日,发布了此次会议的主文件《关于加快改革和积极发展普通高等教育的意见》,该《意见》明确指出"高等教育管理体制的改革方向是,逐步实行中央与省(自治区、直辖市)两级管理、两级负责为主的管理体制"[①]。1993年2月8日,国家教委又正式下发了此次会议的6个子文件,这些文件几乎涵盖了高等教育管理体制改革的各主要方面,且这些文件的诸多精神都在1993年2月13日中共中央、国务院发布的《中国教育改革和发展纲要》中得到了体现和明确。1993年《中国教育改革和发展纲要》是新中国成立以来发布的第一个教育事业发展规划纲要,"是指导我国教育事业改革和发展的纲领性文件"[②],在我国高等教育改革与发展过程中具有重要的意义。该《纲要》指出要"进一步确立中央与省(自治区、直辖市)分级管理、分级负责的教育管理体制。中央直接管理一部分关系国家经济、社会发展全局并在高等教育中起示范作用的骨干学校和少数行业性强、地方不便管理的学校。在中央大政方针和宏观规划指导下,对地方举办的高等教育的领导和管理,责任和权力都交给省(自治区、直辖市)。按照这个精神中央要进一步简政放权,扩大省(自治区、直辖市)的教育决策权和包括对中央部门所属学校的统筹权"[③]。可以说,这也成为此后我国高等教育管理体制改革的基本指导思想。为贯彻与落实《中国教育改革和发展纲要》的改革精神与措施,1994年7月3日发布了《国务院关于〈中国教育改革和发展纲要〉的实施意见》。该《意见》进一步细化和明确了1993年《中国教育改革和发展纲要》提出的目标和任务,明确指出"高等教育逐步实行中央和省、自治区、直辖市两级管理,以省级政府为主的体制",并提出"争取到2000年或稍长一点时间基本形成以省级政府为主的办学与管理的条块结合的新体制的框架"[④]。此外,国务院办公厅先后于1994年在上海、1995年在南昌、1996年在北戴

[①] 国家教育委员会政策法规司:《中华人民共和国现行教育法规汇编(1990—1995)》(上卷),人民教育出版社1998年版,第577—583页。

[②] 李铁映:《社会主义现代化建设的奠基工程——认真学习、宣传和实施〈中国教育改革和发展纲要〉》,《人民教育》1993年第4期。

[③] 教育部法制办公室:《中华人民共和国教育法律法规规章汇编》(上),华东师范大学出版社2010年版,第19—29页。

[④] 教育部法制办公室:《中华人民共和国教育法律法规规章汇编》(上),华东师范大学出版社2010年版,第37—46页。

河和1998年在扬州召开了四次高等教育体制改革座谈会,这四次会议在我国高等教育发展史上具有重要的意义。其中,1994年在上海召开的会议上,大家就我国高等教育管理体制改革的基本指导思想达成了一致意见,提出了"共建、联合、合并、协作和划转"五种具体的改革形式。① 据李岚清同志回忆,召开的这一系列座谈会"通过总结交流经验,不断统一各方面的认识,使这项改革从局部向全局逐步推进,为在全国进一步对高等教育的管理体制进行较大规模的改革和调整奠定了良好的基础"②。

1995年3月18日,八届全国人大三次会议通过了《中华人民共和国教育法》(以下简称《教育法》),并于1995年9月1日施行。《教育法》是我国教育领域第一部法律,在我国教育法治化建设进程中具有重要的意义。在中央与地方之间关系的问题上,《教育法》第一次以法律的形式明确规定,"国务院和地方各级人民政府根据分级管理、分工负责的原则,领导和管理教育工作","高等教育由国务院和省、自治区、直辖市人民政府管理","国务院教育行政部门主管全国教育工作,统筹规划、协调管理全国的教育事业"③。这也是新中国成立以来,第一次在法律上规定高等教育采取分级管理、分级负责的管理体制,但是具体分几级、以哪一级为主,并没有明确。1995年5月29日,国家教委发布了《关于深化高等教育体制改革的若干意见》,指出"要逐步扩大省、自治区、直辖市人民政府对本地区所有高等学校的统筹、协调管理权",该《意见》进一步强调指出,"高等教育管理体制改革,不是简单地把学校'下放'与'上收',不是将原来'条条'管理简单地改为'块块'管理而继续自成体系,而是要建立与经济、政治、科技、文化体制改革相适应的,有利于高等教育事业的发展和改革的新的高等教育管理体制",因此"要防止历史上曾经出现过的简单地换'婆婆'和'一放就乱、一乱就收'的现象重演;防止'一刀切'、一哄而上和搞形式主义"④。从政策变革的角度来看,这是国家第一次直言不讳地指出大学自主办学"放乱收死"的问题,关于这个问题

---

① 周远清:《加速高教管理体制改革势在必行》,《中国高等教育》1998年第2期。
② 李岚清:《李岚清教育访谈录》,人民教育出版社2003年版,第85页。
③ 教育部法制办公室:《中华人民共和国教育法律法规章汇编》(上),华东师范大学出版社2010年版,第1—9页。
④ 教育部法制办公室:《中华人民共和国教育法律法规章汇编》(上),华东师范大学出版社2010年版,第584—589页。

第五章 大学自主办学的历史变迁

将在下文中详述，此处不再赘述。

1997年1月21日，国家教委发布了《关于转变职能，加强宏观管理，扩大直属高校办学自主权的若干意见》，明确指出"根据我国高等教育体制改革的目标，将加强地方政府对所在地区学校的统筹权，国家教委逐步淡化以'条条'为主的管理办法，促进'块块'的有机结合，进一步发挥学校在区域经济建设和社会发展中的作用"①。1998年3月1日，九届全国人大一次会议通过的《关于国务院机构改革的决定》，决定将国家教育委员会更名为教育部，此后教育部的名称一直沿用至今。1998年8月29日，《中华人民共和国高等教育法》正式通过，并于1999年1月1日起施行。《高等教育法》是我国高等教育领域的第一部法律，它的颁布与实施标志着我国高等教育改革与发展从此步入法治化轨道，为高等学校依法治校的改革与发展奠定了坚实的法律基础。在中央与地方之间关系的问题上，《高等教育法》明确规定，"国务院统一领导和管理全国教育事业。省、自治区、直辖市人民政府统筹协调本行政区域内的高等教育事业，管理主要为地方培养人才和国务院授权管理的高等学校。国务院教育行政部门主管全国高等教育工作，管理由国务院确定的主要为全国培养人才的高等学校"②。这实际上也就是肯定了分级管理、分级负责的高等教育管理体制，但依然没有明确分几级、以哪一级为主的问题。1998年12月24日，教育部发布了《面向21世纪教育振兴行动计划》，该《计划》提出的高等教育管理体制改革的基本目标和方针，与国家教委在扬州召开的全国高等教育管理体制改革座谈会上的提法基本一致，即"继续实行'共建、调整、合作、合并'的方针，今后3—5年，基本形成中央和省级政府两级管理、分工负责，在国家宏观政策指导下，以省级政府统筹为主的条块有机结合的新体制。除少数关系国家发展全局以及行业性很强需由国家有关部门直接管理的高等学校外，其他绝大多数高等学校由省级政府管理或者以地方为主与国家共建"③。

---

① 何东昌：《中华人民共和国重要教育文献（1976—1997）》，海南出版社1998年版，第4138—4139页。
② 教育部法制办公室：《中华人民共和国教育法律法规规章汇编》（上），华东师范大学出版社2010年版，第479—485页。
③ 教育部法制办公室：《中华人民共和国教育法律法规规章汇编》（上），华东师范大学出版社2010年版，第47—56页。

在高等教育管理体制改革过程中，中央与地方之间关系的历史演变可以从多个角度、多个层面得到认识与把握。而从大学隶属关系演变的角度来认识与把握中央与地方之间关系的演变历程，或许是最为直接、最为显见、最为客观的了。所以，此处本研究从大学隶属关系演变的角度，对中央与地方之间关系的历史变迁做简要梳理与阐释。本书以历年的《中国教育统计年鉴》和教育部官网发布的相关统计数据为依据，统计和梳理了1992年至2001年全国普通高等学校数及其隶属关系的历史演变，详情如表5-1所示。

表5-1　　　　1992—2001年全国普通高等学校数及其隶属关系　　　单位：所

年份	全国普通高等学校数量	中央部门			地方政府
		教育部	其他部委	总计	
1992	1053	36	322	358	695
1993	1065	36	325	361	704
1994	1080	36	331	367	713
1995	1054	35	323	358	696
1996	1032	35	311	346	686
1997	1020	35	310	345	675
1998	1022	45	218	263	759
1999	1071	46	202	248	823
2000	1041	72	44	116	925
2001	1225	72	39	111	1114

从表5-1的数据可以看出，1992年到2001年，前后大约用了十年的时间，中国高等教育管理体制改革中的央地关系发生了根本性的转变。对于此次持续近十年的高等教育管理体制改革，李岚清同志曾指出，"近十年来的实践证明，通过'共建、调整、合作、合并'等多种形式进行的高等教育管理体制改革，不仅打破了条块分割、重复办学的局面，实现了优势互补，教育资源的合理重组、配置和充分利用，而且调动了中央、地方以及社会各方面参与办学的积极性，使教育质量和办学效益有了明显提高。改革的实践是成功的，它使我国高等教育管理体制和布局结构发生了

深刻的变化。随着时间的推移，其深远意义将会在今后日益显现出来"①。也就是说，经过一系列的调整与改革，2001年前后在我国高等教育领域，以"中央和地方分级管理，以省为主"的管理体制基本得以确立，历史上长期存在的"条块分割"问题也有了根本性的转变，此后解决"条块分割"问题也不再是我国高等教育管理体制改革的重点。可以说，自此，我国高等教育管理体制改革与发展进入新的历史时期，迈上了新的征程。

第四，2001年至今："中央和地方分级管理、以省为主"管理体制的优化。2001年7月26日，教育部发布了《全国教育事业第十个五年计划》，该《计划》指出2001年至2005年要"全面完成高等教育管理体制改革和布局结构调整，建立、健全中央和省级人民政府两级管理、以省级人民政府管理为主的新体制"②。2004年2月10日，教育部发布了《2003—2007年教育振兴行动计划》，该《计划》明确指出推进高等教育管理体制改革，为高等教育发展提供制度保障，由此需要"完善中央和省级人民政府两级管理、以省级人民政府管理为主的高等教育管理体制"③。2007年5月18日，国务院批转的《国家教育事业发展"十一五"规划纲要》，指出深化体制机制改革，增强教育发展的生机与活力，要"完善中央和省级人民政府两级管理、以省级人民政府为主的高等教育管理体制"④。2010年7月29日，实施的《国家中长期教育改革和发展规划纲要（2010—2020年）》，指出要"完善以省级政府为主管理高等教育的体制"⑤。

总之，从政策话语的角度来看，2001年以来，国家实施与发布的关于高等教育管理体制改革的重大政策与措施都是使用"全面完成""健全""完善"，而不再是此前使用的"形成""建立"等话语。政策话语的转变，也表征着高等教育管理体制改革任务与目标的转换。正如有研究者明

---

① 李岚清：《李岚清教育访谈录》，人民教育出版社2003年版，第86页。
② 教育部：《全国教育事业第十个五年计划》，http://www.moe.edu.cn/jyb_sjzl/moe_177/tnull_2486.html，2016年8月1日。
③ 教育部法制办公室：《中华人民共和国教育法律法规规章汇编》（上），华东师范大学出版社2010年版，第63—73页。
④ 教育部法制办公室：《中华人民共和国教育法律法规规章汇编》（上），华东师范大学出版社2010年版，第74—86页。
⑤ 教育部：《国家中长期教育改革和发展规划纲要（2010—2020年）》，2010年7月29日，http://www.moe.edu.cn/srcsite/A01/s7048/201007/t20100729_171904.html，2016年8月1日。

确指出的那样，从"2001年开始，我国进入高等教育管理体制改革成果的巩固深化期，以加强'共建'为平台，争取国家资源、整合校内资源，积极探索高等教育资源整合的新机制，强化和完善政府的公共服务职能，扩大了省级政府对高等教育的管理权限，调整了中央业务部门高等学校的隶属关系，促进高等学校面向社会依法自主办学"[①]。在新的历史时期，从高校隶属关系的角度来看，自2001年起中央部属高校的数量基本维持稳定，而省属高校数量逐渐增加。2001年至2016年全国普通高等学校数及其隶属关系变化情况，如表5-2所示。

表5-2　　　2001—2016年全国普通高等学校数及其隶属关系　　　单位：所

年份	全国普通高等学校数量	中央部属高校			省属高校
		教育部	其他部委	总计	
2001	1225	72	39	111	1114
2002	1396	72	39	111	1285
2003	1552	73	38	111	1441
2004	1731	73	38	111	1620
2005	1792	73	38	111	1681
2006	1867	73	38	111	1756
2007	1908	73	38	111	1797
2008	2263	73	38	111	2152
2009	2305	73	38	111	2194
2010	2358	73	38	111	2247
2011	2409	73	38	111	2298
2012	2442	73	40	113	2329
2013	2491	73	40	113	2378
2014	2529	73	40	113	2416
2015	2553	76	43	119	2434
2016	2595	76	43	119	2476

---

① 方林佑：《主体身份、政府角色与中介组织地位——关于我国高等教育市场机制的研究》，博士学位论文，湖南师范大学，2013年，第78页。

从表 5-2 中的数据中可以看出，2001 年起"中央和地方分级管理、以省委主"管理体制就已基本确立，但我国高等教育管理体制改革的步伐并没有就此停止。为贯彻与落实《2003—2007 年教育振兴行动计划》的战略部署与任务安排，2004 年，教育部决定以"一省一所"为基本指导原则，将与中西部无教育部直属高校的省（自治区、兵团）共建一所地方高校。2004 年 2 月 27 日，河南省人民政府和教育部签署了共同建设郑州大学的协议，由此拉开了省部共建地方高校工作的大幕。据教育部官网相关统计数据显示，截至 2015 年 5 月 5 日，全国共有省部共建地方高校 43 所，省部共建高校 9 所，详情如表 5-3、表 5-4 所示。

表 5-3　　　　　　　省部共建地方高校情况统计①

名称	序号	共建省（区）	共建高校	共建时间
省部共建	1	河南省	郑州大学	2004 年 2 月 23 日
	2	新疆维吾尔自治区	新疆大学	2004 年 3 月 9 日
	3	云南省	云南大学	2004 年 3 月 11 日
	4	广西壮族自治区	广西大学	2004 年 3 月 18 日
	5	内蒙古自治区	内蒙古大学	2004 年 3 月 24 日
	6	新疆生产建设兵团	石河子大学	2004 年 5 月 24 日
	7	西藏自治区	西藏大学	2004 年 9 月 3 日
	8	宁夏回族自治区	宁夏大学	2004 年 11 月 3 日
	9	青海省	青海大学	2004 年 11 月 24 日
	10	江西省	南昌大学	2004 年 12 月 3 日
	11	贵州省	贵州大学	2004 年 12 月 23 日
	12	山西省	山西大学	2005 年 5 月 13 日
	13	河北省	河北大学	2005 年 11 月 10 日
	14	海南省	海南大学	2007 年 11 月 21 日
	15	河南省	河南大学	2008 年 10 月 17 日
	16	甘肃省	西北师范大学	2009 年 3 月 16 日
	17	陕西省	西北大学	2009 年 3 月 21 日
	18	浙江省	浙江工业大学	2009 年 6 月 8 日

① 教育部：《省部共建地方高校情况统计表（43 所）》，http://www.moe.gov.cn/s78/A08/gjs_left/s7187/s7189/201303/t20130305_148286.html，2016 年 7 月 22 日。

续表

名称	序号	共建省（区）	共建高校	共建时间
省部重点支持	19	陕西省	延安大学	2005年6月9日
	20	吉林省	延边大学	2005年9月7日
	21	湖南省	湘潭大学	2005年12月12日
	22	江西省	井冈山大学	2007年10月19日
省部共建	23	天津市	天津职业技术师范大学	2012年3月7日
	24	广东省	汕头大学	2012年6月29日
	25	浙江省	宁波大学	2012年10月8日
	26	福建省	福州大学	2012年10月14日
	27	重庆市	西南政法大学	2012年10月24日
	28	江西省	江西师范大学	2012年10月30日
	29	福建省	福建师范大学	2012年11月24日
	30	黑龙江省	黑龙江大学	2012年11月28日
	31	上海市	上海大学	2013年4月18日
	32	湖北省	湖北大学	2013年7月18日
	33	安徽省	安徽大学	2013年7月19日
	34	四川省	西南科技大学	2013年8月7日
	35	云南省	云南师范大学	2013年12月9日
	36	安徽省	安徽师范大学	2013年12月9日
	37	山东省	山东师范大学	2014年3月25日
	38	山东省	济南大学	2014年3月31日
	39	北京市	首都师范大学	2014年4月4日
	40	江苏省	江苏师范大学	2014年9月12日
	41	河北省	燕山大学	2014年11月26日
	42	河北省	河北工业大学	2014年11月26日
	43	河北省	河北师范大学	2014年11月26日

表5-4　　　　　　　　　省部共建高校情况统计[①]

序号	共建单位	共建高校	共建时间
1	江苏省、教育部、审计署、财政部	南京审计学院	2011年8月30日

---

① 教育部：《省部部共建高校情况统计（9所）》，http://www.moe.gov.cn/s78/A08/gjs_left/s7187/s7189/201303/t20130305_148285.html，2016年7月22日。

第五章 大学自主办学的历史变迁

续表

序号	共建单位	共建高校	共建时间
2	江苏省、教育部、国家气象局	南京信息工程大学	2012年6月15日
3	辽宁省、教育部、财政部	东北财经大学	2012年4月27日
4	江西省、教育部、财政部	江西财经大学	2012年5月15日
5	山东省、教育部、财政部	山东财经大学	2012年8月23日
6	北京市、教育部、国家广电总局	北京电影学院	2013年3月13日
7	江西省、工业和信息化部、教育部	江西理工大学	2013年6月20日
8	湖北省人民政府、教育部、宝钢集团有限公司、鞍钢集团公司、武汉钢铁（集团）公司、首钢总公司、中国冶金科工集团有限公司、中国中钢集团公司	武汉科技大学	2013年11月14日
9	辽宁省、中国航天工业集团	沈阳航空航天大学	2014年12月5日

实际上，早在1994年国家教委在上海召开的全国高等教育体制改革座谈会上就正式提出了"共建"的改革策略，并以国家教委和中国石油化工集团总公司共建华东理工大学为起点一直延续至今。据教育部官网相关统计数据显示，截至2014年3月13日，教育部直属高校与行业部门共建高校共有57所，非教育部直属高校与行业部门共建高校共有6所，详情如表5-5、表5-6所示。

表5-5　　　　　　教育部直属高校与行业部门共建情况统计[①]

序号	学校	共建时间	共建方
1	华东理工大学	1996年2月5日	国家教委，中国石油化工集团总公司
2	西北农林科技大学	1999年10月19日	教育部、农业部、国家林业局、陕西省、中国科学院
3	北京林业大学	2001年1月15日	教育部、国家林业局
4	中国传媒大学	2001年5月28日	教育部、国家广播电影电视总局
		2004年9月6日	教育部、国家广播电影电视总局

---

① 教育部：《教育部直属高校与行业部门共建情况统计表》，http://www.moe.gov.cn/s78/A08/gjs_left/s7187/s7189/201403/t20140313_165432.html，2016年7月24日。

续表

序号	学校	共建时间	共建方
5	河海大学	2001年8月17日	教育部、水利部
		2005年11月6日	教育部、水利部
6	武汉理工大学	2001年12月20日	教育部、交通部
7	北京交通大学	2002年12月25日	教育部、铁道部
8	西南交通大学	2002年12月25日	教育部、铁道部
9	中国石油大学	2003年9月22日	教育部、中国石油天然气集团公司、中国石油化工集团公司、中国海洋石油总公司、中国化工进出口总公司
10	华北电力大学	2003年11月28日	教育部、国家电网公司、中国南方电网公司、中国华能集团公司、中国大唐集团公司、中国华电集团公司、中国国电集团公司、中国电力投资集团公司
11	北京科技大学	2004年3月30日	教育部,上海宝钢、鞍山钢铁、武汉钢铁、首钢四家集团公司
12	西安电子科技大学	2004年7月2日	教育部、中国电子科技集团公司
		2008年1月15日	教育部、国防科工委、陕西省
13	中央音乐学院	2004年9月3日	教育部、文化部
14	中央戏剧学院		
15	中央美术学院		
16	长安大学	2005年6月26日	教育部、交通部
17	中国矿业大学	2005年8月18日	教育部、国家安全生产监督管理局
		2009年10月18日	教育部、国家安全生产监督管理总局
18	北京邮电大学	2005年10月16日	教育部、信息产业部
19	电子科技大学	2006年3月24日	教育部、中国电子科技集团公司
		2006年9月11日	教育部、信息产业部
		2008年1月15日	教育部、国防科工委
20	中国地质大学	2006年9月5日	教育部、国土资源部
21	北京中医药大学	2006年9月15日	教育部、国家中医药管理局
		2007年12月16日	教育部、卫生部、国家中医药管理局

续表

序号	学校	共建时间	共建方
22	中国海洋大学	2006年9月22日	教育部、国家海洋局
23	北京外国语大学	2007年1月22日	教育部、中共中央对外联络部
		2007年8月20日	教育部、外交部
24	北京化工大学	2007年3月1日	教育部、国家安全生产监督管理总局
		2007年7月4日	教育部、中国石油化工集团集团
25	中南大学	2008年1月15日	教育部、国防科工委、湖南省
26	中国农业大学、南京农业大学、华中农业大学、西北农林科技大学、西南大学、上海交通大学、浙江大学、吉林大学	2009年5月27日	教育部、农业部
27	吉林大学地学部	2009年6月16日	教育部、国土资源部
28	北京大学、清华大学、北京师范大学、中国地质大学（北京）、天津大学、大连理工大学、上海交通大学、同济大学、南京大学、河海大学、浙江大学、厦门大学、中国海洋大学、武汉大学、中国地质大学（武汉）、武汉理工大学、中山大学（华东师范大学、华南理工大学、华中科技大学，2011.3.9补）	2010年9月16日	教育部、国家海洋局
29	北京大学、北京协和医学院（清华大学医学部）、吉林大学、复旦大学、上海交通大学、浙江大学、华中科技大学、中南大学、中山大学、四川大学	2010年10月26日	教育部、卫生部
30	北京林业大学、东北林业大学、西北农林科技大学	2010年11月29日	教育部、国家林业局
31	对外经济贸易大学	2010年12月28日	教育部、商务部
32	中南大学、湖南大学	2011年5月24日	教育部、国防科工局、湖南省

续表

序号	学校	共建时间	共建方
33	河海大学、武汉大学、清华大学、中国农业大学、天津大学、大连理工大学、四川大学、西北农林科技大学	2011年6月10日	教育部、水利部
34	武汉大学	2012年3月31日	教育部、新闻出版总署
35	中央财经大学、东北财经大学、上海财经大学、江西财经大学、山东财经、中南财经政法大学	2012年4月24日 4月27日、5月14日、5月15日、8月23日、10月23日	教育部、财政部、相关地方政府
36	北京交通大学	2012年4月26日	教育部、铁道部、北京市
37	北京大学、清华大学、天津大学、上海交通大学、南京大学、浙江大学、华中科技大学、四川大学、电子科技大学、重庆大学、西安电子科技大学	2012年6月11日	教育部、国防科工局
38	长安大学	2012年7月20日	教育部、国土资源部
		2013年2月5日	教育部、住建部
39	合肥工业大学	2013年4月24日	教育部、工业和信息化部

表5-6　　　　　教育部非直属高校共建情况统计[①]

序号	学校	共建时间	共建方
1	北京协和医学院（清华大学医学部）	2002年9月11日	教育部、卫生部
2	大连海事大学	2006年12月22日	交通部、教育部、辽宁省人民政府、大连市人民政府
3	哈尔滨工程大学	2007年6月8日	国防科工委、教育部、黑龙江人民政府、海军
4	暨南大学	2011年4月16日	国务院侨办、教育部、广东省人民政府

---

① 教育部：《教育部非直属高校共建情况统计表》，http://www.moe.gov.cn/s78/A08/gjs_left/s7187/s7189/201403/t20140313_165432.html，2016年7月24日。

续表

序号	学校	共建时间	共建方
5	中国青年政治学院	2012年7月5日	共青团中央、教育部
6	外交学院	2013年7月2日	外交部、教育部

从共建的高校来看，1994年提出并于1996年正式实施的"共建"改革策略与2004年开始实施的"省部共建"，虽都是强调"共建"，但两者还是存在一些差异。1994年的"共建"策略主要是部委与省（直辖市）共建共管原部委所属的高校，在周远清同志看来此举是"淡化学校单一隶属关系""打破条块分割，建立条块结合的管理体制"[①]的有效机制和重要途径。而2004年实施的"省部共建"主要是教育部与地方政府共建地方高校，其目的是"深入落实科学发展观，缩小东西部高等教育的差距，促进高等教育的健康、协调和可持续发展"，"也是对我国高等教育管理体制改革的进一步巩固、完善和深化"[②]。历史地看，虽然1994年和2004年两次"共建"策略的出发点、针对的高校以及涉及的部门等都不尽相同，但在增加高等教育资源、拓展高等学校服务面向以及加强高等学校与社会之间联系等方面都发挥了重要作用，并且都在客观上为构建和巩固"条块结合"的高等教育管理体制起到了积极的促进作用。

由此观之，"共建"策略对优化与完善"中央和地方分级管理、以省为主"管理体制具有重要的促进作用，并且其作用将会在未来高等教育改革发展实践过程中越发凸显。当然，在实施与开展"共建"工作的同时，国家也连续出台与实施了一系列的改革措施来优化与完善高等教育管理体制。

二 大学与政府：大学从完全处于政府控制之中到逐渐获得办学自主权

政府与大学之间的关系是影响大学发展的核心因素，同时也是认识与把握大学自主办学外部关系的关键。政府与大学之间的关系问题，实际上

---

① 周远清：《加速高教管理体制改革势在必行》，《中国高等教育》1998年第2期。
② 教育部省部共建工作研究中心：《省部共建简介》，http://www.sxu.edu.cn/yjjg/sbgjyjzx/news/News_View.asp?NewsID=301，2016年7月24日。

就是大学是否以及在多大程度上享有办学自主权的问题。因而，本研究以大学办学自主权为主要线索，对新中国成立以来政府与大学之间的关系进行梳理与分析。

（一）1949—1978 年：大学完全由政府主导

在改革开放前，社会与政府是一体的，大学与政府是同构的，而政府是全能的，政府是一切社会活动的主导者与控制者。在这种背景下，政府与大学之间的关系问题，很少引起政府的关注。也就是说，改革开放前，大学毫无办学自主权可言。这可以通过以下三个主要政策文件得到理解。1950 年 8 月 14 日，政务院批准了教育部颁发的《高等学校暂行规程》，这是新中国成立之初国家管理高等教育的一个重要文件，它明确规定"大学及专门学院的设立与停办，由中央人民政府教育部报请中央人民政府政务院决定之"，"大学及专门学院设若干学系，其设立或变更由中央教育部决定之"，"大学如有必要，得设学院，并在学院内部设若干学系；学院及学系的设立或变更，由中央教育部决定之"[1]。可以说，《高等学校暂行规程》在大的方向上决定了大学从属于政府的地位，而其后的一些相关政策文件则将这个思想沿用到大学内部具体事务的管理方面。1953 年 10 月 11 日，政务院发布了《关于修订高等学校领导关系的决定》，明确指出"凡中央高等教育部所颁布的有关全国高等教育的建设计划（包括高等学校的设立或停办、院系及专业设置、招生任务、基本建设任务）、财务计划、财务制度（包括预决算制度、经费开支标准、教师学生待遇等）、人事制度（包括人员任免、师资调配等）、教学计划、教学大纲、生产实习规程，以及其他重要法规、指示或命令，全国高等学校均应执行。其有必要变通办理时，须经中央高等教育部或由中央高等教育部报请政务院批准"[2]。可以看出，在这一体制之下，大学并没有办学自主权，所有事务都由政府决定。1961 年 9 月 15 日，中共中央印发的《中华人民共和国教育部直属高等学校暂行工作条例（草案）》，也完全贯彻与践行了上述两个文件的基本精神，对教育部直属高校的规模、学制、专业、教学计划以及课程体系等

---

[1] 何东昌：《中华人民共和国重要教育文献（1949—1975）》，海南出版社 1998 年版，第 45—46 页。

[2]《中国教育年鉴》编辑部：《中国教育年鉴（1949—1981）》，中国大百科全书出版社 1984 年版，第 781 页。

建设都做了具体的规定,该《条例》指出"教育部直属高等学校规模的确定和改变,学制的改变和改革,都必须经过教育部批准""专业的设置、变更和取消,必须经过教育部批准","学校必须按照教育部制订或者批准的教学方案、教学计划组织教学工作""专业设置、教学方案、教学计划、教学大纲和教材要力求稳定,不得轻易变动。课程和学科体系的重大改变,必须经过教育部批准"①。

从政策话语的角度来看,且不说大学设立与变更等宏观问题需要以政府指令为依据,就是大学院系设置、专业设置、人事安排、经费使用以及基础建设等活动基本都处于政府的控制与管理之中,大学没有自主办学的空间。正如马寅初1951年6月就任北京大学校长时指出的那样,"同学们或许要听我的建校方针,这点不免使诸位失望。我认为建校方针是中央所定,一个大学校长只有工作任务,没有建校方针。一个大学校长应当以执行中央的政策,推动中央的方针为己任"②。马寅初的上述话语虽是在新中国成立之初中央高度集权的背景下所说,但改革开放之前,这一状况没有发生实质性的改变。

(二) 1978年至今:落实与扩大大学办学自主权成为主旋律

1978年以后,我国政治、经济、社会等领域发生了天翻地覆的变化。在此背景下,政府与大学之间的关系也发生了复杂的演变,而落实与扩大大学办学自主权成为高等教育改革与发展的主旋律。

第一,1978—1985年:大学办学自主权的提出。1979年12月6日,几位具有远见卓识的大学领导人,在《人民日报》发文呼吁"给高等学校一点自主权",自此以后,我国大学办学自主权问题逐渐受到各界的广泛关注与高度重视,由此而正式走上高等教育改革发展的历史舞台。1980年12月13日,教育部部长蒋南翔在教育工作座谈会上指出,"关于扩大高等学校自主权,教育部是赞成和支持的。在必要的统一规划下,充分发挥学校的主动性、积极性,是有益的",但他又强调指出,当前"只是抛砖引玉,引起同志们的讨论,并不是定稿",因为"有许多问题涉及国家计划、人事、财政、劳动、外事、公安等有关部门的现行规章制度,并不属于教

---

① 《中国教育年鉴》编辑部:《中国教育年鉴(1949—1981)》,中国大百科全书出版社1984年版,第683—699页。

② 杨勋等:《马寅初传》,北京出版社1986年版,第171页。

育部的权限，需要同有关部门协商以后，才能决定"①。由此可见，教育部对高等学校办学自主权问题是非常谨慎的，这也反映出高校办学自主权是一个复杂的系统性问题。因此，大学办学自主权问题的正式提出，虽然点燃了人们解决大学长期缺乏办学自主权问题的希望，但由于整个政治经济大环境并未给解决这个问题提供较为明朗的方向，所以大学办学自主权提出之初并没有对实践产生多大影响。1984年10月20日发布了《中共中央关于经济体制改革的决定》，一时之间"放权"成为政治、经济以及社会等诸领域改革的主基调。在此背景下，1984年，教育部部长何东昌指出，"当前中国高等学校管理权限过于集中，管得过多，统得过死，必须在改革中给学校放权"②。至此，大学办学自主权成为中国高等教育管理体制改革的关键词，不过此时尚没有国家政策文件予以确认。

第二，1985—1998年：大学办学自主权的法律确认。1985年发布的《中共中央关于教育体制改革的决定》，明确指出"改革管理体制，在加强宏观管理的同时，坚决实行简政放权，扩大学校的办学自主权"③，并进一步对大学应享有的办学自主权进行了细化与明确。这是国家政策文件第一次明确提出大学办学自主权，在我国高等教育管理体制改革过程中具有重要意义和深远的影响。1986年3月12日，国务院发布的《高等教育管理职责暂行规定》，将大学办学自主权进一步细化、明确和扩展为人才培养、经费使用、学校基建、人事管理、职称评聘、教学实施、科学研究以及对外交流八个方面④。1992年8月21日，国家教委同时发布了《关于国家教委直属高校内部管理体制改革的若干意见》⑤和《关于国家教委直属高校深化改革，扩大办学自主权的若干意见》⑥，不但对高校的办学自主权做了

---

① 蒋南翔：《总结历史经验　调整教育工作——在教育工作座谈会上的总结摘要》，《人民教育》1981年第1期。
② 《中国年鉴》编辑部：《中国年鉴（1985）》，新华出版社1985年版，第468页。
③ 教育部法制办公室：《中华人民共和国教育法律法规规章汇编》（上），华东师范大学出版社2010年版，第12—18页。
④ 教育部法制办公室：《中华人民共和国教育法律法规规章汇编》（上），华东师范大学出版社2010年版，第495—497页。
⑤ 国家教育委员会政策法规司：《中华人民共和国现行教育法规汇编（1990—1995）》（上卷），人民教育出版社1998年版，第605—608页。
⑥ 国家教育委员会政策法规司：《中华人民共和国现行教育法规汇编（1990—1995）》（上卷），人民教育出版社1998年版，第608—610页。

全面细致的说明，并且第一次明确提出高校的法人地位问题，为高校办学自主权的法治化指明了方向。此后，又经过1992年12月8日的《关于加快改革和积极发展普通高等教育的意见》①、1993年2月13日的《中国教育改革和发展纲要》②、1995年5月29日的《关于深化高等教育体制改革的若干意见》③ 以及1997年1月21日的《关于转变职能，加强宏观管理，扩大直属高校办学自主权的若干意见》④ 等一系列改革措施的酝酿、探索、积累与推动，1998年8月29日《中华人民共和国高等教育法》⑤ 终于通过。1979年高等教育界提出的高校办学自主权和1992年提出的高等学校法人地位问题，到1998年终于有了法律依据与基础，这在我国高等教育发展史上具有划时代的意义。

自此以后，推进与落实大学办学自主权，逐渐成为中国高等教育管理体制改革的主线之一，由此也拉开了政府与大学之间关系问题改革的大幕。

第三，1998—2010年：大学办学自主权的推进与落实。《高等教育法》颁布与实施之后，各界讨论大学办学自主权问题的性质与此前相比已截然不同。在此之前，各界讨论大学办学自主权问题更多的是强调大学享有办学自主权的合法性。《高等教育法》颁布与实施之后，学术界的相关研究更多的是如何推进与落实大学办学自主权。

1998年12月24日，教育部发布了《面向21世纪教育振兴行动计划》，进一步强调指出要"切实落实《高等教育法》关于'高等学校应当面向社会，依法自主办学，实行民主管理'的规定，扩大高校办学自主权"⑥。

---

① 国家教育委员会政策法规司：《中华人民共和国现行教育法规汇编（1990—1995）》（上卷），人民教育出版社1998年版，第577—583页。
② 教育部法制办公室：《中华人民共和国教育法律法规规章汇编》（上），华东师范大学出版社2010年版，第19—29页。
③ 国家教育委员会政策法规司：《中华人民共和国现行教育法规汇编（1990—1995）》（上卷），人民教育出版社1998年版，第584—589页。
④ 何东昌：《中华人民共和国重要教育文献（1976—1997）》，海南出版社1998年版，第4138—4139页。
⑤ 教育部法制办公室：《中华人民共和国教育法律法规规章汇编》（上），华东师范大学出版社2010年版，第479—485页。
⑥ 教育部法制办公室：《中华人民共和国教育法律法规规章汇编》（上），华东师范大学出版社2010年版，第47—56页。

1999年6月13日，中共中央、国务院发布的《中共中央、国务院关于深化教育改革全面推进素质教育的决定》，明确指出"按照《中华人民共和国高等教育法》的规定，切实落实和扩大高等学校的办学自主权，增强学校适应当地经济社会发展的活力"，并指出要"进一步扩大高等学校招生、专业设置等自主权，高等学校可以到外地合作办学"①。2004年2月10日，教育部发布了《2003—2007年教育振兴行动计划》，明确指出要"规范教育行政部门在政策制定、宏观调控和监督指导方面的职能，依法保障地方教育行政部门的教育统筹权和学校办学自主权"②。2007年5月18日，国务院批转了教育部制定的《国家教育事业发展"十一五"规划纲要》，该《纲要》明确指出要"完善学校法人制度，建立和完善现代大学制度""依法规范和落实学校办学自主权，鼓励学校开拓创新，办出风格和特色""加强学校管理，推进科学民主办学和依法办学"③。该《纲要》对各级教育行政部门的职责做出了明确的规定，指出要"明确各级教育行政部门的管理和服务职责，坚持依法行政，减少审批项目，规范行政审批。改进管理方式，更加注重运用法律、规划、拨款、标准、信息服务等手段，对教育进行宏观管理。全面加强教育规划工作，建立规划的动态调整和实施监测机制"④。从总体上来看，该《纲要》是对《高等教育法》实施之后一系列改革政策与措施的继承与延续，但该《纲要》首次提出要"落实行政执法责任，加强行政执法工作，完善监督机制，健全权益救济机制"⑤，在我国高等教育政策史上具有重要的意义，但"救济机制"至今没有建立起来。

事实上，虽然大学办学自主权已得到法律的确认，国家为落实和扩大大学办学自主权也发布与实施了一系列改革政策与措施。然而，却没有找

---

① 教育部法制办公室：《中华人民共和国教育法律法规规章汇编》（上），华东师范大学出版社2010年版，第30—36页。
② 教育部法制办公室：《中华人民共和国教育法律法规规章汇编》（上），华东师范大学出版社2010年版，第63—73页。
③ 教育部法制办公室：《中华人民共和国教育法律法规规章汇编》（上），华东师范大学出版社2010年版，第74—86页。
④ 教育部法制办公室：《中华人民共和国教育法律法规规章汇编》（上），华东师范大学出版社2010年版，第74—86页。
⑤ 教育部法制办公室：《中华人民共和国教育法律法规规章汇编》（上），华东师范大学出版社2010年版，第74—86页。

到合适的抓手来推动大学自主办学实践的发展，学术界的很多讨论都集中在宏观层面的论述而很难落地。

第四，2010年至今：大学办学自主权的完善与优化。2010年7月29日，正式实施的《国家中长期教育改革和发展规划纲要（2010—2020年）》，明确指出"各类高校应依法制定章程，依照章程规定管理学校"①。客观来说，该《纲要》对大学章程的重视与强调，为完善与优化大学办学自主权指明了方向。虽然，1999年实施的《高等教育法》就已明确规定章程是大学设立的基本条件之一，并对章程的内容、作用以及性质等基本问题做了说明与规定，确立了章程的法律地位。然而，大学章程这个问题在此后很长一段时间内并没有引起各界足够的重视与关注，直到2010年《纲要》的发布与实施才有了实质性的进展。自此以后，无论是在国家政策文件之中，还是在学术界的相关研究中，大学章程都成为大学自主办学完善与优化的依据与保障。2011年11月28日，教育部发布了《高等学校章程制定暂行办法》，该《办法》明确指出"章程是高等学校依法自主办学、实施管理和履行公共职能的基本准则。高等学校应当以章程为依据，制定内部管理制度及规范性文件、实施办学和管理活动、开展社会合作""高等学校的举办者、主管教育行政部门应当按照政校分开、管办分离的原则，以章程明确界定与学校的关系，明确学校的办学方向与发展原则，落实举办者权利义务，保障学校的办学自主权"②。该《办法》是我国高等教育发展史上第一个为规范、推动与落实大学章程建设而专门出台与实施的政策文件，《办法》不但对大学章程的建设与推进具有重要的促进作用，而且也为完善与优化大学办学自主权相关问题提供了基本的依据和规范，是大学自主办学的基本准则。2012年11月22日，教育部发布了《全面推进依法治校实施纲要》，指出"要以建设现代学校制度为目标，落实和规范学校办学自主权，形成政府依法管理学校、学校依法办学、自主管理、教师依法执教，社会依法支持和参与学校管理的格局"，进一步明确指出要"加强章程建设，健全学校依法办学自主管理的制度体系""牢固树立

---

① 教育部：《国家中长期教育改革和发展规划纲要（2010—2020年）》，2010年7月29日，http://www.moe.edu.cn/srcsite/A01/s7048/201007/t20100729_171904.html，2016年8月1日。

② 教育部：《高等学校章程制定暂行办法》，http://www.moe.gov.cn/srcsite/A02/s5911/moe_621/201111/t20111128_170440.html，2016年8月1日。

依法办学、依据章程自主管理"①。2014 年 7 月 8 日，国家教育体制改革领导小组办公室发布了《关于进一步落实和扩大高校办学自主权，完善高校内部治理结构的意见》，指出"健全以章程为统领规范行使办学自主权的制度体系。认真落实《高等学校章程制定暂行办法》，加快章程建设"②。2015 年 5 月 4 日，教育部发布了《关于深入推进教育管办评分离，促进政府职能转变的若干意见》，指出"在制定和修订相关法律法规时，进一步研究明确各级各类学校办学自主权；通过政府简政放权，进一步落实各级各类学校的法定办学自主权；通过完善法律救济机制，切实维护学校、师生合法权益"③。2016 年 1 月 7 日，教育部发布了《依法治教实施纲要（2016—2020 年）》，指出要"大力推进学校依章程自主办学。积极推进现代学校制度建设。按照法治原则和法律规范，加快建设依法办学、自主管理、民主监督、社会参与的现代学校制度，构建政府、学校、社会之间的新型关系"④。

总而言之，从政策的角度来看，国家在探索以章程为基础的大学自主办学，并且已在全国高校切实地推行与开展了章程建设工作。然而，从当前的实践来看，以章程为基础的大学自主办学依然处于完善与优化阶段。

三 大学与社会：大学从完全封闭状态到逐渐社会化

社会与大学之间的关系是影响大学发展的重要因素，也是考察大学自主办学外部关系演变的一个重要维度。从政策的角度来看，新中国成立以来社会与大学之间关系发展的总体趋势是大学逐渐地社会化，这既表现为大学逐渐向社会拓展，又表现为社会逐渐向大学渗透，但这是一个缓慢的、渐进的过程。

---

① 教育部：《全面推进依法治校实施纲要》，http://www.moe.gov.cn/srcsite/A02/s5913/s5933/201212/t20121203_146831.html，2016 年 8 月 1 日。
② 教育部：《关于进一步落实和扩大高校办学自主权，完善高校内部治理结构的意见》，2014 年 12 月 22 日，http://www.moe.gov.cn/s78/A02/zfs__left/s6528/s6529/201412/t20141222_182222.html，2016 年 8 月 1 日。
③ 教育部：《关于深入推进教育管办评分离　促进政府职能转变的若干意见》，http://www.moe.gov.cn/srcsite/A02/s7049/201505/t20150506_189460.html，2016 年 8 月 8 日。
④ 教育部：《依法治教实施纲要（2016—2020 年）》，http://www.moe.gov.cn/srcsite/A02/s5913/s5933/201605/t20160510_242813.html，2016 年 8 月 1 日。

第五章　大学自主办学的历史变迁

（一）1949—1978年：大学完全处于封闭状态

改革开放前的三十年，是一个特殊的历史时期，从总体上来说这一时期政府决定大学一切事务。在改革开放之前的大部分时间里，大学与外界的任何交流与互动都需要通过政府，大学是封闭的。从总体上来看，在改革开放之前，大学与社会之间几乎没有直接联系，大学处于完全封闭状态。

（二）1978年至今：大学社会化改革成为时代主题

1978年以后，随着改革开放政策的提出与推进，尤其是市场经济体制改革目标的提出与确立，大学社会化改革与发展逐渐成为时代主题。大学社会化改革与发展并不是一蹴而就的，是一个渐进的、缓慢的过程。

第一，1978—1993年：大学社会化改革目标的提出。改革开放之后，社会与大学之间的互动是从大学招生制度改革开始，并逐步扩展到大学的多个方面。1978年3月4日，国家计委和教育部联合发出通知，"为充分利用学校的办学能力，在普通高校招收走读生。走读的学生，在校期间和毕业后的待遇，与住校生相同"[1]。1985年5月27日，中共中央发布的《中共中央关于教育体制改革的决定》，明确指出要改革高等学校统一招生与统一分配的制度，实行以下三种办法：国家计划招生、用人单位委托招生还可以在国家计划外招收少数自费生。随着招生制度改革的不断推进，高校招生规模也在逐渐扩大。如此一来，对高校的后勤服务工作就提出了新的要求，由此该《决定》指出"高等学校后勤服务工作的改革，对于保证教育改革的顺利进行，极为重要。改革的方向是实行社会化"[2]。与此同时，该《决定》还指出"在国家统一的教育方针和计划的指导下，扩大高等学校的办学自主权，加强高等学校同生产、科研和社会其他各方面的联系，使高等学校具有主动适应经济和社会发展需要的积极性和能力"[3]。由此可以看出，该《决定》的相关规定体现出明显的社会化取向，亦即市场化取向，并且该《决定》还历史性地明确了高等学校的办学自主权，两相

---

[1]　郭歆、夏晓勤：《我国高等教育市场化的源头和动力———一种新制度主义分析》，《清华大学教育研究》2003年第6期。

[2]　教育部法制办公室：《中华人民共和国教育法律法规规章汇编》（上），华东师范大学出版社2010年版，第12—18页。

[3]　教育部法制办公室：《中华人民共和国教育法律法规规章汇编》（上），华东师范大学出版社2010年版，第12—18页。

呼应便成为我国高等学校社会化（亦即市场化）改革的开端与动力。同时，我们还要注意到，此时依然强调要"在国家统一的教育方针和计划的指导下"进行，可以看出此时国家对扩大大学办学自主权的态度是非常谨慎的，并且具有浓厚的计划色彩。实际上，1985年《中共中央关于教育体制改革的决定》，是与1984年《中共中央关于经济体制改革的决定》相配套的教育改革政策，主要就是为了配合与贯彻十二届三中全会关于经济体制改革的决定，解决"多出人才、出好人才"的紧迫问题[①]。1986年3月12日，国务院发布的《高等教育管理职责暂行规定》所指出的高校面向社会办学、与本部门与地方联合办学、加强与科研机构和生产部门的联合与合作等，都是在隐含地表达大学社会化改革的目标。[②] 1988年1月27日，国家教委副主任朱开轩在全国高等教育工作会议上，明确提出"要根据高等教育的规律和特点，正确地引入竞争机制"[③]。1988年1月30日，国务院总理李鹏在此次会议上也发表了讲话，他的讲话基本上肯定了朱开轩的报告，但是他对高等教育领域引入竞争机制的观点依然保持高度的警醒，指出"在国家计划的指导下，把竞争机制正确地引入高等学校，能使高等教育事业充满生机与活力。但是，必须注意把竞争机制引入学校的时候，要根据教育的规律和特点，考虑高等教育的实际状况，形成适合学校的制度和办法"[④]。后来我国高等教育改革发展的实践证明，李鹏总理当年对高等教育领域引入竞争机制的警醒是高瞻远瞩的，事实上此后我国高等教育领域的诸多问题都与此密切相关，至今依然还在努力地解决这个问题。经过前期的探索、酝酿与铺垫，在1992年这一年之内国家连续发布和实施了多项政策与措施，尤其是以1992年12月8日发布的《关于加快改革和积极发展普通高等教育的意见》为标志。该《意见》指出"在保证完成国家任务计划的前提下，要逐步扩大调节性计划，逐步扩大招收自费生和委托

[①] 程天君：《教育改革的转型与教育政策的调整——基于新中国教育60年来的基本经验》，《北京大学教育评论》2012年第4期。

[②] 教育部法制办公室：《中华人民共和国教育法律法规规章汇编》（上），华东师范大学出版社2010年版，第495—497页。

[③] 朱开轩：《贯彻党的十三大精神，深化和加快高等教育的改革——在全国高等教育工作会议上的报告》，《中国高等教育》1988年第4期。

[④] 李鹏：《振奋精神，深化改革，把高等教育工作推向前进——在全国高等教育工作会议上的讲话》，《中国高等教育》1988年第4期。

培养生的比重，调节性计划由学校主管部门根据需要和实际办学条件确定"，改革"毕业生'包当干部'和由国家'统包统配'的就业制度。随着社会主义市场经济体制的建立和劳动人事制度的改革，在国家政策指导下，实行高等学校大多数毕业生自主择业的就业制度"，并且指出"要逐步进行校内人事、分配、住房、医疗和退休养老保险制度以及后勤服务企业化、社会化等改革"①。

通过以上的简要梳理与分析，我们发现如果说 1985 年《中共中央关于教育体制改革的决定》的发布与实施，是我国大学社会化改革的起点与开端，那么 1992 年发布的《关于加快改革和积极发展普通高等教育的意见》，基本算是正式提出了大学社会化改革的目标与方向。因而，自此以后，在社会与大学之间关系的问题上，社会化成为改革的主基调。

第二，1993—2010 年：大学社会化改革的确认与深化。事实上，1988 年到 1992 年，国家发布和实施的多项政策措施、召开的多次会议，都是为 1993 年 2 月 13 日发布《中国教育改革和发展纲要》的发布与实施做铺垫与准备，并且此前政策的诸多精神与措施基本上都在该《纲要》中得到了体现与确认，该《纲要》也成为此后一段时期我国高等教育改革的基本依据。该《纲要》明确提出了我国高等教育体制的改革目标是，"随着经济体制、政治体制和科技体制改革的深化，教育体制改革要采取综合配套、分步推进的方针，加快步伐，改革包得过多、统得过死的体制，初步建立起与社会主义市场经济体制和政治体制、科技体制改革相适应的教育新体制"②。从政策话语的角度来讲，该《纲要》的这段论述实际上就是提出要建立与社会主义市场经济体制相适应的高等教育管理体制。从某种意义上来讲，1993 年《纲要》为日后教育改革迈向事实上的、无以问责的市场化、产业化、"大跃进"关闭了红灯③。由此奠定了大学社会化改革的主基调，此后国家发布与实施的诸多政策与措施都在为推动大学社会化改革而努力。如，1994 年 7 月 3 日发布的《国务院关于〈中国教育改革和发展纲

---

① 国家教育委员会政策法规司：《中华人民共和国现行教育法规汇编（1990—1995）》（上卷），人民教育出版社 1998 年版，第 577—583 页。
② 教育部法制办公室：《中华人民共和国教育法律法规规章汇编》（上），华东师范大学出版社 2010 年版，第 19—29 页。
③ 程天君：《教育改革的转型与教育政策的调整——基于新中国教育 60 年来的基本经验》，《北京大学教育评论》2012 年第 4 期。

要〉的实施意见》，指出"为保证政府职能的转变，使重大决策经过科学的研究和论证，要建立健全社会中介组织，包括教育决策咨询研究机构、高等学校设置和学位评议与咨询机构、教育评估机构、教育考试机构、资格证书机构等，发挥社会各界参与教育决策和管理的作用"①。1998年12月24日，教育部发布了《面向21世纪教育振兴行动计划》，指出"加速学校后勤工作社会化改革，精简分流富余人员。争取3—5年内，大部分地区实现高校后勤工作社会化"②。《高等教育法》，第一次从法律的高度明确提出，"高等学校应当面向社会，依法自主办学，实行民主管理"③，这就隐含地肯定了大学社会化改革的基本方向，这一思想在《高等教育法》的多处均有所体现。实际上，《高等教育法》一方面是强调大学向社会争取资源，亦即大学要主动加强同社会的联系；另一方面是鼓励社会力量参与到大学发展之中，亦即重视社会在大学发展中的作用。与此同时，《高等教育法》在法律上确认了大学的办学自主权，从而为大学社会化改革提供基础性动力。1999年11月2日，教育部在上海召开了第一次全国高校后勤社会化改革工作会议。1999年12月14日，教育部、国家计委等6部门发布了《关于进一步加快高等学校后勤社会化改革的意见》④。2001年1月14日，国务院办公厅批转了该《意见》。以此为标志，我国高校后勤社会化改革全面启动。此后，教育部又先后于2000年12月17日在武汉、2001年12月8日在西安、2002年12月24日在北京召开了三次全国高校后勤社会化改革工作会议。至此，我国高校后勤社会化改革取得了重要突破，后勤社会化改革也成为大学社会化的重要推手。

总而言之，从政策的角度来看，1993年《中国教育改革和发展纲要》就确认了大学社会化改革的基本方向，1998年《高等教育法》肯定了大学社会化改革的目标，直到2010年大学与社会之间关系的改革都是在此基础

---

① 教育部法制办公室：《中华人民共和国教育法律法规规章汇编》（上），华东师范大学出版社2010年版，第37—46页。

② 教育部法制办公室：《中华人民共和国教育法律法规规章汇编》（上），华东师范大学出版社2010年版，第47—56页。

③ 教育部法制办公室：《中华人民共和国教育法律法规规章汇编》（上），华东师范大学出版社2010年版，第479—485页。

④ 何东昌：《中华人民共和国重要教育文献（1998—2002）》，海南出版社2003年版，第479—485页。

上的深化与推进。

第三，2010年至今：大学社会化改革的完善与优化。从2010年开始，以《国家中长期教育改革和发展规划纲要（2010—2020年）》为主要标志，我国大学社会化改革进入完善与优化期。该《纲要》对大学社会化改革的完善与优化体现在高等教育管理体制改革的目标、教育质量评价和人才评价制度、考试制度、社会参与和监督、社会合作、后勤改革以及中介组织改革与建设等多个方面[①]，可以说对大学社会化改革做了较为全面的安排与部署，对完善与优化大学社会化改革具有重要的指导意义。此后的诸多政策与措施，基本都是沿着该《纲要》的部署与规划在完善与优化。2015年5月4日，教育部发布的《关于深入推进教育管办评分离，促进政府职能转变的若干意见》，是2010年以后完善与优化大学社会化改革的代表性政策文件，该《意见》明确提出的"推进管办评分离，构建政府、学校、社会之间新型关系"[②]，成为中国高等教育管理体制改革的核心。

总而言之，除了在"大跃进"和"文化大革命"这两个特殊的历史阶段，改革开放之前社会与大学之间是绝缘的。在改革开放之后的很长一段时间内，社会与大学之间的联系依然需要通过政府这个中介来进行，社会与大学之间基本还是绝缘的。虽然，1985年《中共中央关于教育体制改革的决定》已显露出明显的社会化改革取向，但是在计划色彩依然居于主导地位的背景下，大学社会化改革的取向必然得不到重视与响应。然而，1992年，情况发生了重大转变。这一年十四大提出建立社会主义市场经济体制的改革目标，为我国政治、经济、社会以及科技等领域的改革与发展指明了方向，大学社会化改革也深受此影响。从总体上来说，我国大学社会化的改革取向与我国社会主义市场经济体制建设的改革目标是基本一致的。所以，以1993年《纲要》为标志，大学社会化改革得到了确认，并在此基础上不断地走向深入、完善与优化。1992年12月8日，国家教委发布的《关于加快改革和积极发展普通高等教育的意见》，是国家政策文件第一次提出"政府、社会和学校三者之间的关系"问题。在此之前，大学自主

---

① 教育部：《国家中长期教育改革和发展规划纲要（2010—2020年）》，2010年7月29日，http://www.moe.edu.cn/srcsite/A01/s7048/201007/t20100729_171904.html，2016年8月1日。

② 教育部：《关于深入推进教育管办评分离，促进政府职能转变的若干意见》，http://www.moe.gov.cn/srcsite/A02/s7049/201505/t20150506_189460.html，2016年8月8日。

办学的外部关系基本上就是政府与大学之间的关系，大学与社会之间几乎是绝缘的。自此以后，我国大学自主办学的外部关系就是如何协调与处理政府、社会、大学三者之间关系的问题，这也是我国高等教育宏观管理体制改革要解决的核心问题。

第二节 大学自主办学内部关系的历史变迁

大学自主办学内部关系的历史变迁既可以直接通过相关政策文本来认识，也可以通过大学内部治理结构的历史变迁而得到间接的把握，但都需要以国家的政策安排为依据。新中国成立以来，大学自主办学内部关系经历了曲折复杂的历史演变，本书将这一历程大致划分为五个阶段。

一 1949—1978年：政策安排未关注大学自主办学内部关系

改革开放之前，大学只需要按照主管部门的指示和规划办学即可，毫无办学自主权可言，大学的自主办学责任和自主办学能力更没有受到政策的关注。所以，此时大学自主办学内部关系并没有进入政策视野之中。不过，大学内部治理结构的演变历程，也可以为认识与把握大学自主办学内部关系的历史变迁提供参考与启示。

1950年8月14日，中央人民政府政务院批准了教育部颁发的《高等学校暂行规程》，明确提出大学及专门学院实行校（院）长负责制。该《规程》虽明确地指出大学院系的设置与变更等均由教育部决定，但也指出大学的教师、教研组主任、图书馆馆长、系主任以及学院院长均由校长聘任并报请中央教育部备案，大学的教务长和总务长由校长提请中央教育部任命，这实质上就是在隐含地表达大学办学自主权。但是，在1985年《中共中央关于教育体制改革的决定》明确提出大学办学自主权之前，办学自主权一词并未在我国高等教育政策文件中出现。此外，该《规程》的总纲规定高等学校的宗旨是，"以理论与实际一致的教育方法，培养具有高级文化水平，掌握现代科学和技术的成就，全心全意为人民服务的高级建设人才"①，

---

① 何东昌：《中华人民共和国重要教育文献（1949—1975）》，海南出版社1998年版，第45—46页。

第五章 大学自主办学的历史变迁

这实际上是在明确大学的办学责任。虽然该《规程》隐含地表达了办学自主权和自主办学责任的问题,但是这并不是以推动大学自主办学为背景,更不是以实现大学自主办学为目标,所以此时大学自主办学内部关系自然也就处于被忽视的状态。1958年9月19日,中共中央、国务院发布的《关于教育工作的指示》,明确指出"在一切高等学校中,应当实行学校党委领导下的校务委员会负责制",并进一步指出"在学校内部,在政治工作、管理工作、教学工作、研究工作等方面,也应该贯彻党委领导下的群众路线的工作方法"[1]。1961年9月15日,发布的"高教六十条",明确指出"高等学校的领导制度,是党委领导下的以校长为首的校务委员会负责制""高等学校的党委员会,是中国共产党在高等学校的基层组织,是学校工作的领导核心,对学校工作实行统一领导"[2],并对高等学校的校务委员会、系务委员会以及教学研究室的主要职责、基本构成和相互关系做了规定与说明。就内部治理结构而言,"高教六十条"与《高等学校暂行规程》相比发生了巨大的变化。新中国成立以来,"高教六十条"第一次明确规定了中国共产党在高等学校中的地位、作用以及职责等,这也为此后中国大学内部治理结构改革奠定了基础、指明了方向。"文化大革命"结束之后,国家开始着手恢复和重建高等教育。1978年10月4日,教育部发出通知,试行《全国重点高等学校暂行工作条例(试行草案)》,要求在重点高等学校的全体师生员工中进行讨论并试行,对于全国其他普通高等学校也基本适用。这个草案是在1961年"高教六十条"的基础上修改而成,修改的依据是新时期的总任务和四个现代化的要求。修改的主要内容包括:把高等学校实行"党委领导下的以校长为首的校务委员会负责制",系党总支对行政工作实行保证和监督的领导体制,改为"党委领导下的校长分工负责制",系一级实行"系党总支委员会(或分党委)领导下的系主任分工负责制",取消原来的校务委员会,设立学术委员会[3]。

---

[1] 《中国教育年鉴》编辑部:《中国教育年鉴(1949—1981)》,中国大百科全书出版社1984年版,第688—690页。
[2] 《中国教育年鉴》编辑部:《中国教育年鉴(1949—1981)》,中国大百科全书出版社1984年版,第693—699页。
[3] 何东昌:《中华人民共和国重要教育文献(1976—1997)》,海南出版社1998年版,第1640—1647页。

由此可见，改革开放之前（除了"文化大革命"的非常时期之外），国家出台与实施的政策措施并没有明确提出大学办学自主权和自主办学责任的问题，但是从大学内部领导体制的演变可以清晰地看出，这些改革措施都是在努力的构建和完善大学内部治理结构，但此时更多的是关注党委系统和行政系统的权力与责任问题，学术委员会则是"在校长或副校长领导和主持下"开展各项工作，依然具有浓厚的行政色彩。所以，总体而论，改革开放前大学自主办学内部关系并未真正受到关注。

二 1978—1992 年：政策安排开始关注大学自主办学内部关系

改革开放政策的提出与实施，为大学管理体制改革提供了合适的氛围，加快了大学管理体制改革的步伐。在此背景下，1979 年 12 月 6 日，以几位具有远见卓识的大学领导人呼吁"给高等学校一点自主权"为标志，大学办学自主权开始逐渐走进人们的视野，与此同时，大学自主办学内部关系也逐渐受到各界的关注与重视。自此，国家出台与发布的相关政策也开始关注大学自主办学的内部关系，不过此时主要是以大学办学自主权为核心。

1980 年 12 月 13 日，教育部部长蒋南翔就曾指出，扩大高等学校的办学自主权，对充分发挥学校的主动性、积极性，是有益的，但受到各种因素的制约，仍需要谨慎行事。1985 年 5 月 27 日，中共中央发布的《中共中央关于教育体制改革的决定》，指出"当前高等教育体制改革的关键，就是改变政府对高等学校统得过多的管理体制，在国家统一的教育方针和计划的指导下，扩大高等学校的办学自主权，加强高等学校同生产、科研和社会其他各方面的联系，使高等学校具有主动适应经济和社会发展需要的积极性和能力"[①]。这是国家政策文件第一次明确地提出扩大高校办学自主权，并且也明确地指出扩大高校办学自主权是为了"使高等学校具有主动适应经济和社会发展需要的积极性和能力"[②]。然而，该《决定》似乎认为，有了办学自主权的大学就能自然而然地"具有主动适应经济和社会发

[①] 教育部法制办公室：《中华人民共和国教育法律法规规章汇编》（上），华东师范大学出版社 2010 年版，第 12—18 页。

[②] 教育部法制办公室：《中华人民共和国教育法律法规规章汇编》（上），华东师范大学出版社 2010 年版，第 12—18 页。

第五章　大学自主办学的历史变迁

展需要的积极性和能力"。或许正是因为如此,该《决定》才没有对办学自主权与大学"适应经济和社会发展需要的积极性和能力"之间的关系做任何说明与界定。不过可以肯定是,此时各界基本已经充分地意识到办学自主权之于大学具有不可替代的重要性。1986年3月12日,国务院发布的《高等教育管理职责暂行规定》沿用了《中共中央关于教育体制改革的决定》的措辞。基于此,我们基本可以做出如下判断:办学自主权成为制约高等学校办学积极性和能力的关键因素,这已基本得到官方的认可。1988年1月27日,国家教委副主任朱开轩在全国高等教育工作会议上的报告,也从侧面印证了这个判断的正确性,他认为当前"政府有关部门对学校包得过多,管得过死,学校缺乏办学自主权和主动适应社会主义建设需要的能力"[①]。

与此同时,大学内部治理结构也在演变之中,这也从侧面反映着大学自主办学内部关系的历史变迁。1978年10月4日,《全国重点高等学校暂行工作条例(试行草案)》[②]虽明确提出了高等学校实行"党委领导下的校长分工负责制",但大学内部治理结构改革并未就此止步,依然在不断地改进与完善。1980年12月27日,中央组织部、教育部党组发布了《关于加强高等学校领导班子建设的意见》,指出"领导班子中,党政干部要明确分工""党要管党,政要管政。目前,高等学校在实行党委领导的体制下,党委对学校工作的领导,主要应该是路线、方针、政策的领导,党委要着重致力于做好政治思想工作,以及党的思想建设、组织建设工作。要使学校行政系统和群众团体,按照党的路线、方针、政策独立负责地、互相协调地开展各自的工作。学校的所有行政工作,都应由以校院长为首的行政人员去处理,要使他们有职有权有责"[③]。实际上,该《意见》不但对党委在高等学校中的作用与职责做了明确规定,而且也隐含地表达了要处理与协调好党委与校长之间关系的问题。应该说,党委与校长之间关系的问题,是我国大学内部治理结构改革的一个核心问题,而此时并没有处

[①] 朱开轩:《贯彻党的十三大精神,深化和加快高等教育的改革——在全国高等教育工作会议上的报告》,《中国高等教育》1988年第4期。

[②] 何东昌:《中华人民共和国重要教育文献(1976—1997)》,海南出版社1998年版,第1640—1647页。

[③] 何东昌:《中华人民共和国重要教育文献(1976—1997)》,海南出版社1998年版,第1885—1887页。

理好这个问题。教育部原副部长、时任中宣部副部长曾德林指出，"近几年来，虽然一再强调党政分工，党委包揽行政事务的状况程度不同地有所改变，行政作用普遍较前有所加强，但是，从总体来说，高等学校党政分工的问题并未从根本上得到解决"，而当前的主要问题体现在以下几个方面："一是党政不分，以党代政，削弱了党的建设和思想政治工作；二是职、权、责分离，校长在全局性的重大问题上无权负责，无法负责，无力负责。"① 与此同时，国有企业厂长负责制试点也开始试行与推广，这在客观上也对高等教育管理体制改革产生了影响。1984年起，我国部分高校也开始试行校长负责制。1984年10月27日至11月2日，中宣部和教育部一起在成都召开了高校学校校长负责制试点工作座谈会，探讨高校试行校长负责制试点的相关问题。此次会议认为，"实行校长负责制是学校内部领导体制的重大改革，也是整个教育体制改革的一个有机组成部分。对待这项改革，态度要积极，步子要稳妥，要有计划、有步骤、有准备地进行，经过试点，逐步推广"②。曾德林在此次会议的结束讲话中指出，"现行领导体制很不适应当前形势发展的要求，不利于党的教育方针的全面贯彻和培养人才的要求，看来实行校长负责制已是大势所趋，势在必行"③。此次会议关于大学内部领导体制改革的思想，也成为此后一段时期内大学内部领导体制改革的基本指导思想，并且得到了1985年《中共中央关于教育体制改革的决定》的肯定。

1985年《中共中央关于教育体制改革的决定》明确指出，"学校逐步实行校长负责制，有条件的学校要设立由校长主持的、人数不多的、有威信的校务委员会，作为审议机构""学校中的党组织要从过去包揽一切的状态中解脱出来，把自己的精力集中到加强党的建设和加强思想政治工作上来；要团结广大师生，大力支持校长履行职权，保证和监督党的各项方针政策的落实和国家教育计划的实现"④。经过前期的酝酿、探索、改革与实践，1988年4月27日，国家教委发布了《关于高等学校逐步实行校长

---

① 曾德林：《有关校长负责制试点工作的几个问题》，《高教战线》1985年第1期。
② 冯治益：《中宣部、教育部召开部分省市高校校长负责制试点工作座谈会》，《高教战线》1985年第1期。
③ 曾德林：《有关校长负责制试点工作的几个问题》，《高教战线》1985年第1期。
④ 教育部法制办公室：《中华人民共和国教育法律法规规章汇编》（上），华东师范大学出版社2010年版，第12—18页。

负责制的意见》，指出"高等学校必须按照党政分开的原则，逐步实行校长负责制""学校党组织应当对党和国家的方针、政策在本校的贯彻执行和教育任务的完成负有保证监督的责任"，并要求"高等学校实行校长负责制的方向必须明确，态度要坚定，步子要稳妥。已经实行校长负责制的学校，要认真总结经验，逐步完善这一领导体制，尚未实行校长负责制的学校，要进一步理顺党政关系，加强行政职能，积极创造条件，条件成熟时，改行校长负责制"[①]。实际上，校长负责制并没有在全国普遍实行，1989年7月15日，国务委员兼国家教委主任李铁映在全国高等学校工作会议上指出，"我们在高等学校中先后实行过几种领导体制，总结实践经验来看，党委领导下的校长负责制更加适合我国高等学校的实际情况和工作需要。现在有少数学校在试行校长负责制，效果好的可以继续探索，总结经验。效果不好的就应下决心改为党委领导下的校长负责制。今后一个时期，不再扩大校长负责制的试点范围"[②]。实际上，此次会议结束不久之后，根据有关部门的指令，试行校长负责制的高校也停止了试点，自此全国所有高等学校全部实行"党委领导下的校长负责制"，一直延续至今。1996年3月18日，中共中央发布了《中国共产党普通高等学校基层组织工作条例》[③]，专门对"党委领导下的校长负责制"做了说明与规定。可以预见的是，该领导体制将来也不会有大的调整。所以，大学自主办学内部关系的调整与改革，也必然是在此基础与前提下进行的。由此，也可以说，"党委领导下的校长负责制"为深化对大学自主办学内部关系的认识提供了基本框架。

从以上论述可以看出，1985年《中共中央关于教育体制改革的决定》正式提出大学办学自主权以后，大学自主办学的内部关系就逐渐受到各界的关注，也认识到办学自主权对促进和提升大学办学积极性与适应经济和社会发展需要的能力具有重要作用，但并未对它们之间的关系做出明确的说明。此时国家政策的关注点依然聚焦在办学自主权上，对能力问题稍有

---

① 刘英杰：《中国教育大事典1949—1990》（下册），浙江教育出版社1993年版，第1096页。
② 刘英杰：《中国教育大事典1949—1990》（下册），浙江教育出版社1993年版，第1096页。
③ 何东昌：《中华人民共和国重要教育文献（1976—1997）》，海南出版社1998年版，第3957—3959页。

提及，而没有涉及责任问题。大学内部领导体制经过曲折复杂的探索，也才逐渐清晰明确。所以本书认为，此时国家政策对大学自主办学内部关系的认识尚处于初始阶段，可以说大学自主办学内部关系问题只是开始受到关注，并且是以关注办学自主权为核心。

三 1992—1998 年：政策安排逐渐重视大学自主办学内部关系

1992 年，邓小平"南方谈话"和十四大明确提出了建立社会主义市场经济体制的改变目标。可以说，建立社会主义市场经济体制改革目标的提出，深刻地影响了国家相关政策对大学自主办学内部关系的认识与安排。从政策的角度来看，1992 年起政策安排开始逐渐重视大学自主办学内部关系，并有意识地构建大学自主办学内部关系的理想形态。

1992 年 8 月 21 日，国家教委发布了《关于国家教委直属高校内部管理体制改革的若干意见》，该《意见》明确指出"学校应以国家赋予的权力，有效地管理学校内部事务，同时也要承担相应的义务和责任"[①]。这是国家政策文件第一次明确提出赋予大学办学自主权的同时，又强调大学要有效行使办学自主权，并承担相应的义务和责任。不过关于办学自主权和自主办学责任的关系，该《意见》并没有做出明确的说明与论述。1992 年 8 月 21 日，国家教委发布的《关于国家教委直属高校深化改革，扩大办学自主权的若干意见》，对此做了更为明确的规定。该《意见》开篇就指出"随着我国经济体制改革的深化，高等教育体制也必须进行相应的改革。改革的重要方面是理顺政府与学校之间的关系，转变政府职能，扩大学校办学自主权，逐步确立高等学校的法人地位，进一步明确学校的权利和义务、利益和责任，以利于增强学校办学活力，主动适应和服务于国家经济建设和社会发展需要"[②]。并且，《意见》的结语部分对扩大办学自主权后高等学校的用权与履责问题做了更为具体的规定，指出"在扩大委直属高校办学自主权的同时，学校要转变观念和做法，充分发挥主动性和创造性，实现权限与职责的统一，学校要建立健全校内管理的规章制度和审

---

① 国家教育委员会政策法规司：《中华人民共和国现行教育法规汇编（1990—1995）》（上卷），人民教育出版社 1998 年版，第 605—608 页。
② 国家教育委员会政策法规司：《中华人民共和国现行教育法规汇编（1990—1995）》（上卷），人民教育出版社 1998 年版，第 608—610 页。

议、监督、考核、评估制度,形成自我发展和自我约束的良性循环机制。在实施扩大办学自主权的过程中,学校要积极主动争取当地政府的领导和支持,注意与社会其他方面的改革相互协调,逐步形成国家宏观管理和高校自主办学相结合的运行机制,促使学校的教育质量、科研水平和办学的整体水平再上新台阶"①。虽然,1992年8月21日发布的两个《意见》,第一次提出获得办学自主权之后的高等学校要用好权和履好责,但没有涉及高等学校自主办学能力的问题。不过,这两个《意见》对大学自主办学内部关系的认识,相比以前已有了很大的进步,尤其是第一次明确提出的"权限与职责的统一",在国家政策文件中尚属首次。1992年11月18日,国务委员兼国家教育委员会主任李铁映在全国高等教育工作会议上发表了讲话,指出"原有的高度集中统一的高等教育管理体制,使高等学校缺乏应有的权力,束缚了高等学校的办学活力和自我发展能力",同时指出,"要建立和形成高等学校依法自主办学的制度"②。在此之前,国家相关的政策文件对大学办学自主权与大学办学活力或适应社会经济发展需要能力之间的关系已有所论述,但明确提出办学自主权与自主办学能力之间的关系尚属首次。1992年12月8日,国家教委发布《关于加快改革和积极发展普通高等教育的意见》,指出要"明确学校的权力和义务、利益与责任,进一步促进学校面向社会自主办学""学校要善于行使属于自己的权力,承担好自己的责任,建立起主动适应国家经济建设和社会发展需要的自我激励、自我发展、自我约束的运行机制"③。应该说,受益于当时的大环境,1992年是我国高等教育管理体制(包括宏微两个层面)改革成果较为丰硕的一年。就大学自主办学内部关系改革而论,1992年发布与实施的政策文件为以后的改革与发展指明了方向。

1993年2月13日,中共中央、国务院印发了《中国教育改革和发展纲要》,再一次明确与肯定了高等学校的办学自主权,并指出"学校要善于行使自己的权力,承担应负的责任,建立起主动适应经济建设和社会发

---

① 国家教育委员会政策法规司:《中华人民共和国现行教育法规汇编(1990—1995)》(上卷),人民教育出版社1998年版,第577—583页。
② 李铁映:《振奋精神,真抓实干,促进高等教育上新台阶——在全国高等教育工作会议上的讲话》,《中国高等教育》1993年第3期。
③ 国家教育委员会政策法规司:《中华人民共和国现行教育法规汇编(1990—1995)》(上卷),人民教育出版社1998年版,第577—583页。

展需要的自我发展、自我约束的运行机制"①。1993年11月5日，国家教委办公厅印发了《国家教委直属高校贯彻〈纲要〉，加快90年代教育改革和发展步伐的实施意见》，指出"办学和管理体制的改革还要按照政事分开的原则，进一步明确委直属高校的权力和义务、利益和责任，使学校真正成为自主办学的法人实体""深化校内管理体制改革，逐步建立和完善适应学校自我激励、自我发展、自我约束的校内管理体制和运行机制，是保证学校各项事业健康发展的前提"②。1994年11月7日，国家教委"关于印发《关于国家教委直属高校积极推行办学与管理体制改革的意见》的通知"，明确指出"通过立法进一步明确委直属高校的权利、责任和义务。对属于委直属高校办学自主权范围内的事，由学校按照相应法律、法规办理，保证学校在专业设置、招生、毕业生就业、经费筹措和使用、人员配置、机构设置、干部任免、职务评聘、工资分配、国际交流等方面的自主权落到实处，增强学校面向社会自主办学的能力"，并指出"在扩大委直属高校办学自主权的同时，学校也要转变观念和做法，不断提高办学的管理水平和建立健全校内管理的规章制度和审议、监督、考核、评估制度，逐步形成在国家宏观管理下学校自主办学、自我发展和自我约束的运行机制，进一步发挥办学主动性和创造性，同时要注意严格执行国家的法律法规及有关政策，防止各自为政，实现权限与职责的统一，促使学校的教育质量、科研水平和办学的整体水平再上新台阶"③。1995年5月29日，国家教委发布了《关于深化高等教育体制改革的若干意见》，指出"学校仍缺乏面向社会自主办学的应有权力和自我约束机制"④。这是国家政策文件第一次指出大学自主办学问题的两个方面，一个是有没有办学自主权，另一个是能不能有效行使办学自主权。而这在大学自主办学的演变历程中，具有重要的意义。1995年7月19日，国务院办公厅转发了《关于深化高

---

① 教育部法制办公室：《中华人民共和国教育法律法规规章汇编》（上），华东师范大学出版社2010年版，第19—29页。
② 国家教育委员会政策法规司：《中华人民共和国现行教育法规汇编（1990—1995）》（上卷），人民教育出版社1998年版，第634—642页。
③ 国家教育委员会政策法规司：《中华人民共和国现行教育法规汇编（1990—1995）》（上卷），人民教育出版社1998年版，第646—649页。
④ 国家教育委员会政策法规司：《中华人民共和国现行教育法规汇编（1990—1995）》（上卷），人民教育出版社1998年版，第584—589页。

等教育体制改革的若干意见》。1997年1月21日，国家教委发布了《关于转变职能，加强宏观管理，扩大直属高校办学自主权的若干意见》，指出"学校在办学自主权逐步扩大的形势下，在充分发挥主动性和创造性的同时，要特别重视权利与责任的统一，严格遵守各项规定，建立健全校内管理规章制度，形成自我发展和自我约束的机制"①。

从以上的政策条文可以看出，此时不但再次加深了对大学办学自主权和自主办学责任的认识，而且还提出了大学自主办学能力的问题，虽没有将办学自主权、自主办学责任、自主办学能力三者作为一个系统整体进行考虑，但对三者的认识已较为深刻。可以说，这一阶段国家政策安排已在有意识地构建大学自主办学内部关系的理想形态，但离本书所界定的大学自主办学内部关系的理想形态依然较远。然而，遗憾的是这些宝贵的思想并没有在1998年通过的《中华人民共和国高等教育法》（以下简称《高等教育法》）中得到体现，由此也从侧面反映出大学自主办学内部关系历史演进的曲折与复杂。

四　1998—2014年：政策安排开始反思大学自主办学内部关系

1998年，是我国高等教育发展史上一个具有特殊意义的年份。因为这一年发生了两件大事：一件是，1998年8月29日，《高等教育法》获得通过；另一件是，1998年12月24日，教育部发布了《面向21世纪教育振兴行动计划》，该《计划》拉开了我国高校扩招的大幕。这两件事不但影响了此后我国高等教育改革发展的进程，也在很大程度上影响了国家政策对大学自主办学内部关系的认识与安排。

《高等教育法》指出"高等学校在民事活动中依法享有民事权利，承担民事责任"，"高等学校应当以培养人才为中心，开展教学、科学研究和社会服务，保证教育教学质量达到国家规定标准"②，并且《高等教育法》用了七条的篇幅对高等学校的办学自主权做了具体的规定与明确。然而，通过对《高等教育法》的文本进行分析之后发现，1992年国家教委发布的

---

① 何东昌：《中华人民共和国重要教育文献（1976—1997）》，海南出版社1998年版，第4138—4139页。

② 教育部法制办公室：《中华人民共和国教育法律法规规章汇编》（上），华东师范大学出版社2010年版，第479—485页。

《关于国家教委直属高校深化改革，扩大办学自主权的若干意见》就已提出的，"学校要转变观念和做法，充分发挥主动性和创造性，实现权限与职责的统一，学校要建立健全校内管理的规章制度和审议、监督、考核、评估制度，形成自我发展和自我约束的良性循环机制"①，并没有在《高等教育法》中明确地体现出来。《高等教育法》也没有提及大学自主办学能力问题，只是提出大学应"依法自主办学""承担民事责任"。并且，大学应如何应对办学自主权受到侵害的情况，《高等教育法》也没有给出解答，也就是说并没有建立起大学办学自主权的救济机制。所以，法律已赋予大学的办学自主权，也有可能被侵犯，或者干脆就落实不了。难怪有研究者指出，《高等教育法》颁布以后，"大学被赋予的诸项办学自主权基本上仍停留在法律文本层面，对大学来说只是一种精神慰藉"②。尽管如此，《高等教育法》的颁发与实施依然具有划时代意义，它给高等教育管理体制改革提供了法律依据与基本准绳，也是新中国成立以来第一次确定了大学办学自主权的合法性，并且第一次从法律的角度明确了大学实行"党委领导下的校长负责制"。1998 年 12 月 24 日，教育部发布了《面向 21 世纪教育振兴行动计划》，除了对大学办学自主权再次做了明确之外，该《计划》提出到 2010 年，"高等教育规模有较大扩展，入学率接近 15％"③，由此吹响了大学扩招的冲锋号。实际上，我们可以认为大学办学自主权得到法律的认可，为大学进行扩招奠定了基础，而大学扩招为大学办学自主权的发挥提供了空间。然而，由于缺乏有效的监督与约束机制，大学办学自主权也逐渐出现滥用的问题，这从此后国家发布与实施的相关政策措施中可窥一斑。

1999 年 6 月 13 日，中共中央、国务院发布的《中共中央 国务院关于深化教育改革全面推进素质教育的决定》，再次明确提出要"切实落实和扩大高等学校的办学自主权"，并且该《决定》还进一步指出要"加强对高等学校的监督和办学质量检查，逐步形成对学校办学行为和教育质量

---

① 国家教育委员会政策法规司：《中华人民共和国现行教育法规汇编（1990—1995）》（上卷），人民教育出版社 1998 年版，第 608—610 页。
② 许杰：《政府分权与大学自主》，广东高等教育出版社 2008 年版，第 140—141 页。
③ 教育部法制办公室：《中华人民共和国教育法律法规规章汇编》（上），华东师范大学出版社 2010 年版，第 47—56 页。

第五章 大学自主办学的历史变迁

的社会监督机制以及评价体系,完善高等学校自我约束、自我管理机制"①。实际上,以此为标志,政府对大学能否有效行使办学自主权的担忧逐渐凸显,并且这种担忧似乎一直没有完全消除。2004年2月10日,教育部发布的《2003—2007年教育振兴行动计划》,指出"继续深化学校内部管理体制改革,完善学校法人制度。高等学校要坚持和完善党委领导下的校长负责制,推进依法办学、民主治校、科学决策,健全学校的领导管理体制和民主监督机制",从而"逐渐形成'自主管理、自主发展、自我约束、社会监督'的机制"②。2010年发布与实施的《国家中长期教育改革和发展规划纲要(2010—2020年)》,明确指出要"适应国家行政管理体制改革要求,明确政府管理权限和职责,明确各级各类学校办学权利和责任",并且该《纲要》还指出,"政府及其部门要树立服务意识,改进管理方式,完善监管机制,减少和规范对学校的行政审批事项,依法保障学校充分行使办学自主权和承担相应责任"③。至于高校如何充分行使办学自主权,又如何承担自主办学责任,并未做具体说明,也没有提及大学自主办学能力问题。2012年3月16日,教育部发布了《教育部关于全面提高高等教育质量的若干意见》,指出要"落实和扩大高校办学自主权,明确高校办学责任,完善治理结构"。尤其值得一提的是,该《意见》提出要推进试点学院改革,"完善学院内部治理结构,实行教授治学、民主管理,扩大学院教学、科研、管理自主权"④。该《意见》对自主办学责任虽没有过多的论述,也没有提及自主办学能力问题,但是它明确提出了要扩大学院的自主权,这对深化与推进大学自主办学改革具有重要的意义。此后,校院之间的权力关系问题逐渐受到关注与重视。2012年11月22日,教育部发布的《全面推进依法治校实施纲要》,指出"学校办学活动应当以育人为本,全面贯彻党和国家教育方针,切实依法规范办学行为,全面执行

---

① 教育部法制办公室:《中华人民共和国教育法律法规规章汇编》(上),华东师范大学出版社2010年版,第30—36页。

② 教育部法制办公室:《中华人民共和国教育法律法规规章汇编》(上),华东师范大学出版社2010年版,第63—73页。

③ 教育部:《国家中长期教育改革和发展规划纲要(2010—2020年)》,2010年7月29日,http://www.moe.edu.cn/srcsite/A01/s7048/201007/t20100729_171904.html,2016年8月1日。

④ 教育部:《关于全面提高高等教育质量的若干意见》,2012年3月16日,http://www.moe.gov.cn/srcsite/A08/s7056/201203/t20120316_146673.html,2016年8月1日。

国家课程方案和课程标准，注重教育教学效果，形成良好的校风、教风和学风"①，并对高等学校在招生、教育教学管理（专业设置、课程安排、教材选择等环节）以及教师管理等方面的办学行为做出了具体的规定，并提出了明确的要求，实质上就是为了规范高校办学行为。2013年1月26日，教育部发布了《教育部关于2013年深化教育领域综合改革的意见》，指出要"加快大学章程建设，理顺大学、政府和社会的关系，规范高校办学行为"②。

可以看出，这些政策文件在肯定和保障大学办学自主权的同时，都在强调规范和监督大学办学自主权的使用和责任的履行。这主要是因为，随着大学办学自主权的落实，高等教育领域出现了一些乱象。2001年2月5日，教育部发布的《教育部关于重申保证高等教育质量，加强学历文凭、学位证书管理的通知》，毫不忌讳地指出"学历文凭、学位证书的颁发是一项极为严肃的工作。但目前有少数高等教育单位，为经济利益所驱动，降低标准乱发学历文凭和学位证书，甚至用文凭和证书换取'赞助''捐资'。这不但败坏了学风、校风，而且在社会上造成极坏的影响，玷污了高等教育的声誉"③。2003年5月10日，教育部原副部长张保庆也直言不讳地指出，目前违规办学现象有所抬头，"乱办学、乱发文凭、乱收费的问题不断发生"④。无论是乱办学，还是乱发文凭，其最终目的就是乱收费。而《高等教育法》并未赋予大学自主收费权，所以，早在2000年6月5日，教育部、国家计委、财政部联合发布的《关于2000年高等学校招生收费工作若干意见的通知》，就明确指出"高等学校无权自行设立收费项目、擅自提高学费和住宿费标准，也不得以任何名义或形式向录取到本校的学生收取'赞助费'或收受捐款等。除收取学费和住宿费以外，未经财政部、国家计委、教育部联合批准或省、自治区、直辖市人民政府批

---

① 教育部：《全面推进依法治校实施纲要》，http://www.moe.gov.cn/srcsite/A02/s5913/s5933/201212/t20121203_146831.html，2016年8月1日。
② 教育部：《教育部关于2013年深化教育领域综合改革的意见》，http://www.moe.gov.cn/srcsite/A27/zhggs_other/201301/t20130129_148072.html，2016年8月1日。
③ 何东昌：《中华人民共和国重要教育文献（1998—2002）》，海南出版社2003年版，第797页。
④ 何东昌：《中华人民共和国重要教育文献（2003—2008）》，海南出版社2010年版，第97—103页。

准,不得再向学生收取其他任何费用"①。

事实上,大学获得一定办学自主权的同时,有效的自我约束机制和外在监督机制并没有同时建立起来。所以,在国家大规模扩大大学招生政策的大力推动下,大学出现"乱办学、乱发文凭、乱收费"等问题是可以预见,甚至可以说是必然的。2012年3月16日,教育部发布的《教育部关于全面提高高等教育质量的若干意见》,才明确提出"稳定规模,保持公办普通高校本科招生规模相对稳定"②。因而,这一阶段,国家的政策文件都在强调大学要用好自主权,履行办学责任,同时强调对大学办学自主权的外在监督,但此时并没有将大学的办学自主权、自主办学责任和自主办学能力作为一个系统整体进行考虑。所以,本书认为,从相关政策安排的角度来看,这一时期处于对大学自主办学内部关系的反思阶段。可以认为,十八届三中全会提出的"深入推进管办评分离,扩大省级政府教育统筹权和学校办学自主权,完善学校内部治理结构",是对这一阶段的反思与总结,为进一步完善与优化对大学自主办学的内部关系认识指明了方向。

五 2014年至今:政策安排全面关注与调整大学自主办学内部关系

从政策变革的角度来看,自1985年《中共中央关于教育体制改革的决定》首次明确提出大学办学自主权起,经过近30年的酝酿、改革、探索与反思,以2014年7月8日国家教育体制改革领导小组办公室发布的《关于进一步落实和扩大高校办学自主权,完善高校内部治理结构的意见》为标志,国家的相关政策开始全面关注大学自主办学内部关系。也可以说,从此我国大学自主办学内部关系的改革与调整进入新的历史阶段。

之所以说《关于进一步落实和扩大高校办学自主权,完善高校内部治理结构的意见》的发布,标志着国家相关政策开始全面关注大学自主办学内部关系的改革与调整,主要是基于以下两点考虑:第一,该《意见》立足当前中国高等教育改革发展的实际情况,从七个方面详细地阐述了落实

---

① 何东昌:《中华人民共和国重要教育文献(1998—2002)》,海南出版社2003年版,第617—619页。

② 教育部:《关于全面提高高等教育质量的若干意见》,2012年3月16日,http://www.moe.gov.cn/srcsite/A08/s7056/201203/t20120316_146673.html,2016年8月1日。

和扩大高校办学自主权的路径,并指出"在加大放权力度的同时,要改进和加强宏观管理,综合运用法律、政策、规划、公共财政、标准、信息服务和必要的行政措施,把该放的放开,把该管的管住,针对每一个放权事项建立监管办法,避免'一放就乱、一乱就收、一收就死'""健全质量评估检测制度""探索建立教育行政执法体制机制,加大对学校办学自主权行使的监管力度""建立动态调整机制。教育行政部门对高校依据办学需要提出的本意见以外的办学自主权事项,应牵头认真研究,提出处理意见。根据赋权与能力相匹配原则,对有能力用好、有机制规范的,以协议、试点等方式放权。选择若干自律机制健全、办学行为规范的高校,赋予更多的办学自主权。对出现重大违规办学行为的高校,实行协议暂停或试点退出机制"①。这是国家政策文件第一次从系统整体的角度来考虑大学的办学自主权、自主办学责任和自主办学能力的问题,尽管此时还处于初始阶段,但该《意见》依然为优化与完善对大学自主办学内部关系的认识指明了方向。第二,该《意见》指出"高校应严格遵守国家法律法规,着力完善内部治理结构,切实加强自律机制建设,自觉履行社会责任,维护校园和谐稳定,确保用好办学自主权",要"坚持和完善党委领导下的校长负责制""保障学术组织相对独立行使职权""完善校内民主管理和监督机制""健全社会参与监督机制""健全以章程为统领规范行使办学自主权的制度体系"②,构建了一个完整的大学内部治理体系。可以说,此后发布的相关政策文件都是沿着这个思路在推进与完善的。如,2015 年 5 月 4 日,教育部发布的《关于深入推进教育管办评分离,促进政府职能转变的若干意见》,指出"坚持放管结合。既要解决政府越权越位问题,把该放的权坚决下放,又要完善监督制约机制,切实做好事中、事后监管,逐项查看措施是否及时跟上、有力有效,是否存在监管漏洞和衔接缝隙,把该管的管住管好""以落实学校办学主体地位、激发学校办学活力为核心任务,加快健全学校自主发展、自我约束的运行机制",并"通过章程制定,

---

① 教育部:《关于进一步落实和扩大高校办学自主权,完善高校内部治理结构的意见》,2014 年 12 月 22 日,http://www.moe.gov.cn/s78/A02/zfs__left/s6528/s6529/201412/t20141222_182222.html,2016 年 8 月 1 日。

② 教育部:《关于进一步落实和扩大高校办学自主权,完善高校内部治理结构的意见》,2014 年 12 月 22 日,http://www.moe.gov.cn/s78/A02/zfs__left/s6528/s6529/201412/t20141222_182222.html,2016 年 8 月 1 日。

进一步健全法律法规规定的各项办学自主权的实施机制"①。2016年1月7日，教育部发布了《依法治教实施纲要（2016—2020年）》，指出要"全面完成高等学校章程制定与核准工作。在此基础上，健全章程核准后的执行和监督评价机制建设，督促学校以章程为统领，完善内部治理结构和规章制度"，并提出"到2020年，全面实现学校依据章程自主办学"②。

此外，从大学内部治理结构变迁的角度也可以看出，从2014年起对大学自主办学内部关系的认识在逐渐地完善与优化。2014年1月8日，教育部通过并于2014年3月1日正式施行的《高等学校学术委员会规程》，明确指出"高等学校应当依法设立学术委员会，健全以学术委员会为核心的学术管理体系与组织架构；并以学术委员会作为校内最高学术机构，统筹行使学术事务的决策、审议、评定和咨询等职权"③。这是我国第一个为加强和推进高校学术委员会建设而专门出台的政策文件，对加强高校学术委员会建设，维护与彰显学术权力，完善内部治理结构，具有重要而深远的意义。2014年7月8日，教育部通过并于2014年9月1日正式施行的《普通高等学校理事会规程（实行）》，明确指出高校理事会是为了"推进中国特色现代大学制度建设，健全高等学校内部治理结构""根据面向社会依法自主办学的需要"而设立的组织形式和制度平台，对加强民主监督、提升科学决策具有重要的促进作用④。2014年10月15日，中共中央办公厅印发了《关于坚持和完善普通高等学校党委领导下的校长负责制的实施意见》，明确指出"党委领导下的校长负责制是中国共产党对国家举办的普通高等学校领导的根本制度，是高等学校坚持社会主义办学方向的重要保证，必须毫不动摇、长期坚持并不断完善"。该《意见》指出"党委统一领导学校工作"，对党委和党委书记的职责做了详细的说明与规定；指出

---

① 教育部：《关于深入推进教育管办评分离，促进政府职能转变的若干意见》，http://www.moe.gov.cn/srcsite/A02/s7049/201505/t20150506_189460.html，2016年8月8日。

② 教育部：《依法治教实施纲要（2016—2020年）》，http://www.moe.gov.cn/srcsite/A02/s5913/s5933/201605/t20160510_242813.html，2016年8月1日。

③ 教育部：《高等学校学术委员会规程》，http://www.moe.gov.cn/srcsite/A02/s5911/moe_621/201401/t20140129_163994.html，2016年8月1日。

④ 教育部：《普通高等学校理事会规程（试行）》，http://www.moe.gov.cn/srcsite/A02/s5911/moe_621/201407/t20140725_172346.html，2016年8月26日。

"校长主持学校行政工作",对校长的职权和责任也做了详细的说明与规定;对高校的党员代表大会、党委全委会、党委常委会以及校长办公会或校务会议等的职责和议事规则做了具体、明确的说明与规定;对党委领导和校长负责的关系、党委书记和校长的关系做了说明与规定;并对学术委员会、教职工代表大会和群众组织的作用与建设等问题做了安排与部署①。可以说,该《意见》进一步加强和完善了大学内部治理结构建设,对加强和完善党委领导和校长负责、改进与优化党委尤其是党委书记与校长的关系具有重要意义,为推动大学自主办学内部关系改革提供了坚实的组织架构与依托。2016 年 3 月 31 日发布了《中共教育部党组关于直属高校进一步贯彻落实党委领导下的校长负责制等若干事项的通知》②,对贯彻落实《关于坚持和完善普通高等学校党委领导下的校长负责制的实施意见》做了进一步安排与部署。

从以上的简要论述中可以看出,从 2014 年起大学自主办学内部关系的轮廓、架构、依托以及规则与保障等在不断地优化与完善,这既是国家相关政策全面关注大学自主办学内部关系调整与改革的标志,也预示着大学自主办学内部关系的调整与改革迈上了新征程。

第三节 大学自主办学历史变迁的基本特征

从历史的角度对大学自主办学进行梳理与分析之后发现,大学自主办学之路是曲折复杂的,并且在演变时空、演变形态、演变动力以及演变目的等方面体现出一些鲜明的特征。分析大学自主办学历史变迁的基本特征,是认识与把握大学自主办学"放乱收死"的现实困境,进而破解大学自主办学"放乱收死"现实困境的重要基础。需要再次强调的是,本书对中央与地方、大学与政府以及大学与社会之间的"两两关系"进行分析,并不是有意地、人为地割裂政府、社会、大学三者之间的有机联系,而是

---

① 教育部:《中共中央办公厅印发〈关于坚持和完善普通高等学校党委领导下的校长负责制的实施意见〉》,http://www.moe.gov.cn/jyb_xwfb/s5147/201410/t20141015_176026.html,2016 年 8 月 26 日。

② 教育部:《中共教育部党组关于直属高校进一步贯彻落实党委领导下的校长负责制等若干事项的通知》,http://www.moe.gov.cn/srcsite/A04/s7051/201604/t20160412_237708.html,2016 年 8 月 26 日。

努力地以系统的、整体的、宏观的视野为基础,从而强调与突出政府、社会、大学三者之间的割裂问题,进而更加清晰地分析政府、社会、大学三者之间复杂关系的历史变迁,全面认识与系统把握大学自主办学历史变迁的脉络与问题。

一 割裂性

从演变时空的角度来看,在大学自主办学的历史变迁过程中,大学自主办学的内部关系、外部关系以及内外部关系之间均处于割裂状态,具有典型的割裂性。

1978年以前,大学自主办学外部关系的历史变迁,基本不涉及大学与社会之间的关系,因为此时大学与社会之间基本处于绝缘状态,而主要是以中央与地方和大学与政府之间关系的调整与变革为主。实际上,中央与地方之间的关系变革和大学与政府之间的关系变革密切相关,且中央与地方总是在集权与分权之间反复摇摆。集权和分权之间的关系,本质上就是由哪一级政府来管理大学的问题。所以,当大学自主办学外部关系以中央集权为主要特征时,大学主要处于中央政府的控制之中;当大学自主办学外部关系以地方分权为主要特征时,大学主要处于地方政府的控制之中。也就是说,大学要么处于中央政府控制之中,要么处于地方政府控制之中,并不涉及大学办学自主权的问题。如此一来,大学自主办学的内部关系理所当然地被忽视了。

1978年以后,在时间上中央与地方、大学与政府以及大学与社会之间关系的变革历程并不完全吻合,但总体而言具有相对一致性。以1985年、1993年和2010年为时间节点,大致可以将大学自主办学的历史变迁划分为四个发展阶段。虽然,1998年通过的《高等教育法》,是我国高等教育发展史上具有划时代的意义大事。但是,《高等教育法》对大学自主办学外部关系演变的影响,在不同方面却具有不同的体现。对中央与地方和社会与大学之间关系的演变来说,《高等教育法》的作用并不明显;但对政府与大学之间关系的演变而言,《高等教育法》第一次以法律的形式确认了大学的办学自主权,也就是赋予了大学自主办学的合法性,从而也就奠定了大学与政府之间关系演变与调整的基本方向。也是从此时起,对大学自主办学内部关系的认识进入反思阶段,也就是对大学自主办学内部关系理想形态的认识逐渐地成熟了。不过从总体上来说，2001年之后，中央与地方之间的关系就不再是影响大学自主办学历史变迁的主要因素，取而代之的是，政府与大学之间的关系和社会与大学之间的关系逐渐成为影响大学自主办学历史变迁的主要矛盾。关于这个问题，2010年《国家中长期教育改革和发展规划纲要（2010—2020年）》的发布与实施成为一个里程碑，因为该《纲要》提出的"构建政府、学校、社会之间新型关系"①为政府、社会、大学三者之间关系的调整与改革指明了方向，奠定了基础。自此以后，政府与大学之间的关系、社会与大学之间的关系演变逐渐走向协同与融合。也就是说，在2010年之前，大学自主办学过程中的政府与大学之间的关系和社会与大学之间的关系演变处于割裂状态，2010年之后才逐渐走向协调与融合，由此也才为开创大学自主办学新局面创造了客观条件与现实基础。并且，大学自主办学外部关系和内部关系的演变也基本上处于割裂状态，主要以外部关系的调整为主，内部关系几乎一直处于被遮蔽状态。尤其值得注意的是，在我国高等教育发展史上，大学自主办学内部关系的历史变迁，是从大学办学自主权切入的，同时也是以大学办学自主权为核心而逐渐展开的。但是，由于对大学办学自主权重要性的过分强调，导致了对大学自主办学责任和自主办学能力的相对忽视。也就是，长期以来，大学自主办学内部关系的调整与改革也是处于割裂状态。然而，这严重地影响了大学自主办学内部关系的调整与改革，进而影响了大学自主办学的实践发展与推进。而2014年《关于进一步落实和扩大高校办学自主权，完善高校内部治理结构的意见》和2015年《关于深入推进教育管办评分离，促进政府职能转变的若干意见》的发布，从根本上改变了大学自主办学内部关系调整与变革的割裂状态，并为此后大学自主办学内外部关系逐渐走向协调与融合奠定了坚实的政策基础。

由此可见，在大学自主办学历史变迁过程中，先重视外部关系的调整与变革，也就是关注外部性因素的作用，而相对地忽视了内部性因素的作用；在内部关系的调整与变革过程中，重视办学自主权的重要性，而忽视或轻视了自主办学责任和自主办学能力的重要性。从一定程度上来说，长

---

① 教育部：《国家中长期教育改革和发展规划纲要（2010—2020年）》，2010年7月29日，http://www.moe.edu.cn/srcsite/A01/s7048/201007/t20100729_171904.html，2016年8月1日。

期以来大学自主办学的内部关系、外部关系以及内外部之间的关系，都处于割裂状态，至少也是以割裂状态为主。实际上，这也是高等教育改革实体的、线性的思维方式的必然结果，诸如中央与地方之间的集权与分权的多次反复，政府与大学之间的放权与收权的多次变革，强调办学自主权对大学自主办学的重要性，都是实体的、线性的思维方式的具体体现，也正是因为如此大学自主办学的实践才成效不彰、举步维艰。

二 渐进性

从演变形态的角度来看，1978 年之前，除了"大跃进"和"文化大革命"两个特殊的历史阶段之外，大学自主办学历史变迁的主基调是渐进式的。不过在这一时期，大学自主办学变迁的频率较高，以现在的眼光来看也具有一些激进式变迁的特征。或许是因为那时对大学与政府之间关系、中央与地方之间关系的看法较为简单，线性思维特征体现得更为明显，遇到问题之后很自然的做法就是尽快返回到调整之初的状态，从而体现出激进的特征。所以，1978 年以前，诸多的改革政策与措施总是处于反复之中，似乎陷入"死循环"，成效不大。不过从另一方面来讲，这也为此后的改革积累了许多宝贵的经验。

1978 年之后，受经济领域"摸着石头过河"改革模式的影响，大学自主办学的历史变迁也体现出典型的渐进式特征。从大学自主办学外部关系的调整与改革来看，无论是中央与地方之间关系的调整与变革，还是政府与大学之间关系的调整与变革，或是社会与大学之间关系的调整与变革，都是在"小心翼翼"地推进，总的来说没有出现过 1978 年以前那样的"大起大落"。所以，在大学自主办学外部关系演变过程中，"确认""深化""优化"以及"完善"等成为核心词，这也是渐进式特征的表征与反映。从大学自主办学内部关系调整与变革的角度来看，历次变革与调整都是在以办学自主权为核心的前提下，不断地处理与协调自主办学责任和自主办学能力之间的关系，进而努力地实现此三者的协调。不过，认识到大学办学自主权、自主办学责任、自主办学能力三者之间是一个有机的整体，并不是一个简单的过程，但也没有出现剧烈的变化，只是在反复确认中不断地推进与深化，由此体现出典型的渐进式特征。实际上，采用渐进式的改革也是官方的一贯做法。1980 年 12 月 13 日，时任教育部部长蒋南翔在教育工作座谈会上就曾指出，"改革不能操之过急。要经过试点，取得经验，逐步推广"①。可以说，就高等教育领域的改革而言，包括大学自主办学的历史变迁，蒋南翔的这个说法至今依然适用。

但是，我们说改革开放之后，我国大学自主办学的历史变迁主要体现出"渐进性"，这只是相对于改革开放之前的发展历程而言的。如果从大学发展的内在规律与逻辑，从人才培养的本质与要求，从教育的使命与宗旨等角度来看的话，改革开放之后的历史，甚至就当前大学自主办学的发展历程来看的话，政府在推动大学自主办学名义下而出台与实施的一些政策、工程以及项目等，依然具有激进的特点，只不过是以一种相对温和的、隐蔽的方式推行的，但对大学的控制却更为严密与牢靠。众所周知，学生发展是一个循序渐进的过程，大学的成长是一个逐渐累积的过程，大学自主办学也是在内在觉醒与外在推动下逐渐实现的。并且，通过前文对大学自主办学演进历程的考察与分析，可以发现任何推动大学自主办学的改革政策与措施，都需要符合大学自主办学的本质，需要遵循大学发展的内在规律，需要循序渐进地的推动。

三 "自上而下"性

从演变动力的角度来看，大学自主办学内外部关系的历史变迁，都是上级主导和推动的，具有典型的"自上而下"性。

就大学自主办学外部关系的历史变迁而言，在中央与地方之间关系协调与变革过程中，高等教育管理体制无论是采用地方分权，还是采用中央集权，或者是采用"央地结合"，都是中央政府发挥着决定性作用，集权与分权模式的选择、时间的把握、程度的控制以及进度的调节等，都是中央政府单方面做出的决定，是一种典型的"自上而下"的运行模式；在政府与大学之间关系协调与变革过程中，政府一直居于主导地位，政府决定着大学是否拥有、什么时候拥有、拥有哪些以及拥有多大的办学自主权等，并且中央与地方之间的集权与分权也只涉及谁来管理大学的问题，而不涉及大学办学自主权的问题；在社会与大学之间关系协调与变革的过程

---

① 蒋南翔：《总结历史经验 调整教育工作——在教育工作座谈会上的总结摘要》，《人民教育》1981年第1期。

中，政府依然居于主导地位。因为长期以来，政府在社会与大学之间一直扮演着中介的角色，政府退出的进度、让权的幅度以及相应的时间选择等都左右着大学社会化改革的进程与成效，也是一种典型的"自上而下"的运行模式。不过，随着大学社会化改革的不断深化，社会的影响与作用也在日益扩大与增强，成为继政府之后影响大学运行与发展的另一支重要力量。就当前中国大学自主办学的实践来看，大学处于政府与社会的双重夹裹之中，大学处于弱势地位，构建政府、社会、大学之间的新型关系依然有很长的路要走，这也是未来推动大学自主办学需要解决的关键问题。此外，大学自主办学"自上而下"的演变特征，在大学自主办学内部关系历史变迁过程中，也有鲜明的体现。回顾大学自主办学内部关系的演变历史，可以看出大学自主办学内部关系的历史变迁是从对大学办学自主权的关注开始的，并且一直是以大学办学自主权为核心主线而展开，而这一过程一直处于政府控制之中。从办学自主权到自主办学责任再到自主办学能力的扩展，既是这一过程的体现，也是"自上而下"思维方式主导的必然结果。因而，从大学自主办学内部关系的角度来看，当前从系统整体的角度来把握和认识办学自主权、自主办学责任、自主办学能力三者之间的关系，与此同时大力提升大学自主办学能力，是推动大学自主办学实践发展要解决好的另外一个关键问题。

可以预见的是，在大学自主办学演变过程中，政府发挥作用的方式必然面临着转变与调整，也就是需要实现从"自上而下"的演变向"自上而下"与"自下而上"相结合的方式转变，否则大学自主办学很可能将只是黄粱一梦。

四 "政治—经济"主导性

从演变目的的角度来看，大学自主办学的历史变迁要么是在政治主导下推进，要么是在经济主导下推进，或者是在"政治—经济"的双重主导下推进，具有典型的"政治—经济"主导性。

新中国成立以来，"国家本位"一直主导着社会各个领域的改革与发展，这在推动大学自主办学过程中亦有明显的体现。"国家本位"主导下的大学自主办学历史变迁，主要表现在用政治或经济或政治与经济的眼光来推动大学自主办学，而忽视或轻视大学内在发展逻辑与需求。一般而言，当政治经济体制改革的目标与方向提出之后，都会或迟或早地反映到大学自主办学的演变过程之中。由此导致了大学自主办学的历史变迁与中国政治、经济体制改革基本保持一致，甚至可以说是亦步亦趋。所以，大学自主办学的历史变迁是"政治—经济"主导下的变迁，是为"政治—经济"目的服务的，而不是为了大学自身的繁荣发展。正如有研究者深刻指出的那样，七十多年的教育改革历程中，其间诸多重大的教育改革，都是以"政治—经济"的需要和逻辑推论而操持的。[①]

1978 年以前，"政治—经济"主导下的大学自主办学变迁，主要体现在大学自主办学外部关系的变革过程之中。1978 年以后，随着国家建设重心的转移，这一状况发生了重大转变。特别是 1985 年《中共中央关于教育体制改革的决定》的发布，在客观上为经济主导大学自主办学改革提供了政策基础，或许主观上并无此意。随着建设社会主义市场经济体制改革目标的提出与确立，以经济建设为中心逐渐成为各领域改革的核心指导思想。自此，虽然政治因素在大学自主办学过程中依然发挥着重要的作用，但是经济因素的影响则在日益提升，并逐渐形成"政治—经济"协同主导大学自主办学的基本形态。大学具有政治属性，这是自民族国家产生以来任何国家都不能否认的事实，尤其是在中国这样一个社会主义国家，坚持社会主义办学方向是大学首要考虑的问题。所以在我国，大学的政治属性体现得尤为明显。但是如前文已指出的，政治属性只是大学的附属属性，大学本质上不是政治机构，与政治机构也有着根本的不同，因此政治主导下的大学自主办学变革必然不会如愿以偿；同样，大学具有经济属性，尤其是在市场经济和知识经济环境下，大学的经济属性体现的越发明显和强劲。但亦如前文已指出的，经济属性只是大学的附属属性，大学本质上不是经济机构或产业组织，与经济机构或产业组织也有着根本的不同，因此经济主导下的大学自主办学变革必然不会顺利实现。所以，近年来随着大学自主办学实践的不断发展和关于大学自主办学理论研究的不断深入，各界对"政治—经济"协同主导大学自主办学弊端的认识也逐渐深刻。

---

① 程天君：《改革教育改革——从作为政治—经济改革到作为社会—文化改革》，《湖南师范大学教育科学学报》2012 年第 3 期。

第五章 大学自主办学的历史变迁

总而言之,"政治—经济"主导下的大学自主办学实践,所导致的对大学运行与发展规律的漠视,对大学自主行动作用的忽视,是影响大学自主办学目标达成的重要障碍。在新的历史时期,推动大学自主办学需要转变"政治—经济"主导的思想,回归大学自身,尊重、维护与弘扬大学的自主性与主体性。需要说明的是,大学自主办学历史变迁的上述特征,是我们从不同的角度去观察的结果。实际上,这些基本特征是共时交织、彼此相连的。从根本上来说,由于对大学自主办学本质认识的模糊不清,并且传统的行政化和实体思维方式依然在深层次上主导着整个变迁过程,所以才会是"摸着石头过河"式地探索与推进的,才会是在大学自主办学内部关系、外部关系以及内外部关系之间割裂状态下推进的,才会是"自上而下"地推进的,才会是"政治—经济"主导下推进的。当然,从本质上来说,本书认为这一切主要还是源于对大学自主办学本质的模糊或错误认识,或者说此前我们并没有认清大学自主办学的本质,所以大学自主办学的实践也就困难重重、举步维艰。通过对大学自主办学历史变迁进行分析与考察之后,我们发现一个好的发展趋势是,大学自主办学的改革实践、理论研究以及相关政策正在走向耦合,正逐步形成良性循环。可以说,无论是从理论研究的角度来看,还是政策安排的角度来看,或者是从实践发展的角度来看,我国大学自主办学正逐渐迈上新的征程,开启新的篇章。

第六章

大学自主办学的现实困境与理性抉择

通过前文的分析我们知道，中国大学自主办学的改革与发展实践经历了曲折复杂而漫长的演进历程。可是，经过这么长时间的积累、探索与改革，至今中国大学自主办学依然举步维艰、困难重重。本书认为，在新的历史时期推动大学自主办学，需要对大学自主办学的现实困境进行更加彻底而深刻的反思与探讨。也就是说，要全面认识与系统把握大学自主办学的现实困境，分析其产生的原因，进而采取有针对性的措施化解大学自主办学的现实困境。与此同时，在认识、把握、分析与化解当前大学自主办学现实困境的过程中，也要立足大学自主办学的基点与追求，展望未来、谋划未来。

第一节 大学自主办学的现实困境

从理论上来讲，大学自主办学是一个复杂的动态过程，而在这个过程中可能存在多种问题，并且这些问题体现在多个方面、具有多种不同的表现。由此可见，大学自主办学过程中遇到的困难和存在的问题，也是复杂多样的。当然，这些困难和问题的性质也是多种多样的，有些是次要的，有些是主要的；有些是战略性的，有些是战术性的。由于本书立足于"以事实为依据的理论研究"，所以本书也主要是力图分析、研究与化解具有战略意义的、主要的现实困境与核心问题。本书认为，从实践的角度来看，"放乱收死"是当前我国大学自主办学过程中最大、最难、最亟须化解的现实困境与核心问题。可以说，自1992年国家教委发布的《关于加快改革和积极发展普通高等教育的意见》，明确提出大学自主办学"放乱收死"的问题以来，"放乱收死"就像"魔咒"一样一直困扰着大学，至

第六章 大学自主办学的现实困境与理性抉择

今也未完全走出这个困境。实际上,大学自主办学"放乱收死"具体是指什么,是否就如政策文件所直言不讳地指出的那样,有哪些危害,并不是自明的,而是一个需要探究的话题。

一 大学自主办学"放乱收死"的界说

"放乱收死"这个名词并不是高等教育研究领域的专属,更不是高等教育研究领域的首创。起初"放乱收死",是对我国政治和经济领域中中央与地方之间在权力分配上曾长期存在的"集权—分权—再集权—再分权"的概括与描述,也就是"一放就乱,一乱就收,一收就死,一死就放"的简称。

前文已述及,中国大学自主办学演进历程的主要特征之一就是,在"政治—经济"主导下逐渐展开与推进的。所以,政治和经济领域中曾出现的"放乱收死"问题,自然而然地会反映到大学自主办学过程之中,由此"放乱收死"也就成了对大学自主办学演进历程的形象描述与总体概括。但是,从政策的角度来看,如果深入分析的话,大学自主办学"放乱收死"在不同的历史时期具有不同的体现,本书认为这至少可以分为两种不同的情况。大学自主办学的历史变迁,首先是以大学自主办学外部关系的调整与变革为起点,而大学自主办学"放乱收死"起初也主要集中在大学自主办学外部关系的变革与调整方面。也就是说,在大学自主办学演进历程中,首先出现的"放乱收死"是指大学自主办学外部关系问题,对此国家政策文件也有明确的论述。1995年5月29日,国家教委发布的《关于深化高等教育体制改革的若干意见》,就毫不忌讳地指出"高等教育管理体制改革,不是简单地把学校'下放'与'上收',不是将原来'条条'管理简单地改为'块块'管理而继续自成体系,而是要建立与经济、政治、科技、文化体制改革相适应的,有利于高等教育事业的发展和改革的高等教育管理体制"。因此,"要防止历史上曾经出现过的简单地换'婆婆'和'一放就乱、一乱就收'的现象重演;防止'一刀切'、一哄而起和搞形式主义"[①]。前文已述及,这是国家政策文件第一次明确指出大学自

---

① 国家教育委员会政策法规司:《中华人民共和国现行教育法规汇编(1990—1995)》(上卷),人民教育出版社1998年版,第577—583页。

主办学"放乱收死"的问题。可以明显地看出,此次政策文件所言的"放乱收死"主要是指中央与地方之间谁来管理大学的问题,并没有涉及政府与大学之间关系和大学与社会之间关系的问题,更没有涉及大学自主办学内部关系问题。也就是说,从大学自主办学内外部关系的角度来看,这种情况的"放乱收死"只涉及了大学自主办学外部关系的某些方面。而到2001年左右,以"中央和地方分级管理、以省为主"管理体制的确立与完善为标志,主要表征为中央与地方之间关系问题的"放乱收死"基本得到解决。起码这种情况的"放乱收死"在此后的改革与发展历程中,已不再是大学自主办学改革的重点。

大学自主办学"放乱收死"的另外一种情况,既涉及大学自主办学内部关系问题,也涉及大学自主办学外部关系问题。此时,大学自主办学"放乱收死"可以通过如下简要论述得以理解:在政府向大学下放办学自主权的过程中,并没有自觉地、理性地、有意识地推动与促进大学办学自主权、自主办学责任、自主办学能力三者之间形成正向匹配与耦合共生的关系,从而形成一个生态共同体,而大学自身也缺乏这种自觉意识与理性觉醒。所以,得到办学自主权后的大学,并不能有效地行使与发挥其作用,进而就会产生办学自主权的滥用与乱用;面对办学自主权的乱用现象,政府又开始上收办学自主权;缺少办学自主权的大学,也就缺乏办学活力,显得死气沉沉。由此可见,这个情况下的大学自主办学"放乱收死",相对于上一种情况而言也是更为复杂的问题。对这种情况的"放乱收死",国家政策文件亦有明确的说明与清晰的认识。2014年7月8日,国家教育体制改革领导小组办公室发布的《关于进一步落实和扩大高校办学自主权,完善高校内部治理结构的意见》,再一次直言不讳地指出"在加大放权力度的同时,要改进和加强宏观管理,综合运用法律、政策、规划、公共财政、标准、信息服务和必要的行政措施,把该放的放开,把该管的管住,针对每一个放权事项建立监管办法,避免'一放就乱、一乱就收、一收就死'"[①]。实际上,这是国家政策文件第二次明确提出大学自主办学"放乱收死",也可以很明显地看出此次所说的"放乱收死",既涉及

---

① 教育部:《关于进一步落实和扩大高校办学自主权,完善高校内部治理结构的意见》,2014年12月22日,http://www.moe.gov.cn/s78/A02/zfs_left/s6528/s6529/201412/t20141222_182222.html,2016年8月1日。

政府与大学之间关系的问题，又涉及大学内部关系的问题。也就是说，从政策话语的角度来看，此次政府指出大学自主办学"放乱收死"问题依然是在强调外在的监督和制约，而相对地忽视了大学的内部性因素的作用。由此可见，政府的思维方式依然是外部性的，相应的分析理路和解决策略也依然是基于外部性视角的考量与分析，所以也就很难从根本上解决大学自主办学的"放乱收死"。实际上，从学理的角度来看，"一收就死"比较容易理解，由于政府对大学管得过多、管得过宽、管得过严、管得过死，大学因缺乏办学自主权或受到不适当得的干预，就缺少办学的积极性与活力，如此一来自然就显得死气沉沉、死水一潭。但是，"一放就乱"就不是办学自主权的放与收那么简单了，也不仅是政府管得不好、管得不到位的问题了。也就是说，大学自主办学的"放乱收死"，不仅是政府管理的问题，更主要的是自主办学责任和自主办学能力的问题，而这更为重要的方面恰恰被忽视至少也是轻视了，这也是当前我国大学自主办学陷入"放乱收死"恶性循环怪圈而不能自拔的主要原因，也是推动大学自主办学需要破解的最大难题。

  通过以上的简要分析可以看出，虽然国家政策文件两次指出大学自主办学的"放乱收死"时使用的措辞几乎是一样的。但是，两次指出问题的背景和要解决的具体问题都是不同的，不过这两种情况的"放乱收死"在我国大学自主办学过程中确实不同程度地存在过。实际上，第二次指出大学自主办学"放乱收死"问题时，已经比第一次的认识更为深刻一些，但依然没有深入问题的核心与本质。正如本书一直强调的那样，大学自主办学是在内外部关系互动过程实现的，无论是忽视大学自主办学的内部关系，还是忽视大学自主办学的外部关系，都不可能真正认识与把握大学自主办学的本质，更不可能从根本上解决大学自主办学的"放乱收死"的现实困境。不过，就当前大学自主办学的实践来看，大学自主办学的"放乱收死"主要还是体现为第二种情况。如此看来，一概而论地谈大学自主办学"放乱收死"并不严谨，有时甚至还是错误的。因为，不同的问题产生的原因可能是大相径庭的，而相应的解决策略也就迥然有别了。

  当然，本书主要是基于政策文件来分析与解读大学自主办学的"放乱收死"，所以才有了上述两种不同情形的"放乱收死"。而实际上，在分析与研究大学自主办学过程中，还有一个现实的问题我们不能忽视：政府说是"放乱收死"真的就是"放乱收死"吗？也就是说，需要深入分析政府指出大学自主办学"放乱收死"的背景和立场，亦即主要就是考察政府指出大学自主办学的"放乱收死"，是从政府角度出发的，还是从大学角度出发的，是全局角度出发的，还是从局部角度出发的，是从眼前角度出发的，还是从战略角度出发的。因为，不同的立场、不同的出发点、不同的落脚点，结果或许会大不一样。实际上，长期缺乏办学自主权的大学，在得到办学自主权之后需要一个探索、琢磨和适应的过程，这个过程可能会出现短暂的乱象。这也是任何改革都不可能完全避免的，对大学自主办学这个复杂的系统工程而言更是如此。更何况，我国大学形式多样、类型众多、层次不同，一部分基础薄弱的大学在获得办学自主权之后出现乱象是意料之中的。从战略和全局的角度来看，这个乱象可能是短暂的、局部性问题，是走向新的有序发展阶段的过渡期。然而，这些暂时的、局部性问题通常会被管理部门当作长远的、全局性问题来处理，从而忽视了那些因获得办学自主权而蓬勃发展的大学，进而"一刀切"地收回所有大学的办学自主权。

　　通过以上的简要分析，我们看出大学自主办学的"放乱收死"并没有那么简单。可以说，"放乱收死"本身就是一个值得分析与探究的问题。正如邓小平同志曾深刻地指出的那样，"有些事从局部看可行，从大局看不可行；有些事从局部看不可行，从大局看可行"[①]。同样的道理，在大学自主办学过程中出现的现象或问题，从短期和局部角度来看或许是"放乱收死"，而从长远和全局角度来看或许是走向新的有序的"前奏"。由此也就启示我们，在分析与研究大学自主办学"放乱收死"时，必须对"放乱收死"本身有清晰而明确的认识与把握。当然，根据本研究的调查与分析，当前我国大学自主办学过程中确实存在着"放乱收死"。也可以说，"放乱收死"是当前我国大学自主办学的现实困境，并且本书也只探讨与分析这个现实困境。但是，我们对大学自主办学过程中可能出现的问题应有深入的分析和深刻的认识，而不能只看到问题的表面，更不能只看到眼前和局部。

二　大学自主办学"放乱收死"的危害

　　"放乱收死"在我国大学自主办学过程中曾长期存在，至今依然是我

---

① 邓小平：《邓小平文选》（第二卷），人民出版社1994年版，第82页。

国大学自主办学过程中亟需化解的现实困境。一直以来，各界虽对大学自主办学"放乱收死"都持批判的态度，但对大学自主办学"放乱收死"负面影响的具体论述并不多见，并且已有研究更多的是以具体的事件或案例来阐释，缺少理论层面的探讨与分析。本书认为，大学自主办学"放乱收死"的危害是多方面的，但总体而言可以概括为以下两个方面。

（一）消解大学的信任水平，阻碍大学自主办学内外部关系的互动

大学自主办学内外部关系之间的互动是大学实现自主办学的基本前提，而大学自主办学内外部关系之间的互动又以政府和社会对大学的信任为基础。所以，本书始终认为信任是大学自主办学的基石，没有信任的大学自主办学很可能只是南柯一梦。

1978年之前，大学自主办学内部关系没有受到相关政策的关注与重视，处于被忽视状态，此时大学自主办学内外部关系之间的互动也就无从谈起了。1978年之后，随着改革开放政策的不断推进和社会主义市场经济体制建设的逐渐完善，在政府向大学下放办学自主权既是大势所趋，也是对各界呼吁大学办学自主权的回应。政府向大学下放办学自主权过程中，除了有现实的利益考虑之外，也有对放权的合理性和用权与履责有效性的担忧。所以，政府向大学下放办学自主权是一个缓慢的、渐进的过程，甚至也可以说是一个试错的过程。在推动大学自主办学过程中，政府依然处于主导地位，决定着向大学下放办学自主权的多少、进度以及时机等，而大学只能被动地接受和服从。并且，在缺乏规范化、制度化、法治化放权与履权机制的背景下，政府的行为具有很大的随意性和不确定性。如此一来，在推动大学自主办学过程中，大学对政府的信任水平就比较低。所以，长期处于政府控制之中的大学，面对"突如其来"的办学自主权，产生一种截然相悖、自相矛盾的思想：既感觉不知所措，同时又欣喜若狂。不知所措是因为大学作为事实上"被抱大的一代"，缺乏有效行使办学自主权的制度安排和履责机制，所以不知如何是好；欣喜若狂是因为，大学对办学自主权的呼吁与渴望终于得到了认可，有了大展拳脚的机会。由于，大学对政府下放办学自主权缺乏确定性的预期，好不容易获得的办学自主权还有随时被上收的可能，所以大学在"有权不用，过期作废"思想的影响下，自然而然地就会产生机会主义思想和行为。如此一来，就产生了"乱办学、乱发文凭、乱收费"等乱象，进而社会各界对大学的质疑与

诟病也就纷至沓来。面对社会舆论的压力和一些大学出现的一些办学乱象，政府对大学的信任也会随之降低，进而顺理成章地收回办学自主权。或者政府给大学行使办学自主权设置很多或明或暗的限制与障碍，造成事实上的"明放暗收"。政府与社会对大学的不信任和大学对政府的不信任相互交织，就导致大学自主办学"放乱收死"恶性循环的产生。

　　实际上，这样分析大学自主办学"放乱收死"的问题，无形之中隐藏了一个值得探究而通常被忽视的问题。政府向大学下放办学自主权，是整齐划一地面向所有大学，而获得办学自主权之后，有些大学确实出现了办学乱象，但这只是暂时性和局部性问题，并不是大学这个共同称谓之下的所有个体都有问题，也不是长远性问题。并且，事实上有些大学获得办学自主权之后，实现了更好的发展。然而，由于公众天然的对"大学问题"更感兴趣，又加上媒体的报道与渲染，好的经验与实践被"有意识"地忽视了，而大学群体办学乱象问题的错觉被逐渐强化与放大。所以，政府又收回已下放的办学自主权，或者"明放暗收"，并且这一过程也是"一刀切"式地面向所有大学。也就是说，无论政府是向大学赋权还是收权，都是"一刀切"式的，要放都放，要收都收。"一刀切"式的做法固然高效、统一，易于推行，但实践效果却不尽如人意。因为这样做，本质上并不是在解决问题，而是在回避问题，也是在事实上无视大学用权与履责的成功经验，并且严重地抑制了大学探索用权与履责机制的积极性和主动性，是一种典型的懒政思想，当然也是行政化思维方式导致的必然结果。久而久之，本质性问题逐渐积累，"放乱收死"恶性循环怪圈一如往日，政府和社会对大学的信任逐渐被侵蚀与消解，大学自主办学内外部关系之间良性互动的难度也就逐渐增加。

　　（二）影响大学本质使命的达成，导致大学逐渐庸俗与异化

　　"放乱收死"是对大学自主办学过程中现实困境的形象描述和总体概括，有助于对大学自主办学困境与问题的认识与把握，但也容易掩盖"放乱收死"对大学本质冲击与侵蚀的客观事实。实际上，大学自主办学"放乱收死"不断地冲击与侵蚀着大学的本质，严重地影响大学本质使命的达成，从而导致大学逐渐庸俗与异化。

　　由于教育属性、学术属性以及文化属性三者共同构成了大学的本质属性，大学的本质使命也就理所当然地包括教育使命、学术使命以及文化使

命。虽然从本质上来说，大学既是一个教育组织，又是一个学术组织，也是一个文化组织，是适用于任何一所大学的基本认识。但是，这并没有否认大学是千差万别的客观事实，本来世界上就不存在两所完全一样的大学。也正是因为形形色色大学的存在，才有丰富多彩的高等教育世界，才有蓬勃发展、生机盎然的高等教育生态系统。虽然，从客观上来说，不同的大学具有不同的发展基础，也承担着不同的责任与使命，在高等教育生态系统中处于不同的位置。但是，在践行本质使命的过程中，任何大学都必然要维持教育使命、学术使命以及文化使命三者的相对均衡，既不能在此三者之间平均用力，也不能顾此失彼，更不能扬此抑彼。否则，将影响大学本质使命的达成，导致大学的庸俗化或异化。也就是说，大学自主办学要尊重与维护大学的本质属性，践行大学的本质使命。但是，大学本质属性的维持与坚守，大学本质使命的践行与达成，并不是一蹴而就的，而是在一个相对稳定的环境中长期坚持、奋力争取、不断积累的结果。然而，在现有政绩观、发展观以及绩效观的作用下，长期处于"放乱收死"恶性循环之中的大学，在自主办学过程中或许并不会主动自觉地坚守其本质、践行其本质使命，而更有可能会"理性地"从事能带即时经济利益和政治利益的办学活动。事实上，很多大学确实这样做了。盲目扩大招生，建设气派校门，开设"短平快"专业，拓展校办企业，开办各种培训班，凡此种种，只要能为学校带来经济利益的活动，很多大学都会竞相模仿、趋之若鹜；只要能为学校带来政治利益的活动，很多大学领导都会恐为人后、不遗余力地去推动。如此一来，大学领导因可喜的"政绩"而升迁，大学教师因大量的创收而鼓了荷包，何乐而不为呢。然而，大学的教育质量、学术水平（不是各种指标和官方钦定级别衡量的水平，而是对人类文明和社会发展的贡献）以及文化精神，似乎并没有多少大学真正地去关心，没有多少大学领导人去关注，没有多少大学教师去关怀。然而长期以来，学术界对大学教育质量是下滑了，还是提升了，还是基本没变，一直存有很大的争议。从科学研究的角度来讲，要弄清楚我国大学质量到底如何，至少需要有衡量大学质量的标准与数据。而教育问题是复杂的，大学质量能否量化、哪些方面可以量化以及能在多大程度上可以量化等都是非常复杂的问题，这显然既超越了研究者的研究能力，也超出了本书的研究范围。基于研究的可行性与主要研究目的，从质性的角度对大学质量做个简要分析,即可以说明本书所要表达的问题。本书从以下三个方面对我国大学教育质量问题做简要论述,以说明问题。

首先,大学生就业难与用人单位招工难两重天的尴尬,折射出我国大学质量没有达到公众或用人单位的期待与需求。近年来,随着大学扩招政策的实施与推进,高考招生录取率、高等教育毛入学率以及高等教育规模都迅速提高,一跃成为名副其实的世界高等教育第一大国。实际上,如果单从数量的角度来看,我国高等教育确实呈现出欣欣向荣之景,令世人瞩目。然而,与数量繁荣相伴而来的是,大学毕业生就业形势日益严峻,熬过了2013年的"史上最难就业年",不曾想又遇"史上最难就业年"。有人调侃说,"熬过今年还有明年,年年都是最困难的一年!"当然,我们不能就此武断地将大学毕业生就业难都归结为大学质量问题,事实上大学毕业生就业难是一个复杂的社会问题,是多方面因素共同作用的结果。但是,当考虑到用人单位招工难且在惊呼"大学教育质量下滑,博士不如5年前的硕士"[①]之时,用人单位在为提高大学教育质量出谋划策之时[②],大学毕业生就业难也不完全是结构性矛盾所能说明的了,再说大学质量不高似乎就不那么武断了。

其次,研究者在为大学质量忧心忡忡,为寻找提高大学质量的可靠路径而殚精竭虑。高等教育招生规模迅速扩大,然而"培养出来的真正人才并没有增加,学生的素质甚至还在下降"[③]。从当前我国高等教育改革与发展的实际情况来看,对大学"以易于量化的科研项目、学术论文、课题经费等'GDP主义'的考核与评价"[④]为主,大学又以同样的方式来考核与评价教师,而作为最终被评价与考核对象的教师只能被科研牵着鼻子走。如此一来,迫于制度与生存的压力,大学里重科研轻教学之风日渐兴盛、愈演愈剧,教师对教学的关注与重视也就逐渐降低了。众所周知,教学作为人才培养的基础环节,是教育效应发挥的主渠道,对人才培养质量具有

[①] 中国新闻网:《用人单位:大学教育质量下滑博士不如5年前的硕士》,http://www.chinanews.com/gn/2015/07-23/7423004.shtml,2016年6月1日。

[②] 宗庆后:《关于进一步提高大学教育质量的建议》,http://www.chinanews.com/cj/2014/02-28/5896964.shtml,2016年6月1日。

[③] 丁东:《中国大学向何处去》《博览群书》2010年第4期。

[④] 林杰,刘国瑞:《关于深化中国特色高等教育人才培养体系改革的几个问题》,《中国高教研究》2015年第3期。

决定性的作用，尤其是对本科人才培养而言更是如此，所以对教学的轻视必然导致人才培养质量下降。难怪有人指责，随着大学教育的"饼"越摊越大，大学教育质量下滑问题日益突出①。《人民日报》也发文质疑："今天，大学培养的人才合格吗？"② 客观来讲，社会各界对大学质量问题的指责与质疑比较多，或许有些也失之片面，但从这个问题引起如此广泛的关注来看，确实也从一个侧面反映出大学质量的问题。

最后，大学的学术产量迅速提高，然而学术质量却不尽如人意。当前，我国科学引文索引（SCI）论文数量仅次于美国，位居世界第二，但质量却不尽如人意。多年来，大学贡献了超过80%的中国表现不俗的国际科技论文，很显然大学是我国科技论文产出"大户"。然而，据统计，2007年至2011年，中国内地三方专利（指向美国、日本以及欧洲专利局都提出了申请并至少已在美国专利商标局获得发明专利权的同一项发明专利）中，大学专利数仅占2.6%。这说明在科技创新链条上，大学在科研成果转化为现实生产力方面存在"短板"③，也在一定程度上说明大学的学术质量提升空间很大。此外，博士学位授予数，也被视为考察大学学术水平的一个重要指标。从数据来看，自高校扩招以来，我国博士学位授予规模逐年提升。具体情况如图6-1所示。

2008年，我国授予的博士学位就已经超过了美国，而博士学位的水分却很大④，各界对博士教育质量质疑之声不断。大学又是我国博士学位授予单位的主体，而就论文质量和博士质量这两个衡量大学学术质量最为重要的指标而论。从当前的实际情况来看，大学的表现似乎不太令人满意，改进与提升空间很大。

事实上，不仅是社会媒体和学术界对大学质量问题忧心忡忡，教育主管部门也为提升大学质量搜肠刮肚、绞尽脑汁。《国家中长期教育改革和

---

① 李平沙：《大学教育质量被指日益下滑学生成为试验品》，http://edu.gmw.cn/2015-07/13/content_16273351.htm，2016年6月1日。

② 赵婀娜：《三问高校人才培养：今天，大学培养的人才合格吗？》，http://edu.people.com.cn/n1/2016/1021/c1053-28797590.html，2022年7月15日。

③ 柯进、杜雯雯：《调查：中国科技论文产出"涨"势的背后》，《中国教育报》2013年10月12日第3版。

④ 肖舒楠、刘跃：《中国成最大博士学位授予国博士生教育水分大》，《中国青年报》2009年7月28日。

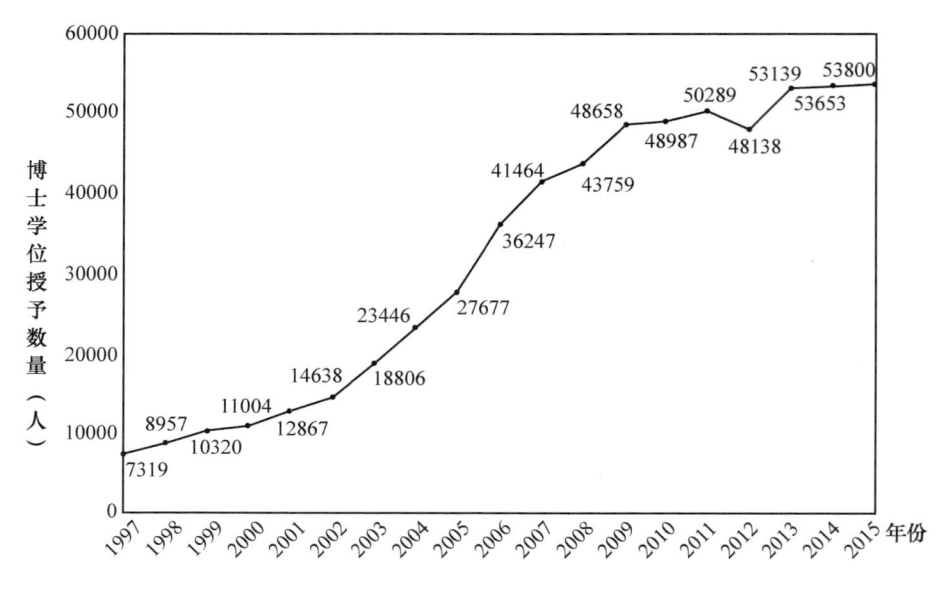

图 6-1 1997—2015 年我国博士学位授予人数变化情况

发展规划纲要（2010—2020 年）》明确提出，"把提高质量作为教育改革发展的核心任务"①。党的十八大报告也明确提出"着力提高教育质量"。由此可见，提高教育质量（包括高等教育质量）已上升为国家战略，也就是说高等教育质量问题已引起国家层面的高度重视。可以说，"对于中国高等教育的现状，目前各方面都不满意：学生不满意，教师不满意，家长不满意，用人单位不满意，批评来自社会各界"②。因而，就从当前高等教育质量问题引起各界如此广泛关注与高度重视而言，如果以没有确凿数据反映或表明大学教育质量的实际状况而否定大学教育质量存在问题的话，似乎就站不住脚了。然而，大学的教育质量饱受诟病，大学的学术研究质量屡受质疑，大学的文化精神日渐式微，都在悄无声息地消解与侵蚀大学的本质，也导致大学本质使命被无声无息地忽视或轻视。由此看来，大学"高大上"的表面光鲜和数字繁荣，掩盖了大学危机重重的事实，遮蔽了大学之为大学的根本。曾经的"象牙塔"，曾经的"社会的良心"，曾经的

---

① 教育部：《国家中长期教育改革和发展规划纲要（2010—2020 年）》，2010 年 7 月 29 日，http://www.moe.edu.cn/srcsite/A01/s7048/201007/t20100729_171904.html，2016 年 8 月 1 日。
② 丁东：《中国大学向何处去》，《博览群书》2010 年第 4 期。

"人类文明的灯塔",曾经的"学者乐园",曾经的"世人向往的圣地",正逐渐被贪污腐败、违法乱纪、伤风败俗、学术剽窃,争权夺利、尔虞我诈,唯利是图、蝇营狗苟之事所遮蔽。可以毫不夸张地说,大学在"非大学"的道路上已渐行渐远,正逐渐地庸俗与异化。

由此可见,大学自主办学"放乱收死"不但侵蚀大学信任,阻碍大学自主办学内外部关系之间的互动与沟通,而且还冲击大学本质,导致大学庸俗与异化。大学自主办学"放乱收死"的危害与影响是深远的,如果不破解这个恶性循环怪圈,大学自主办学将是一个永远到达不了的"乌托邦"。

三 大学自主办学"放乱收死"的原因

大学自主办学是一个复杂的动态过程,因此导致大学自主办学"放乱收死"的原因必然也是复杂多样的。分析与探究大学自主办学"放乱收死"产生的根源,是化解这个恶性循环怪圈的基础。

(一)理论认识的偏差影响大学自主办学

理论是行动的先导,理论认识的模糊不清,必然会影响实践的顺利开展与推进。如果理论认识压根就是错误的,那么实践很有可能会在错误的道路上越走越远。实际上,对大学自主办学本质等理论问题认识的偏差与误解,是产生"放乱收死"循环怪圈的一个重要原因。

通常而言,学术界认为大学办学自主权的提出是大学自主办学的起点与开端。事实上,中国大学自主办学的改革实践确实是以办学自主权为核心与主轴而推进与开展的。但在中国高等教育发展史上,大学自主办学的提法要晚于大学办学自主权。1979年几位具有远见卓识的大学领导人就呼吁给大学一点办学自主权,1985年《中共中央关于教育体制改革的决定》正式明确与肯定了大学办学自主权。1992年12月8日,国家教委发布的《关于加快改革和积极发展普通高等教育的意见》,是我国相关政策文件第一次明确提出大学自主办学的概念。自此以后,大学自主办学的提法正式走上高等教育改革与发展的历史舞台,并逐渐成为高等教育管理体制改革的核心话题。与此同时,各界对大学自主办学本质的探讨也一直没有停止,相关研究不断深化与丰富,但至今依然未达成共识。简而言之,关于大学自主办学本质的既有看法,大致可以概括为以下五种基本情况:第一，认为大学自主办学是一个尽人皆知的概念，是不言而喻的常识，没有讨论的必要与价值；第二，认为大学自主办学就是西方语境下的大学自治，进而将大学自治的相关认识与理解直接套用于大学自主办学；第三，以国家发布的政策文本为依据来理解大学自主办学，基本上是政策话语的直接移植或嫁接；第四，将大学办学自主权与大学自主办学直接等同，认为大学"自主办学与大学的办学自主权是同一概念，只是提法不同"[①]；第五，从大学自我约束、自我管理、自我发展的角度来理解大学自主办学，这样的观点随着大学自主办学的不断推进而逐渐增多。以上关于大学自主办学本质的既有看法，前文也有所述及，此处略作提及。但是，如果对这些观点再进行概括与凝练的话，可以看出这些看法大多是基于外部性视角来理解与认识大学自主办学，也有少数研究是从内部性视角来理解与认识大学自主办学，但是很少有研究从内部性视角与外部性视角互动与融合的角度来理解与认识大学自主办学。

基于外部性视角的相关研究，过于强调外部性因素对大学自主办学的限制作用，而轻视了大学能动性与主动性等内部性因素对大学自主办学的不可或缺的促进作用，也忽视了只有外部性因素与内部性因素之间实现互动与沟通，才能实现大学自主办学理想的客观事实。客观来说，基于外部性视角对大学自主办学本质的探讨，在学术界已然成为一种强势话语，并形成一种先入之见。正是这种片面的先入之见，成为认识与把握大学自主办学本质的严重障碍，对大学自主办学实践也产生了深远的负面影响。在大学自主办学改革实践之初，中央与地方围绕着谁来管理大学的问题，在集权与分权之间经历多次反复。在此过程中，对大学而言，只是被中央管理还是被地方管理的问题，并未涉及大学办学自主权问题。历经十余年的探索与改革，这个问题才得以基本解决。随后，政府与大学之间围绕着管多与管少的问题，又在放权与收权（包括明放暗收）之间经历多次反复，至今这个问题仍未得到有效解决。并且，随着大学社会化改革的不断推进与深入发展，社会力量（尤其是市场）对大学自主办学产生了强烈的影响，正将大学推向异化的不归路。政府的强势主导，社会的强烈冲击，都是外部性视角强势话语的具体体现。从中国大学自主办学的历史变迁来

---

① 李如森：《高等学校面向社会自主办学的理性思考》，《中国轻工教育》2002 年第 1 期。

看，外部性视角的强势话语既影响着对大学自主办学本质的分析与研究，也影响着大学自主办学的实践进程。

总而言之，对大学自主办学本质认识的不足或偏差，会影响大学自主办学实践的开展。正如有研究者所指出的那样，"大学自主办学的内涵与外延尚不明晰，已成为制约大学自主办学的重要因素"①，实际上也是大学自主办学"放乱收死"产生的重要原因。

（二）传统思维方式制约大学自主办学

思维方式内在地决定着行为方式，所以有什么样的思维方式，必然就会有什么样的行为选择。本书所说的传统思维方式主要包括行政化思维方式和实体思维方式，行政化思维方式和实体思维方式内在地制约着大学自主办学的行为选择，也是导致大学自主办学至今尚未走出"放乱收死"恶性循环怪圈的重要原因。

1. 强调效率、统一、权威的行政化思维方式制约着大学自主办学实践的顺利推进。

行政化思维方式既体现于大学外部或宏观方面，又体现于大学内部或微观方面，可以说贯穿于大学自主办学的始终。无论是体现于大学外部的行政化思维方式，还是体现于大学内部的行政化思维方式，都有自上而下的权威、整齐划一的标准、令行禁止的效率以及不愿放权的痼疾等典型特征。

首先，就自上而下的权威而言，从宏观层面来看，在中央与地方之间关系改革与调整过程中，中央居于主导地位，地方权力的大小都是中央"自上而下"决定的，地方只能被动地接受。在政府、社会、大学之间关系改革与调整过程中，政府仍然居于核心地位，既左右着大学办学自主权的有无、大小以及多少等，也控制着大学社会化改革的方向、进度与幅度等；从微观层面来看，在当前校院两级治理结构中，校级掌握着大学的绝大部分资源与权力，处于绝对主导地位，院级作为大学办学活动的主要承担者与行动主体反而缺少自主权。在大学内部党委权力、行政权力以及学术权力等错综复杂的多元权力关系之中，学术权力一直处于弱势地位，处于被指挥与控制的状态，没有实质性的话语权。

---

① 朱祥：《对深化高校自主办学的思考》，《湖南社会科学》2008 年第 3 期。

其次，就整齐划一的标准而言，政府对大学办学自主权的态度与做法是一个典型的例子。在推动大学自主办学过程中，政府是否向大学下放办学自主权以及什么时候放、放多放少等，历来都是"一刀切"式的，放的时候是面向所有大学，收的时候也同样是面向所有大学，过度强调统一而缺少因校制宜。试想全国有上千所大学，并且各大学之间千差万别，依靠整齐划一的行政化方式去约束与管理各不相同的大学，其效果是可想而知的。近年来，这种情况虽有所改变，但依然有很大的改进空间。

再次，就令行禁止的效率而言，自1985年《中共中央关于教育体制改革的决定》提出将发展教育事业作为上级对下级考绩的主要内容以来，绩效就成为政府控制大学办学行为的利器。并且至今这种管理方式，都未发生实质性的改变。2015年10月24日，国务院发布的《统筹推进世界一流大学和一流学科建设总体方案》，就明确提出"坚持以绩效为杠杆"[1]。当然，政府不仅通过各种绩效排名、水平评估等显性方式控制着大学的办学行为，也采用基金项目、奖励荣誉等相对隐性的方式"诱惑"大学，从而以一种更为隐蔽的方式左右着大学的办学行为。并且，政府对大学以效率为追求的管理方式，也全面地渗透到大学，也被大学用来评价与考核生活于其中的教师和学生。可以毫不夸张地说，大学已被绑上绩效的战车。

最后，就不愿放权的痼疾而言，这是任何掌握权力与资源者都或多或少存在的本能倾向，深层次上是源于人性的自利心理。所以，在政府向大学放权、向社会让权的过程中，总会设置一些或明或暗的限制性条件，但对自己的行为通常并没有这么苛刻。事实表明，中国高等教育领域中的市场化改革策略和路径，使得政府在分权的同时以一种"遥控"但颇具影响力的方式，再一次将高等教育发展纳入整体的国家战略和经济社会发展进程之中[2]。一个典型的体现就是，政府缺乏支持、引导与发展中介组织的动力，也不善于或不愿意用中介组织来改进高等教育管理工作。所以，虽然在大学自主办学过程中，社会的力量逐渐增强，但高等教育领域中的市场机制并不完善，中介组织也没有权威，得到不认可。同样，在大学内部

---

[1] 教育部：《统筹推进世界一流大学和一流学科建设总体方案》，http://www.moe.cn/jyb_xxgk/moe_1777/moe_1778/201511/t20151105_217823.html，2016年8月26日。

[2] 苏永建：《体制化的技术治理与非对称性问责——社会转型期中国高等教育质量保障的社会学分析》，博士学位论文，华中科技大学，2015年，第185页。

也充斥着这样简单的逻辑。

总而言之,行政化思维方式已从上到下、由内而外、全方位地渗透到大学运行发展的全过程之中,成为主导和控制大学办学行为的核心力量。

2. 强调单向、线性、静态的实体思维方式制约着大学自主办学实践的顺利推进。

大学因关系而产生,是一个关系集合体;大学处于关系之中,亦因关系而发展。在关系之中,大学才能被精确而全面的定义、刻画与描述。自主办学作为大学的一种行为选择,也是一种关系的存在。大学自主办学是一个复杂的动态过程,存在着错综复杂的关系。因此,只有立足于关系,才能认识、理解与推动大学自主办学。然而,强调单向、线性、静态的实体思维方式,却在深层次上主导着大学自主办学的实践进程。

实体思维是指以事物自身为依托而诠释存在的方式,把存在预设为实体,把宇宙万物理解为实体的集合,并以此为前提来诠释世界。实体思维在人类历史上产生了深远的影响,从阿那克萨戈拉、亚里士多德、德谟克利特,到洛克、培根、笛卡儿、莱布尼兹,直到其集大成者牛顿,最终形成了被称为"笛卡儿—牛顿世界观"。"笛卡儿—牛顿世界观",作为占统治地位的哲学思想和科学思想,曾指导了世界工业化和科学技术的发展。他的机械论、还原论、主—客体分离的观点,取得了极大的成功。[①] 然而,随着人类社会的进一步发展,实体思维固有的缺陷日益暴露。实体思维方式将世界看作是一个机械的、构成的实体,因而世界的运行与发展是可以控制的、是决定论的,而看不到世界固有的复杂性和个体的能动性与自主性。实际上,人与人、人与自然以及人与社会之间的矛盾与冲突不断激化与恶化,就是实体思维方式固有缺陷的客观体现。由此,人们也逐渐认识到,绝不能仅仅用机械的,以一因一果为基础的实体思维方式去分析和解决问题。[②]

在实体思维方式的指引下,只看到了外部性因素对大学自主办学的控制与制约,看不到大学作为一个行动主体的能动性、主动性与积极性;只

---

① 高剑平:《从"实体"的科学到"关系"的科学——走向系统科学思想史研究》,《科学学研究》2008 年第 1 期。

② 高剑平:《从"实体"的科学到"关系"的科学——走向系统科学思想史研究》,《科学学研究》2008 年第 1 期。

看到了大学的政治属性、行政属性和经济属性，而看不到大学的教育属性、学术属性和文化属性；只看到了效率、统一、权威之于大学自主办学的作用，而看不到因校制宜、个性多样对大学自主办学的不可或缺。因此，在实体思维方式看来，大学自主办学就是一个单向的、线性的、静态的过程。所以，在我国大学自主办学历史演进过程中，通常认为只要有了办学自主权，大学就能实现自主办学，而没有将办学自主权、自主办学责任和自主办学能力作为一个系统整体来把握和认识大学自主办学，所以在下放办学自主权的同时，没有同步地解决大学自主办学责任和自主办学能力的问题；没有从系统整体的角度来看待与考虑大学自主办学，而将政府、社会、大学三者之间的有机联系人为地割裂开来。

总体而言，在行政化思维方式和实体思维方式的共同作用下，大学自主办学内部诸因素之间的关系被掩盖，大学自主办学外部诸因素之间的关系被遮蔽，大学自主办学内外部关系之间的有机联系也被割裂开来。如此看来，大学自主办学至今未走出"放乱收死"的恶性循环怪圈，也就不难理解了。

（三）大学信任危机冲击大学自主办学

大学信任是大学发展不可或缺的社会资本，是大学自主办学的基石，失去信任大学自主办学将成为空谈。然而，从学者已有的理论研究和当前社会媒体的各种报道来看，种种迹象似乎都表明，政府、公众等群体对大学的信任正在不断损蚀[①]，大学正在遭受前所未有的信任危机，由此导致大学自主办学难以走出"放乱收死"的恶性循环怪圈。总体来说，大学信任危机主要体现在以下几方面。

1. 大学本质异化导致大学信任危机，使大学自主办学迷失方向。

大学自产生以来就是一个值得信任的组织，"具有一种与生俱来的社会公信力"[②]，这种与生俱来的信任奠基于大学区别于其他社会组织的本质特征。然而，在新的时代背景下，大学的本质特征正不断地遭受强烈冲击而逐渐异化。

大学早已从社会边缘走到社会中心，作为人类社会的知识之源、智慧

---

① 柳亮：《大学信任与高等教育问责》，《教育发展研究》2010年第1期。
② 李莉、彭世文、侯盾：《试论和谐社会视角下的大学公信力构建》，《湖南大学学报》（社会科学版）2009年第5期。

第六章　大学自主办学的现实困境与理性抉择

之源、思想之源、人才之源，大学作为一种独特的力量，在推动社会进步、经济发展以及文化繁荣等方面发挥着不可替代的重要作用。在知识作为社会发展最为活跃因素的知识经济时代，虽然大学早已不是知识生产的垄断机构，更不是唯一机构，但"大学是社会上最能把工业需求、技术和市场力量与公民需求相联系的机构。就这些力量对基于专家的大学的强烈依赖来说，大学实际上正在变得强大而不是衰落"①。正是由于大学正逐渐变得强大，大学开始广泛地卷入纷杂的社会事务，如今大学的触角已渗透到社会的各个角落，人们时时处处都能感受到大学的存在。而就在大学不断地向社会渗透的同时，大学"真正的使命开始受到致命的冲击，大学高贵的形象开始淡化，大学与非大学之间的边界开始模糊，大学的功利性日益凸显，大学作为人类精神家园的理念逐渐式微……大学开始失去最初的自我"②。大学表现得像一个全能选手，大学的身影无处不在，大学似乎在各个方面都做得很好，然而就是不能做好自己。难怪有研究者不无感慨地指出，"在后工业社会，企业越来越像大学的同时，大学也变得越来越像企业"③。如此一来，"学者们感受到学校只是自己'工作'的场所，而不是因为职业旨趣相投而聚集在一处的学术团体"④。当生活大学之中的学者逐渐失去了对学术的敬畏与激情，对真理的渴望与崇尚，对文化的坚守与弘扬，大学也会逐渐地失去世人的敬仰与敬重。

大学曾是一个以高深知识为核心材料而开展各项活动的学术组织，然而在行政化的助推下，大学官本位现象却有愈演愈烈之势，推崇等阶、唯官是重，趋炎附势、唯官是奉，俯首听命、唯官是从，行政至上、唯官是大，⑤ 大学嫣然成了"衙门"，如此恐"校将不校、学将不学"；在知识经济的诱惑下，大学"为学术而学术，知识本身就是目的的经典理念将为知识就是财富的新理念所取代"⑥，而高深知识的发现、保存、传播、创新与

---

① ［英］杰勒德·德兰迪：《知识社会中的大学》，黄建如译，北京大学出版社 2010 年版，第 138 页。
② 王建华：《大学边界论》，《清华大学教育研究》2006 年第 6 期。
③ 韩益凤：《平庸时代的大学》，博士学位论文，南京师范大学，2015 年，第 53 页。
④ ［英］安东尼·史密斯：《后现代大学来临》，侯定凯等译，北京大学出版社 2010 年版，第 170 页。
⑤ 眭依凡：《大学庸俗化批判》，《北京大学教育评论》2003 年第 3 期。
⑥ 王建华：《我们时代的大学转型》，教育科学出版社 2012 年版，第 145 页。

应用等学术活动是大学得天独厚的优势,这为大学带来了源源不断的学术资本,大学逐渐成了以买卖知识为主的学术资本公司和知识工厂。"如今的大学教师已经嬗变为一个拿着国家工资的同时又谋求个人经济利益的群体"①,大学也逐渐成为"一个利益集团"②;在市场化的夹裹下,大学在学术资本主义道路上堕落的步伐逐渐加快。并且,作为市场核心的竞争原则和效率原则在大学里泛滥成灾,竞争原则使大学之间的关系、教师(包括行政人员)之间的关系以及学生之间的关系处于前所未有的紧张状态,已严重地影响和制约着大学良好生态的维系与发展。效率原则甚至成为大学衡量人才培养、科学研究以及社会服务等活动的圭臬,导致了大学科学研究的标准化、教学活动的统一化以及人才培养的快速化,大学逐渐成了加工标准化元件的流水线,甚至于成了"养鸡场"。③

总之,在行政化、学术资本主义以及市场化的共同诱惑、助推与夹裹之下,大学的理性逐渐迷失、大学的价值逐渐迷茫、大学的文化逐渐堕落、大学的精神逐渐式微,取而代之的是大学以追求效率为王、以追逐金钱为上、以沉迷权力为荣,大学正逐渐失去之所以为大学的本质,大学正逐渐异化为"非大学"。求真的迷失、崇善的迷茫、尚美的迷离,开始充斥在大学校园的每一个角落,大学开始异化为培养"精致的利己主义者"的"文凭公司"与"学历工厂"。随着大学在异化的道路上大踏步地前进,大学在公众心中的神圣、圣洁与高贵也正渐渐地消解,大学与生俱来的信任正逐渐被侵蚀,大学的信任危机随之凸显。

2. 大学制度松散导致大学信任危机,使大学自主办学缺乏制度支撑。

制度是大学运行与发展的基本保障,是产生、维护与发展大学信任的重要因素。正如夸美纽斯所言,"制度是学校一切工作的'灵魂','哪里制度稳定,哪里便一切安稳;哪里制度动摇,哪里便一切动摇;哪里制度松垮,哪里便一切松垮和混乱'"④。大学制度建设的松散与落后,必然影响公众对大学的信任。由于本书主要探讨政府和社会对大学的信任,所以

---

① 张静宁:《美国大学的"学术资本主义"论争及其对中国大学的启示》,《江苏高教》2013年第3期。
② 万钢:《大学不谋求成为利益集团》,《人民日报》2007年5月23日。
③ 李零:《学校不是养鸡场》,《中国税务》2003年第11期。
④ 任中印:《夸美纽斯教育论著选》,人民教育出版社1990年版,第243页。

第六章　大学自主办学的现实困境与理性抉择

此处不探讨宏观层面的大学制度，只分析微观层面的大学制度，且只分析微观层面大学制度的几个主要方面，以说明与阐释大学内部的制度松散现象或问题。

首先，大学校长和党委书记作为大学的核心领导人，在法律已明确规定"国家举办的高等学校实行中国共产党高等学校基层委员会领导下的校长负责制"的背景下，大学如何在制度层面将此落实、如何对校长与书记之间的关系进行制度化安排，是公众认识与判断大学制度是否可信的重要参考。新中国成立以来，我国高等学校领导体制经历了复杂的演变。简单来说，曾先后经历了校务委员会制、校长负责制、党委领导下的校务委员会负责制以及党委领导下的校长分工负责制等多种体制的探索与实践，最终经过历史和实践的证明，"党委领导下的校长负责制"是符合我国高等教育改革与发展客观实际的，必须长期坚持。所以，"党委领导下的校长负责制是一种按照党的民主集中制原则，实行集体领导、分工负责的制度，它是中国高校的特色和优势所在，也是完善中国特色现代大学制度的基石"[1]。然而，"党委和校长的职责、职权界定还不够明晰，党委会（常委会）和校长办公会等议决事项和程序还不够规范，导致少数高校领导班子不够和谐，影响了整体功能的发挥"[2]。在实践过程中，依然存在着党委书记和校长排名先后问题的争议[3]，甚至还存在党委书记和校长不和，党委常委会停开一年的情况[4]。如此一来，就可能出现社会上一种比较典型的说法，"领导的不负责、负责的不领导"[5]。或许这只是高等教育改革发展过程中的个别情况，但作为大学领导核心的书记与校长一直是公共媒体密切关注的对象，也是大学在公众心中形象的象征，所以就算是个案但其反映的问题和所产生的影响却是不容忽视的。

其次，大学内部的各种权力关系是否已制度化，并得到妥善地安排与

---

[1] 张德祥：《1949年以来中国大学治理的历史变迁——基于政策变革的思考》，《中国高教研究》2016年第2期。
[2] 赵永贤：《坚持和完善党委领导下的校长负责制》，《求是》2011年第3期。
[3] 陈良飞，张昕然：《中国大学党委书记校长排名谁在前？书记在前的多，但也不一定》，http://www.thepaper.cn/newsDetail_forward_1261941，2016年5月31日。
[4] 温红彦：《某高校书记校长不和党委常委会停开一年》，《人民日报》2015年8月22日第6版。
[5] 王道红：《坚持和完善党委领导下的校长负责制研究》，《思想理论教育》2016年第3期。

协调，是外界判断大学制度是否可信的重要依据。如果从权力的角度来看大学，可以发现大学是一个以党委权力、行政权力、学术权力以及学生权力等为核心的多元权力系统。这些权力之间的关系状况就像是一面镜子，反映着大学制度的运行状况。在实践发展过程中，党委权力和行政权力一直处于强势地位，学术权力长期处于被挤压状态而弱化与虚化，学生权力处于被遗忘的角落甚至都没有走上权力舞台的机会。在国家不断加强与完善大学内部治理结构改革的背景下，本可以借国家推动高等学校章程建设和高等学校学术委员会建设之东风来解决这个问题。然而，大学章程也无法明确处理、协调与回答各利益相关者之间的关系，大学内部的党委权力、行政权力、学术权力、学生权力以及其他权力一直没有明确的指示与划分[1]，所以各权力之间的矛盾与冲突一直未断。当前，各界都非常重视大学学术委员会建设，但是大学学术委员会也因缺少实质性的决策权和权威，眼下也不能发挥应有的作用[2]。从当前大学的实际情况来看，大学"学术委员会在很大程度上还处于'想起来就用一用，想不起来就不用'，'不好决策的时候就用一用，方便决策的时候就不用'的状态"[3]。由此可见，大学内部治理结构亟待完善，权力关系亟须优化，而这在一定程度上反映了大学制度亟须健全与完善。

最后，大学的信息公开制度和教学质量报告制度给公众提供一个了解大学运行与发展状态的窗口，然而这个窗口打开的同时却被蒙上了一层模糊的"窗纸"，公众还是难以通过这个窗口看清大学的"庐山真面目"。如果从天空向下俯瞰大学，会发现我国各个地区的大学会呈现如下相似的景象：高大的围墙将大学与外界隔离开来，围墙之内外是两个截然不同的世界。围墙之内，大学的活动与过程对外界来说就像是一个巨大的黑箱，围墙之外的人根本无从知晓，更别说了解大学内部可能出现的问题了。或许正是源于此，长期以来我国大学是那样的神秘而神圣，无论大学身在何处，都是当地一道亮丽的风景线，赚足了世人的眼球与赞叹。然而，高等

---

① 傅根生、赵泽虎：《大学社会公信力与大学治理》，《教育发展研究》2009年第11期。
② 林杰、张德祥：《大学校长该不该退出学术委员会？——缘起、解读及求解》，《国家教育行政学院学报》2016年第4期。
③ 张德祥：《1949年以来中国大学治理的历史变迁——基于政策变革的思考》，《中国高教研究》2016年第2期。

第六章　大学自主办学的现实困境与理性抉择

教育机构或曰大学既是一个知识密集型的组织，同时也是一个知识广博型的组织，因此很难陈述综合大学和学院的目的……很久以来，庞大的学术机构至多也只有宣而不明的目标①。所以，大学"在围墙内进行的许多活动，对于外界来说简直就像是一个谜"②，而"人们很容易对一个从运转到目的都不明确的机构失去信任"③。在新的历史时期，大学为了迎合与满足公众对大学行使必要的监督与参与权利，或者说由于政府力量的推动，诸如信息公开制度和本科教学质量报告制度等为公众打开了一扇了解大学、监督大学和参与大学管理的窗口。通过查看各大学官网的信息公开网页，不难看出不同的大学，信息公开的内容、形式、方式以及程度等存在显著的差异。可以说，当前大学信息公开制度基本尚处于初始阶段，"信息公开整体不佳，透明度不高"④，大多公开的都是一些无关痛痒的数字。再一个就是2011年在教育部倡导下逐渐推行的本科教学质量报告制度，该制度自实施以来就受到诸多争议，可以说外界对此褒贬不一，而总体来看，似乎"晒'政绩'倾向大于诚意公开"⑤，距"决策公开、管理公开、服务公开、结果公开"的基本要求甚远。如此的信息公开和质量报告非但不能满足公众的期待，反而会加重公众的失望，加剧大学信任危机。

上述三个方面既是大学运行与发展过程中的重要组成部分，也是反映大学制度是否良好运行的重要窗口，又是公众判断大学是否可信的重要参照。当前，虽没有确切的数据对大学制度松散的状况与程度进行说明与描述，但问题是客观存在的，教育主管部门相关领导的发言、大学领导者与管理者公开发表的论文或演讲以及学术界的相关学术研究便是一个明证。

3. 大学声誉不佳导致大学信任危机，使大学缺乏自主办学的资源。

简单来说，大学声誉就是大学在公众中的口碑，是公众对大学形象与名望的基本认识。由于大学声誉的表现具有直接性与即时性，所以大学声

---

① ［美］伯顿·R. 克拉克：《高等教育系统——学术组织的跨国研究》，王承绪等译，杭州大学出版社1994年版，第13页。
② ［美］唐纳德·肯尼迪：《学术责任》，阎凤桥译，新华出版社2002年版，第3页。
③ ［美］唐纳德·肯尼迪：《学术责任》，阎凤桥译，新华出版社2002年版，第18—19页。
④ 熊庆年：《高校信息透明度折射高等教育治理成熟度》，《社会科学报》2015年4月25日第2版。
⑤ 林颖颖：《复旦大学教学研讨会，首期〈本科教学质量报告〉受关注》，http://news.ifeng.com/gundong/detail_2012_05/21/14690426_0.shtml?_from_ralated，2016年5月31日。

誉不佳与大学本质异化和大学制度松散相比，能更加直接、迅速地反映公众对大学的信任水平。从大学声誉的角度来看，大学的信任危机正日益凸显，其主要体现就是关于大学的负面报道越来越多。归纳起来看，这些负面报道主要包括以下三个方面。

首先，大学学术不端问题，导致大学声誉不佳。大学是学术的圣殿，是知识的高地，是理性的堡垒，本应坚持学术规范、遵循学术规律、恪守学术操守、秉持学术伦理、忠实学术真理、维护学术诚信、坚守学术理想，而摒弃学术浮躁、拒绝学术浮夸、严防学术投机、抵制学术失范、鄙视学术造假、唾弃学术不端、严惩学术腐败。学术性是大学的本质属性，甚至可以说学术既是大学安身立命之本，也是天下之公器，学术不端行为既会动摇大学之根基，也会侵蚀社会之基业。然而，当今大学校园里学生的学术不端行为已司空见惯。有研究者甚至不无愤怒地指出，"中国有现代大学100多年来，学术风气从来没有像今天这样败坏"①。这些关于大学学术不端铺天盖地的新闻报道，给公众的感觉好像是整个学术的大厦正在倾斜，随时都有坍塌的危险，严重地影响着大学自主办学的顺利推进。

其次，大学贪污腐败问题，导致大学声誉不佳。曾几何时，大学因遗世孤立而被斥责，因偏安于围墙之内而被质疑，因固守传统而被指僵化与保守，因沉迷故纸堆而被指落后，当然大学也因遗世孤立、偏安一隅、固守传统以及沉迷故纸堆而被誉为"象牙塔"。然而，随着高等教育扩招政策的不断推进，全国各地大学几乎都在同一时期开始了有史以来最大规模的扩张校园、大兴土木、设备更新的"大扩大建运动"。又加之市场经济浪潮的巨大冲击，大学也不再甘于寂寞，大学的一些管理者也开始趁机中饱私囊，大学里围绕招生、基建、采购、设备、科研、财务以及人事等核心部门与重点领域的腐败案件层出不穷。如果说仅仅是个别人、个别学校出现腐败问题，或许公众是可以理解的。毕竟在高等教育改革发展过程中，出现一些小插曲也在所难免。然而，大学校园里的腐败案件屡禁不止，甚至出现有些学校校领导塌方式的集体腐败案件，似乎早已超越公众最为基本的宽容。总之，高等教育领域中频发的腐败案件，已把大学推到

---

① 丁东：《中国大学向何处去》，《博览群书》2010年第4期。

公众舆论的风口浪尖。"狭隘的教育""精神的扼杀""学术阴谋""神殿里的骗子"等成为外界对高等教育不良现象的尖刻批评①。

最后,大学伤风败俗问题,导致大学声誉不佳。大学被誉为道德的楷模,精神的家园,社会的良心,文明的灯塔,社会的思想库,大学教师亦受到公众的敬仰、敬重与爱戴,而被誉为人类灵魂的工程师,社会正义的守望者,公共道德的化身。然而,近年来大学里的师生不伦之恋屡见报端,知名大学的博导通过威逼利诱的手段压榨学生案件时有发生。从我国高等教育发展史的角度来看,"过去在大学里专家与教授本就是一种地位象征,属于声望符号;但今天由于大学人道德生涯中明显的缺陷,声望符号反倒成了一种污名符号。作为污名化的一部分,今天社会上对专家和教授的嘲讽正在成为一种风尚。其结果是,大学里的专家和教授的称呼,昔日作为声望符号和今天作为污名符号形成了鲜明的对比,社会对大学的评价也随之降低"②。当然,大学校园里伤风败俗的事情并非仅限于教师或师生之间,关于大学生的负面报道也时常见诸报端。大学里伤风败俗问题的凸显,将我国视为优良传统的师道尊严挞伐得体无完肤、千疮百孔,屡次撩拨公众的神经,不断挑战公众的底线,逐渐拉低公众的期待,这样的大学怎么能得到公众的信任。失去公众信任的大学,不但不能在变动不居、风云迭起的时代大潮中成为弄潮儿,甚至连基本的生存都成问题。

总之,近年来公共媒体对大学的负面报道越来越多,"有民间辛辣的讥讽,有官员机智的辩解,也有不着边际的表扬或谩骂"③,各方对大学的诟病、质疑与批评接连不断、层出不穷。可以说,舆情中的公众话语与民情表达,充满着对大学普遍而深刻的不信任,大学信任危机日益凸显。不过,在高等教育改革发展过程中,出现一些问题是不可避免的,应以历史的、发展的、辩证的眼光去看待,不能以偏概全。所以,本书认为大学声誉问题虽不是个案,但并没有媒体一直强调与渲染的那么严重,不过所反映的问题却是不容忽视的。实际上,"人们对学院和大学不再怀有敬意,只将其视为一种产业。虽然没有迹象表明大学正走向崩溃,但以前对学术

---

① [美]唐纳德·肯尼迪:《学术责任》,阎凤桥译,新华出版社2002年版,第16页。
② 王建华:《大学的三种概念》,《高等教育研究》2011年第8期。
③ 陈平原:《大学公信力为何下降》,《北方人》2008年第4期。

的高度信任的确在损蚀"①。无论如何,这都昭示着大学正在遭遇前所未有的信任危机,而这应引起大学、教育主管部门以及研究者的高度重视与关注。所以,化解大学自主办学"放乱收死"的现实困境,应重塑大学信任。

4. 大学自身准备不足阻碍大学自主办学。

大学是自主办学的行动主体,只有大学自身做好充足的准备,外界的作用才能有效地转化为大学自主办学的推动力量。从这个意义上来说,大学自身是否准备充分,是影响大学自主办学的核心与关键。在自主办学过程之中,大学自身准备不足体现在多个方面,在前文的字里行间已有论述,此处只通过大学章程建设、大学学术委员会建设和大学内部院系所的设置与调整乱象等三个方面做进一步的说明。

首先,从大学章程建设的角度来看,大学自身并没有做好充足准备。从历史变迁的角度来看,1998年通过的《高等教育法》就已明确规定章程是大学设立的基本条件之一,由此也就确立了大学章程的法律地位。然而,直到2010年《纲要》的发布与实施,大学章程建设问题才引起各界的广泛关注与高度重视。2011年《高等学校章程制定暂行办法》发布之后,大学章程建设有了实质性进展。2012年,教育发布的《全面推进依法治校实施纲要》,明确指出"到2015年,全面形成一校一章程的格局"②。当前,从形式上来看,"一校一章程"的目标已基本实现。然而,《高等学校章程制定暂行办法》提出的"章程是高等学校依法自主办学、实施管理和履行公共职能的基本准则"③的地位,似乎还没有得到明显的体现。由于,"大学章程是大学精神的载体、大学使命的彰显,在大学的产生、发展演变中发挥着维系根基和传承血脉的特殊作用"④。不同大学的发展基础、发展环境、发展诉求等各不相同,因此需要与自身实际情况相契合的大学章程。如此看来,大学章程应该体现大学特色,具有鲜明的个性化特

---

① William F. M., *Honoring the Trust: Quality and Cost Containment in Higher Education*, Boltom, MA: Anker Publishing, 2003, p. 4.
② 教育部:《全面推进依法治校实施纲要》,http://www.moe.gov.cn/srcsite/A02/s5913/s5933/201212/t20121203_146831.html, 2016年8月1日。
③ 教育部:《高等学校章程制定暂行办法》,http://www.moe.gov.cn/srcsite/A02/s5911/moe_621/201111/t20111128_170440.html, 2016年8月1日。
④ 刘金龙:《行政权力与学术权力在大学章程中的设计与重构》,《现代教育管理》2015年第10期。

征。所谓"一校一章程，一校一特色"，说的就是这个意思。然而，纵观各个大学的章程，可以发现皆无个性、毫无特色，同质化、雷同化现象或问题严重。且不说尚存争议的大学章程地位和作用问题，就大学章程本身来看，这种千篇一律的大学章程，不符合大学自主办学的理念追求。从当前我国高等教育改革与发展的实际情况来看，大学章程更没有发挥大学自主办学内外部关系互动桥梁的作用。

其次，从大学学术委员会建设的角度来看，大学自身并没有做好充足准备。从历史变迁的角度来看，1963年制定的《全国高等学校暂行工作条例（试行草案）》就提出高等学校要设立学术委员会，遗憾的是这个文件并未付诸实施。1978年修订后的"高教六十条"再一次提出设立学术委员会，应该说这是我国高等教育政策法规中第一次明确规定在高等学校设立学术委员会。从高等教育发展史的角度来看，这是一个很大的进步，体现了对学术人员参与学校管理的重视，体现了对学术事务和行政事务的管理要区别对待有了新的认识①。1998年通过的《高等教育法》，又从法律的高度确立了大学学术委员会的合法性地位，为大学学术委员会的建设与发展奠定了坚实的法律基础。2014年3月1日，正式实施的《高等学校学术委员会规程》，是我国第一个推动大学学术委员会建设的专门政策文件。经过长期的改革与建设，我国大学目前已普遍建立学术委员会，各个大学也都制定了自己的学术委员会章程。因而，从形式上来看，大学学术委员会似乎已具有发挥作用的制度化基础了。然而，从实际情况来看，大学"学术委员会的作用发挥得并不理想。什么事提交学术委员会审议，尽管有章程规定，但是，能不能按规定提交学术委员会审议，仍然和学校领导的认识有关，学术委员会在很大程度上还处于'想起来就用一用，想不起来就不用'，'不好决策的时候就用一用，方便决策的时候就不用'的状态"②。此外，从根本上来说，当前的学术委员会建设都没有解决"大学校长该不该退出学术委员会"③ 这样的基本问题，这也说明大学学术委员会

---

① 张德祥：《高等学校的学术权力与行政权力》，南京师范大学出版社2002年版，第144页。
② 张德祥：《1949年以来中国大学治理的历史变迁——基于政策变革的思考》，《中国高教研究》2016年第2期。
③ 林杰、张德祥：《大学校长该不该退出学术委员会？——缘起、解读及求解》，《国家教育行政学院学报》2016年第4期。

建设仍需要完善与加强。

最后，当前大学内部院系所的设置乱象丛生，说明大学自身准备不充分。之前大学内部院系所的设置与调整，都需要政府批准，大学没有决定权。随着大学办学自主权的扩大，大学自主设置与调整院系所的权力得到了法律的确认。然而，问题也随之而生。客观来说，"许多大学经过多年的办学，因为规模扩大、学科扩展，将原有系、所逐步发展成为院，是顺应了自身发展的规律。大学内部可以决定成立院系所，体现高校办学自主权。但现在的问题是，有许多高校的院系所的设置太随意，有不少院系所有名无实，已经到了相当混乱的程度"[①]。随意调整与设置院系所是一种很不成熟的做法，也是追求"高大上"的不安分心理在作怪，在深层次上是行政化思维方式的客观反映，而与大学自主办学的根本追求相去甚远。从本质上来说，大学内部院系所的设置与调整，本不应成为一个问题。因为，这些问题都是大学自己的事情，但是实际上很多大学并没有很好地处理好这个问题。这也从一个侧面反映出，我国大学自主办学的意识与能力不足。

总而言之，导致大学自主办学难以走出"放乱收死"恶性循环怪圈的原因是多方面的，是一个内外部因素共同作用的复杂性过程。如此看来，破解大学自主办学"放乱收死"恶性循环怪圈，也必然是一个艰难的过程。

第二节 大学自主办学的理性抉择

大学自主办学"放乱收死"由来已久，是一个复杂的系统性问题。所谓"冰冻三尺非一日之寒"，"冰雪消融亦非一日之功"。破解大学自主办学"放乱收死"的恶性循环怪圈，也必然是一个长期的过程。按照我们对大学自主办学本质的理解与界定，本书认为，在准确理解与深刻把握大学自主办学本质的基础上，构建与完善大学自主办学内外部关系的理想形态，同时推动大学自主办学内外部关系实现互动与沟通，是破解大学自主办学"放乱收死"现实困境的理性抉择。具体而言，可以从以下几方面来理解。

---

① 刘海峰：《高校院系所名称乱象背后的症结》，《探索与争鸣》2015年第7期。

第六章 大学自主办学的现实困境与理性抉择

一 廓清大学自主办学的本质

1979 年，高教界呼吁给大学一点办学自主权，至今已四十多年。1992 年 12 月 8 日，国家教委发布的《关于加快改革和积极发展普通高等教育的意见》，第一次正式提出大学自主办学的概念，至今也已三十年。然而，至今大学自主办学仍未走出"放乱收死"的困局。学术界和实践界为破解大学自主办学"放乱收死"困局，一直在不断探索与求解，然而，实践效果却不尽如人意。本书认为，大学自主办学之所以长期走不出"放乱收死"的恶性循环怪圈，一个最为根本的问题就是对大学自主办学本质的理解与认识尚不清晰，甚至还存在误解。

清晰与明确的核心概念之于理论研究与实践开展的重要性，再怎么强调也不过分。然而，就是这样一个尽人皆知的常识，在一些理论研究和实践开展过程中，却通常被轻视甚至是忽视了。历史地看，这个问题在大学自主办学的相关理论研究中和实践活动开展过程中，就体现的较为明显。可以说，对大学自主办学本质的模糊认识甚至是错误理解，是大学自主办学至今尚未走出"放乱收死"困局的根源。在高等教育领域，大学自主办学这个名词并不陌生，但似乎并没有谁能将其本质说得很明白、很透彻，而又令人信服，尤其是还能解释现实与解决困境。在理论研究和实践开展过程中，有两种情况值得我们注意：要么是将大学自主办学视为尽人皆知的常识性概念，而置之不述或一笔带过；要么对大学自主办学的认识存在偏差甚至是误解，继而在此基础上为推动大学自主办学出谋划策。并且，从学术界的相关研究来看，学术界似乎对探讨大学自主办学本质的问题逐渐失去了兴趣。久而久之，不管是有意而为之，还是无意之结果，在高等教育研究领域就出现了这么一个怪象：大学自主办学成了"最熟悉的陌生人"。

经验告诉我们，越是平常的问题越是蕴含着深奥的哲学，越是平常的问题越容易被忽略，越是平常的问题越难以被理解。然而，越是平常的问题也越需要认真地去对待，因为它越有可能是一些重大问题长期难以解决的关键。探究与廓清大学自主办学的本质，就是这样一个看似最平常不过的问题，却是破解大学自主办学"放乱收死"困局无论如何也绕不过去的基础性工作。因为，任何破解大学自主办学"放乱收死"现实困境的想法或措施，都必然是建立在对大学自主办学本质认识与理解的基础之上。只不过正确的认识与理解，会引导实践迈向理想目标；而错误的认识与理解，不但不能有效指导实践活动的顺利开展，反而可能会导致本已复杂的问题更加恶化。如此看来，如果这个基础性工作得不到有效解决，任何"奇思妙计"都不可能彻底破解大学自主办学"放乱收死"的困局。所以，破解大学自主办学"放乱收死"困局，首先应在思想上高度重视大学自主办学的本质问题。在此基础上，对大学自主办学本质的已有认识与理解进行反思与审视，进而准确认识与深刻把握大学自主办学的本质。如此，才有可能理解，进而破解大学自主办学"放乱收死"之困。当然，只要对大学自主办学演变历程稍作了解与回顾，就很容易理解这个论断有着坚实的历史与现实依据，而非来自于"拍脑袋"。

此处，本书以国家法律与政策文件对大学办学自主权性质的模糊界定，对上述问题做进一步阐释，以加深理解。1985年发布的《中共中央关于教育体制改革的决定》，第一次明确提出要"扩大高等学校的办学自主权"，并进一步明确与细化了高等学校拥有六个方面的办学自主权，并且还指出"对不同的高等学校，国家还可以根据情况，赋予其他的权力"[①]。很显然，1985年的《决定》将大学办学自主权的性质界定为"权力"。1992年8月21日，国家教委发布的《关于国家教委直属高校深化改革，扩大办学自主权的若干意见》，明确指出"扩大学校办学自主权，逐渐确立高等学校的法人地位，进一步明确学校的权利和义务、利益和责任"[②]。可以看出，该《意见》将办学自主权视为一种权利。而与该文件同时发布的《关于国家教委直属高校内部管理体制改革的若干意见》，却指出"学校应以国家赋予的权力，有效地管理学校内部事务"[③]。由此可见，该《意见》认为办学自主权是一种权力。从政策话语的角度来看，国家教委同时发布的两个政策文件，对大学办学自主权性质的界定是迥然有别的。一个将大学办学自主权界定为"权利"，另一个则界定为"权力"。实际上，这

---

① 教育部法制办公室：《中华人民共和国教育法律法规规章汇编》（上），华东师范大学出版社2010年版，第12—18页。

② 国家教育委员会政策法规司：《中华人民共和国现行教育法规汇编（1990—1995）》（上卷），人民教育出版社1998年版，第608—610页。

③ 国家教育委员会政策法规司：《中华人民共和国现行教育法规汇编（1990—1995）》（上卷），人民教育出版社1998年版，第605—608页。

两种对大学办学自主权性质的不同界定，在此后的相关政策文件中均有所体现，并且至今依然没有一个明确的说法。1998 年通过的《高等教育法》对这个问题也没有做出明确的规定，只是指出"高等学校在民事活动中依法享有民事权利，承担民事责任"，除此之外都是使用"自主权"的模糊说法。2015 年 12 月 27 日，修改后的《高等教育法》依然沿用这个说法。正是由于对大学办学自主权性质认识的模糊不清，所以学术界至今依然存在权利说、权力说和权利与权力复合说之争。从理论上来讲，理清办学自主权的性质既是落实办学自主权的关键[①]，也是准确认识与深刻把握大学自主办学本质的关键。然而，如此之多的分歧与争议，就已说明大学自主办学并不是如此简单，更不是不需要探讨的常识性问题。

此外，学术界对大学自主办学的已有研究，也可以说明大学自主办学的本质并不是一个不值得探讨的问题。事实上，恰好相反，探究与分析大学自主办学的本质势在必行、迫在眉睫。正如本研究一直强调的，已有研究大多都是基于外部性视角来分析大学自主办学，强调外部性因素对大学自主办学的制约作用；很少从内部性视角来探讨大学自主办学，也很少考虑内部性因素对大学自主办学的能动作用；而从内部性视角与外部性视角互动与融通的角度来认识大学自主办学的则更少。所以，在实践过程中，大学自主办学内外部关系彼此割裂的状态一直作为一种不正常的"常态"存在着。所以，也就不难理解中国大学自主办学，为什么会呈现渐进的、"自上而下"的、曲折复杂的演进特征了。对大学自主办学本质等理论问题理解与认识的模糊不清，推动大学自主办学的改革实践必然是"摸着石头过河"；将外部性因素视为制约大学自主办学的主导性力量，推动大学自主办学的改革实践必然是政府强势主导的、"自上而下"式的。如此一来，大学自主办学的演进历程必然也就是磕磕绊绊、曲折复杂的。这也说明，对大学自主办学本质的准确认识与深刻把握具有不可替代的重要作用，也是破解大学自主办学"放乱收死"现实困境的前提。当然，本书只是尝试性地提出大学自主办学是在政府、社会、大学三者共同构成的外部关系和大学办学自主权、自主办学能力、自主办学责任三者共同构成的内部关系互动基础上表现出的动态行为过程。试图从理论的角度来认识与把

[①] 胡娟：《厘清权利性质是落实高校办学自主权的关键》，《中国高教研究》2009 年第 6 期。

握大学自主办学的本质,并且在前文中也给出了理想状态下大学自主办学内外部关系形态以及内外部关系之间的关系形态。本书认为,如果没有对大学自主办学内外部关系以及内外部关系之间关系的准确认识与深刻把握,就不可能理解大学自主办学的本质,也就不可能破解大学自主办学"放乱收死"的恶性循环怪圈。但是,如何更进一步地剖析与揭示大学自主办学内外部关系以及内外部关系之间的关系,尤其是如何将这种理想的状态落到实处,则是一个非常宏大的课题,需要学界同仁共同的、持续的努力。当然,也是笔者后续研究需要努力的方向。

从理念和政策的角度来看,这个工作目前已经启动,比如责任清单和权力清单的建设,都可以看作这种思想的一个具体化、操作化尝试。很显然,这将是一个漫长的过程。无论如何,理论认识的不足,会影响到相关政策的制定,继而会影响实践的推进与开展。所以,化解大学自主办学的现实困境,需要关注与重视大学自主办学的本质问题,并加强对大学自主办学本质问题的深入研究。因而,廓清大学自主办学的本质,绝不是在"无病呻吟",更不是在"故弄玄虚",而是一个需要且应该深入研究的重要问题,是破解大学自主办学"放乱收死"现实困境的基础性工作。

二 转变行政化与实体思维方式

思维方式在深层次上制约着行为方式,且思维方式具有很强的路径依赖效应,思维方式一旦形成就很难转变。然而,当时空条件发生变化时,在新的环境下认识问题、分析问题以及解决问题,又必然要转变在旧环境中已形成的固有思维方式,否则问题将难有根本性的改变。因为,与解决问题的具体操作方法相比,思考问题的思维方式是更为关键与根本的方面。如果思维方式不转变,具体操作方法依然很难跳出"老路子",问题也就不可能"连根拔起"。道理是相通的,认识与把握大学自主办学的本质是如此,突破与化解大学自主办学"放乱收死"的困局,同样也是如此。也就是说,需要跳出传统思维方式,而以新的思维方式来反思、审视与分析大学自主办学的本质和"放乱收死"问题,否则既不可能把握大学自主办学的丰富内涵与深刻意蕴,更不能有效解决大学自主办学"放乱收死"的恶性循环问题。所以,本书认为认识与把握大学自主办学的本质和破解大学自主办学"放乱收死"之困,应该转变行政化和实体思维方式,具体来说就是要从以下两个方面着手：一方面，要以合作、互赖、信任、去中心化和自主为主要特征的治理思维，取代强调效率、统一、权威的行政化思维；另一方面，要以互动的、非线性的、动态的关系思维方式，取代强调单向、线性、静态的实体思维方式。有一个问题需要我们注意的是，在转变传统思维方式的过程中，转变行政化思维方式和实体思维方式是紧密相关、密不可分的，二者相互交织、相互作用。所以，在推动大学自主办学过程中，只有在转变行政化思维方式和实体思维方式之间形成协同互动、互促共进的关系，才能从根本上转变传统思维方式。而转变思维方式并不是一个抽象的概念，需要一些具体的行动或措施来付诸实践。具体而言，本书认为可以从以下两方面着手。

（一）加强法治建设，促进大学依法自主办学

首先，从大学自主办学外部关系的角度来说，需要加强与完善法治建设，从而为政府、社会、大学三者之间复杂的"责、权、利"关系走向明确化、制度化、法治化提供依据。在前文中，本书已对大学自主办学外部关系的理想形态做了详细的论述，指出大学自主办学的外部关系是一个由"有限的政府不越位、多元的社会不错位、自主的大学不缺位"共同构成的"三位一体"的复杂关系系统，是一个命运共同体。实际上，构建大学自主办学外部关系的理想形态，与解决高等教育宏观治理体系中举办者、管理者和办学者三者之间关系的问题，可以说是殊途同归。在这个复杂关系系统中，大学、政府和社会三者既安分守己、克己奉公，也各尽其能、各展其用，又彼此衔接、相互协调，为大学自主办学提供坚实的外在支撑。然而，在现实状态下，政府、社会、大学是三个性质截然不同的独立主体，三者的利益诉求与运行逻辑也迥然有别。如此一来，在推动大学自主办学过程中，政府、社会、大学之间，客观上存在着错综复杂的权力博弈和利益冲突，而通常很难形成推动大学自主办学的合力，也就是很难形成大学自主办学外部关系"三位一体"的理想形态。长期以来，大学自主办学外部关系的理想形态之所以难以形成，主要是因为法律层面上缺乏对政府、社会、大学三者之间客观存在的"责、权、利"关系的明确与规范。从理论上来讲，《高等教育法》是我国高等教育改革与发展的最高法律依据，也是构建大学自主办学外部关系理想形态的最权威依据，而《高等教育法》却没有为构建大学自主办学外部关系的理想形态提供明确的法

律指导或方向。所以，在我国大学自主办学演进历程中，政府都是采用行政化做法来构建与协调大学自主办学外部关系形态。也就是说，无论是中央与地方之间的集权与分权，还是政府与大学之间的放权与收权，抑或是社会与大学之间的沟通与互动，都具有较为随意的行政化特征，而不是稳定的、持续的法治化改革。我们以近期发生的一个案例，对此做简要阐释。2016 年 3 月 25 日发布了《国务院学位委员会关于下达 2014 年学位授权点专项评估结果及处理意见的通知》，指出根据评估结果，不合格的 4 个博士学位点、4 个硕士学位点、42 个专业学位点被撤销。其中，同济大学法学一级学科博士点被撤销一事，引起了不小的争议。实际上，学位点动态调整机制是未来改革与发展的基本趋势，但从程序正义和法治精神的角度来讲，在发布调查结果之前至少应向被调查学校通报调查情况，以听取其对调查结果的意见。至少应给高校保留申诉与复议的基本权利，并提供制度化的申诉与复议渠道。也就是要建立相应的救济机制，否则依然是"官家"说的算，不给大学表达的机会，这很难服众。而这次学位点调整，恰恰缺乏这样的救济机制，所以才引起各方的热烈讨论。可以说，这依然是一种单向的、行政化的思维方式，不符合法治化改革的基本精神与要求。1999 年 1 月 1 日，《高等教育法》实施至今已有二十余年，2015 年 12 月 27 日，对《高等教育法》进行了实施以来的第一次修订。然而遗憾的是，修正后的《高等教育法》依然没有在这方面有所突破。实际上，《高等教育法》实施至今的这段时间恰恰是我国高等教育的飞速发展期，也是各方面利益矛盾的集中爆发期。但就大学自主办学而言，没有在法律层面对政府、社会、大学三者之间的"责、权、利"进行明确与规范，与《高等教育法》提倡的依法自主办学是不匹配的。

其次，从大学自主办学内部关系的角度来说，需要加强与完善法治建设，从而为大学办学自主权、自主办学能力以及自主办学责任三者之间形成正向匹配与耦合共生的关系提供坚实的法治基础。在前文中，本书已对大学自主办学内部关系的理想形态做了详细阐释，指出大学办学自主权、自主办学能力以及自主办学责任三者之间的正向匹配与耦合共生构成一个生态共同体。实际上，构建大学自主办学内部关系的理想形态，与构建与完善"党委领导、校长负责、教授治学、民主管理"的内部治理结构，可以说是异曲同工。大学章程作为大学的"宪章"，是大学自主办学的基本准则，是调节与规范大学自主办学内部关系的基本依据。虽然，当前已基本实现了"一校一章程"，但大学章程在推动大学自主办学过程中，并没有发挥其应有的作用，更没有建立起以章程为核心的现代大学制度体系。可以说，大学章程既没有为协调党委权力、行政权力、学术权力三者之间的关系提供可操作的基本准则，也没有为调节校级与院系之间的权责关系提供权威性的基本依据。可以毫不忌讳地说，大学章程在大学自主办学内部关系构建方面，处于无力与无奈状态。如此一来，大学自主办学的权力关系是不清的，自主办学责任关系是不明的，这种情况下的自主办学能力必然也不会很高。实际上，这既有大学章程自身建设的问题，同时也有大学章程法律地位与性质的问题，是内外部因素共同作用的结果。但无论如何，加强与完善大学章程建设，都是构建权力关系清晰、责任关系明确、能力不断提升的内部关系理想形态的基本保障与依据。

最后，从大学自主办学内部关系与外部关系之间关系的角度来说，需要加强与完善法治建设，从而为大学自主办学内外部关系之间的互动与沟通提供坚实的法治基础。理论上来讲，大学章程是大学自主办学的基本准则，那大学章程也必然具有调节与规范大学与外界关系的作用。然而，实际上大学章程在调节与规范大学与外界关系方面是无力的，这主要是两个方面的原因造成的。一方面，大学章程没有和《高等教育法》之间形成有机衔接，如此就不能有效地促进大学自主办学内外部关系的互动；另一方面，大学章程自身的法律地位与性质并不明确，导致大学章程没有足够的权威性，尤其是对外界主体没有强有力的约束，如此也就不能为大学自主办学内外部关系互动提供坚实的法治基础。正如有研究者所指出的那样，"我国现行大学章程不是法律，甚至也够不上两个平等法人之间的一份有约束力的契约，而是一份经由上级部门批准、学校与上级管理部门之间的一种约定"[①]。

总之，加强法治建设主要就是指《高等教育法》和大学章程，并且应该将大学章程上升为法律，从而构建"上位法"——《高等教育法》和"下位法"——大学章程之间有机衔接的法治体系，进而形成以《高等教

[①] 王一兵：《如何走出高校放权"一放就乱，一乱就收，一收就死"的怪圈》，《苏州大学学报》（教育科学版）2016年第1期。

育法》为基础法律支撑,以大学章程为核心的大学自主办学法治体系。当然,由于《高等教育法》刚刚经历过一次修正,估计下一次的修正工作短期内将难以启动,但思想和理念上应该有这种自觉的意识。

(二)采用契约管理,建立因校制宜的动态管理机制

契约是一种平等交流、协商合作的理念,也是一种不同利益相关者实现共治的管理方式。推动大学自主办学,既需要在政府、社会、大学之间构建平等与互动的关系,又要维持行政人员与学术人员之间的平衡与协调,从而才能逐渐形成大学自主办学内外部关系的理想形态。而"契约理念同时兼顾大学与政府的关系、大学与社会的关系、大学内部行政权力与学术权力的关系、大学与教师学生的关系"[1]。

办学自主权是政府与大学之间关系形态的表征,也是大学自主办学内外部关系互动的杠杆,是大学自主办学的核心。因此,此处本书以大学办学自主权为例,来进一步阐释在大学自主办学过程中引入契约管理的必要性和可行性。众所周知,我国有上千所普通本科高校,不同大学之间的差异是巨大的,所以同样的办学自主权在不同的大学,很可能会产生不同的结果。自主办学能力较强的大学可能需要更多的办学自主权,如果这样的大学没有足够的办学自主权,将会限制其积极性和主动性的发挥;而自主办学能力较弱的大学或许都不能有效地使用已有的办学自主权,这样的大学或许更需要政府的指导与管理。如果赋予这样的大学过多的办学自主权,不但不能促进大学繁荣发展,反而会成为大学繁荣发展的累赘。由此可见,办学自主权的不足或过度,都会影响大学的正常运行与发展。所以,推动大学自主办学,就要转变政府向大学下放或上收办学自主权"一刀切"式的传统做法,而以契约的形式构建因校制宜的动态管理机制。实际上,1985年发布的《中共中央关于教育体制改革的决定》,就曾指出"对不同的高等学校,国家还可以根据情况,赋予其他的权力"[2]。然而,在特定历史时期,宏观环境并没有为落实这一提法提供支持,所以提出时并没有受到重视。2014年发布的《关于进一步落实和扩大高校办学自主

---

[1] 刘元芳、任增元:《契约理念与现代大学制度创新》,《国家教育行政学院学报》2008年第6期。

[2] 教育部法制办公室:《中华人民共和国教育法律法规规章汇编》(上),华东师范大学出版社2010年版,第12—18页。

权,完善高校内部治理结构的意见》,明确指出要建立动态调整机制,"教育行政部门对高校依据办学需要提出的本意见以外的办学自主权事项,应牵头认真研究,提出处理意见。根据赋权与能力相匹配原则,对有能力用好、有机制规范的,以协议、试点等方式放权。选择若干自律机制健全、办学行为规范的高校,赋予更多的办学自主权。对出现重大违规办学行为的高校,实行协议暂停或试点退出机制"[①]。从本质上来讲,这就是一种契约管理思想。从大学自主办学的复杂性和当前契约管理理论发展的趋势来看,今后在大学自主办学过程中更多地运用契约管理思想或许将成为大势所趋。

不过,如果按照传统思维方式来理解,引入契约管理方式其成本是巨大的,依然难以付诸实践。因为,政府与大学签订契约的前提是,政府要对大学办学自主权的使用情况有全面的认识与准确的把握,如此政府就必然要投入大量的精力来监控、评价与考核大学的用权状况。实际上,政府既不可能也无必要直接投入到大学办学自主权使用情况的考察过程之中。政府可以且应该通过鼓励、培育、支持与加强中介组织建设,健全社会力量参与机制,为政府从高等教育改革的"日常琐事"中解脱出来提供支撑,从而留下更多的精力去做宏观谋划和顶层设计工作。

三 夯实大学自主办学的行动基础

大学自主办学是内外部因素共同作用的结果,但外部因素发挥作用必然以内部因素为基础。大学作为自主办学的行动主体,大学自身是实现自主办学的关键因素。尤其是在大学信任危机日益严峻的今天,政府和社会对大学的信任水平较低,大学只有夯实自主办学的行动基础,才能逐渐建立起政府和社会对大学的信任,才能获得自主办学所需要的权力与资源。此处所说的,夯实大学自主办学的行动基础,主要就是指提升大学自主办学能力。

本书认为,大学自主办学能力是内生于大学自身的,并由多种能力复合而成的能力体系,也是以人为基础建立起来而又主要体现为人的能力,

---

① 教育部:《关于进一步落实和扩大高校办学自主权,完善高校内部治理结构的意见》,2014年12月22日,http://www.moe.gov.cn/s78/A02/zfs__left/s6528/s6529/201412/t20141222_182222.html,2016年8月1日。

也是大学传播、创新与运用知识的能力,并且大学自主办学能力又随着社会历史的发展而不断发展。实际上,大学自主办学能力奠基于"大学人",来源于"大学人",但又高于"大学人",是全体"大学人"能力的综合体现。当然,不同的"大学人"对大学自主办学能力的影响是不同的,而那些掌握关键资源与核心权力的"大学人"对大学自主办学能力的影响更大、范围更广、程度更深。并且,从某种意义上甚至可以说掌握关键资源与核心权力的"大学人",决定着大学自主办学能力的高低。在此我们仅对大学校长职业化稍做论述,这也跟近年来学术界热议的"大学校长该不该退出学术委员会"[①] 和"大学校长几不承诺"等问题密切相关。在现有制度体系中,大学校长既是一个学者,同时也是大学的行政长官,也就是说大学校长具有学术身份与行政身份等多重身份属性,并首先表现为行政身份属性。实际上,在现有体制下,人们眼中的大学校长首先是一个"官员"。所以,推动大学校长职业化不仅包括大学校长要暂时放弃个人的学术追求,全心全意的管理与领导学校发展事宜,并且也内在地包括革除至少也是淡化大学校长的行政身份属性。推动大学校长职业化至少有以下两方面的好处:其一,破除了大学校长对其本人所从事学术的眷顾与偏向,进而从大学发展的大局与全局出发,从而更加客观公正地处理与协调大学发展过程中的矛盾冲突与利益关系;其二,职业化了的大学校长将不再是一个"官员",由此大学校长职务也就不再是"官员进阶"的跳板,大学校长更像是职业经理人,所以职业化了大学校长就不会因现有政绩观的诱惑而做出机会主义行为,从而能安心于学校的长期发展。当然,大学校长职业化是一个复杂的过程,需要多方面改革的配合与协调,绝不是一纸"红头文件"就能解决好的事情。

需要说明的是,大学自主办学的自我定位能力、自我约束能力、自我管理能力以及自我发展能力中任何一方面的不足,都可能导致大学自主办学的行动基础不扎实。此处,本书以大学自主办学的自我定位能力为例,对此做进一步的阐释。众所周知,现实的大学是各不相同的,但任何大学在高等教育生态系统中都具有一定位置,承担着不同的责任,发挥着不同

---

① 林杰、张德祥:《大学校长该不该退出学术委员会?——缘起、解读及求解》,《国家教育行政学院学报》2016年第4期。

的作用。但这些千差万别的大学只有彼此协调、各安其位、各司其职、各尽其责,如此才可能构成丰富多彩的、健康和谐的、充满活力的高等教育生态系统。实际上,大力推动大学自主办学,不仅是为了促使大学摆脱附属于政府的依附地位而成为自主办学的法人实体,更深层的意义则在于释放大学潜能、激发大学活力。然而,在推动大学自主办学的过程中,作为"被抱大的一代",大学自我定位能力不足的问题逐渐显现,由此导致大学丧失本性、迷失方向、不断异化的问题日益突出。当然,大学自我定位能力不足、行动基础不扎实的问题,有大学自我放逐、自我异化的原因,但外界不适当的诱惑与误导也有不可推卸的责任。就当前的实际情况来看,大学能获得多大的办学资源,与大学在政府设置的评价体系中的表现密切相关,与社会舆论对大学办学行为的认可与口碑密不可分,与大学领导人对政府设置的政绩标准的认可与追求紧密相联,而这一切都成为大学追求"高大全"、偏离自身应有发展定位的重要原因。并且,政府考核与评价大学的"GDP主义"方式又被大学内化,用以考核二级办学单位和教师的绩效与表现,从而导致院系和教师也逐渐偏离自身的应有定位。如此一来,大学自我定位能力将日益衰弱。所以有研究者指出,"少一些权力干预和不当利益诱惑,中国的大学就会多一份自信,中国的学术就多一份尊严;少一些无关紧要的侵扰,中国学人的内心就会多一份宁静、自尊和坚守"[1]。实际上,大学自主办学能力羸弱,自主办学的行动基础不扎实,不仅体现在自我定位能力方面,在自我约束能力、自我管理能力以及自我发展能力方面亦有不同程度的体现。就夯实大学自主办学行动基础而言,如果不转变高等教育领域盛行的"GDP主义"式的考核与评价体系,大学教师将逐渐成为名副其实的"论文生产工具",如此必然不会安心于践行大学的本质使命;如果不转变对大学领导人的政绩考核标准,不转变大学领导人官员的身份属性,大学仍将是一个"第二衙门",是一些官员晋升的跳板,大学领导人就很难安心于促进大学繁荣发展;如果"大学人"的才能的体现仅限于自身利益与前途,不是为了增强大学的行动能力,那么这样的大学自主办学不但不能实现大学的繁荣发展,反而会将大学推下堕落的深渊,送上异化的不回归路。

---

[1] 阎光才:《尊严是变革时代大学必要的优雅》,《探索与争鸣》2013年第8期。

四　重塑大学自主办学的信任基础

大学信任是大学自主办学内外部关系互动的媒介，在推动大学自主办学过程中具有不可替代的重要作用。当前，大学信任危机已成为推进大学自主办学的重要障碍，破解大学自主办学"放乱收死"的现实困境需要化解大学信任危机，重塑大学信任。"学校办学形成公信力，社会也就尊重学校的办学自主权"[①]。而大学作为信任的受信方，是化解大学信任危机、重塑大学信任的行动主体。正如有研究者所言，"公信力危机化解的起点在于大学的主动作为，积极调整和重建与社会的公共关系，仔细研究民意，认真开怀纳谏，主动接受监督"[②]。化解大学信任危机、重塑大学信任，可以从以下几方面着手。

（一）恪守大学精神理念

大学不仅仅是一个物理的实体，更是一个精神的存在。失去了精神的大学，将变成一个物理的空壳，将不再是大学。大学被誉为社会的良心、道德的楷模、文明的灯塔、精神的高地、前进的航向、发展的动力，这一切对大学的美好期许与无上赞誉都奠基于大学对精神的坚守与捍卫，对理念的忠诚与护卫，对文化的继承与弘扬。从这个意义上来说，大学信任危机就是大学精神的颓废、理念的迷茫、文化的萎靡。恪守与捍卫大学精神、忠诚与坚守大学理念、继承与弘扬大学文化，是化解大学信任危机的根本。大学要重塑信任，首先需要对大学精神理念是安身立命之本有清晰而准确的认识，对大学精神理念是大学信任产生的根源有深刻而明确地把握，并在此基础上持之以恒、坚持不懈地捍卫与坚守大学精神理念。我们说化解大学信任危机，需要恪守大学精神理念，主要是指大学要恪守崇尚真理、追求卓越的学术精神，坚守以学生为中心的育人理念。学术是大学之所以为大学的基础，学生是大学之所以为大学的核心，没有学术大学将失去根基，脱离学生大学将成为空壳，学术是大学发展的动力，学生是大学发展的目标，学术与学生是内在统一的。忽视学生，大学将偏离发展轨

---

① 熊丙奇：《从南科大舆论走向看舆论与大学自主办学的关系》，《上海教育评估研究》2015年第4期。

② 张会：《教育舆情评析及大学公信力场域之构建——以清华"真维斯楼"舆论话题为例》，《复旦教育论坛》2012年第2期。

道,忽视学术,大学将缺乏发展动力。然而,"当今中国的大学'太实际了',没有超越职业训练的想象力。……学校办得好不好,除了可以量化的论文、专利、获奖等,还得看这所大学教师及学术的精神状态"①。此外,从高等教育发展史的角度来,大学要么是政治的工具,要么是经济的工具,失去了本应有的精神坚守与理念操守。而"大学的真正价值和意义并不在于成为社会经济发展的动力站,而在于成为人类的精神家园和智慧中心"②。化解大学信任危机,需要恪守大学精神,坚守大学理念。当然,我们是在大学精神颓废、理念迷茫以及文化萎靡的情况下呼吁大学恪守精神、坚守理念的,其目的是促使大学回归之所以为大学之根基,而绝不是盲目地强调大学回到那个根本就不曾存在过的、与世隔绝的"象牙塔"之中。

(二)构建大学自律机制

大学自律是大学获得信任、发展信任的基础,缺乏自律的大学不可能建立起信任。高深知识的发现、保存、传播、创新以及应用等是大学活动的核心,而高深知识处于已知与未知之间,只有经过系统专门训练的学者才能把握。所以,大学是一个特殊的社会组织,就算是在高等教育研究领域深耕多年的研究者也很难对大学的方方面面都有全面而透彻的认识与把握,更别说处于大学之外的公众了。因而,大学对公众而言,就是一个神秘的黑箱,大学的目的、活动以及质量等对公众而言都是一个谜。在公众对大学几乎一无所知的情况下,公众不可能信任大学。然而,在知识经济时代,大学的作用是如此之大,公众又不得不依赖于大学。所以,"学校和教育成为全社会普遍关注的焦点问题,在中国现代教育史上是前所未有的,而学校和教育所受到的社会压力也同样是前所未有的"③。如此一来,公众要了解大学的欲望就越来越强,不再接受高等教育的自我辩白,实际上也不再相信大学单方面的解释与说辞,而是希望将大学这个"秘密花园"的活动公之于众④。正如美国斯佩林斯委员会(The Spellings Commis-

---

① 陈平原:《大学公信力为何下降》,《北方人》2008年第4期。
② 王建华:《大学的三种概念》,《高等教育研究》2011年第8期。
③ 张斌贤:《如何认识和对待媒体对教育问题的报道》,《中国教育报》2005年9月12日第4版。
④ Barnett R., *Improving Higher Education: Total Quality Care*, London: The Society for Research into Higher Education and the Open University, 1992, p. 16.

sion）所强调的那样，"透明度就是信任"①。实际上，大学主动地公开与透明就是一种自律机制，而如果大学不主动地公开与透明，外界是无从知晓大学活动的真实情景的。也正是在这个意义上，我们说建立大学自律机制是大学获取信任的根本。并且，大学自律也是他律发挥作用的基础，没有自律的他律是毫无意义的，不过此处不探讨大学他律。大学作为建立自律机制的行动主体，既要在精神理念上实现自律，又要在行为规范上实现自律。在精神理念上实现自律，主要就是对大学责任的自觉主动认知、识别、选择、承担与履行，对大学本应有的精神理念的理解、尊重、恪守与捍卫，这是大学之所以为大学的基础。在行为规范上实现自律，主要就是建立信息公开与发布机制、内部权力制约与监督机制。大学建立信息公开与发布机制就是要实现"决策公开、管理公开、服务公开、结果公开"，而不仅仅是就有限的甚至是无关痛痒的事项向外界"通告"结果，更不是向外界炫耀所谓的成绩。而就当前的情况来看，我国大学在信息公开与发布机制方面仍有许多工作要做，尤其是要实现由完成上级部署任务向自觉主动公开转变。大学建立内部权力制约与监督机制，主要就是实现内部各权力主体之间关系的平衡与协调，尤其是切实尊重与彰显学术权力与学生，树立学术基础地位与学生核心地位。

（三）健全公众参与机制

大学信任虽有与生俱来的特征，但在祛魅的时代，这种与生俱来的信任正被逐渐地消解。大学并不是一个孤立的存在，也不能独立地存在。大学是一个关系的存在，大学信任的产生奠基于关系。所以，大学需要处理好与各利益相关者之间的关系，由此"大学必须对其所处时代的整个现实环境开放，必须投身于真实的生活，必须整个地融入外部环境"②。大学是一个利益相关者组织，大学信任的产生建立在与各利益相关者良好互动的基础之上。尤其是"在大学精神普遍迷失、办学功利化和世俗化倾向明显、教学科研异化为牟利工具几乎成为这个时代的特色之时，在与社情民意的良性互动中寻求善治，通过大学管理的切实改进及管理水平的全面提

---

① Form for the Future of Higher Education, *The Spellings Commission Report*：*The Chair's Perspective*, 2008.
② ［西班牙］奥尔特加·加塞特：《大学的使命》，徐小洲等译，浙江教育出版社2001年版，第12—17页。

升来建构大学的公信力场域才是关键之中的关键"①。实际上,与公众互动与沟通的本质就是为公众提供多元参与渠道,健全公众多元参与机制。在新的时代背景下,需要建立健全公众的多元参与机制,这是大学信任产生的基础。恰如有些研究者所言,信任的基点在于多元参与②。虽然,本书一直在强调大学自主办学在于内外部关系的互动、沟通与融合,但就当前的基本状况而言,大学处于弱势,政府和社会对大学的不信任依然是主要矛盾,因而大学需要积极行动,从而才能逐步建立起外界对大学的信任,改变不信任的僵局。所以,"对大学来说要赢得信任,就要做好自我表现,和大众之间互换信任"③。也就是说,大学首先应在理念上认识到只有自己主动而有效地行动,才有可能重塑大学信任。就当前我国高等教育改革与发展的实践情况来看,建立与健全大学理事会应是促进与扩大公众参与的可行路径。2014 年 7 月 8 日通过的《普通高等学校理事会规程(试行)》,明确提出大学理事会"由办学相关方面代表参加",也就是说大学董事会应由各利益相关者组成,该《规程》进一步指出大学理事会应在以下几方面充分发挥作用:密切社会联系,提升社会服务能力,与相关方面建立长效合作机制;扩大决策民主,保障与学校改革发展相关的重大事项,在决策前,能够充分听取相关方面意见;争取社会支持,丰富社会参与和支持高校办学的方式与途径,探索、深化办学体制改革;完善监督机制,健全社会对学校办学与管理活动的监督、评价机制,提升社会责任意识④。由此可见,大学理事会就是要扩大公众参与,增加与公众的有效互动,并将公众参与规范化、组织化与制度化。自《普通高等学校理事会规程(试行)》实施以来,大学层面基本都建立了理事会。然而,客观来说很多大学的理事会只是一个象征,并没有发挥实质性的作用。所以,要健全大学理事会,应赋予理事会参与学校重大决策的功能,使理事会真正地发挥作用,从而打破传统上行政管理与封闭管理的办学体制,突破大学内部与外部之间的割裂状况,为公众了解与认识大学提供制度化的渠道,重塑大学

---

① 张会:《教育舆情评析及大学公信力场域之构建——以清华"真维斯楼"舆论话题为例》,《复旦教育论坛》2012 年第 2 期。
② 傅根生、赵泽虎:《大学社会公信力与大学治理》,《教育发展研究》2009 年第 11 期。
③ 黄波、张清:《大学信任及其研究意义》,《高教探索》2014 年第 3 期。
④ 教育部:《普通高等学校理事会规程(试行)》,http://www.moe.gov.cn/srcsite/A02/s5911/moe_621/201407/t20140725_172346.html,2016 年 8 月 26 日。

信任，推动大学自主办学。

同时也要警惕大学为开放而开放，须知"一个开放系统之开放是为了封闭，它之封闭是为了开放，它在开放中封闭"①。对大学而言，大学加强与外界的联系与互动，是为了做好大学，而绝不是为了开放而开放。

（四）建立信任管理体系

大学的公众信任是一个不断累积的复杂性历史过程，是公众在一定社会背景下形成的整体文化认同，具有一定的惰性与惯性。所以一般来说，大学信任不会产生剧烈的波动，但是一些突发事件会对大学信任产生巨大的负面影响，并且大学信任一旦破坏将很难恢复。正是因为如此，本书认为大学应建立信任管理体系，将信任管理作为大学一项常态化、制度化的工作，常抓不放。然而长期以来，我国大学并不重视大学信任管理工作，也只是在大学信任出现问题时才进行临时性的管理或者说公关，很多高校都是以放任自流的思想借时间的流逝来冲刷大学的信任问题，这样的大学信任管理很显然比较被动，效果肯定不会很理想，这或许也是我国大学信任危机越来越凸显与突出的重要原因。具体来说，建立信任管理体系，应包括以下几个方面：一是，建立制度化的大学信任管理体系。制度化的大学信任管理体系，其基本理念就是将大学信任作为大学重要的日常工作，是一种未雨绸缪的思想，而不是在大学信任出现危机之时再做临时性的公关。所以，制度化的大学信任管理体系，不仅包括大学信任危机管理机制，还包括大学信任建立与维护机制、大学信任修复与重塑机制等。二是，组织专门化的大学信任管理机构。专门化的大学信任管理机构，是大学信任管理体系的重要依托。因为，大学信任管理是一项复杂的系统工程，而绝不是可有可无的工作。传统上，大学信任管理主要是依托于学校党委系统的宣传部等部门，缺少专门的管理机构。三是，组建专业化的大学信任管理与研究人员。大学信任是一个复杂的问题，从大学信任的内涵，到大学信任的产生，再到大学信任的维护与提升等都是一个复杂的问题。而当前我国大学对信任问题的研究尚处于初始阶段，专业化的大学信任管理与研究人员，是建立与重塑大学信任的重要环节。四是，建立规范

---

① ［法］埃德加·莫兰：《方法：天然之天性》，吴泓渺等译，北京大学出版社2002年版，第132页。

化大学信任预警机制。大学是一个复杂的组织体,大学运行与发展也是一个复杂的过程,涉及多个方面与环节,任何一个方面与环节都有可能出现信任问题。建立信任预警机制,可以尽可能全面地掌握大学运行与发展各个环节的基本状态,既可以预防大学发生信任问题,又可以在大学出现信任问题之前做好应对准备。五是,建立常态化教育舆情分析机制。教育舆情是指在公共空间中传播的针对教育问题的公众话语与民意表达,反映着特定时期和地域内较为普遍的社会认知及感受[①]。实际上,此举主要就是要及时、准确、全面地掌握公众的需求、满足程度以及对特定问题的基本看法等,而公众的这些基本看法往往就会通过教育舆情的方式呈现出来。事实上,"教育舆情已经成为公共舆情的重要构件,并成为学者们日渐重视的研究领域。教育牵动着千家万户,教育突发事件则与教育舆情相互映衬,舆情对事件本身的放大与聚焦作用更需要深入科学的研究与理性的分析"[②]。由此可见,教育舆情是公众与大学之间关系的重要体现,也可以在一定程度上反映大学信任水平。所以,建立常态化教育舆情分析机制,对重塑大学信任至关重要。

　　大学信任危机的化解与重塑是一项复杂的系统工程,不可能通过支离破碎的修补、细枝末节的调节而达成,更不会因仅做一些面子工程就能实现。从历史的角度和信任产生本源的角度来看,大学信任是大学质量的表征,也是外界是否愿意向大学让渡权力与资源的表征。由此可见,大学信任危机深层上是大学质量危机,这在市场化条件下将更为凸显。所以说,大学信任危机的化解与重塑,其根本在于不断地提高质量,而大学质量的不断提高又依赖于大学自主办学。如此一来,在大学自主办学、大学质量以及大学信任之间就形成了一个复杂的超循环关系,只有更好地认识与把握这个超循环关系,协调与处理好这个超循环关系,大学自主办学、大学质量以及大学信任之间的超循环关系才会不断地螺旋式上升与发展。

　　实际上,在大学自主办学过程中,多元的利益主体、不同的价值追求、多样的路径选择等并不必然地、自动地形成推动大学自主办学的合

[①] 张会:《教育舆情评析及大学公信力场域之构建——以清华"真维斯楼"舆论话题为例》,《复旦教育论坛》2012年第2期。

[②] 张天雪、张冉:《教育舆情研究:从兴起到有效的路径探索》,《清华大学教育研究》2011年第5期。

力，并且通常是矛盾重重、纷争不断。所以，任何推动与促进大学自主办学的努力，都应从战略层面做整体把握、系统谋划。大学自主办学的演进历程业已证明，任何单项的、线性的、静态的解决问题的想法与措施，都毫无例外地以失败而告终。正是基于对此的深刻认知，本书所提出的破解大学自主办学现实困境——"放乱收死"的策略，更多的是一种理念的表达，并且上述改革措施或理念之间具有内在的统一性，统一于本研究对大学自主办学本质的理解与界定。也就是说，要有意识地构建大学自主办学内外部关系的理想形态，并促进大学自主办学内外部关系之间实现良性互动。如此一来，才能为大学自主办学的顺利推进提供必要条件，否则，大学自主办学仅仅是一个永远实现不了的"乌托邦"。实际上，上述几点既是化解大学自主办学现实困境的理性抉择，也是分析与处理大学自主办学过程中其他问题的可能选项，是解释大学自主办学实践和困境的理论基础，也是本书之所以定位于"以事实为依据的理论研究"的重要原因。可喜的是，当前国家的改革措施与政策文件，已体现了这一基本理念。因此，我们坚信随着高等教育改革发展的不断推进，实现大学自主办学的理想局面并不遥远。

第七章

结　语

第一节　研究结论

　　大学自主办学如同一个蕴含无限财富的"宝藏",各界虽为探明这个"宝藏"做了大量的工作与努力,也取得了一些可喜的成绩。然而,就当前的实践进展来看,可能我们只识得这个"宝藏"的冰山一角,距离识其全貌依然还有很长的路要走。本书以关系思维为方法论基础,从内部性视角与外部性视角互动与融通的角度出发,采用文献梳理、历史研究以及政策分析等研究方法,对大学自主办学的本质、基点、合理性、历史变迁、现实困境以及理性抉择等基本问题做了一些分析与探索,力图为探明这个"宝藏"提供一些有益启示,由此形成了如下五个基本结论。

　　第一,大学的本质属性是大学自主办学的基点,践行大学的本质使命是大学自主办学的旨归。

　　大学,尤其是现代大学处于纷繁复杂的内外部关系之中。在不同的内外部关系之中,大学就会产生不同的身份属性。而基于不同的身份属性,大学就有不同的行为选择和价值追求,也就会产生不同的效应与影响。由此可见,分析与厘清大学自主办学的身份属性,对研究大学自主办学相关问题具有重要作用。总体来说,可以将大学的多重身份属性分为本质属性和附属属性两类。大学的本质属性是一个由教育属性、学术属性和文化属性共同构成的、永恒不变的属性体系,大学的附属属性是一个主要由政治属性、行政属性和经济属性等共同构成的、不断拓展的属性体系。大学的本质属性是大学附属属性表达的基础,而大学附属属性的表达又会反作用于大学本质属性的彰显。而大学附属属性的过度表达就会侵蚀或遮蔽大学的本质属性，如果大学附属属性长期侵蚀或遮蔽大学本质属性，甚至成为大学运行与发展的主导，必将导致大学异化。通常而言，在大学自主办学过程中，大学拥有较多选择自由和较大活动空间的同时，也面临更多的权力冲突与利益诱惑，同时也需要理性选择、识别、承担与履行相应的责任。但是，无论如何，大学自主办学都需要尊重、坚守与弘扬大学的本质属性，践行大学的本质使命。所以，探讨和研究大学自主办学的相关问题，需要首先澄清大学自主办学的基点，也就是说大学自主办学需要立足于大学本质属性的彰显与表达，需要以提高大学的人才培养、科学研究以及社会服务等的水平与质量为旨归。

第二，大学自主办学的本质以及大学自主办学的合理性，既不是不言而喻的常识，也不是尽人皆知的共识，而是亟须探究与澄清的重要理论问题，甚至可以说是分析与研究大学自主办学相关问题的前提。

自国家政策文件提出大学自主办学概念以来，学术界对大学自主办学本质的探讨就一直没有停止。而就学术界的已有研究来看，要么认为这是一个常识性的问题，要么对此存在误解，并没有准确认识与系统把握大学自主办学的丰富内涵与深刻意蕴。而认识与把握大学自主办学的本质，是研究大学自主办学相关问题，推动大学自主办学的基本前提。实际上，本书认为正是由于没有准确认识与系统把握住大学自主办学的丰富内涵与深刻意蕴，所以才导致大学自主办学历程举步维艰、困难重重。此外，虽然学术界探讨大学自主办学相关问题已久，但是大学为什么要自主办学，亦即大学自主办学的合理性却不是一个尽人皆知的共识，而是一个亟须澄清的重要理论问题。阐明大学自主办学的合理性，可以为大学自主办学的合法性奠定坚实的基础，也是研究大学自主办学相关问题的前提。

第三，大学自主办学的内外部关系虽是天然地联系在一起的，但大学自主办学内外部关系之间的互动却不是自然而然地发生的，需要以信任为基础。

大学自主办学内外部关系的互动，是实现大学自主办学目标的基础。虽然，大学自主办学内外部关系是天然地联系在一起的，但大学自主办学内外部关系之间的互动并不是自然而然地发生的。大学的活动对政府和社会而言，是一个黑箱，政府和社会只能通过表征为大学的个性、制度、学术以及声誉等的信任来认识与了解大学，进而决定是否向大学让渡以及让渡多少资源与权力。即政府和社会对大学让渡的权力与资源是建立在对大学信任的基础上。大学只有建立足够的信任，政府和社会才会让渡较多的权力与资源，如此大学才能获得想要的自主办学的空间与资源。也就是说，只有政府和社会对大学抱有足够的信任，才会向大学让渡权力与资源，由此大学自主办学内外部关系的互动才能真实的发生。所以说，大学自主办学内外部关系的互动，是以信任为基础的。失去了信任，大学自主办学内外部关系的互动将不可能发生，大学自主办学的理想局面也就难以实现。

第四，大学自主办学的历史变迁是一个复杂的过程，在演变时空、演变形态、演变动力以及演变目的等层面体现出一些鲜明的特征。

大学自主办学的历史变迁具有一些典型的特征，主要体现在以下几个方面：从演变时空的角度来看，大学自主办学的历史变迁具有典型的阶段性特征，并且在大学自主办学历史变迁过程中，大学自主办学内外部关系通常都处于割裂状态；从演变形态的角度来看，大学自主办学的历史变迁是渐进地推进的；从演变动力的角度来看，大学自主办学历史变迁是"自上而下"地推进的；从演变目的的角度来看，大学自主办学的历史变迁是在"政治—经济"主导下推进的。总之，在大学自主办学历史变迁过程中，大学的本质属性与本质使命体现的均不明显。

第五，大学自主办学是在内外部关系互动过程中实现的，脱离或割裂大学自主办学的内外部关系，既不可能全面认识与系统把握大学自主办学的丰富内涵与深刻意蕴，也不可能化解大学自主办学的现实困境——"放乱收死"。

大学自主办学是一个复杂的动态过程，受多种因素的影响与制约。概括地说，可以将大学自主办学的影响因素分为外部因素和内部因素，外部因素主要体现为政府、社会、大学三者之间的关系，亦即大学自主办学的外部关系，是大学自主办学的外在支撑；内部因素主要体现为大学的办学自主权、自主办学责任、自主办学能力三者之间的关系，亦即大学自主办学的内部关系，是大学自主办学的内在依托。大学自主办学外部关系的理想形态是，政府、社会、大学三者之间形成彼此衔接与相互协调的关系，三者之间构成一个命运共同体。大学自主办学内部关系的理想形态是，大学的办学自主权、自主办学责任、自主办学能力三者之间形成正向匹配与耦合共生的关系，三者之间构成一个"生态共同体"。认识与把握大学自主办学的本质，需要同时考虑与分析大学自主办学内外部关系，否则就不可能准确认识与深刻把握其本质。分析与解决大学自主办学的现实困境——"放乱收死"，也需要同时考虑与分析大学自主办学的内外部关系，否则就不可能得到完满的解答。所以本书认为，化解大学自主办学现实困境——"放乱收死"的理性抉择是：首先，政府、社会和大学自身都要准确认识与深刻把握大学自主办学的本质，这是化解大学自主办学现实困境的前提；其次，政府和社会作为影响大学自主办学进程与方向的重要力量，应按照大学自主办学的本质要求来推动与促进大学自主办学，亦即政府和社会应有意识地构建大学自主办学外部关系的理想形态，这也是化解大学自主办学现实困境的外在支撑；再次，大学自身也要做好用权与履责的充分准备，不断提升自主办学能力，从而实现大学办学自主权、自主办学责任以及自主办学能力三者形成正向匹配与耦合共生的关系，亦即构建大学自主办学内部关系的理想形态，夯实大学自主办学的行动基础，这也是化解大学自主办学现实困境的内在依托；最后，应重塑大学自主办学的信任基础，为大学自主办学内外部关系的互动与沟通提供坚实的基础，从而推进和促进大学自主办学内外部关系实现良性互动。

第二节 研究创新

以关系思维为方法论基础，对大学自主办学进行了深入、系统的研究与阐释，形成了如下三个可能的创新点。

创新点一：对大学自主办学的本质提出了新的认识

本书认为，大学自主办学是指为提高大学的人才培养、科学研究以及社会服务的水平与质量，在推动政府、社会、大学三者彼此衔接与互相协调和促进大学的办学自主权、自主办学责任、自主办学能力三者正向匹配与耦合共生过程中表现出的动态行为。政府、社会、大学三者之间的彼此衔接与相互协调，是大学自主办学外部关系的理想形态，是大学自主办学的外在支撑；大学的办学自主权、自主办学责任、自主办学能力三者之间的正向匹配与耦合共生，是大学自主办学内部关系的理想形态，是大学自主办学的内在依托。本书提出的"大学自主办学是在内外部关系互动过程中实现的"观点，相比已有研究而言，具有更强的解释力与说服力。对认识与把握大学自主办学的丰富内涵与深刻意蕴而言，也是一个新的尝试，亦可能是一个创新。

创新点二：对大学自主办学"放乱收死"的现实困境提出了新的解释

实际上，从历史和政策的角度来看，在我国大学自主办学的演进历程中，大学自主办学的"放乱收死"具有不同的指向，涉及不同的问题，但已有研究都是笼统的分析与研究大学自主办学"放乱收死"现象，而本书对此提出了新的解释。这主要体现在以下三个方面：首先，本书对大学自主办学"放乱收死"本身提出了新的解释。就国家政策文件明确提出的大学自主办学"放乱收死"而言，大学自主办学"放乱收死"至少可以分为两种情况：一是，以中央与地方之间集权与分权的多次反复为主要特征与标志的"放乱收死"；二是，以政府与大学之间放权与收权的多次反复为主要特征与标志的"放乱收死"。第二种情况的"放乱收死"内在地包括第一种情况，比第一情况也更为复杂。所以，笼统地说大学自主办学"放乱收死"并不严谨。其次，本书对大学自主办学"放乱收死"形成的原因提出了新的解释。对此已有研究更倾向于从外部关系寻找原因，而相对地忽视至少也是轻视了内部关系的作用。本书认为，外部关系、内部关系以及内外部关系之间的关系，都有可能是导致大学自主办学"放乱收死"的原因，对具体问题需要具体分析。最后，本研究提出了破解大学自主办学"放乱收死"现实困境的新策略。本书认为大学自主办学是在内外部关系互动过程中实现的，所以破解大学自主办学"放乱收死"的现实困境，需要从大学自主办学内外部关系同时着手，并努力使大学自主办学内外部关系彼此协调、良性互动。

创新点三：提出了分析大学自主办学相关问题的新视角

本书认为，以关系思维为方法论基础，从内部性视角与外部性视角互动与融合的角度来分析与研究大学自主办学相关问题，相对于已有研究而言是一种创新。实际上，单纯地基于外部性视角或内部性视角来探究与分析大学自主办学的理论和实践问题，既不能准确认识与系统把握大学自主办学的本质，也不能合理地解释大学自主办学"放乱收死"形成的原因，更不能有效地化解大学自主办学"放乱收死"的现实困境。基于此，本书认为，探究与分析大学自主办学的理论和实践问题，需要建立在内部性视角与外部性视角互动与融通的基础之上,如此才有可能准确认识与系统把握大学自主办学的丰富内涵与深刻意蕴,也才有可能合理地解释大学自主办学"放乱收死"形成的根源,进而才能彻底地破解大学自主办学"放乱收死"的现实困境。

第三节　研究展望

当大学获得了一直呼吁与渴望的办学自主权却未能有效行使时,办学自主权就一时再难以得到了。所以,对当前的大学而言,夯实基础,练好内功,重塑信任,是获取自主办学资源与权力的关键。这就需要对大学自主办学的本质等相关理论问题,进行深入、系统、全面的研究与探讨;需要对大学自主办学的相关政策与学术研究进行分析、反思乃至批判。然而,大学自主办学又是一个宏大的研究课题,仅凭一己之力去理解与认识其全貌,简直是不可能的。研究者对此有深刻的认识与真切的体悟,所以本书只是力图对这个宏大课题的几个基本问题进行分析与研究,但依然"心有余而力不足",在研究中难免有不足之处。

总体来看,不足之处主要体现在以下两个方面:

其一,从整体上来看,虽然本书一直强调探究与分析大学自主办学本质等理论问题的重要性,但由于缺少直接经验,并且实证材料也不够丰富,从而导致思辨性论述较多,有言之无物之感。所提出的大学自主办学内外部关系的理想形态,依然只是一种理念,对如何落实到实践之中,依然缺乏深入的研究;其二,在阐释如何破解大学自主办学"放乱收死"现实困境的具体策略方面,依然是较为宏观的理论论述,缺乏可操作性的具体建议,显得比较薄弱。

有人说大学自主办学是一个"乌托邦",根本不可能实现,尤其是在中国。然而,本书认为,自主办学是大学改革与发展的理想与信念,是一个必要的"乌托邦"。并且,就像研究者坚信共产主义远大理想定能实现一样,也坚信大学自主办学这个必要的"乌托邦"定能实现。研究者力图在现有能力与精力范围内对大学自主办学的一些基本问题做了初步探讨,以期为早日到达大学自主办学这个必要的"乌托邦"贡献绵薄之力。但依然只初步分析了有限的几个问题,并且对有些应进一步深挖的问题没有继续用力，不过这将是研究者后续努力的方向。具体来说，可以继续对以下这些问题进行深入探究与分析。

首先，可以采用历时态比较和共时态比较相结合的研究方法，对不同历史时期和不同国家的不同大学进行案例研究与比较分析，从而探索大学自主办学的理想类型，进而探索与构建"大学的中国模式"。其次，可以深入分析大学自主办学的内部关系，探索办学自主权、自主办学责任、自主办学能力三者之间正向匹配与耦合共生关系形成的条件、机制以及保障措施等问题。再次，可以对大学自主办学内外部关系之间的互动进行深入探讨，从而更加深刻地认识与把握大学自主办学内外部关系互动的条件、过程以及机制等问题。最后，可以对大学自主办学与建设世界一流大学之间的关系进行分析，或许可以为构建与探索世界一流大学建设路径或模式提供新的启发，或许也可以为提高高等教育质量提供有价值的启示。

总之，"大学自主办学研究"是一个蕴含丰富的"宝藏"，本书只是做了初步尝试，以抛砖引玉，要探明这个"宝藏"的全貌，依然任重而道远，需要学界同仁的共同努力。

参考文献

一 经典文献

《列宁全集》（第五十五卷），中共中央马克思恩格斯列宁斯大林著作编译局编译，人民出版社1990年版。

《斯大林选集》（下卷），中共中央马克思恩格斯列宁斯大林著作编译局编译，人民出版社1979年版。

《邓小平文选》（第二卷），人民出版社1994年版。

《邓小平文选（一九七五——一九八二年）》，人民出版社1983年版。

二 中文文献

（一）著作

《中国教育年鉴》编辑部：《中国教育年鉴（1949—1981）》，中国大百科全书出版社1984年版。

《中国年鉴》编辑部：《中国年鉴（1985）》，新华出版社1985年版。

陈洪捷：《德国古典大学观及其对中国大学的影响》（第三版），北京大学出版社2015年版。

陈平原：《大学何为》，北京大学出版社2016年版。

陈学飞：《中国高等教育研究50年（1949—1999）》，教育科学出版社1999年版。

程东峰：《责任伦理导论》，人民出版社2010年版。

辞海编辑委员会：《辞海》（增补本），上海辞书出版社1982年版。

董云川：《论中国大学与政府和社会的关系》，云南大学出版社2004年版。

杜小真、张宁生：《德里达中国讲演集》，中央编译出版社2003年版。

参考文献

国家教育委员会政策法规司：《中华人民共和国现行教育法规汇编（1990—1995）》（上卷），人民教育出版社1998年版。

郝克明、汪永铨：《中国高等教育结构研究》，人民教育出版社1987年版。

何东昌主编：《中华人民共和国重要教育文献（1949—1975）》，海南出版社1998年版。

何东昌主编：《中华人民共和国重要教育文献（1976—1997）》，海南出版社1998年版。

何东昌主编：《中华人民共和国重要教育文献（1998—2002）》，海南出版社2003年版。

何东昌主编：《中华人民共和国重要教育文献（2003—2008）》，海南出版社2010年版。

何东昌主编：《中华人民共和国重要教育文献（附录）》，海南出版社1998年版。

贺麟：《文化与人生》，上海文艺出版社2001年版。

黄政杰：《大学的自主与责任》，汉文书店印行1997年版。

教育部法制办公室：《中华人民共和国教育法律法规规章汇编》（上），华东师范大学出版社2010年版。

金铁宽主编：《中华人民共和国教育大事记》（第2卷），山东教育出版社1995年版。

金铁宽主编：《中华人民共和国教育大事记》（第3卷），山东教育出版社1995年版。

金耀基：《大学之理念》，生活·读书·新知三联书店2001年版。

李均：《中国高等教育政策史（1949—2009）》，广东高等教育出版社2014年版。

李岚清：《李岚清教育访谈录》，人民教育出版社2003年版。

李明忠：《高深知识与大学治理——大学制度变革的知识社会学分析》，河北大学出版社2011年版。

刘英杰主编：《中国教育大事典1949—1990》（下），浙江教育出版社1993年版。

刘宇文：《高校办学自主权研究》，湖南人民出版社2014年版。

毛寿龙、李梅：《有限政府的经济分析》，上海三联书店2000年版。

欧阳教、黄政杰：《大学教育的理想》，台北师大书苑 1994 年版。
潘懋元：《潘懋元高等教育文集》，汕头大学出版社 1997 年版。
潘懋元主编：《多学科观点的高等教育研究》，上海教育出版社 2001 年版。
庞朴：《儒家辩证法研究》，中华书局 1984 年版。
庞朴：《文化的民族性与时代性》，中国和平出版社 1988 年版。
庞朴：《一分为三论》，上海古籍出版社 2003 年版。
朴雪涛：《现代性与大学——社会转型期中国大学制度的变迁》，人民出版社 2012 年版。
邱建新：《信任文化的断裂》，社会科学出版社 2005 年版。
任中印：《夸美纽斯教育论著选》，人民教育出版社 1990 年版。
孙立平：《断裂——20 世纪 90 年代以来的中国社会》，社会科学文献出版社 2003 年版。
王建华：《我们时代的大学转型》，教育科学出版社 2012 年版。
魏新等编：《21 世纪的大学》，北京大学出版社 1999 年版。
吴锦良：《政府改革与第三部门发展》，中国社会科学出版社 2001 年版。
吴康宁：《教育社会学》，人民教育出版社 1998 年版。
吴彤：《自组织方法论研究》，清华大学出版社 2001 年版。
徐小洲：《自主与制约：高校自主办学政策研究》，浙江教育出版社 2007 年版。
许杰：《政府分权与大学自主》，广东高等教育出版社 2008 年版。
杨东平：《大学精神》，辽海出版社 2007 年版。
杨勋等：《马寅初传》，北京出版社 1986 年版。
叶澜：《教育研究方法论初探》，上海教育出版社 1999 年版。
俞德鹏、侯强：《高校自主办学与法律变革》，山东人民出版社 2011 年版。
俞德鹏：《宪法学》，法律出版社 2009 年版。
袁文峰：《我国公立高校办学自主权与国家监督》，中国政法大学出版社 2015 年版。
湛中乐：《大学自治、自律与他律》，北京大学出版社 2006 年版。
张楚廷：《高等教育学导论》，人民教育出版社 2010 年版。
张楚廷：《高等教育哲学》，湖南教育出版社 2004 年版。
张德祥：《高等学校的学术权力与行政权力》，南京师范大学出版社 2002

年版。

张维迎：《信息、信任与法律》，生活·读书·新知三联书店 2003 年版。

郑也夫、彭泗清等：《中国社会中的信任》，中国城市出版社 2003 年版。

郑也夫：《信任论》，中国广播电视出版社 2001 年版。

中央教育科学研究所编：《中华人民共和国教育大事记（1949—1982）》，教育科学出版社 1984 年版。

周辅成：《西方伦理名著选辑》，商务印书馆 1996 年版。

朱九思、姚启和：《高等教育辞典》，湖北教育出版社 1993 年版。

［奥地利］维特根斯坦：《文化与价值——维特根斯坦随笔》，冯·赖特，海基·尼曼编，许志强译，浙江文艺出版社 2002 年版。

［比利时］希尔德·德·里德-西蒙斯：《欧洲大学史（第二卷）：近代早期的欧洲大学（1500—1800）》，贺国庆等译，河北大学出版社 2008 年版。

［德］黑格尔：《小逻辑》，贺麟译，商务印书馆 1980 年版。

［德］齐美尔：《社会学》，林荣远译，华夏出版社 2002 年版。

［德］沃尔夫冈·布列钦卡：《教育科学的基本概念——分析、批判和建议》，蓝劲松译，华东师范大学出版社 2001 年版。

［德］雅斯贝尔斯：《什么是教育》，邹进译，生活·读书·新知三联书店 1991 年版。

［法］埃德加·莫兰：《方法：天然之天性》，吴泓渺等译，北京大学出版社 2002 年版。

［法］福柯：《规训与惩罚》，刘北成等译，生活·读书·新知三联书店 1999 年版。

［法］卢梭：《社会契约论》，李平沤译，商务印书馆 2014 年版。

［法］皮埃尔·布迪厄：《实践与反思——反思社会学导引》，李猛等译，中央编译出版社 1998 年版。

［加］约翰·范德格拉夫：《学术权力——七国高等教育管理体制比较》，王承绪等译，浙江教育出版社 1989 年版。

［加拿大］许美德：《中国大学 1895—1995：一个文化冲突的世纪》，教育科学出版社 2000 年版。

［美］弗兰克·纽曼：《高等教育的未来：浮言、现实与市场风险》，李沁

译,北京大学出版社 2012 年版。

[美] 弗朗西斯·福山:《信任:社会美德与创造经济繁荣》,彭志华译,海南出版社 2001 年版。

[美] 马克·E. 沃伦:《民主与信任》,吴辉译,华夏出版社 2004 年版。

[美] 尼古拉斯·卢曼:《信任:一个社会复杂性的简化机制》,瞿铁鹏等译,上海人民出版社 2005 年版。

[美] 欧文·白碧德:《文学与美国的大学》,张沛等译,北京大学出版社 2004 年版。

[美] 约翰·S. 布鲁贝克:《高等教育哲学》,王承绪等译,浙江教育出版社 2001 年版。

[美] 约翰·杜威:《学校与社会:明日之学校》,赵祥麟译,人民教育出版社 1994 年版。

[美] 约翰·杜威:《学校与社会:明日之学校》,赵祥麟译,人民教育出版社 1994 年版。

[美] 詹姆斯·杜德斯达:《21 世纪的大学》,刘彤等译,北京大学出版社 2005 年版。

[美] M. W. 瓦托夫斯基:《科学思想的概念基础》,范岱年等译,求实出版社 1989 年版。

[美] R. 何钦思:《教育现势与前瞻》,姚柏春译,今日世界出版社 1976 年版。

[美] 爱德华·希尔斯:《学术的秩序——当代大学论文集》,李家永译,商务印书馆 2007 年版。

[美] 爱德华·希尔斯:《学术的秩序——当代大学论文集》,李家永译,商务印书馆 2007 年版。

[美] 伯顿·R. 克拉克:《高等教育系统——学术组织的跨国研究》,王承绪等译,杭州大学出版社 1994 年版。

[美] 伯顿·克拉克:《高等教育新论——多学科的研究》,王承绪等译,浙江教育出版社 2003 年版。

[美] 伯顿·克拉克:《建立创业型大学——组织上转型的途径》,王承绪译,人民教育出版社 2003 年版。

[美] 伯纳德·巴伯:《信任:信任的逻辑与局限》,牟斌译,福建人民出

版社 1989 年版。

［美］伯纳德·巴伯：《信任：信任的逻辑与局限》，牟斌译，福建人民出版社 1989 年版。

［美］德里克·博克：《走出象牙塔——现代大学的社会责任》，徐小洲等译，浙江教育出版社 2001 年版。

［美］菲利普·G. 阿特巴赫：《21 世纪的美国高等教育：社会、政治、经济的挑战》，杨耕等译，北京师范大学出版社 2005 年版。

［美］哈瑞·刘易斯：《失去灵魂的卓越：哈佛实如何忘记教育宗旨的》，侯定凯等译，华东师范大学出版社 2012 年版。

［美］克拉克·科尔：《大学的功用》，陈学飞等译，江西教育出版社 1993 年版。

［美］克拉克·克尔：《大学之用》，高铦等译，北京大学出版社 2008 年版。

［美］克拉克·克尔：《高等教育不能回避历史——21 世纪的问题》，王承绪等译，浙江教育出版社 2005 年版。

［美］斯坦利·阿罗诺维兹：《知识工厂——废除企业型大学并创建真正的高等教育》，周敬敬等译，高等教育出版社 2012 年版。

［美］唐纳德·肯尼迪：《学术责任》，阎凤桥译，新华出版社 2002 年版。

［美］亚伯拉罕·弗莱克斯纳：《现代大学论——美英德大学研究》，徐辉等译，浙江教育出版社 2002 年版。

［西班牙］奥尔特加·加塞特：《大学的使命》，徐小洲等译，浙江教育出版社 2001 年版。

［英］安东尼·吉登斯：《现代性的后果》，田禾译，译林出版社 2000 年版。

［英］安东尼·吉登斯：《现代性与自我认同——现代晚期的自我与社会》，赵旭东等译，译林出版社 1994 年版。

［英］安东尼·史密斯：《后现代大学来临》，侯定凯等译，北京大学出版社 2010 年版。

［英］哈耶克：《自由秩序原理》（上），邓正来译，生活·读书·新知三联书店 1997 年版。

［英］杰勒德·德兰迪：《知识社会中的大学》，黄建如译，北京大学出版

社 2010 年版。

［英］阿什比：《科技发达时代的大学教育》，滕大春等译，人民教育出版社 1983 年版。

（二）期刊论文

北京师大物理系、工农兵学员：《开门办学的路我们走定了》，《北京师范大学学报》（社会科学版）1976 年第 1 期。

别敦荣、郭冬生：《"象牙之塔"与"无形之手"：大学市场化矛盾解析》，《江苏高教》2001 年第 5 期。

别敦荣：《高等教育改革和发展的形势与大学战略规划》，《鲁东大学学报》（哲学社会科学版）2016 年第 11 期。

别敦荣：《高校发展战略规划的理论与实践》，《现代教育管理》2015 年第 5 期。

别敦荣：《我国高等学校的自主办学与西方的大学自治》，《高等教育研究》1999 年第 5 期。

陈何芳：《论高校自主办学的政府"归位"与市场"补位"机制》，《教育与职业》2011 年第 11 期。

陈金圣、刘志民、钟艳君：《我国大学办学自主权落实的困境与出路》，《国家教育行政学院学报》2013 年第 10 期。

陈平原：《大学公信力为何下降》，《北方人》2008 年第 4 期。

陈文干：《"大学自治"内涵新探》，《江苏高教》2006 年第 5 期。

程天君：《改革教育改革——从作为政治—经济改革到作为社会—文化改革》，《湖南师范大学教育科学学报》2012 年第 3 期。

程天君：《教育改革的转型与教育政策的调整——基于新中国教育 60 年来的基本经验》，《北京大学教育评论》2012 年第 4 期。

程悦、刘赞英、刘兴国：《论大学的学术属性及其本然生存逻辑》，《高等教育研究》2012 年第 6 期。

丁东：《中国大学向何处去》，《博览群书》2010 年第 4 期。

杜作润：《论我国高校的自主办学》，《现代大学教育》2003 年第 5 期。

段慧兰：《大学自主办学的理想愿景与现实选择》，《现代大学教育》2011 年第 4 期。

冯治益：《中宣部、教育部召开部分省市高校校长负责制试点工作座谈会》,《高教战线》1985 年第 1 期。

傅根生、赵泽虎:《大学社会公信力与大学治理》,《教育发展研究》2009 年第 11 期。

高剑平:《从"实体"的科学到"关系"的科学——走向系统科学思想史研究》,《科学学研究》2008 年第 1 期。

高剑平:《从"实体"的科学到"关系"的科学——走向系统科学思想史研究》,《科学学研究》2008 年第 1 期。

高兆明:《信任危机的现代性解释》,《学术研究》2002 年第 4 期。

龚放:《试论现代大学的社会责任》,《北京大学教育评论》2008 年第 2 期。

郭秋平:《大学办学定位的理性探讨》,《现代教育管理》2011 年第 5 期。

郭秋平:《大学精神与大学责任》,《国家教育行政学院学报》2014 年第 9 期。

郭秋平:《我国大学定位的发展演变和实践中的问题探讨》,《郑州大学学报》(哲学社会科学版)2009 年第 3 期。

郭歆、夏晓勤:《我国高等教育市场化的源头和动力——一种新制度主义分析》,《清华大学教育研究》2003 年第 6 期。

韩映雄:《大学的责任、权力和利益》,《上海高教研究》1997 年第 2 期。

胡弼成、徐丹:《大学走进社会中心的功能新探——论现代大学的预警功能》,《教育研究》2001 年第 6 期。

胡劲松、葛新斌:《关于我国学校"法人地位"的法理分析》,《教育理论与实践》2001 年第 6 期。

胡娟:《厘清权利性质是落实高校办学自主权的关键》,《中国高教研究》2009 年第 6 期。

黄波、张清:《大学信任及其研究意义》,《高教探索》2014 年第 3 期。

黄达人:《国家的发展与大学的责任》,《中高等教育》2004 年第 1 期。

黄厚明:《大学自主权的历史、文化视角》,《理工高教研究》2002 年第 6 期。

季诚钧:《论现代大学的三重属性》,《高等教育研究》2005 年第 9 期。

蒋后强:《高等学校办学自主权概念研究》,《西南大学学报》(社会科学版)2007 年第 7 期。

蒋南翔：《总结历史经验　调整教育工作——在教育工作座谈会上的总结摘要》，《人民教育》1981年第1期。

金维才：《高校自主办学与大学章程的合法性》，《安徽师范大学学报》（人文社会科学版）2010年第3期。

金自宁：《大学自主权：国家行政还是社团自治》，《清华法学》2007年第2期。

康翠萍：《学术自由视野下的大学发展》，《教育研究》2007年第9期。

冷全：《简析大学办学的功利性目的与市场行为》，《教育与经济》2009年第3期。

李福华：《利益相关者视野中大学的责任》，《高等教育研究》2007年第1期。

李静蓉：《高等教育秩序的逻辑：自发秩序理论的视角》，《教育发展研究》2007年第8期。

李莉、彭世文、侯盾：《试论和谐社会视角下的大学公信力构建》，《湖南大学学报》（社会科学版）2009年第5期。

李零：《学校不是养鸡场》，《中国税务》2003年第11期。

李曼丽：《学术的尊严及重拾大学的责任》，《群言》2012年第3期。

李鹏：《振奋精神，深化改革，把高等教育工作推向前进——在全国高等教育工作会议上的讲话》，《中国高等教育》1988年第4期。

李如森：《高等学校面向社会自主办学的理性思考》，《中国轻工教育》2002年第1期。

李升元：《大学自治——解读一个重要的高等教育法原则》，《东岳论丛》2011年第10期。

李盛兵：《高等教育市场化：欧洲的经验》，《高等教育研究》2000年第4期。

李铁映：《社会主义现代化建设的奠基工程——认真学习、宣传和实施〈中国教育改革和发展纲要〉》，《人民教育》1993年第4期。

李铁映：《振奋精神，真抓实干，促进高等教育上新台阶——在全国高等教育工作会议上的讲话》，《中国高等教育》1993年第3期。

李志锋、高春华：《高校自主权：下放还是回归》，《江苏高教》2011年第3期。

林杰、刘国瑞:《战略管理能力:大学扩大与履行办学自主权的基础——兼论大学战略管理能力的提升路径》,《现代教育管理》2014年第9期。

林杰、苏永建:《高深知识是高等教育特殊性的来源》,《高等教育研究》2015年第12期。

林杰、张德祥:《大学校长该不该退出学术委员会?——缘起、解读及求解》,《国家教育行政学院学报》2016年第4期。

林杰:《高等教育普及化时代大学生的特征及其权利保障》,《中国高教研究》2016年第3期。

林杰:《世界一流大学:构成的还是生成的?——基于系统科学的分析》,《复旦教育论坛》2016年第3期。

刘创:《大学之道:精神的传承、生产与原创》,《现代大学教育》2003年第6期。

刘国瑞、林杰:《大学战略管理中的文化因素》,《现代教育管理》2012年第12期。

刘海波:《政府和高校的信任与分权研究》,《复旦教育论坛》2012年第6期。

刘海峰:《高校院系所名称乱象背后的症结》,《探索与争鸣》2015年第7期。

刘金龙:《行政权力与学术权力在大学章程中的设计与重构》,《现代教育管理》2015年第10期。

刘少雪:《从执行型机构向自我发展型机构转变——从大学拥有办学权力的角度》,《现代大学教育》2016年第1期。

刘少雪:《试论大学的社会责任》,《上海交通大学学报》(社会科学版)1999年第1期。

刘小强:《关系论和生成进化论视野中的大学本质与属性》,《现代大学教育》2008年第4期。

刘元芳、任增元:《契约理念与现代大学制度创新》,《国家教育行政学院学报》2008年第6期。

刘振天、杨雅文:《大学定位:观念的反思与秩序的重建》,《清华大学教育研究》2003年第6期。

柳亮:《大学信任与高等教育问责》,《教育发展研究》2010年第1期。

龙献忠、刘志国：《改革开放以来我国大学办学自主权的政策文本分析及启示》，《黑龙江高教研究》2006年第10期。

卢晓中：《高校自主权：落实或扩大？——基于国家教育政策文本的简要分析》，《苏州大学学报》（教育科学版）2014年第3期。

马俊峰、白春阳：《社会信任模式的历史变迁》，《社会科学辑刊》2005年第2期。

马陆亭：《开放是大学的本质属性》，《辽宁教育研究》2008年第4期。

梅仪新、杨思帆：《大学组织信任文化的意蕴与意义》，《高教发展与评估》2010年第2期。

潘敏：《信任问题——以社会资本理论为视角的探讨》，《浙江社会科学》2007年第2期。

潘晴雯：《大学在构建和谐社会中的责任》，《理论导刊》2007年第11期。

朴雪涛：《学术分工视野中的大学教师角色分析》，《河北师范大学大学学报》（教育科学版）2004年第5期。

钱志刚：《大学服务属性："一般属性"抑或"本质属性"》，《现代教育管理》2015年第5期。

秦惠民：《高校管理法治化趋向中的观念碰撞和权利冲突——当前诉案引发的思考》，《现代大学教育》2002年第1期。

秦惠民：《高校管理法治化趋向中的观念碰撞和权利冲突——当前诉案引发的思考》，《现代大学教育》2002年第1期。

曲恒昌：《引入市场竞争机制，增强高等教育的省级或活力——美英日法等国高等教育透视》，《北京师范大学学报》（人文社会科学版）2001年第3期。

茹宁：《从学术自由与大学自治的关系看我国大学"去行政化"改革》，《高教探索》2011年第2期。

阮李全：《大学章程对高校办学自主权的界分与保障》，《现代教育管理》2015年第10期。

阮李全、蒋后强：《高校办学自主权：由来、要素、涵义、走向》，《国家教育行政学院学报》2014年第8期。

申素平：《论我国高等教育管理体制改革中政府角色的转变》，《高教探索》2000年第4期。

宋吉鑫、刘铁雷:《权利、义务、责任、约束——落实高校办学自主权的若干思考》,《国家教育行政学院学报》2014年第10期。

眭依凡:《大学的使命及其守护》,《教育研究》2011年第1期。

眭依凡:《大学庸俗化批判》,《北京大学教育评论》2003年第3期。

眭依凡:《论大学的自主与自律》,《浙江师范大学学报》(社会科学版)2015年第1期。

孙茜:《责任自觉:大学治理理念的价值诠释》,《教育研究》2013年第5期。

唐安奎:《大学公信力危机与重塑》,《教育发展研究》2014年第19期。

涂端午:《教育政策文本分析及其应用》,《复旦教育论坛》2009年第5期。

汪洋、龚怡祖:《"校长退出学术委员会"的改革取向分析——兼论大学校长选拔制度的去行政化》,《国家教育行政学院学报》2014年第6期。

王长乐:《大学应该是谁的》,《湖南师范大学教育科学学报》2016年第1期。

王长乐:《对一种权宜性现代大学制度理论的分析》,《大学教育科学》2012年第1期。

王道红:《坚持和完善党委领导下的校长负责制研究》,《思想理论教育》2016年第3期。

王德清:《自主办学是高等学校发展的基本规律——写在〈高等教育法〉开始实施之际》,《高等教育研究》1999年第1期。

王洪才:《对露丝·海霍"中国大学模式"命题的猜想与反驳》,《高等教育研究》2010年第5期。

王冀生:《超越象牙塔:现代大学的社会责任》,《高等教育研究》2003年第1期。

王建华:《大学边界论》,《清华大学教育研究》2006年第6期。

王建华:《大学的三种概念》,《高等教育研究》2011年第8期。

王建华:《大学为何诞生于西方》,《中国高等教育评论》2014年第12期。

王连森:《利益相关者与大学的责任、制度与资源》,《宁波大学学报》(教育科学版)2006年第12期。

王世权、刘桂秋:《大学社会责任的本原性质、履行机理与治理要义》,

《教育研究》2014年第4期。

王守军：《关于大学社会责任的一种结构化分析思路初探》，《清华大学教育研究》2005年第1期。

王一兵：《如何走出高校放权"一放就乱，一乱就收，一收就死"的怪圈》，《苏州大学学报》（教育科学版）2016年第1期。

王英杰：《规律与启示——关于建设世界一流大学的若干思考》，《比较教育研究》2001年第7期。

吴晓春：《信任：建立政府与大学新型关系的路径》，《重庆大学学报》（社会科学版）2014年第9期。

肖雪慧：《教育：必要的乌托邦》，《社会科学论坛》2000年第7期。

熊丙奇：《从南科大舆论走向看舆论与大学自主办学的关系》，《上海教育评估研究》2015年第4期。

熊丙奇：《自主办学是提高高教质量的关键》，《河南教育》2009年第1期。

熊庆年：《对落实高等学校办学自主权的再认识》，《复旦教育论坛》2004年第1期。

徐蕾：《系统治理：现代大学治理现代化的现实路径》，《复旦教育论坛》2016年第2期。

许剑：《试论政府宏观管理和学校自主办学的结合》，《高等教育研究》1997年第2期。

宣勇：《大学必须有怎样的办学自主权》，《教育发展研究》2010年第7期。

严隽琪：《现代大学的社会责任》，《求是》2013年第6期。

阎光才，《西方大学自治与学术自由的悖论及其当下境况》，《教育研究》2016年第5期。

阎光才：《西方大学自治与学术自由的悖论及其当下境况》，《教育研究》2016年第5期。

阎光才：《尊严是变革时代大学必要的优雅》，《探索与争鸣》2013年第8期。

杨际军：《自为与自律：高等学校落实和扩大办学自主权的关键》，《现代教育科学》2007年第4期。

杨聚鹏、苏君阳：《制度学视野中我国高校办学自主权的演变和发展研究——基于权力分配的视角》，《现代大学教育》2012年第2期。

杨兴林：《关于现代大学社会责任的再审视》，《江苏高教》2009年第1期。

姚启和：《自主办学：高等学校自身发展规律的要求》，《高等教育研究》1999年第5期。

叶丽芳：《大学形象、大学品牌、大学声誉概念辨析》，《黑龙江教育》（高教研究与评估）2006年第4期。

易梦春：《我国高等教育普及化进程及其影响因素——基于时间序列趋势外推模型的预测》，《中国高教研究》2016年第3期。

应新法、张士乔、张素江：《学习型社会的构建与大学的责任和使命》，《中国成人教育》2004年第8期。

袁自煌：《高等学校面向社会自主办学的思考》，《教育管理研究》1994年第4期。

曾德林：《有关校长负责制试点工作的几个问题》，《高教战线》1985年第1期。

曾永光：《完善保障机制促进高校自主办学》，《湖南社会科学》2008年第2期。

张楚廷：《大学的文化自觉初论》，《现代大学教育》2010年第5期。

张楚廷：《学术自由的自我丢失》，《高等教育研究》2005年第1期。

张德祥，林杰：《"高等教育内涵式发展"本质的历史变迁与当代意蕴》，《国家教育行政学院学报》2014年第11期。

张德祥：《1949年以来中国大学治理的历史变迁——基于政策变革的思考》，《中国高教研究》2016年第2期。

张德祥：《高等学校的办学自主权与内部运行机制的调适》，《高等教育研究》1998年第5期。

张德祥：《高水平大学建设要重点处理好的八个关系》，《高等教育研究》2009年第6期。

张德祥：《全面建成小康社会与高等教育的历史责任》，《中国高教研究》2013年第2期。

张德祥：《政府与高等学校之间的"缓冲器"》，《高等教育研究》1995年第 4 期。

张会：《教育舆情评析及大学公信力场域之构建——以清华"真维斯楼"舆论话题为例》，《复旦教育论坛》2012 年第 2 期。

张静宁：《美国大学的"学术资本主义"论争及其对中国大学的启示》，《江苏高教》2013 年第 3 期。

张清：《大学的公共信任：概念、结构与功能》，《江苏高教》2010 年第 5 期。

张天雪，张冉：《教育舆情研究：从兴起到有效的路径探索》，《清华大学教育研究》2011 年第 5 期。

张维迎：《重建信任》，《光彩》2002 年第 9 期。

张文泉、沈剑飞：《教育属性识别与教育产业探讨》，《华北电力大学学报》（社会科学版）2002 年第 2 期。

张应强：《把大学作为学术组织来建设与管理》，《中国高等教育》2006 年第 19 期。

张应强：《新中国大学制度建设的艰难选择》，《清华大学教育研究》2012 年第 6 期。

张振芝：《基于培养过程的大学生权利体系构建》，《中国高等教育》2015 年第 Z2 版。

赵俊贤：《教授应该有悲壮情怀——漫议教授新解："叫着的野兽"》，《书屋》2009 年第 8 期。

赵婷婷：《大学市场化趋势与大学精神的传承》，《高等教育研究》2001 年第 5 期。

赵永贤：《坚持和完善党委领导下的校长负责制》，《求是》2011 年第 3 期。

钟秉林：《关于大学"去行政化"几个重要问题的探析》，《中国高等教育》2010 年第 9 期。

周川：《高校与政府关系的几点思考》，《高等教育研究》1995 年第 1 期。

周光礼：《实现三大转变，推进中国大学治理现代化》，《教育研究》2015 年第 11 期。

周光礼：《中国大学办学自主权（1952—2012）：政策变迁的制度解释》，《中国地质大学学报》（社会科学版）2012 年第 3 期。

周玲:《当代大学责任与难以回避的冲突》,《大学·研究与评价》2006 年第 12 期。

周远清:《加速高教管理体制改革势在必行》,《中国高等教育》1998 年第 2 期。

朱开轩:《贯彻党的十三大精神,深化和加快高等教育的改革——在全国高等教育工作会议上的报告》,《中国高等教育》1988 年第 4 期。

朱巧芳:《大学生权利保障问题的思考》,《高教探索》2005 年第 3 期。

朱祥:《对深化高校自主办学的思考》,《湖南社会科学》2008 年第 3 期。

[美] 马丁·特罗:《从大众高等教育到普及高等教育》,濮岚澜译,北京大学教育评论,2003 年第 4 期。

[美] 伯顿·克拉克:《自主创新型大学:共治、自治和成功的新基础》,王晓阳等译,清华大学教育研究,2000 年第 4 期。

（三）学位论文

董云川:《论中国大学与政府和社会的关系》,博士学位论文,华中科技大学,2002 年。

张卫良:《大学核心竞争力理论与实践研究》,博士学位论文,中南大学,2005 年。

迟景明:《资源与能力视角的大学组织创新模式研究》,博士学位论文,大连理工大学,2012 年。

韩益凤:《平庸时代的大学》,博士学位论文,南京师范大学,2015 年。

阎光才:《识读大学:组织文化的视角》,博士学位论文,华东师范大学,2001 年。

康乐:《大学社会责任理念与履行模式》,博士学位论文,大连理工大学,2012 年。

季成钧:《大学组织属性与结构研究》,博士学位论文,华东师范大学,2004 年。

侯志军:《社会资本与大学发展研究》,博士学位论文,华中科技大学,2008 年。

徐广宇:《论现代大学的文化使命》,博士学位论文,南开大学,2009 年。

郑文全:《大学的本质》,博士学位论文,东北财经大学,2006 年。

贺祖斌:《中国高等教育系统的生态学分析》,博士学位论文,华中科技大学，2004年。

魏小琳：《我国高等教育多样化发展的价值和路径研究》，博士学位论文，湖南师范大学，2008年。

朱浩：《非线性视野中我国大学和谐管理机制研究》，博士学位论文，华东师范大学，2007年。

李泽彧：《我国高等学校办学自主权研究》，博士学位论文，厦门大学，2000年。

茹宁：《国家与大学关系的哲学分析》，博士学位论文，南开大学，2007年。

唐振平：《当代中国大学自治管理体制研究》，博士学位论文，中南大学，2006年。

樊俊飞：《大学自主权研究——以大学章程为依归》，博士学位论文，西南财经大学，2013年。

吴晓春：《信任视野下我国政府与大学关系研究》，博士学位论文，西南大学，2012年。

白春阳：《现代社会信任问题研究》，博士学位论文，中国人民大学，2006年。

陆兴发：《中国高等教育办学自主权问题研究》，博士学位论文，东北师范大学，2002年。

方林佑：《主体身份、政府角色与中介组织地位——关于我国高等教育市场机制的研究》，博士学位论文，湖南师范大学，2013年。

苏永建：《体制化的技术治理与非对称性问责——社会转型期中国高等教育质量保障的社会学分析》，博士学位论文，华中科技大学，2015年。

（四）其他

教育部：《国家中长期教育改革和发展规划纲要（2010—2020年）》，2010 - 7 - 29，http://www. moe. edu. cn/srcsite/A01/s7048/201007/t20100729_171904.html，2016 - 08 - 01.

教育部：《关于全面提高高等教育质量的若干意见》，2012 - 03 - 16，http://www. moe. gov. cn/srcsite/A08/s7056/201203/t20120316_146673.html，2016 - 08 - 01.

教育部：《关于加快发展现代职业教育的决定》，2014 - 05 - 02，http://

www. moe. gov. cn/jyb_xxgk/moe_1777/moe_1778/201406/t20140622_170691. html，2016-10-08.

教育部：《关于进一步落实和扩大高校办学自主权，完善高校内部治理结构的意见》，2014-12-22，http://www. moe. gov. cn/s78/A02/zfs__left/s6528/s6529/201412/t20141222_182222. html，2016-08-01.

教育部：《关于深入推进教育管办评分离，促进政府职能转变的若干意见》，http://www. moe. gov. cn/srcsite/A02/s7049/201505/t20150506_189460. html，2016-08-08.

张渺：《中国社会心态研究报告（2014）："社会信任"终于及格了》，http://www. cssn. cn/shx/shx_gcz/201410/t20141022_1372029. shtml，2016-09-25.

教育部：《教育事业发展统计公报》，http://www. moe. edu. cn/jyb_sjzl/sjzl_fztjgb/，2016-09-24.

教育部：《全国教育事业第十个五年计划》，http://www. moe. edu. cn/jyb_sjzl/moe_177/tnull_2486. html，2016-08-01.

教育部：《省部共建地方高校情况统计表（43所）》，http://www. moe. gov. cn/s78/A08/gjs_left/s7187/s7189/201303/t20130305_148286. html，2016-07-22.

教育部：《省部部共建高校情况统计（9所）》，http://www. moe. gov. cn/s78/A08/gjs_left/s7187/s7189/201303/t20130305_148285. html，2016-07-22.

教育部：《教育部直属高校与行业部门共建情况统计表》，http://www. moe. gov. cn/s78/A08/gjs_left/s7187/s7189/201403/t20140313_165432. html，2016-07-24.

教育部：《教育部非直属高校共建情况统计表》，http://www. moe. gov. cn/s78/A08/gjs_left/s7187/s7189/201403/t20140313_165432. html，2016-07-24.

教育部省部共建工作研究中心：《省部共建简介》，http://www. sxu. edu. cn/yjjg/sbgjyjzx/news/News_View. asp? NewsID=301，2016-07-24.

教育部：《高等学校章程制定暂行办法》，http://www. moe. gov. cn/srcsite/A02/s5911/moe_621/201111/t20111128_170440. html，2016-08-01.

教育部：《全面推进依法治校实施纲要》，http://www.moe.gov.cn/srcsite/A02/s5913/s5933/201212/t20121203_146831.html，2016-08-01.

教育部：《依法治教实施纲要（2016—2020年）》，http://www.moe.gov.cn/srcsite/A02/s5913/s5933/201605/t20160510_242813.html，2016-08-01.

教育部：《教育部关于2013年深化教育领域综合改革的意见》，http://www.moe.gov.cn/srcsite/A27/zhggs_other/201301/t20130129_148072.html，2016-08-01.

教育部：《高等学校学术委员会规程》，http://www.moe.gov.cn/srcsite/A02/s5911/moe_621/201401/t20140129_163994.html，2016-08-01.

教育部：《普通高等学校理事会规程（试行）》，http://www.moe.gov.cn/srcsite/A02/s5911/moe_621/201407/t20140725_172346.html，2016-08-26.

教育部：《中共中央办公厅印发〈关于坚持和完善普通高等学校党委领导下的校长负责制的实施意见〉》，http://www.moe.gov.cn/jyb_xwfb/s5147/201410/t20141015_176026.html，2016-08-26.

教育部：《中共教育部党组关于直属高校进一步贯彻落实党委领导下的校长负责制等若干事项的通知》，http://www.moe.gov.cn/srcsite/A04/s7051/201604/t20160412_237708.html，2016-08-26.

教育部：《统筹推进世界一流大学和一流学科建设总体方案》，http://www.moe.edu.cn/jyb_xxgk/moe_1777/moe_1778/201511/t20151105_217823.html，2016-08-26.

周国平：《人文精神是大学一切责任的内核》，http://culture.people.com.cn/GB/40494/40496/3630671.html，2016-04-22.

杨玉良：《仅有专业知识学生像是条经过良好训练的狗》，http://news.sohu.com/20140913/n404282196.shtml，2016-04-23.

中国新闻网：《用人单位：大学教育质量下滑博士不如5年前的硕士》，http://www.chinanews.com/gn/2015/07-23/7423004.shtml，2016-06-01.

宗庆后：《关于进一步提高大学教育质量的建议》，http://www.chinanews.com/cj/2014/02-28/5896964.shtml，2016-06-01.

张守勤：《大学扩招错了，大错特错》，http://blog. sciencenet. cn/blog - 4453 - 874972. html，2016 - 06 - 01.

李平沙：《大学教育质量被指日益下滑学生成为试验品》，http://edu. gmw. cn/2015 - 07/13/content_16273351. htm，2016 - 06 - 01.

赵婀娜：《三问高校人才培养：今天，大学培养的人才合格吗？》，http:// edu. people. com. cn/n1/2016/1021/c1053 - 28797590. html，2022 - 07 - 15.

肖舒楠，刘跃：《中国成最大博士学位授予国博士生教育水分大》，《中国青年报》2009 年 7 月 28 日。

陈良飞，张昕然：《中国大学党委书记校长排名谁在前？书记在前的多，但也不一定》，http://www. thepaper. cn/newsDetail _ forward _ 1261941，2016 - 05 - 31.

林颖颖：《复旦大学教学研讨会，首期〈本科教学质量报告〉受关注》，http://news. ifeng. com/gundong/detail_2012_05/21/14690426_0. shtml? _from_ralated，2016 - 05 - 31.

李天真：《大学生"裸条"借贷兴起，校园贷款乱象怎么破？》，http://news. xinhuanet. com/fortune/2016 - 06/15/c_129064016. htm，2016 - 06 - 15.

陈晓燕：《大学的责任——民盟第六届高教论坛论点撷英》，《团结报》2012 年 2 月 7 日第 6 版。

钱理群：《精致利己主义者若掌权比贪官危害大》，《中国青年报》2012 年 5 月 9 日。

唐闻佳：《大学的责任：消除校园里的"贫困"路障》，《文汇报》2009 年 12 月 23 日第 12 版。

翁小平、曹曦：《五位教育界人大代表谈完善高等教育治理结构》，《中国教育报》2015 年 3 月 14 日第 1 版。

邱晨辉：《一封来信再揭大学教育弊病》，《中国青年报》2015 年 7 月 13 日第 9 版。

柯进、杜雯雯：《调查：中国科技论文产出"涨"势的背后》，《中国教育报》2013 年 10 月 12 日第 3 版。

柏木钉：《学术诚信建设要有"牙齿"》，《人民日报》2016 年 11 月 21 日第 18 版。

《中央人民政府关于撤销大区一级行政机构和合并若干省、市建制的决定》,《山西政报》1954 年第 12 期。

万钢:《大学不谋求成为利益集团》,《人民日报》2007 年 5 月 23 日。

张斌贤:《如何认识和对待媒体对教育问题的报道》,《中国教育报》2005 年 9 月 12 日第 4 版。

熊庆年:《高校信息透明度折射高等教育治理成熟度》,《社会科学报》2015 年 4 月 25 日第 2 版。

黄达人:《高校缺哪些自主权?——与其给予,不如放权》,《中国教育报》2014 年 4 月 21 日第 9 版。

熊丙奇:《校长别总抱怨手中缺少自主权》,《中国教育报》2015 年 8 月 1 日第 2 版。

三 英文文献

Levy D. C., University and government in Mexico: Autonomy in an autoritarian system, New York: Praeger, 1980, pp. 4 – 7.

Berdahl R. O., Graham J., Piper D. R., Statewide coordination of higher education, Washington: American Council on Eucation, 1971, p. 10.

Ashby E., Anderson M., Universities: British, Indian, African. A Study in the Ecology of Higher Education, London: Weidenfeld & Nicolson, 1966, p. 296.

Tight M., "Institutional Autonomy", Burton R. C., Guy N., et al. *The International Encyclopedia of Higher Education*, New York: Pergamon Press, 1992, p. 1384.

Clark Kerr, *The Uses of the University*, Cambridge: Harvard University Press, 1955, p. 15.

Karl Jaspers, *The Idea of the University*, London: Peter Owen Ltd., 1965, p. 19.

Clark Kerr, *The Great Transformation in Higher Education*, Albany: State University of New York Press, 1991, p. 52.

Abraham Flexner, *Universities: American, English, German*, Cambridge: Oxford University Press, 1930, pp. 178 – 179.

Derek Bok, *Beyond the Ivory Tower*, Cambridge: Harvard University Press,

1982, p. 74.

Niklas Luhmann, *Trust and Power*, Chichester: John Wiley & Sons Ltd, 1979, p. 126.

Howard R. Bowen, *Investment in Learning*, San Francisco: Jossey-Bass, 1977, p. 12.

Philip G. Altbach, et al., *American Higher Education in the Twenty-first Century: Social, Political, and Economic Challenges*, Baltimore: Johns Hopkins University Press, 1999, p. 39.

John Henry Newman, *The Ideas of a University*, Indiana: University of Notre Dame Press, 1982, p. 80.

William F. M., *Honoring the Trust: Quality and Cost Containment in Higher Education*, Boltom, MA: Anker Publishing, 2003, p. 4.

Tight M., "Institutional Autonomy", Burton R. C., Guy N., et al., *The International Encyclopedia of Higher Education*, New York: Pergamon Press, 1992, p. 1384.

Lewis J. D., Weigert A., *Trust as a Social Reality*, Social Forces, 1985, pp. 67 – 85.

Marginson S., *Markets in Education*, St Leonards: Allen & Unwin, 1997, p. 254.

Derek Bok, *Universities in the Market Place: The Commercialization of Higher Education*, Princeton: Princeton University Press, 2003, pp. 161 – 162.

Jürgen Enders Harry de Boer Elke Weyer, "Regulatory Autonomy and Performance: The Reformof Higher Education Re-visited", *Higher Education*, Vol. 65, No. 1, Jan 2013, pp. 5 – 23.

Mu Guoguang, "Academic Freedom and University Autonomy: the Chinese Perspective", *Higher Education Policy*, Vol. 9, No. 4, Dec 1996, pp. 295 – 97.

Ordorika, Imanol, "The Limits of University Autonomy: Power and Politics at the Universidad Nacional Autónoma de México", *Higher Education*, Vol. 46, No. 3, 2003, pp. 361 – 388.

Thomas Estermann, Terhi Nokkala & Monika Steinel. *University Autonomy in Europe II: the Scorecard*, Europe University Association, 2011.

Verbitskaya L. A., "Academic Freedom and University Autonomy: A Variety of Concepts", *Higher Education Policy*, Vol. 9, No. 4, Apr 1996, pp. 289 – 294.

Reeves, M., T. Tapper and B. Salter, "Oxford, Cambridge and the Changing Idea of the University. The Challenge to Donnish Domination", *British Journal of Educational Studies*, Vol. 3, No. 41, Sept 1993, pp. 59 – 71.

Pritchard, and M. O. Rosalind, "Academic Freedom and Autonomy in the United Kingdom and Germany." Minerva: A Review of Science, Learning & Policy, Vol. 2, No. 2, Fed 1998, pp. 101 – 124.

Clarke, A. M., and H. Stewart, "University autonomy and public policies: A system theory perspective." Higher Education, Vol. 1, No. 13, Jan 1984, pp. 23 – 48.

Su Yanpan. Intertwining of Acdemia and Officialdom and University Autonomy: Experience from Tsinghua University in China, Higher Education Policy, 2007 (20): 121 – 144.

Pan, and Su-Yan, "Intertwining of Academia and Officialdom and University Autonomy: Experience from Tsinghua University in China." Higher Education Policy, Vol. 20, No. 2, Feb 2007, pp. 121 – 144.

Rui, Y., L. Vidovich and J. Currie, "Dancing in a cage: Changing autonomy in Chinese higher education." Higher Education, Vol. 54, No. 4, Apr 2007, pp. 575 – 592.

Kallison, J. M. and P. Cohen, "A New Compact for Higher Education: Funding and Autonomy for Reform and Accountability." Innovative Higher Education Vol. 35, No. 1, Jane 2009, pp. 37 – 49.

Baumeister RF, Bratslavsky E., Muraven M. Tice D. M. Ego depletion: Is the active self a limited resource? *Journal of Personality and Social Psychology*, Vol. 74, No. 5, May 1998, pp. 1252 – 1265.

Tangney J. P., Baumeister R. F., Boone A. L., "High Self-control Predicts Good Adjustment, Less Pathology, Better Grades, and Interpersonal Success", *Journal of Personality*, Vol. 72, No. 2, Feb 2004, pp. 271 – 324.

Duckworth A. L. The Significance of Self-control, *Proceedings of the National*

Academy of Sciences, Vol. 108, No. 7, July 2011, pp. 2639 – 2640.

Hagger M. S., Wood C., Stiff C., et al., "Ego Depletion and the Strength Model of Self-Control: A Meta-analysis, *Psychological Bulletin*, Vol. 136, No. 4, April 2010, pp. 495 – 525.

Reeves, M., T. Tapper, and B. Salter, "Oxford, Cambridge and the Changing Idea of the University. The Challenge to Donnish Domination", *British Journal of Educational Studies*, Vol. 3, No. 41, Sept 1993, pp. 59 – 71.

Aghion P., Dewatripont M., Hoxby C., Mas-Collell A., Sapir A., Higher aspirations. An agenda for reformingEuropean universities [Z]. Bruegel Blueprint Series V, 2008.

Tschannen-Moran M., Hoy W. K., "A Multidisciplinary Analysis of the Nature, Meaning, and Measurement of Trust", *Review of Educational Research*, Vol. 70, No. 4, April 2000, pp. 547 – 593.

Barnett R., *Improving Higher Education: Total Quality Care*, London: The Society for Research into Higher Education and the Open University, 1992, p. 16.

Form for the Future of Higher Education, *The Spellings Commission Report: The Chair's Perspective*, 2008.

后　记

拙作是在鄙人博士学位论文基础上修改而成，而今回想起当年书生意气地选择《关系思维中的大学自主办学研究》为博士论文选题时，才发觉"初生牛犊不怕虎"说的就是自己。一方面，学界对大学自主办学的相关话题进行了长期的、广泛的、深入的研究与探讨，相关研究成果如汗牛充栋，对此再想做出新意的难度可想而知；另一方面，从校门到校门的简单经历似乎不足以把握大学自主办学的丰富内涵、深刻意蕴与复杂实践，呈现出来的更可能是纸上谈兵的书生之见。也正是因为如此，在草稿形成之后，我就一直在不断地审视与反思该书坚持的基本理念、遵循的基本思路和提出的基本观点，努力地修正和完善相关表述。如今六七年已过，我既没有驳倒自己当初的基本立论，也没有向前再推进一步。既然如此，那就整理出版吧。然而，事非经过不知难，纸上得来终觉浅。第一次出版专著，我既真实地体会到了出版之不易，又真正地认识到了著作出版异常简单言论之荒诞，也真切地感受到了贵人相助的温暖。当然，我始终坚持认为，拙作的顺利出版，虽有自己努力的成分，但更多的还是贵人相助的结果。

有人说，肉体生命来自于父母，学术生命受赐于恩师。从学术生涯的角度来看，我自认为自己是一个幸运儿。2010年9月，我正式进入丰富多彩、其乐无穷的高等教育研究领域，便很幸运地先后得到了朴雪涛教授、刘国瑞研究员、别敦荣教授、洪晓楠教授和张德祥教授的躬身指导、谆谆教诲、耳提面命。诸位恩师的垂爱、教导、宽容和支持，促使我先后实现了从放牛娃到硕士到博士再到博士后的脱胎换骨似的蜕变。尤其是恩师张德祥教授在我博士学位论文选题、构思、撰写以及修改与完善过程中，投入了大量心血，提供了诸多帮助，贡献了无数智慧，如此才有了拙作的成稿与面世。毫不夸张地说，诸位恩师不仅给了我学术生命，让我真切地感受到了知识改变命运的伟大力量，而且给了我崭新的生活空间与全新的生命体验。诸位恩师的恩情，学生永记于心、永世不忘。

古人云，"与善人居，如入芝兰之室，久而不闻其香，即与之化矣"。大连理工大学高等教育研究院，就是这样一个"芝兰之室"。张德祥教授、李志义教授、朱泓教授、宋丹教授、姜华教授、迟景明教授、李枭鹰教授、李冲教授、孙阳春教授、何晓芳教授、刘盛博副教授、高树仁副教授、朱莲花副教授、康乐副教授、韩梦洁副教授、苏永建副教授、孙迪副教授、解德渤博士、张君博士、王晓玲博士、李瑞林博士以及李易飞主任等一群卓越的领导和优秀的同事，创造了积极向上、激昂奋进、温馨和谐的高等教育研究院，此生能够在此求学和工作，我倍感荣幸、深感幸运、深受鼓舞，感谢你们给予的无穷的榜样力量、无尽的关怀照顾、无私的帮助付出和无限的真知灼见。

常言道，众人拾柴火焰高。我的每一次进步和取得的每一点成绩，都与鼓励我、支持我和帮助我的同门、同学和朋友是分不开的。感谢我的同门，感谢我的同学，感谢我的朋友，你们的鼓励、支持、帮助和陪伴在无形之中拓展了我的眼界，增长了我的见识，提高了我的修养，也在不知不觉之中点亮了我的人生，让我的前行之路充满乐趣与幸福。所以，一路走来所获恩惠之厚、所受鼓励之多、所得支持之丰，虽千言万语也难以尽述。由此，若挂一漏万，恐将寝食难安，抱憾终身。因此，此处就不一一具名了。

古语曰，兵马未动粮草先行。行军打仗如此，学术出版亦如此。书稿既成，经费就得到位。然而，对于如我这样从事高等教育研究的青年研究者而言，没有组织支持出版经费的话，仅靠个人的科研经费出版学术专著是极其困难的。组织在经费方面的大力支持，为我夯实了学术出版的根基。很庆幸，我身处这样的组织之中。可以说，拙作得以顺利出版，离不开大连理工大学、人文与社会科学学部和高等教育研究院在出版经费方面的慷慨支持。

俗话讲，树高千尺忘不了根。人也一样，无论走多远，都离不了根。在我看来，家就是我的根。感谢我的父母、岳父母、妻女、哥嫂和妹妹为我营造了一个温暖的家，感谢你们的无言支持和辛勤付出，是你们给了我前行的动力，也是你们让我时刻充满斗志。愿将此书献给你们，愿你们能像此书的主题一样，基业长青、常谈常新！

最后，拙作参阅了大量的文献资料，同时中国社会科学出版社提供了出版平台，编辑为拙作的出版付出了辛苦劳动，在此一并表示感谢。

兜兜转转，历经万难，即将付梓，感触良多。实事求是地说，拙作的出版，令我长舒一口气。然而，展望大学自主办学前路之漫漫，才发觉自己"长舒一口气"是那么的短暂。无论如何，拙作都是对推动大学自主办学的一种努力，而作为一己之见，亦难免有不足之处，恳请学界同仁，批评指正！

林 杰

大连理工大学高等教育研究院

2023 年 4 月 28 日